大跨度桥梁抗风丛书

Wind Resistance of Long Span Girder Bridges

大跨度梁式桥抗风

葛耀君　编著

人民交通出版社股份有限公司

北京

内 容 提 要

本书是作者二十多年来在大跨度梁式桥抗风理论和实践方面的研究总结，其中包括国家自然科学基金项目、国家863计划课题和国家973计划项目的基础研究成果以及多座大跨度梁式桥采用涡振和驰振气动控制措施的应用研究成果。全书共分为十三章，内容包括梁式桥跨度演变、梁式桥抗风设计基本概念、沿海台风风场特性、内陆强风风场特性、桥位风场数值模拟、梁式桥结构动力特性、梁式桥抖振响应分析和风洞试验、梁式桥颤振稳定分析和风洞试验、梁式桥涡振响应分析及气动控制、梁式桥驰振稳定分析及气动控制、梁式桥风雨作用及静动力效应、梁式桥侧风控制及行车安全、梁式桥抗风总结与展望。

本书可供桥梁科研、设计及施工人员使用，也可供高等院校相关专业高年级本科生及研究生参考。

图书在版编目（CIP）数据

大跨度梁式桥抗风 / 葛耀君编著. — 北京：人民交通出版社股份有限公司，2023.12
ISBN 978-7-114-19152-7

Ⅰ.①大… Ⅱ.①葛… Ⅲ.①大跨度结构—梁桥—抗风结构—结构设计 Ⅳ.①U448.212.5

中国国家版本馆 CIP 数据核字（2023）第 246129 号

审图号：GS 京（2023）2338 号

大跨度桥梁抗风丛书
Dakuadu Liangshiqiao Kangfeng

书　　名：	大跨度梁式桥抗风
著 作 者：	葛耀君
责任编辑：	卢俊丽　王景景
责任校对：	赵媛媛
责任印制：	张　凯
出版发行：	人民交通出版社股份有限公司
地　　址：	（100011）北京市朝阳区安定门外外馆斜街3号
网　　址：	http://www.ccpcl.com.cn
销售电话：	(010)59757973
总 经 销：	人民交通出版社股份有限公司发行部
经　　销：	各地新华书店
印　　刷：	北京印匠彩色印刷有限公司
开　　本：	787×1092　1/16
印　　张：	26
字　　数：	646 千
版　　次：	2023 年 12 月　第 1 版
印　　次：	2023 年 12 月　第 1 次印刷
书　　号：	ISBN 978-7-114-19152-7
定　　价：	150.00 元

（有印刷、装订质量问题的图书，由本公司负责调换）

序

FOREWORD

梁式桥是最古老的桥型,从远古时代的伐木为桥和垒石成桥起就有了梁式桥,使用天然材料建造的木梁桥和石梁桥的跨度很小。钢和混凝土两种人工合成材料的出现,促进了梁式桥跨度的增长。大跨度钢梁桥始于 1840 年用锻铁建造的英国威尔士 Britannia 桥,其跨度达到了 140m。这个梁式桥跨度纪录保持了 100 多年,直到第二次世界大战后才被德国 Deutzer 桥打破。此后,联邦德国和南斯拉夫将钢箱梁桥的跨度突破了 200m 和 250m。1974 年通车的 300m 跨度的巴西 Rio-Niteroi 桥,几乎达到了钢箱梁桥跨度的极限,至今仍保持世界纪录。大跨度混凝土梁桥的跨度增长稍晚于钢梁桥,并主要得益于预应力混凝土技术的发展。20 世纪 60 年代左右,预应力混凝土连续梁桥的跨度先后突破了 100m、150m 和 200m;70 年代,跨度纪录先后达到了 240m 和 264m;90 年代,创造新跨度纪录的梁式桥有 270m 的虎门大桥辅航道桥、298m 的挪威 Raftsundet 桥和 301m 的挪威 Stolma 桥;2006 年建成的重庆石板坡长江复线桥,采用钢-混凝土混合梁,以 330m 跨度创造了新的世界纪录,并保持至今。

桥梁抗风设计研究主要针对大跨度梁式桥。梁式桥相比拱式桥、斜拉桥和悬索桥是跨越能力最小的桥型,梁式桥抗风问题本来并不明显,只是随着跨度的增长,主梁截面变钝、整体刚度减小和钢桥阻尼降低,使得大跨度梁式桥,特别是大跨度钢梁桥,开始出现抗风问题。历史上曾有 84 孔、最大跨径 75m 的桁架梁泰湾大桥被强风吹毁的记载,人们将其归结为阵风效应;20 世纪 90 年代,日本东京湾大桥和巴西里约热内卢大桥相继发生涡振,后采用了质量调谐阻尼器抑制涡振;1998年建成的丹麦大海带桥引桥和2009年建成的俄罗斯伏尔加河桥都是钢箱梁桥,因发生过涡振也都安装了TMD(调谐质量阻尼器);我国也有多座钢梁桥出现过涡振并采取了涡振控制措施,其中包括跨度185m的崇启大桥、跨度110m的港珠澳大桥深水区非通航孔桥和深中通道非通航孔桥。21世纪初,由同济大学承担的日本名古屋矢田川桥的驰振分析及控制风洞试验研究表明,对于梁高大、宽度小的钢梁桥,驰振风险较大,必须采取驰振控制措施。

本书主要介绍了同济大学葛耀君抗风研究团队二十多年来在大跨度梁式桥抗风方面的基础研究和应用研究,以及结合具体工程实践所取得的一些成果和经验。在风环境和设计风速研究方面,提出了沿海台风地理加权回归法数值模拟、内陆强风地形模型风洞试验和现场实测以及跨尺度桥位风场 WRF + LES 数值模拟。在梁式桥风致振动研究方面,介绍了抖振响应分析和风洞试验方法,虽然梁式桥成桥状态抖振响应较小,但悬臂施工阶段抖振位移和内力检验不容忽视;大跨度梁式桥公认的抗风问题是钢箱梁桥涡振问题,涡振响应分析及气动控制研究表明,气动控制方法才是更有效、更经济和寿命更长的涡振控制方法;梁式桥驰振稳定分析及气动控制研究表明,窄桥面钢梁桥的驰振问题需要引起足够重视。此外,还探索了梁式桥风雨作用及静动力效应,风雨共同作用下的定常气动力和颤振稳定性均比仅有风荷载作用时不利;梁式桥行车安全性分析极其重要,应当控制桥面侧向风速和车辆行驶速度。

本书不仅全面总结了梁式桥抗风设计研究成果,而且对未来研究进行了展望,梁式桥涡振控制方法、驰振气动控制、风雨作用效应和数值风洞方法等需要我们通过创新实现突破。我相信本书的出版能对未来国内外大跨度梁式桥的抗风设计研究起到重要的技术支撑作用,具有应用价值,并能为中国走向桥梁强国作出贡献。

项海帆

同济大学荣誉资深教授

中国工程院院士

二〇二三年五月

前言

梁式桥的历史可以追溯到公元前15000年的新石器时代,主要是采用天然材料的木梁桥和石梁桥。大跨度梁式桥发展始于人工合成材料——钢材和混凝土的应用。全世界第一座钢桥是1874年在美国圣路易斯建成的Eads桥,这是一座三跨钢拱桥,跨度达到了158m;第一座锻铁箱梁桥是1840年建造的主跨140m的英国威尔士Britannia桥,此后钢箱梁桥的跨度不断增长,1974年建成的300m跨度的巴西里约热内卢大桥,几乎成为了钢箱梁桥跨度的极限,保持世界纪录至今;第一座钢桁架梁桥以Steel桥命名,最大跨度64m,位于美国俄勒冈州波特兰市,1888年建成时,是一座水平旋转开启桥,1912年改建为竖向提升式开启桥,此后钢桁架梁桥的跨度不断增长,目前钢桁架连续梁桥的最大跨度为400m,钢桁架悬臂梁桥的最大跨度为549m。混凝土梁桥的跨度增长主要得益于预应力混凝土技术的发展,从20世纪60年代预应力混凝土箱梁桥出现后,跨度先后突破了100m、200m和300m大关,1998年建成的301m跨度的挪威Stolma桥,保持着预应力混凝土梁桥的世界纪录,而2006年建成的330m跨度的重庆石板坡长江大桥复线桥,保持着钢-混凝土混合梁桥跨度的世界纪录。

梁式桥跨度的增长,带来了主梁断面钝化、体系刚度减小和结构阻尼降低等问题,从而使得大跨度梁式桥成为一种风敏感桥梁结构。大跨度梁式桥抗风问题从1879年泰湾大桥风毁开始,1995年日本东京湾大桥和1997年巴西里约热内卢大桥分别出现钢箱梁涡振,进而采用TMD控制,2001年日本名古屋矢田川桥钢箱梁在风洞试验中出现驰振,采用了气动控制措施,2018年建成的港珠澳大桥和2022年建设中的深中通道的非通航孔桥,钢箱梁桥涡振开始考虑气动控制措施。目前大跨度梁式桥公认的抗风问题是钢箱梁桥涡振问题,而且大都采用了TMD控制涡振;窄桥面梁式桥驰振问题没有引起足够重视,一定数量服役窄梁桥存在驰振潜在风险;梁式桥风雨作用效应现有研究表明,降雨特别是暴雨会增大定常风雨作用力、降低颤振临界风速,对大跨度梁式桥抗风性能产生不利影响;从桥梁抗风数值方法角度,梁式桥的数值模拟应该是最简单和最直接的,无须模拟缆索承重桥梁的其他承重构件的气动弹性作用,数值风洞方法在梁式桥抗风中应该率先取得突破。

本书是在国内外现有风工程和桥梁抗风研究基础上编著的专门针对大跨度梁式桥抗风的专业著作,全书共分十三章。第一章介绍梁式桥跨度的演变历史,由此引出梁式桥跨度增长后抗风设计研究的必要性;第二章从工程应用的角度介绍目前初步形成的梁式桥抗风设计基本概念;第三章介绍大气边界层中的沿海台风风场特性,为后续沿海地区桥梁设计风速确定奠定基础;第四章介绍大气边界层中的内陆强风风场特性,包括平原地区、深切峡谷和复杂地形,通过风洞试验和现场实测确定设计风速;第五章介绍桥位风场特性的数值模拟,涉及中尺度气象模式WRF数值模拟、小尺度温度成层风场LES数值模拟和跨尺度温度成层风场WRF+LES数值模拟;第六章介绍梁式桥结构动力特性分析的数值方法,包括精确的有限单元法和近似的能量分析方法及其在大跨度梁式桥中的应用;第七章介绍梁式桥抖振响应分析和风洞试验,尽管成桥状态梁式桥抖振响应较小,但是,最大双悬臂和最大单悬臂施工状态下的抖振位移和内力需要认真检验;第八章介绍梁式桥颤振分析和风洞试验,总体上梁式桥不太会出现颤振失稳的安全问题;第九章介绍梁式桥涡振响应分析及气动控制,涡振是梁式桥最主要的风致振动形式,梁式桥涡振控制应当从单纯的TMD阻尼器转向气动控制;第十章介绍梁式桥驰振稳定分析及气动控制,在节段模型和气弹模型风洞试验中再现了梁式桥驰振,率先提出了窄梁桥驰振的气动控制方法;第十一章介绍梁式桥风雨作用及静动力效应,首次系统研究了风雨独立作用和风雨共同作用对梁式桥的影响,并揭示了风雨共同作用的静动力效应;第十二章介绍梁式桥侧风控制及行车安全,梁式桥量大面广,行车安全分析极其重要,涉及桥面侧风控制和行车速度控制;第十三章介绍梁式桥抗风总结与展望,总结了大跨度梁式桥的抗风需求和抗风特点,指出了大跨度梁式桥抗风设计研究的发展方向。

本书由葛耀君负责确定各章节内容、制定全书大纲,并且负责第一、二、四、七至十三章共10章内容。同济大学桥梁抗风研究团队成员和已从团队毕业博士分工合作负责了其他章节的内容。其中,第三章由方根深博士执笔,第五章由董浩天博士执笔,第六章由杨詠昕教授执笔。书中部分内容来自方根深、董浩天、马婷婷、许坤、周立等的博士学位论文,以及张东昌、武占科、陈修煜、李碧辉等的硕士学位论文。

本书是同济大学桥梁抗风研究团队二十多年来在大跨度梁式桥抗风理论和实践方面的研究总结,曾经得到了国家自然科学基金面上项目、重点项目和集成项目,国家高技术研究发展863计划课题,国家重点基础研究发展973计划项目等基础研究项目的资助。团队成员完成了多项大跨度梁式桥抗风应用研究项目,其中包括多座采取涡振控制措施和驰振控制措施的梁式桥。本书主要内容正是来自这些研究成果,其他内容包括国内外公开发表的期刊论文、会议论文、学位论文,基础研究和应用研究项目的研究报告。希望本书的出版能对读者有所裨益。书中错误和不当之处还望各位同人批评指正。

葛耀君

于同济大学

二〇二三年五月

目录

CONTENTS

第一章　梁式桥跨度演变 ································· 1
　　第一节　梁式桥起源 ····························· 1
　　第二节　梁式桥发展 ····························· 8
　　第三节　大跨度梁式桥 ························· 17
　　本章参考文献 ······································· 24

第二章　梁式桥抗风设计基本概念 ··············· 25
　　第一节　大气边界层自然风 ················· 25
　　第二节　梁式桥桥位风特性 ················· 31
　　第三节　梁式桥风荷载及其效应 ········· 36
　　第四节　梁式桥风致振动 ····················· 38
　　本章参考文献 ······································· 46

第三章　沿海台风风场特性 ··························· 48
　　第一节　三维台风风场解析模型 ········· 48
　　第二节　地理加权回归法台风模拟 ····· 59
　　第三节　台风平均风速预测 ················· 66
　　第四节　台风阵风风速预测 ················· 75
　　本章参考文献 ······································· 87

第四章　内陆强风风场特性 ··························· 90
　　第一节　我国强风分布及特性 ············· 90
　　第二节　平原地区桥位风环境风洞试验 ··· 92

第三节　深切峡谷桥位风环境风洞试验……………………………………… 104
　　第四节　复杂地形风区风环境现场实测……………………………………… 111
　　本章参考文献……………………………………………………………………… 123

第五章　桥位风场数值模拟……………………………………………………… 126
　　第一节　大气边界层风场………………………………………………………… 126
　　第二节　桥位风场数值模拟方法………………………………………………… 132
　　第三节　中尺度气象模式 WRF 数值模拟……………………………………… 134
　　第四节　小尺度温度成层风场 LES 数值模拟………………………………… 147
　　第五节　跨尺度温度成层风场 WRF + LES 数值模拟………………………… 156
　　本章参考文献……………………………………………………………………… 166

第六章　梁式桥结构动力特性…………………………………………………… 170
　　第一节　竖向弯曲自由振动……………………………………………………… 170
　　第二节　侧向弯曲自由振动……………………………………………………… 175
　　第三节　扭转自由振动…………………………………………………………… 177
　　第四节　有限元自由振动分析…………………………………………………… 179
　　第五节　大跨度梁式桥结构动力特性…………………………………………… 183
　　本章参考文献……………………………………………………………………… 190

第七章　梁式桥抖振响应分析和风洞试验……………………………………… 192
　　第一节　抖振响应分析理论……………………………………………………… 192
　　第二节　二维两自由度体系抖振响应分析……………………………………… 198
　　第三节　三维多模态体系抖振响应分析………………………………………… 203
　　第四节　简支梁抖振气动弹性模型风洞试验…………………………………… 205
　　第五节　T 形刚构抖振气弹模型风洞试验……………………………………… 223
　　第六节　梁式桥抖振响应分析结论……………………………………………… 229
　　本章参考文献……………………………………………………………………… 230

第八章　梁式桥颤振稳定分析和风洞试验……………………………………… 231
　　第一节　颤振稳定分析理论……………………………………………………… 231
　　第二节　二维两自由度体系颤振稳定分析……………………………………… 238
　　第三节　三维全模态体系颤振稳定分析………………………………………… 251
　　第四节　简支梁颤振气弹模型风洞试验………………………………………… 252
　　第五节　梁式桥颤振稳定分析结论……………………………………………… 259

本章参考文献……259

第九章　梁式桥涡振响应分析及气动控制……261
第一节　固体结构涡振响应分析……261
第二节　流固耦合涡振响应分析……283
第三节　涡振风洞试验及其气动控制……291
第四节　梁式桥涡振响应分析结论……315
本章参考文献……315

第十章　梁式桥驰振稳定分析及气动控制……317
第一节　准定常驰振稳定分析……317
第二节　非定常驰振稳定分析……325
第三节　驰振风洞试验及其气动控制……332
第四节　梁式桥驰振稳定分析结论……338
本章参考文献……339

第十一章　梁式桥风雨作用及静动力效应……340
第一节　风速和雨强概率模型……340
第二节　风雨独立作用分析……346
第三节　风雨共同作用静力效应……350
第四节　风雨共同作用动力效应……359
第五节　梁式桥风雨作用分析结论……369
本章参考文献……370

第十二章　梁式桥侧风控制及行车安全……372
第一节　行车设计风速……372
第二节　桥面侧风风速……374
第三节　行车风速控制……381
第四节　行车安全分析……388
本章参考文献……394

第十三章　梁式桥抗风总结与展望……396
第一节　梁式桥抗风需求……396
第二节　梁式桥抗风总结……397
第三节　梁式桥抗风展望……398

第一章

梁式桥跨度演变

　　桥梁是架设在水上或空中以便通行的建筑物[1]，是一种跨越障碍的交通功能结构物[2]。桥梁根据结构受力的不同可以分为以受弯为主的梁式桥、以受压为主的拱式桥、以受拉为主的悬索桥和复合受力的斜拉桥。梁式桥是最古老的桥型，有着悠久的发展历史。本章主要介绍梁式桥起源，混凝土、钢结构和钢-混凝土组合梁桥发展，以及大跨度梁式桥，包括预应力混凝土连续梁桥、钢-混凝土组合结构连续梁桥、钢箱梁结构连续梁桥、钢桁架结构连续梁桥或悬臂梁桥和体外预应力索辅梁桥等。

第一节　梁式桥起源

　　桥梁是人类文明的产物，是人类社会发展、进步的一个重要标志。在人类最基本的生活需求"衣、食、住、行"中，桥梁是为"行"服务的。从古到今，桥梁与人们的生产和生活息息相关，是人类的重要依靠。

　　在原始社会，人类跨越水道和峡谷，一般认为是利用自然倒下的树木、天然形成的石梁、突出溪涧的岩石、生长在谷岸的藤萝等，人类有目的地伐木为梁或堆石成桥始于何时，已难以考证[3]。桥梁历史学家推测，史前第一座人工修建的桥梁可以追溯到1万多年前，新石器时代的人类祖先用石斧砍下一根原木作为桥梁[4]。

　　我国现有考古发现，中国桥梁起源有四种可能[3]：

　　①陕西临潼姜寨遗址村寨居住区约1.6万m^2，呈椭圆形。村寨外围西侧临河，东、南、北三面以宽、深各约2m的壕沟围绕。壕沟内侧建有木桩和树条编成的栅栏或围墙。由此推断，沟上或河上势必有桥，为便于村落人员出入，很可能是拼木为梁的活动木桥。

　　②内蒙古敖汉旗兴隆洼遗址经1983年至1993年六次大规模考古发掘，发现它有半地穴式房址94座，房址成排分布，秩序井然，居住区外围环绕一道椭圆形的围壕，壕上应该有桥。

　　③浙江萧山跨湖桥遗址考古记载："早在7700年前，当时的人类已经知道利用烧荒筑坝的方式，营造适合种植水稻的土地环境。"水太多了，便在坝下挖孔泄水，坝下开孔就成"梁"，"堤

梁"一说也可能由此而来。

④浙江余姚河姆渡遗址出土了大量建造干栏式建筑的榫卯以及带榫眼的桩木、木插销、较粗的丫杈型木件等，还出土了加工木构件的石斧、石楔、石锛、骨凿等工具。从一座木构水井遗存中发现，方井框的构造等用了榫卯相接，应当可用于修建木桥。

由此可以推断，中国最早的桥梁应该出现在新石器中晚期的公元前6000年到公元前5000年，桥型一般认为是最简单的梁桥，可以推断是木梁桥或石梁桥。

一、古代木梁桥

史料记载，古巴比伦王国曾在公元前1800年建造过一些木桥[3]，瑞士苏黎世湖上一座木桥（Holzbrücke Rapperswil-Hurden）可以追溯到公元前1523年，经过多次重建，目前保留完好（图1-1）。古罗马在公元前7世纪建造了跨越Tiber河的木桥（图1-2）。桥梁历史还记载了公元前783年，古巴比伦王国曾经在幼发拉底河上建造过一座木梁桥，桥宽10.7m，桥长182.9m。这种木梁桥的基本结构形式（图1-3），一直被保持到罗马帝国恺撒大帝时代（公元前100年至公元前44年）[5]。

图1-1 瑞士苏黎世湖上木梁桥

图1-2 古罗马Tiber河上的木桥

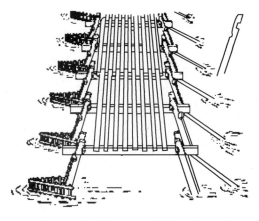

图1-3 保持到恺撒大帝时代的多跨木梁桥

我国自商朝起已有关于桥梁的文字记载。《诗经·卫风·有狐》咏："有狐绥绥，在彼淇梁。""淇梁"是指商朝的梁桥；关于"钜桥"，《史记》中有两处记载，《水经注》中有一次记载。《史记·殷本纪》："厚赋税以实鹿台之钱而盈钜桥之粟。"《史记·周本纪》："武王既革殷，受天命之后……命南宫括散鹿台之财，发钜桥之粟，以振贫弱萌隶。"周朝不仅建有梁桥，还建造了木浮桥，公元前1134年左右，周文王娶有莘之女，在渭水上架浮桥，桥长达183m；周穆王三十七年（公元前940年）伐楚，大起九师，东之九江，架鼋鼍以为梁，"浮囊挽缆""过索浑脱"是军事行动的必需装备，随时可以架设浮桥，跨越江河,而周穆王是其首创者。春秋时期吴王阖闾和夫差为图霸业,于公元前506年、公元前495年、公元前486年命伍子胥开凿自太湖直达长江的运河,长100余千米,名胥溪,它是历史上第一条运河,在运河出口处的胥口乡原有木梁桥一座,名"炙鱼桥";《史记·滑稽列传》记:"魏文侯时(公元前445年至公元前396年)西门豹为邺令……发民凿十二渠,引河水灌民田。"陕西咸阳的沙河上,考古发现了一座建于公元前400年左右的沙河古桥,是典型的木梁木柱桥,沙河古桥遗址博物馆中保留有桥位现场大量的木柱桥墩。战国时代著名的水利专家李冰,被秦昭王任命为蜀守,自公元前256年起李冰父子在成都灌县创建都江堰,使都江堰成为闻名世界的综合性水利工程,在渠上修建了多座桥梁,其中最著名的是北斗七星桥,包括竹索桥和木梁桥等。秦国为了贸易、迁都与兼并别国,还建造了许多特殊类型的木梁桥——栈道(图1-4),栈道凿筑可能早于秦,而栈道之名首见于秦。西汉和东汉时期,穿越咸阳的渭水上曾修建过三组桥梁,分别为东渭桥、中渭桥和西渭桥,其中中渭桥中的厨城门桥最长,全长880m,木柱桥墩宽度为15.6m。

a)依崖多柱式栈道　　　　　　b)不依崖梁柱式栈道

图1-4　古栈道复原图

古罗马人修建的最值得纪念的木桥是跨越多瑙河的Trajan桥,这是一座木拱桥,总长1135m,宽15m,高19m,单孔跨度达到38m,支撑在20多个桥墩上(图1-5)。这座木拱桥使用了170多年,古罗马人提出和总结了三条非常重要的木桥维护建议,包括将牛粪涂抹在加工过的木材表面可以防止木材快速干裂,将油渣涂在木材表面可以防止各种虫蛀,将沥青涂在木材表面是防止水侵蚀的最好方法[6]。在此后的十几个世纪里,国外木梁桥几乎没有重大进展。

我国自晋朝起,进入了古代桥梁发展的鼎盛时期,经历了晋朝、南北朝、隋朝、唐朝直到五代十国,木梁桥的跨度达到了10m(图1-6),木梁木柱桥上出现了最大倾角为10°的斜桩,对蒲津浮桥的改建达到了空前的地步(图1-7),大明宫太液池中的园林廊桥与佛庙、书院前的理念性桥梁均属首创[3]。

图1-5　古罗马多瑙河上的Trajan桥

图1-6　东渭桥遗址

图1-7　蒲津浮桥

960年至1279年,是我国古代桥梁发展的全盛时期。宋朝将起源于4世纪初的青海或甘肃的单伸臂桥——一种我国独创的叠涩结构,从单跨变为多跨,由单伸臂改进为双伸臂和斜撑伸臂(图1-8)[3]。木伸臂梁利用木料,横直相间,层层挑出成伸臂,两边伸臂之间搁以简支梁,其跨越能力比简支梁增加约4倍,跨度也从10m以下提高到40m,并且桥上建有桥屋或桥廊、桥亭、桥塔等。

a)单伸臂式　　　　　b)双伸臂式　　　　　c)斜撑伸臂式

图1-8　伸臂式木梁桥

我国历朝历代一直为提高桥梁的跨越能力而奋斗,跨越能力中单跨跨径大小又是主要的衡量标准。到14世纪初,我国木梁桥的建设取得辉煌成就,木板梁桥的最大跨度为4m,木梁桥的最大跨度为10m,单伸臂木梁桥最大跨度为33m(图1-9),双伸臂木梁桥最大跨度为40m(图1-10),斜撑式木梁桥最大跨度为60m(图1-11),处于国际领先地位。

图 1-9　单伸臂木梁桥　　　　　　图 1-10　双伸臂木梁桥　　　　　　图 1-11　斜撑式木梁桥

16 世纪初,欧洲国家开始尝试设计和建造木桁架桥(图 1-12),跨度比木梁桥提高了 1 倍,达到 20m,但是,因为当时木拱桥的跨度更大(30 多米),所以,木桁架桥并没有明显优势。直到 1758 年,瑞士在莱茵河上建造了跨度为 52m+59m 的连续木桁架桥后,这一桥型的优势才显现出来[6]。在木桁架桥方面,美国和俄国的进步更大,特别是美国。1785 年,美国建成了两跨 56m 的木桁架桥——Hale 桥(图 1-13)。19 世纪,随着公路和铁路大发展,美国建造了 1 万多座木梁桥,其中很大一部分是廊桥,虽然木拱桥的跨度有了很大提高,但木桁架桥的跨度几乎没有增长。随着 19 世纪末两大人工结构材料——钢材和混凝土的出现,人们开始大量发展钢桥和钢筋混凝土桥,木梁桥的发展几乎停止[6]。

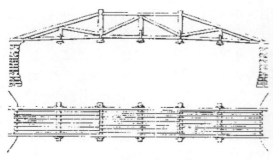 

图 1-12　早期欧洲木桁架桥　　　　　　图 1-13　美国 Hale 木桁架桥

二、古代石梁桥

用天然石料建造的桥梁主要有石梁桥和石拱桥,历史都很悠久。石拱桥由于石材抗压能力较强且可以堆砌,跨越能力较强,不仅在桥梁历史上有过辉煌成就,而且在现代桥梁建筑中仍有一定的借鉴价值。石梁桥由于抗弯能力较差且整跨成梁、跨越能力较弱,历史上记载不多,现今只在人行桥或涵洞中使用。

根据文字记载,石梁桥曾经出现在古巴比伦。希罗多德在《历史》中是这样形容古巴比伦人建桥的:"她(女王)下令削切巨大的石块,而当她所需要的石块切好之后,人工湖也挖好了,于是她便把幼发拉底河的河道引导到挖好的人工湖里。人工湖满了,原来的河道也干涸了。于是,她便着手首先把城内河流的两岸,用烧好的砖砌起来,又把河门前面引到河边的那些坡形的码头也砌上了砖,就和筑城砌砖的时候完全一样。在这之后,她便用已经掘出的石材,大约在城市正中的地方,修筑了一座石桥,石桥用的石块则是用铁和铅接合到一起的。"[7]

在古希腊,大河不多,淡水主要是泉水和溪流,有大河的地方,当初也没有能力建桥,更何况古希腊靠海,船业很发达,可以用船代替桥。已知的古石桥都是石拱桥,譬如,建于公元前1300年左右、现在还在使用的Arkadiko桥(图1-14)。

古罗马在建造技术上最为重要的贡献就是发明了混凝土和券拱。由火山灰、石灰和碎石构成的天然混凝土要早于现代混凝土2000多年,券拱在外形上类似叠涩拱。卷拱的发明标志着古罗马人在建筑力学领域的突破,卷拱可以将拉应力转化为压应力,有效分解了建材自重负荷带来的拉应力。可以说,这两项发明已经超出单纯的建筑史或建筑技术范畴,具有重大意义。这两大发明使得石拱桥得到大力发展(图1-15)。

图1-14 古希腊石拱桥

图1-15 古罗马石拱桥

我国具有悠久的建造石梁桥的历史[3]。《水经注·泗水》记载:"泗水之上有石梁焉,曰吕梁也。昔宋景公(公元前516—公元前452年)以弓工之弓,弯弧东射,矢集彭城之东,饮羽于石梁,即斯梁也。"孔丘曾过此观桥(《列子·黄帝》)。始建于嬴政元年(公元前246年),连通泾水与洛水的陕西郑国渠,全长126.03km,在中华人民共和国成立以后的实地勘查中,发现它在规划设计中,在沿渠线所有交叉的河道处,均建造了桥梁或闸门,实现其"横绝"的目的,引或揽河水入渠,以灌溉耕地。广西兴安的灵渠,又名湘桂运河、兴安运河,始建于嬴政三十三年(公元前214年),连通长江与珠江两大水系,长34km,在渠道水浅流急处修筑斗门,提升水位。斗门是船闸的先导,渠上有多座石梁桥,一些石桥墩台侧面凿有闸槽,是一种闸桥(图1-16)。

陕西渭水有支流灞、浐、沣三水汇入,河上都有过古石梁桥。灞水(河)上历代都建造过形式各异的桥梁,在其河道里发现5件古木骸。每件长约25m,宽4.5~5.0m,古木件的木头之间用木铆钉和铁钉相连,铁钉是用铅浇灌的,还有龙骨、夹板和肋骨等结构部件。汉代灞桥遗址的发现,证明灞桥在西汉末年的地皇三年(22年)已改进为石梁石柱桥了,隋唐时代和明清时代的灞桥遗址也先后证明其是石梁桥(图1-17)[3]。

图1-16 广西兴安灵渠中的闸桥

图1-17 陕西渭水灞桥遗址

福建发现了四座唐代石墩石梁桥,分别是闽侯县的栖云桥和宏屿桥,福州市仓山区的连坂桥、马尾区的沈公桥。其中,栖云桥建于唐上元元年(674年),系石构平梁桥,全长约6m,单孔净跨3.5m,桥面用两块宽约0.5m、厚约0.4m的石板平铺;宏屿桥建于唐上元年间,系石构平梁桥,桥面宽2.8m,单孔净跨3.5m,桥面用三块长4m、宽0.7m、厚0.36m的石板条平铺;连坂桥始建于唐大历年间(约771年),系单孔石构平梁桥,全桥长15m、宽1.4m,桥面由两条大石梁架成,其中大的一条长7.1m、宽0.95m、厚0.45m;沈公桥(图1-18)建于唐天复元年(901年),全桥长66m,宽4.8m,用花岗岩长条石砌造,桥墩两头尖翘似船首,墩间中距13.2m,其上铺架1m见方、长16m的巨大石梁一列5根,全桥6墩5孔,共架设石梁25根[3]。

图1-18 福州马尾沈公桥

我国桥梁发展史上的全盛时期——宋朝,建造了许多石梁桥,特别是在福建建成了泉州洛阳桥(1083年,图1-19)、莆田木兰陂回澜闸桥(1138年)、泉州安平桥(1152年)、潮州广济桥(1170年,图1-20)等,其中广济桥是一座石梁石墩桥和浮桥相结合的开合桥梁。

我国古代石梁桥建设取得了巨大的成就,石板梁桥的最大跨度为12m,石梁桥的最大跨度为23.7m,三边形石梁桥的跨度达到14m,处于国际领先地位。

图1-19 福建泉州洛阳桥　　　　　图1-20 潮州广济桥

石梁桥耐久性优于木梁桥,但其跨越能力不如木梁桥。同时,随着两种人工合成结构材料——钢材和混凝土的出现,人们开始大力发展钢桥和钢筋混凝土桥,不再发展石梁桥。

第二节 梁式桥发展

梁桥主要受力形式是弯曲,随着两种人工合成结构材料——混凝土和钢材的出现,梁桥抗弯材料有了更多的选择,跨度也越来越大。因此,梁桥从近代开始的发展历史,可以分为混凝土梁桥(包括钢筋混凝土梁桥和预应力混凝土梁桥)、钢结构梁桥(包括连续桁架梁桥、悬臂桁架梁桥和连续钢箱梁桥)和钢-混凝土组合梁桥(包括钢梁与混凝土桥面板结合梁桥、波形钢腹板预应力组合梁桥、钢桁架腹板预应力组合梁桥和钢-混凝土混合连续刚构桥)。

一、混凝土梁桥

尽管古罗马在公元前就发明了由石灰、火山灰和碎石构成的天然混凝土,但是,现代混凝土是以波特兰水泥为主要原料的。1824年,英国人Joseph Aspdin最先发明了波特兰水泥,并申请了发明专利,随后波特兰水泥在欧洲一些国家被用于混凝土。1865年,波特兰水泥混凝土被首次用作主要材料建桥,这是法国一座将瓦恩河引入巴黎的渡槽,全长151km,采用最原始的素混凝土结构。

1875年,法国人J. Monier修建了全世界第一座配筋混凝土人行桥,这是一座城堡内的花园拱桥(图1-21),跨径16.5m,矢高1.1m,宽度4.0m,混凝土内配置的是铸铁筋而不是后来的钢筋。1880年,法国泥瓦匠出身的F. Hennebique成为配筋混凝土建筑的承包商,他通过在法国和比利时申请获得的专利(图1-22),在许多大城市设立了特许经营公司,每年的承包合同有1500多份,极大地推动了欧洲配筋混凝土的发展。1887—1891年,德国、奥地利、匈牙利和瑞士修建了320多座公路配筋混凝土桥梁,跨度多达到40m,其中一座拱桥跨度达到41.62m,矢高3.6m,而拱顶厚度才20cm。

图1-21 第一座配筋混凝土桥

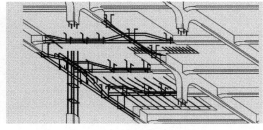

图1-22 Hennebique配筋混凝土专利

1904年,F. Hennebique在比利时列日市修建了一座跨越Ourthe河的配筋混凝土桥梁,跨度达到了55m,这是最早的混凝土梁桥跨度纪录。1909—1911年,法国人Eugene Freyssinet建造了一座68m+72.5m+68m的三跨连拱桥,都是三铰拱,矢跨比1/15,这是当时跨度最大的混凝土拱桥。他在现浇混凝土结硬受力后落架时,第一次发现了混凝土收缩和徐变,认为这可能与35kg/m²的低配筋率有关。在设计这座桥时,他设计了一个50m跨度的单拱桥模型,并在两个拱脚处张拉了一根钢索,这是其后期所有预应力专利和产品的最初预应力尝试,奠定了预应力技术的基础。但是,1910 年瑞士人 A. Siegwart 第一个制成了预应力混凝土管,预加应力值达到了 625MPa,可以承受管内压力 5.5MPa。

1917 年,E. Freyssinet 发明了机械压实混凝土的方法。1928 年,德国人 F. Dischinger 对一座 68m 跨度的系杆拱桥施加了预应力,抵消了恒载挠度。同一年,德国人 R. H. Dill、法国人 E. Freyssinet 和 J. C. Séailles 分别申请了德国和法国的预应力技术专利,这两项专利的最小预应力值都是 400MPa。1931 年,巴西人 E. H. Baumgart 建造了世界上第一座悬臂施工的钢筋混凝土连续梁桥——Rio do Peixe 桥,其跨度达到了 68.5m,但是,悬臂施工方法直到预应力技术发明之后才得以推广应用。1934 年,F. Dischinger 同时申请了德国和法国的体外预应力技术专利,可以用来克服混凝土徐变和收缩变形。1937 年,F. Dischinger 设计了跨越萨克森 Aue 火车站的 25m+69m+25m 混凝土桥(图 1-23),采用 ϕ70mm 和 360MPa/520MPa 的钢筋施加体外预应力,这是当时世界上最大跨度的连续梁桥。1939—1940 年,E. Freyssinet 陆续获得了法国、瑞士和奥地利的钢绞线加锲形锚具的预应力技术专利(图 1-24),这是到目前为止应用最广泛的预应力技术。

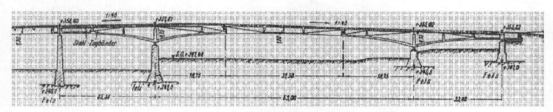

图 1-23　F. Dischinger 设计的萨克森 Aue 火车站的三跨连续梁桥

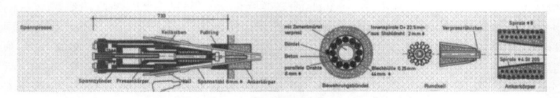

图 1-24　E. Freyssinet 钢绞线加锲形锚具的预应力技术专利

1947 年,在比利时布鲁塞尔建成了世界上第一座预应力混凝土铁路桥,跨度 20m。1948 年,法国建成了纤细的单跨 74m 的 Marine 桥(图 1-25)。1949 年,巴西里约热内卢建成了第一座节段预制拼装预应力混凝土桥,采用现浇混凝土板连接。同年,联邦德国建成了 Neckar 运河大桥,这是一座跨径为 19m+96m+19m 的三跨连续梁桥,采用箱形截面,布置了 1216 根 7ϕ3.0mm 的预应力钢丝,钢丝极限强度达到了 1600MPa/1800MPa。这一时期,英国铁路上也修建了一系列节段预制拼装预应力混凝土桥。

20 世纪 50 年代,预应力混凝土桥梁迅速发展和普及。U. Finsterwalder 先后设计建成了 Gänstor 桥、Lahn 桥和 Mangfall 桥(图 1-26),发明了悬臂浇筑和悬臂拼装施工法以及混凝土桁架腹板箱梁,并且使预应力混凝土梁桥跨度首次突破 100m,达到 106m。1956 年,美国建成了全长 38.6km 的双幅 Pontchartrain 湖桥(图 1-27),有 9500 多个桥墩,上部结构采用节段预制拼装梁桥。

图 1-25　法国单跨 74m 的 Marine 桥

图 1-26　联邦德国 Mangfall 桥

图 1-27　美国 Pontchartrain 湖桥

从 20 世纪 60 年代起,预应力混凝土梁桥的跨度开始迅速增长。1963 年,英国建成了跨度 152m 的预应力混凝土连续刚构桥——Medway 高架桥。1965 年,联邦德国建成了跨度 208m 的 Bendorf 桥(图 1-28),预应力混凝土梁桥的跨度首次突破 200m。1976 年,日本建成了跨度 240m 的预应力混凝土连续刚构桥——浜名大桥。1978 年,联邦德国又建成了跨度 264m 的预应力混凝土连续刚构桥——Neckar 高架桥(图 1-29),再一次刷新了跨度世界纪录。1985 年,澳大利亚建成了跨度 260m 的 Gateway 桥。1997 年,中国建成了跨度 270m 的预应力混凝土连续刚构桥——虎门大桥辅航道桥(图 1-30),创造了梁桥跨度新的世界纪录。1998 年,挪威先后建成了跨度 298m 的 Raftsundet 桥和跨度 301m 的 Stolma 桥(图 1-31),后者至今保持着混凝土梁桥跨度的世界纪录。

图 1-28　联邦德国 Bendorf 桥

图 1-29　联邦德国 Neckar 高架桥

图1-30 中国虎门大桥辅航道桥

图1-31 挪威Stolma桥

从19世纪中后期混凝土用于桥梁建设以来，混凝土梁桥跨度越来越大，材料从钢筋混凝土突破到预应力混凝土之后，混凝土梁桥的跨度有了快速的增长，结构形式从固端梁发展到连续梁，再发展到连续刚构。表1-1列出了混凝土梁桥发展历史上曾经创造过跨度世界纪录的13座桥梁。

曾经创造过跨度世界纪录的混凝土梁桥　　　　　表1-1

建成时间	桥名	跨径(m)	材料	结构	所在地
1904年	Ourthe河桥	55	钢筋混凝土箱梁	固端梁	比利时
1931年	Rio do Peixe桥	68.5	钢筋混凝土箱梁	连续梁	巴西
1937年	Aue火车站桥	69	预应力混凝土箱梁	连续梁	德国
1948年	Marine桥	74	预应力混凝土箱梁	固端梁	法国
1949年	Neckar运河大桥	96	预应力混凝土箱梁	连续梁	德国
1959年	Mangfall桥	108	预应力混凝土桁架梁	连续梁	德国
1963年	Medway高架桥	152	预应力混凝土箱梁	连续刚构	英国
1965年	Bendorf桥	208	预应力混凝土箱梁	连续刚构	德国
1976年	浜名大桥	240	预应力混凝土箱梁	连续刚构	日本
1978年	Neckar高架桥	264	预应力混凝土箱梁	连续刚构	德国
1997年	虎门大桥辅航道桥	270	预应力混凝土箱梁	连续刚构	中国
1998年	Raftsundet桥	298	预应力混凝土箱梁	连续刚构	挪威
1998年	Stolma桥	301	预应力混凝土箱梁	连续刚构	挪威

二、钢结构梁桥

钢是一种铁碳合金材料，是由天然铁矿石冶炼而成的。当含碳量较高（一般认为大于2%）时，这种合金称为铸铁；当含碳量很低（一般认为小于0.0218%）时，这种合金称为纯铁；钢是含碳量在0.02%~2%之间的合金。人类应用铸铁的历史可以追溯到公元前1800年的小亚细亚人，中国铸铁的冶炼和使用始于公元前5世纪的春秋战国时期，铸铁在桥梁上最早是用作承重铁链。公元前206年，陕西留坝县马道镇建成了樊河铁索桥，1706年，四川泸定县建成了人类历史上第一座突破百米的桥梁——泸定桥。铸铁用作其他桥梁构件最早出现在1779年，英国Coalbrookdale地区建成了30m跨度的铸铁拱桥，此后，铸铁抗压强度高的特性在后续多座铸铁拱桥中得以发挥，也用铸铁修建了一些桁架梁桥。

钢的冶炼实际上从公元前 1800 年的小亚细亚人和公元前 500 年的中国人就已经开始,只不过采用的是锻炉炼钢法,这种方法要消耗很多炉火和劳动力,所以,钢的产量很少而价格高昂,只能用在一些刀剑等兵器上,即所谓好钢用在刀刃上。炼钢成本降低和产量提高得益于 1856 年诞生的 Bessemer 方法和 1864 年出现的 Siemens-Martin 方法,一般称为顶吹转炉方法。全世界第一座钢桥是 1874 年在美国圣路易斯建成的 Eads 桥,这是一座三跨钢拱桥,跨度达到了 158m。全世界第一座钢梁桥是以 Steel 桥命名的钢桁架连续梁桥,最大跨度 64m,位于美国俄勒冈州波特兰市,1888 年建成时,是一座水平旋转开启桥,1912 年改建为竖向提升式开启桥(图 1-32)。

1889 年,澳大利亚新南威尔士建成了 Hawkesbury 钢桁架连续梁桥,跨度达到了 127m(图 1-33)。1872 年,美国纽约建成了铁路 Rosendale 栈桥,全长 290m,以 7 跨 32m 锻铁桁架梁为主,这是美国当时最高的桥梁,桥面与水平面高差 46m,1896 年,全桥改建成钢桁架梁桥。1911 年,美国宾夕法尼亚州建成了 Sewickley 三跨钢桁架连续梁桥(图 1-34),跨径布置为 114m+230m+114m,是当时世界上最大跨度的钢桁架连续梁桥。1916 年,美国再次刷新了钢桁架连续梁桥的跨度纪录,建成了俄亥俄州 Sciotoville 桥(图 1-35),两个主跨 236m。1945 年,德国建成了 Duisburg-Rheinhausen 桥,跨度达到了 254.5m。1966 年,美国俄勒冈州建成了最大跨度 376m 的 Astoria-Megler 桥(图 1-36)。1991 年,日本建成了 Ikitsuki 桥(图 1-37),两个主跨达到 400m,是目前最大跨度的钢桁架连续梁桥。

图 1-32　美国波特兰 Steel 桥

图 1-33　澳大利亚 Hawkesbury 桥

图 1-34　美国宾夕法尼亚州 Sewickley 桥

图 1-35　美国俄亥俄州 Sciotoville 桥

图 1-36　美国俄勒冈州 Astoria-Megler 桥

图 1-37　日本 Ikitsuki 桥

全世界第一座钢桁架悬臂梁桥是1867年联邦德国建成的跨越Main河的Hassfurt桥，主跨37.9m，桁架构件是铸铁的。1877年，美国肯塔基州建成了High桥，主跨84m，桁架构件也是铸铁的。1883年，美国纽约州建成了Niagara悬臂梁桥（图1-38），主跨151m，桁架构件第一次采用钢材。1889年，美国纽约州建成了钢桁架悬臂梁桥——Poughkeepsie桥（图1-39），主跨达到167m。1890年，英国建成世界著名的钢桁架悬臂梁桥——Forth桥（图1-40），一下子将跨度提升到了521m。1929年，经历过两次倒塌的加拿大Quebec桥（图1-41）终于建成，549m的跨度纪录一直保持到现在。此外，500m以上跨度的钢桁架悬臂梁桥还有两座，都是1974年建成的，分别是日本的Minato桥和美国的Commodore Barry桥。

图1-38　美国纽约州Niagara悬臂梁桥

图1-39　美国纽约州Poughkeepsie桥

图1-40　英国Forth桥

图1-41　加拿大Quebec桥

除了钢桁架连续梁桥和钢桁架悬臂梁桥外，另一种钢结构梁桥就是钢箱梁桥或钢板梁桥。钢箱梁桥和钢板梁桥的历史分别可以追溯到1840年建成的140m跨度的英国威尔士Britannia桥（图1-42）和1847年建成的美国Baltimore and Ohio铁路桥，但是，这两座桥都是以锻铁作为箱梁和板梁材料的。直到1948年，德国跨度184m的Deutzer桥（图1-43）才打破了这个跨度纪录。1957年，南斯拉夫建成了跨度261m的Sava Ⅰ桥。1974年分别建成了两座世界纪录跨度的钢箱梁连续梁桥，即300m跨度的巴西Rio-Niteroi桥（图1-44）和376m跨度的意大利Sfalassa高架桥（图1-45）。

图1-42　英国威尔士Britannia桥

图1-43　德国Deutzer桥

图 1-44　巴西 Rio-Niteroi 桥

图 1-45　意大利 Sfalassa 高架桥

从 19 世纪末钢材用于桥梁建设以来,桥梁结构形式主要有钢桁架连续梁桥、钢桁架悬臂梁桥和钢箱梁连续梁桥,其跨度越来越大。表 1-2 列出了钢桁架连续梁桥、钢桁架悬臂梁桥和钢箱梁连续梁桥发展历史上,曾经创造过跨度世界纪录的 19 座钢结构梁桥。

曾经创造过跨度世界纪录的钢结构梁桥　　　　表 1-2

建成时间	桥名	跨径(m)	桥梁结构形式	所在地
1888 年	Steel 桥	64	钢桁架连续梁桥	美国
1889 年	Hawkesbury 桥	127		澳大利亚
1911 年	Sewickley 桥	230		美国
1916 年	Sciotoville 桥	236		美国
1945 年	Duisburg-Rheinhausen 桥	254.5		德国
1966 年	Astoria-Megler 桥	376		美国
1991 年	Ikitsuki 桥	400		日本
1867 年	Hassfurt 桥(铸铁)	37.9	钢桁架悬臂梁桥	德国
1877 年	High 桥(铸铁)	84		美国
1883 年	Niagara 桥	151		美国
1889 年	Poughkeepsie 桥	167		美国
1890 年	Forth 桥	521		英国
1929 年	Quebec 桥	549		加拿大
1840 年	Britannia 桥(锻铁)	140	钢箱梁连续梁桥	英国
1948 年	Deutzer 桥	184		德国
1952 年	Duesseldorf-Neuss 桥	206		德国
1957 年	Sava Ⅰ 桥	261		南斯拉夫
1974 年	Rio-Niteroi 桥	300		巴西
1974 年	Sfalassa 高架桥	376		意大利

三、钢-混凝土组合梁桥

钢和混凝土作为两种现代最主要的结构材料,不仅可以单独用于建造混凝土梁桥和钢结构梁桥,还可以结合用于建造钢-混凝土组合梁桥,更好地利用钢材重量轻和强度高以及混凝土价格低和抗压稳定性好的优点。

钢-混凝土组合梁桥最早是以钢梁受拉和混凝土板受压的方式出现的,主要有工字钢梁加混凝土桥面板结合梁和槽形钢梁加混凝土桥面板结合梁(图1-46)两种形式[8]。1914年建成的瑞士Acheregg桥是最早的工字钢梁加混凝土桥面板桥梁之一,其中,钢筋混凝土板厚0.23m,工字钢梁高0.8m,工字钢间距3.25m,如图1-47所示。这种钢-混凝土组合梁桥的经济跨度一般只有50m左右,极限跨度100m。

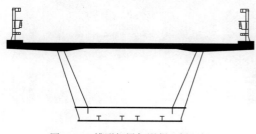

图1-46 槽形钢梁加混凝土桥面板

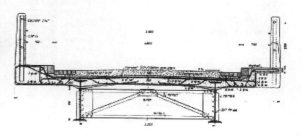

图1-47 瑞士Acheregg桥

为了探索更大跨度的钢-混凝土组合梁桥,也为了减轻预应力混凝土箱梁腹板的重量,20世纪80年代,诞生了两种新的钢-混凝土组合梁桥。一种是用波形钢腹板代替混凝土腹板的波形钢腹板预应力组合梁桥(图1-48),另一种是用钢桁架代替混凝土腹板的钢桁架腹板预应力组合梁桥(图1-49)。

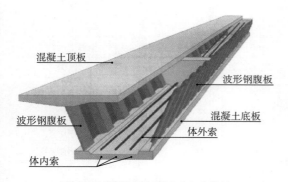

图1-48 波形钢腹板预应力组合箱梁

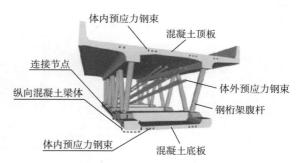

图1-49 钢桁架腹板预应力组合箱梁

20世纪80年代,法国工程师率先开展波形钢腹板预应力组合箱梁桥技术研究和工程实践,1986年建成了全世界第一座波形钢腹板预应力组合连续箱梁桥——Cognac桥(图1-50),跨径布置为31m+43m+31m,此后建造了几十座这种结构的桥梁;90年代开始,日本工程师对该种桥型进行了深入、细致的技术研究,并且大量推广,建造了总数超过300座的类似桥梁,尽管跨度大部分为50~100m,但是最大跨度达到了179m(图1-51),其中的Kinokawa桥(图1-52)是一座典型的波形钢腹板预应力组合梁桥;2005年,中

图1-50 法国Cognac桥

国建成了第一座波形钢腹板预应力组合箱梁桥,随后又进行了技术研发和工程推广,到 2022 年底为止已经建成了 200 多座此类桥梁,许多桥梁跨度超过了 100m,最大跨度达到了 190m。表 1-3 列出了跨径世界排名前 6 的波形钢腹板预应力组合梁桥。

图 1-51　日本安威川桥

图 1-52　日本 Kinokawa 桥

世界最大跨径钢-混凝土组合梁桥　　　　　表 1-3

建成时间	桥名	跨径(m)	桥梁结构形式	所在地
2020 年	南充嘉陵江大桥	190	波形钢腹板预应力组合梁桥	中国
2016 年	安威川桥	179		日本
2014 年	丰田巴川桥	164		日本
2018 年	银洲湖特大桥辅航道桥	162		中国
2014 年	前山河特大桥	160		中国
2016 年	宁波奉化江大桥	160		中国
2002 年	Bras de la plaine 桥	280	钢桁架腹板预应力组合梁桥	法国
2014 年	Ulla 桥	240		西班牙
2019 年	南充将军路嘉陵江大桥	210		中国
1993 年	Nantenbach 桥	208		德国
2006 年	重庆石板坡长江复线桥	330	钢-混凝土混合连续刚构桥	中国
2020 年	晋江安海湾特大桥	300		中国
2020 年	重庆嘉华轨道专用桥	252		中国
2019 年	福州马尾大桥	240		中国
2014 年	温州瓯越大桥	200		中国

图 1-53　法国 Bras de la plaine 桥

钢桁架腹板预应力组合梁桥几乎与波形钢腹板预应力组合梁桥同时出现,最早也是由法国工程师开展技术研发和工程实践的。虽然法国此类桥梁并不多,但是最大跨度达到了 280m (图 1-53);20 世纪 90 年代,日本开始研发和推广钢桁架腹板预应力组合梁桥,建造 100 多座,跨度虽然比波形钢腹板预应力组合梁桥大,但是都没有超过 200m;德国和西班牙则是将预应力混凝土箱梁的底板替换成钢桁架腹板的下弦杆，从而变成了钢桁架与预应力桥面板的组合体系梁桥，其中 Nantenbach 桥（图 1-54）和 Ulla 桥（图 1-55）的跨度分别达到了 208m 和 240m；中国自 21 世纪初开始建造钢桁架腹板预应力组合梁桥以来，已经建成这种桥梁 100 多座，最大跨度也达到了 210m。表 1-3 列出了跨径世界排名前 4 的钢桁架腹板预应力组合梁桥。

图 1-54　德国 Nantenbach 桥

图 1-55　西班牙 Ulla 桥

现有梁式桥跨越能力最强的钢-混凝土组合梁桥是中跨 1/3 左右的梁段采用钢结构减轻重量，其余部分采用预应力混凝土结构的钢-混凝土混合连续刚构桥，这种桥型也是在 20 世纪 80 年代出现的。法国、德国和日本先后开展钢结构与混凝土结构的连接技术研究，并在采用钢-混凝土混合主梁的斜拉桥中最先应用和推广，有效解决了斜拉桥中跨大、边跨小的重量不平衡的问题，但是，在连续梁桥和连续刚构桥中应用的跨度都不大，譬如日本新川桥的最大跨度只有 118m。我国钢-混凝土混合连续刚构桥的建设始于 21 世纪初，虽然起步较晚，但是跨度突破很快，2006 年建成了 330m 跨度的重庆石板坡长江大桥复线桥（图 1-56），2022 年建成了 300m 跨度的晋江安海湾特大桥（图 1-57），再加上重庆嘉华轨道专用桥（252m）、福州马尾大桥（240m）和温州瓯越大桥（200m）等，我国一跃成为大跨度钢-混凝土混合梁桥建设大国。

图 1-56　重庆石板坡长江大桥复线桥

图 1-57　晋江安海湾特大桥

表 1-3 列出了跨径世界排名前 5 的钢-混凝土混合连续刚构桥，全部在中国。

第三节　大跨度梁式桥

大跨度梁式桥可以依据不同标准分类，按照主梁材料和支撑体系进行分类是最基本的方法，可以分为预应力混凝土连续梁桥、钢-混凝土组合结构连续梁桥、钢箱梁连续梁桥、钢桁架连续梁桥或悬臂梁桥、体外预应力索辅梁桥。不同材料和体系之间既有共性，也有特性。梁桥的跨径就与主梁材料和支撑体系密切相关，一般认为预应力混凝土连续梁桥跨径最小，钢-混凝土组合结构连续梁桥其次，钢箱梁连续梁桥较大，而跨径最大是钢桁架连续梁桥或悬臂梁桥。

一、预应力混凝土连续梁桥

预应力混凝土连续梁桥诞生于20世纪30年代，随着混凝土和预应力钢筋强度的不断提高，采用连续刚构和箱形截面的预应力混凝土梁桥跨径不断增长。20世纪60年代左右，预应力混凝土连续梁桥跨径分别突破了100m(108m的德国Mangfall桥)和200m(208m的德国Bendorf桥)；70年代，预应力混凝土连续梁桥跨径纪录被改写了两次(240m的日本浜名大桥和264m的德国Neckar高架桥)；整个80年代预应力混凝土梁桥的跨径没有进一步增长，90年代又一次迎来跨径的飞跃，三次改写跨径纪录，分别为270m的中国虎门大桥辅航道桥、298m的挪威Raftsundet桥和301m的挪威Stolma桥；进入21世纪后，301m的跨径纪录一直没有被改写。

我国于1988年建成了第一座大跨径预应力混凝土连续刚构桥——广东洛溪大桥，主跨180m，以此作为起点，在此后的30多年里，建成了近400座预应力混凝土连续刚构桥，不仅跨径创造过世界纪录，而且大跨径桥梁的数量众多。据不完全统计，在全世界已经建成的31座跨径超过240m的预应力混凝土连续刚构桥中，有21座在中国，占总数的68%。表1-4给出了全世界已经建成的24座跨径大于或等于250m的预应力混凝土连续梁桥，其中，中国有13座。

全世界跨径大于或等于250m的预应力混凝土连续梁桥　　　　　表1-4

序号	桥名	跨径布置(m)	所在地	建成时间
1	Stolma 桥	83+301+83	挪威	1998年
2	Raftsundet 桥	86+202+298+125	挪威	1998年
3	Sundøy 桥	120+298+120	挪威	2003年
4	贵州北盘江大桥	82+220+290+220+82	中国	2013年
5	虎门大桥辅航道桥	150+270+150	中国	1997年
6	苏通大桥辅航道桥	139+268+139	中国	2008年
7	云南红河大桥	58+182+265+194+70	中国	2002年
8	Gateway 桥	130+260+130	澳大利亚	1985年
9	New Varodd 桥	260	巴拉圭	1993年
10	Gateway 复线桥	130+260+130	澳大利亚	2009年
11	宁德下白石大桥	145+2×260+145	中国	2003年
12	重庆鱼洞长江大桥	145+2×260+145	中国	2011年
13	四川汉源大渡河大桥	133+255+133	中国	2009年
14	茜草长江大桥	128+248+128	中国	2023年
15	重庆嘉陵江嘉华大桥	138+252+138	中国	2007年

续上表

序号	桥名	跨径布置(m)	所在地	建成时间
16	江安长江大桥	144+252+144	中国	2007年
17	St John 桥	125+250+125	葡萄牙	1991年
18	Schottwein 桥	78+163+250+142	奥地利	1991年
19	Skye 桥	125+250+125	英国	1995年
20	Confederation 桥	43×250	加拿大	1997年
21	重庆黄花园大桥	137+250+250+250+137	中国	1999年
22	马鞍石嘉陵江大桥	146+3×250+146	中国	2001年
23	广州海心沙珠江大桥	138+250+138	中国	2005年
24	Eshima 桥	55+150+250+150+55	日本	2005年

二、钢-混凝土组合结构连续梁桥

钢-混凝土组合结构连续梁桥是继钢结构连续梁桥和预应力混凝土连续梁桥之后发展起来的一种钢与混凝土组合的连续梁桥形式,主要有型钢加混凝土桥面板结合连续梁桥、波形钢腹板预应力组合连续梁桥、钢桁架腹板预应力组合连续梁桥(包括钢桁架加混凝土桥面板组合连续梁桥)、钢-混凝土混合连续刚构桥四种形式,其中后两种形式具有大跨度的结构优势。虽然钢-混凝土组合结构连续梁桥的最大跨度超过了预应力混凝土连续梁桥,达到了330m,但由于其具有建造历史短、钢混结合构造复杂等缺点,在大跨径连续梁桥中的工程实践并不是很多,少于预应力混凝土连续梁桥。表1-5收录了全世界已经建成的10座跨径大于或等于200m的钢-混凝土组合结构连续梁桥,其中,中国有6座。

全世界跨径大于或等于200m的钢-混凝土组合结构连续梁桥　　表1-5

序号	桥名	跨径布置(m)	所在地	建成时间
1	重庆石板坡长江复线桥(混合)	87+4×138+330+105	中国	2006年
2	晋江安海湾特大桥(混合)	135+300+135	中国	2022年
3	Bras de la plaine 桥(钢桁架)	12.5+280+12.5	法国	2002年
4	Arthur Laing 桥(混合)	270	加拿大	1975年
5	重庆嘉华轨道专用桥(混合)	138+252+138	中国	2020年
6	Ulla 桥(钢桁架)	225+240+225	西班牙	2014年
7	福州马尾大桥(混合)	71+83+124+240+124+83+71	中国	2019年
8	南充将军路嘉陵江大桥(混合)	210	中国	2019年
9	Nantenbach 桥(钢桁架)	83+208+83	德国	1993年
10	温州瓯越大桥(混合)	84+200+84	中国	2014年

三、钢箱梁连续梁桥

钢箱梁连续梁桥的前身是1840年建成的锻铁箱梁连续梁桥——英国威尔士Britannia桥,其140m的跨度纪录保持了100多年,直到20世纪40年代末才被打破;50年代,钢箱梁连续梁桥跨度先后突破了200m（206m的联邦德国Duesseldorf-Neuss桥）和250m（261m的南斯拉夫Sava Ⅰ桥）；尽管60年代跨径没有进一步增长，但70年代迎来了跨径的两次飞跃，分别为300m跨度的巴西Rio-Niteroi桥和376m跨度的意大利Sfalassa高架桥，后者是斜腿刚构桥；40多年来，钢箱梁连续梁桥的跨度没有新的增长。

我国很少建设大跨度钢箱梁连续梁桥，一方面是因为我国现代桥梁起步较晚，错过了钢箱梁连续梁桥快速发展的20世纪50年代到70年代，另一方面与我国钢产量有关，在那个年代我国建设的钢桥大都是钢桁架铁路桥，而且跨度也不是很大。表1-6收录了全世界已经建成的10座跨径大于或等于250m的钢箱梁连续梁桥，其中没有中国的桥梁。

全世界跨径大于或等于250m的钢箱梁连续梁桥　　　　　表1-6

序号	桥名	跨径布置(m)	所在地	建成时间
1	Sfalassa高架桥	152+376+152	意大利	1974年
2	Rio-Niteroi桥	200+300+200	巴西	1974年
3	Neckar Tal桥	233+134+134+134+263	德国	1978年
4	Sava Ⅰ桥	261	南斯拉夫	1957年
5	Zoobridge桥	259	德国	1966年
6	Sava Ⅱ桥	250	南斯拉夫	1970年
7	Portpia桥	250	日本	1980年
8	Shirinashigawa桥	250	日本	1987年
9	Namihaya桥	170+250+170	日本	1987年
10	Shirinashigawa桥	250	日本	1991年

四、钢桁架连续梁桥和钢桁架悬臂梁桥

钢桁架结构最适用于大跨径梁桥，主要有钢桁架连续梁桥和钢桁架悬臂梁桥两种形式。

钢桁架连续梁桥是跨越能力最强的连续梁桥，而且跨径增长的历史也比较早。20世纪的第二个10年里，先后建成了230m跨径的美国Sewickley桥和236m跨径的美国Sciotoville桥；20年代和30年代跨径没有进一步增长，40年代跨径突破了250m，建成了254.5m的德国Duisburg-Rheinhausen桥；60年代，跨径飞跃至376m（美国Astoria-Megler桥）；90年代，日本建成了400m跨径的Ikitsuki桥；近年来，钢桁架连续梁桥的跨径没有新的增长。

我国虽然建造了一些钢桁架连续梁桥，但跨径都不是很大。表1-7收录了全世界已经建成的15座跨径大于或等于250m的钢桁架连续梁桥，大多位于美国和日本，德国有两座，没有中国的桥梁。

全世界跨径大于或等于250m的钢桁架连续梁桥　　　　　表1-7

序号	桥名	跨径布置(m)	所在地	建成时间
1	Ikitsuki桥	200+400+200	日本	1991年
2	Astoria-Megler桥	188+376+188	美国	1966年
3	Francis Scott Key桥	220+366+220	美国	1977年
4	Oshima桥	200+325+200	日本	1976年

续上表

序号	桥名	跨径布置(m)	所在地	建成时间
5	Hart 桥	260＋332＋260	美国	1967 年
6	Tenon 桥	100＋300＋100	日本	1966 年
7	Kuronoseto 桥	100＋300＋100	日本	1974 年
8	Ravenswood 桥	275	美国	1981 年
9	Neckar 高架桥	234＋3×134＋264	德国	1978 年
10	Taylor-Southgate 桥	150＋260＋150	美国	1995 年
11	Central 桥	259	美国	1995 年
12	Braga 桥	150＋256＋150	美国	1966 年
13	Duisburg-Rheinhausen 桥	254.5	德国	1945 年
14	Kamagari 桥	85＋255＋85	日本	1979 年
15	Namihaya 桥	170＋250＋170	日本	1995 年

钢桁架悬臂梁桥是跨越能力最强的梁桥结构，也是跨径增长最快的梁桥体系。从 1867 年第一座钢桁架悬臂梁桥问世以来，仅仅过了 23 年，1890 年就建成了跨径达到 521m 的英国 Forth 桥。1929 年，加拿大 Quebec 桥刷新了这一跨径纪录，达到 549m。90 多年过去了，钢桁架悬臂梁桥跨径纪录始终没有改变，但大跨度钢桁架悬臂梁桥的数量不断增多。我国很少建造钢桁架悬臂梁桥，跨径也没有那么大。表 1-8 收录了全世界已经建成的 23 座跨径大于或等于 300m 的钢桁架悬臂梁桥。

全世界跨径大于或等于 300m 的钢桁架悬臂梁桥　　　　表 1-8

序号	桥名	跨径布置(m)	所在地	建成时间
1	Quebec 桥	83＋549＋83	加拿大	1929 年
2	Forth 桥	86＋202＋521＋125	英国	1890 年
3	Minato 桥	235＋510＋235	日本	1974 年
4	Commodore Barry 桥	501	美国	1974 年
5	Crescent City Connection 桥	480	美国	1958 年
6	Crescent City Connection 桥	480	美国	1988 年
7	Rabindra Setu 桥	457	印度	1943 年
8	Veterans Memorial 桥	445	美国	1995 年
9	Tokyo Gate 桥	160＋440＋160	日本	2012 年
10	旧金山奥克兰海湾东桥	427	美国	1936 年
11	J. C. Van Horne 桥	380	加拿大	1961 年
12	Astoria-Megler 桥	188＋376＋188	美国	1966 年
13	Horace Wilkinson 桥	188＋376＋188	美国	1968 年
14	Tappan Zee 桥	184.5＋369＋184.5	美国	1955 年
15	Lewis and Clark 桥	232＋366＋232	美国	1930 年
16	Queensboro 桥	143＋360＋190＋300＋140	美国	1909 年

续上表

序号	桥名	跨径布置(m)	所在地	建成时间
17	El Ferdan 铁路桥	340	埃及	2001 年
18	Carquinez 桥	165＋335＋335＋165	美国	1927 年
19	Ironworkers Memorial 桥	335＋(1292)	加拿大	1960 年
20	Jacques Cartier 桥	334	加拿大	1930 年
21	Richmond-San Rafael 桥	164＋330＋164	美国	1956 年
22	John P. Grace Memorial 桥	320	美国	1929 年
23	Newburgh-Beacon 桥	183＋300＋183	美国	1963 年

五、体外预应力索辅梁桥

梁式桥的主要受力形式是弯曲，混凝土梁桥完全由截面本身和预应力提供承载弯矩，随着跨径的增加，梁高必须同步增加，这导致结构自重很大，承担活载效率很低。一般认为，100m以下跨径首选梁式桥，而 250m 以上跨径应考虑斜拉桥。但是，在梁高很大的预应力混凝土箱梁桥到梁高很小的斜拉桥之间，应当有一个过渡。这个过渡桥型就是体外预应力索辅梁桥。

1980 年，在波兰 Ruchow 市的一座桥梁设计中，曾出现过一个方案，将预应力索变成桥面上的体外索，并用一个矮塔支撑，但该设计方案并未实施。同年，瑞士人 Christian Menn 率先设计并建成了跨径 174m 的 Ganter 桥（图 1-58），又称索板桥（cable-panel bridge），其结构外形和受力原理很像后来的 extradosed 桥。

图 1-58　瑞士 Ganter 桥

1982—1983 年，法国人 Jacques Mathivat 在 A64 公路跨越 Arret-Darre 河的桥梁设计中，专门发明了一种崭新桥型和设计理念，即用桥面上矮塔支撑的倾斜角度很小的体外索代替箱梁中的体内索，因为这种体外索可将桥跨结构 extrados（法语意思是外部或桥面上）连接起来，他将这种体外索称为 extradosed 索，将使用这种体外索的桥梁称为 extradosed 桥。extradosed 桥很难直译成中文，如果意译的话，就是索辅梁桥或矮塔斜拉桥。必须强调的是，除了桥塔高度明显小于斜拉桥外，体外索是连续通过矮塔的，而斜拉索是锚固在矮塔之上的。

1993 年，按照 Mathivat 设计理念的索辅梁桥率先在葡萄牙 Socorrides 桥（图 1-59）中得以实现，主跨 106m。1994 年，日本完全按照 Mathivat 索辅梁桥的设计理念，建成了主跨 122m 的小田原港桥（图 1-60）。由此开启了全世界索辅梁桥的建设高潮，其跨径也不断增长。1998 年，同时建成了跨径 140m 的日本 Shin-Karato 桥和瑞士 Sunniberg 桥（图 1-61）。1999 年，菲律宾建成了跨径185m的Marcelo Fernan桥。2001年,日本同时建成了跨径271.5m的Ibigawa桥和跨径275m的Kisogawa桥(图1-62)。

图1-59　葡萄牙Socorrides桥

图1-60　日本小田原港桥

图1-61　瑞士Sunniberg桥

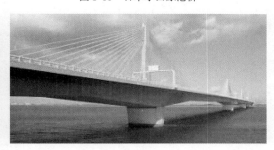

图1-62　日本Kisogawa桥

2001年,我国建成了第一座索辅梁桥——漳州战备大桥(图1-63),主跨132m。2003年,建成了主跨136m的小西湖黄河大桥。2004年,建成了主跨150m的太原汾河桥。2007年,分别建成了主跨160m的柳州三门江大桥和主跨230m的荷麻溪大桥。2010年,建成了跨径250m的重庆嘉悦大桥(图1-64),这是我国跨度最大的索辅梁桥。目前,我国已经建成了100多座索辅梁桥,几乎占全世界总量的一半。2000年建成的芜湖长江大桥是主桥为180m+312m+180m的斜拉桥(图1-65),主梁采用14m高的钢桁架梁,下层铁路,上层公路,公路路面以上桥塔高33.2m,塔高与主跨之比为1/9.4,稍大于一般索辅梁桥(一般索辅梁桥的塔高占主跨之比为1/10),但明显小于一般斜拉桥的1/5。此外,斜拉索都是在桥塔上锚固的,所以,一般称为部分斜拉桥或准索辅梁桥。

图1-63　漳州战备大桥

图1-64　重庆嘉悦大桥

图1-65　芜湖长江大桥

表1-9收录了全世界已经建成的17座跨径超过200m的体外预应力索辅梁桥或部分斜拉桥,其中,中国有9座。

全世界跨径超过200m的体外预应力索辅梁桥　　　　　　　　　表1-9

序号	桥名	跨径布置(m)	所在地	建成时间
1	芜湖长江大桥	180+312+180	中国	2000年
2	Kisogawa桥	160+3×275+160	日本	2001年
3	Ibigawa桥	157+4×271.5+157	日本	2001年
4	重庆嘉悦大桥	64+2×75+145+250+245	中国	2010年
5	泸州茜草长江大桥	128+248+128	中国	2023年
6	Palau KB新桥	82+247+82	帕劳	2002年
7	Golden Ears桥	121+3×242+121	加拿大	2009年
8	荷麻溪大桥	125+230+125	中国	2007年
9	新井口嘉陵江铁路桥	118+228+118	中国	2011年
10	惠青黄河公路大桥	133+220+133	中国	2006年
11	Tokunoyamahattoku桥	140+220+140	日本	2006年
12	Puente Barra Vieja桥	30+40+90+220+90	墨西哥	2016年
13	济阳黄河公路大桥	120+190+216+190+120	中国	2008年
14	舟山三礁江大桥	120+2×210+115+30	中国	2009年
15	肇庆西江大桥	128+3×210+128	中国	2011年
16	Ostróda桥	132.5+2×206+132.5	波兰	2017年
17	Kwidzyn桥	70+130+2×204+130+70	波兰	2013年

本章参考文献

[1] 夏征农,陈至立.辞海[M].6版.上海:上海辞书出版社,2011.

[2] 李国豪,范立础.中国大百科全书——土木工程[M].2版.北京:中国大百科全书出版社,1992.

[3] 项海帆,潘洪萱,张圣城,等.中国桥梁史纲[M].上海:同济大学出版社,2009.

[4] EBY R E. Timber & glulam as structural materials, general history[C]. Paper presented at the Engineered Timber Workshop; Portland, OR. 15 p. March 17, 1986.

[5] FLETCHER R, SNOW J P. A history of the development of wooden bridges. In: American Society of Civil Engineers. American wooden bridges. ASCE Hist. Pub. No. 4. New York: American Society of Civil Engineers: 29-123. 1976.

[6] RITTER M A. Timber bridges: design, construction, inspection, and maintenance[R]. Washington DC: 944 p. 1990.

[7] 希罗多德.历史[M].王以铸,译.北京:商务印书馆,1997.

[8] Pelke1 E, Kurrer K E. On the evolution of steel-concrete construction[C]//Proceedings of the 5th International Congress on Construction History, Chicago, USA, June 2015.

第二章

梁式桥抗风设计基本概念

梁式桥是以受弯为主的主梁作为承重构件的桥梁,主要结构体系可以分为简支体系、悬臂体系、连续体系等。梁式桥结构简单,唯一承重构件是主梁,主梁一般采用实腹式板梁、肋梁和箱梁,也可采用空腹式桁架梁。梁式桥跨度最大的结构体系是连续体系,包括连续梁桥和连续刚构桥,一般采用钢结构、预应力混凝土箱梁或桁架梁。随着连续体系桥梁跨度的增大,结构整体刚度下降,钢结构阻尼又小,梁式桥抗风不容忽视。本章主要介绍梁式桥抗风设计基本概念,包括大气边界层自然风、桥位设计平均风速和设计脉动风速、梁式桥静力和动力风荷载及其效应,以及梁式桥风致振动及其控制。

第一节 大气边界层自然风

地球表面被厚达1000km的大气层包围,大气层从上到下可分为热层、中间层、平流层和对流层。其中,对流层是地球表面以上约10km范围内的大气层,不仅地球上最高的山峰——珠穆朗玛峰(高度为8848.86m),而且人工建筑物包括桥梁都仅限于对流层内。由于对流层相当于地球表面和大气层之间的边界,因此,也称为大气边界层。大气边界层中的自然风,就是空气相对于地球表面的流动,主要是由太阳对地球大气不均匀加热、地球表面水陆分布以及地球自转等因素引起的。桥梁抗风主要关注的是风力等级较高的强风,强风一般可以根据其成因分为季风、台风或飓风和局部地区风等。

一、季风

季风是指热力造成的冬季大陆高压和夏季大陆低压所引起的盛行风向的季节性变化自然风。由于大陆和海洋在一年之中增热和冷却程度不同,大陆和海洋之间大范围内存在一种风向随季节有规律变化的风。季风(monsoon)一词源于阿拉伯语"mausim",意思是季节(season)。早期,季风被用来表示印度洋特别是阿拉伯海沿海地区地面风向的季节性反转,即一年中西南风和东北风各盛行半年。随着人们对季风认识的不断加深,原有季风的概念得到很大程度的扩展,从单纯表示风向的季节性反转扩展到表示几乎与亚洲、非洲、大洋洲的热带、副热带大陆以及毗邻海洋地区的所有天气年循环相关的现象。

随着高空观测资料的增加,高空天气学的发展给季风带来更加丰富的内容。人们发现,北半球的冬季,南亚高压位于马来西亚东部,南亚大陆高空盛行偏西气流;北半球的夏季,青藏高原为高空反气旋所盘踞,南亚大陆高空盛行气流由冬季的偏西气流转变为夏季的东北气流,即所谓"高空季风"。这种高空和低空的季风相互协调形成大气环流系统中的一个重要部分——季风环流系统,而季风则是季风环流系统的几支气流,是大气流中出现最为频繁的风。季风主要在赤道以北的亚洲和非洲的热带及副热带地区(包括北非、印度、中国和日本)盛行,而南半球的大洋洲北部也有小部分地区受到季风的影响。

季风主要受海陆分布、大气环流、地形地貌等因素影响,在大范围内以一年为周期周而复始。季风大小是用风速来衡量的,风速是指空气在单位时间内流动的水平距离。1805年,英国人弗朗西斯·蒲福(Francis Beaufort)最初将风速的大小分为13个等级,称为风力等级,简称风级或"蒲福风级",现在国际气象组织又将其进一步扩充到18个等级,如表2-1所示。

风力等级表　　　　　　　　　　　　　　　　　　　表2-1

风力等级	名称		离地10m高度处相当风速(m/s)		陆上地物特征	海面和渔船特征	海面大概波浪高(m)	
	中文	英文	范围	中值			一般	最高
0	静风	calm	0.0~0.2	0	静,烟直上	海面平静	—	—
1	软风	light air	0.3~1.5	1	烟能表示风向,风向标不能转动	微波如鱼鳞状,没有浪花;一般渔船略觉摇动,正好能使舵	0.1	0.1
2	轻风	light breeze	1.6~3.3	2	人面感觉有风,风向标能转动	小波,波长尚短,但波形显著;渔船张帆每小时可行1~2n mile(1 n mile≈1852m)	0.2	0.3
3	微风	gentle breeze	3.4~5.4	4	树叶及小枝摇动不息,旗子展开	小波加大,波峰开始破裂;渔船张帆每小时可行3~4n mile	0.6	1.0
4	和风	moderate breeze	5.5~7.9	7	能吹起地面灰尘和纸张,树枝摇动	小浪,波长变长;白浪成群出现;渔船满帆可使船身倾侧	1.0	1.5
5	清风	fresh breeze	8.0~10.7	9	有叶的小树摇摆,内陆水面有小波	中浪,具有较显著的长波形状;渔船需缩帆一部分	2.0	2.5
6	强风	strong breeze	10.8~13.8	12	大树枝摇动,电线呼呼有声,撑伞困难	轻度大浪开始形成;渔船缩帆大部分	3.0	4.0
7	疾风	near gale	13.9~17.1	16	全树摇动,迎风步行感觉不便	轻度大浪,碎浪而成白沫沿风向呈条状;渔船不再出港	4.0	5.5
8	大风	gale	17.2~20.7	19	小枝折断,人迎风前行感觉阻力甚大	中度大浪,波长较长;所有近海渔船都要靠港	5.5	7.5

续上表

风力等级	名称		离地10m高度处相当风速(m/s)		陆上地物特征	海面和渔船特征	海面大概波浪高(m)	
	中文	英文	范围	中值			一般	最高
9	烈风	strong gale	20.8~24.4	22	建筑物有小毁,屋瓦被掀起,大树枝折断	狂浪,沿风向白沫呈浓密的条带状;机帆船航行困难	7.0	10.0
10	狂风	storm	24.5~28.4	26	树木可吹倒,一般建筑物遭破坏	狂涛,波峰长而翻卷;机帆船航行颇危险	9.0	12.5
11	暴风	violent storm	28.5~32.6	30	大树吹倒,一般建筑物遭严重破坏	异常狂涛;能见度受影响,机帆船遇之极危险	11.5	16.0
12	飓风	hurricane	32.7~36.9	34	陆上少见,摧毁力极大	海浪滔天,海面完全变白,能见度严重受到影响	14.0	≥16
13	台风	typhoon	37.0~41.4	38	陆上绝少,摧毁力极大	海面巨浪滔天,不堪设想	≥14	≥16
14	台风	typhoon	41.5~46.1	43	陆上绝少,摧毁力极大	海面巨浪滔天,不堪设想	≥14	≥16
15	强台风	strong typhoon	46.2~50.9	48	陆上绝少,摧毁力极大	海面巨浪滔天,不堪设想	≥14	≥16
16	强台风	strong typhoon	51.0~56.0	53	陆上绝少,范围较大,摧毁力极大	海面巨浪滔天,不堪设想	≥14	≥16
17	超强台风	super typhoon	>56	≥58	陆上绝少,范围最大,摧毁力超级大	海面巨浪滔天,不堪设想	≥14	≥16

二、台风或飓风

台风(typhoon)是西太平洋海域上生成的风力达到12级或以上的热带气旋,飓风(hurricane)是东太平洋或大西洋海域上生成的风力达到12级或以上的热带气旋。热带气旋是发生在热带或副热带洋面上中尺度的天气尺度的暖性气旋,是一种在低纬度(3°~20°)洋面上低气压中心产生的气旋性涡旋风暴。受地转偏向力的影响,热带气旋在北半球做逆时针方向旋转、偏西方向移动,在南半球做顺时针方向旋转、偏东方向移动。热带气旋在形成后离开赤道向高纬度方向移动,路径一般受3~5km高空的气流引导,移动速度也与高空气流的流速有关,平均移动速度为20~30km/h,转向时移速较慢,转向后移速加快。寿命期从几天至几周不等,有时可达20多天。

台风或飓风的全部能量都来自气旋中的水汽冷凝所释放的潜热。赤道及低纬度地区的海洋水面受日照影响生成热而湿的水汽,水汽向上升起形成庞大的水汽柱和低气压。

台风或飓风是暖性的低压涡旋,呈上大下小的巨大漏斗形状,高度可达15km以上,顶部直径可达1000km,底部直径一般为300~500km。图2-1显示了成熟阶段台风的垂直结构和径向垂直环流示意图,从图中可见,它主要由风眼区、涡旋区、外流层、涡状区和边界层组成。

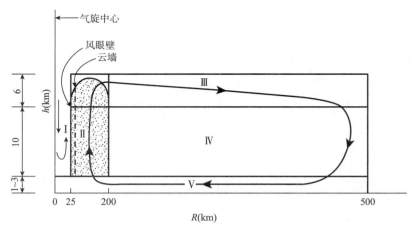

图 2-1 台风结构和环流示意图
Ⅰ-风眼区；Ⅱ-涡旋区；Ⅲ-外流层；Ⅳ-涡状区；Ⅴ-边界层

根据中国气象局制定的标准，热带气旋按中心附近地面最大风力可以划分为六个等级，如表 2-2 所示。

热带气旋风力等级　　　　　　表 2-2

序号	分类	风力等级	风速(m/s)	陆上地物特征
1	热带低压	6～7	10.8～17.1	树木摇摇晃晃
2	热带风暴	8～9	17.2～24.4	树叶飞天
3	强热带风暴	10～11	24.5～32.6	树木被吹断
4	台风	12～13	32.7～41.4	屋顶瓦掉了，电线杆倒了
5	强台风	14～15	41.5～50.9	具有灾难性
6	超强台风	≥16	≥51.0	具有严重灾难性

三、局部地区风

局部地区风(local wind)是指可以忽略大气环流影响的局部场地风，简称局地风。局地风的强度有时很大，在某些情况下决定了桥梁结构的设计风荷载。局地风的成因和种类较多，风力较大的有以下三种。

气流越过山岗时，受上山坡的影响会被迫抬升，当气流上升到足够高时，山的迎风侧将会因为空气的绝热冷却而发生水汽凝结和雨、雪或冰雹等形式的降水。失去了大部分原有水汽的冷空气越过山顶后，会在重力的作用下沿下山坡被迫下沉。在这一下沉过程中，冷空气不仅会在重力作用下发生势能和动能的转变，使运动不断加速，还会因绝热压缩而使温度不断升高，从而形成下山风(mountain downslope wind)，空气到达山脚时的速度有时可达到与台风一样快。如图 2-2a)所示，当越过山岗的空气不够冷或是暖空气时，空气到达山顶时的温度也不会太低，下坡时重力作用对空气的加速效应较小，而由绝热压缩所致的空气升温是起风的主要原因,此时形成的下山风是温暖的,常被称为焚风(foehn wind);当越过山岗的是非常寒冷的气团时,下沉时的绝热压缩增温不足以使它形成焚风型的暖风,随着仍然很冷的空气靠重力下沉到背风侧的暖区,其势能转变成动能,形成了寒冷的下山风,常被称为布拉风(bora),如图2-2b)所示。

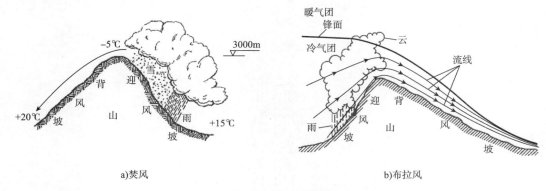

a)焚风　　　　　　　　　　　　　b)布拉风

图2-2　下山风示意图

龙卷风(tornado)是一种绕竖向或倾斜轴旋转的大气涡旋,空气绕龙卷轴快速旋转,受龙卷中心极小气压的吸引,近地面几十米厚的薄层空气内,气流被从四面八方吸入涡旋的底部,并随即变为绕轴心向上的涡流(图2-3)。龙卷风中心的气压可比周围气压低10%,最大切向速度可达100m/s,甚至更高。因此,龙卷风犹如一个强大的吸泵,把其所扫过区域的东西(如沙、水、树木、房屋构件等)都卷到高空,移到某地,再随暴雨降到地面。当龙卷风扫过建筑物和车辆等封闭结构物时,除了强风引起的直接破坏力外,气压的急剧下降也是一个重要的破坏因素。当建筑封闭或车辆的门窗均关闭时,其内压在龙卷风经过期间保持不变,而外压却在短时间内骤降,由此造成的内外压差可能会引起结构的"爆炸"。此外,龙卷风刮起的飞掷物引起的撞击也是一个重要的破坏因素。

图2-3　发生于美国俄克拉何马州的龙卷风[2]

雷暴(thunderstorm)是一种春夏季常见的天气现象,巨大的雷雨云可以厚达10km,有时还会穿透对流层进入平流层。这些乌黑的雷雨云蕴含着巨大的能量,这些雷雨云由强烈的暖湿气流驱动并向上升腾,形成高耸的对流云。因此,雷暴通常只有在冷锋上或是被烈日晒得炙热的地面上空才可能形成,这也是热带和亚热带地区总是在午后出现雷阵雨的原因。此外,温带的内陆地区,在历经了长时间的炎热天气后,也常会形成雷电交加的风暴。引起暖湿气流上升的原因,可能是热力不稳定性,或山坡和锋面的抬升作用。强雷暴会产生很高的风速,有时甚至会诱发龙卷风,由雷暴引起的非旋转型风称为雷暴风(thunderstorm wind),强雷暴风又称为下击暴流(downburst,图2-4)。

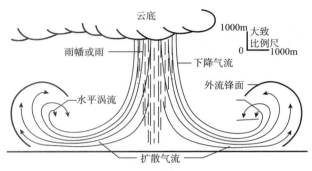

图2-4 下击暴流剖面示意图

四、桥梁风灾害

1940年11月7日,美国华盛顿州建成才4个月的主跨853m(当时世界第三大跨度)的悬索桥塔科马海峡桥(Tacoma Narrow Bridge),在风速不到20m/s的八级大风作用下发生了强烈的风致振动,历经70min的振幅不断增大的扭转振动后,桥面结构折断坠落到峡谷中,如图2-5所示。塔科马海峡桥这一可怕的风毁事故震惊了当时的桥梁工程界和空气动力学界,使对大跨度桥梁风致振动和气动弹性理论的全面研究拉开了序幕。然而,在为调查事故原因而收集的有关桥梁风毁的历史资料中,人们惊奇地发现,从1818年起,至少还有11座桥梁毁于风灾(表2-3),而且从目击者所描述的风毁景象中可以明显地察觉到,事故的原因大部分是强风引起的阵风破坏,也有风振破坏。

a)风致扭转振动

b)桥面折断坠落

图2-5 美国塔科马海峡桥的风毁

有历史记载的桥梁风毁事故   表 2-3

桥名	桥型	跨径(m)	风毁原因	风毁年份	所在地
Dryburgh Abbey Bridge(干镇修道院桥)	斜拉桥	79	阵风	1818	苏格兰
Union Bridge(联合桥)	悬索桥	137	阵风	1821	英国
Nassau Bridge(纳索桥)	悬索桥	75	阵风	1834	英格兰
Montrose Bridge(蒙特罗斯桥)	悬索桥	65.8	阵风	1838	苏格兰
Menai Straits Bridge(梅奈海峡桥)	悬索桥	176	阵风	1839	威尔士
Roche-Bernard Bridge(罗奇-伯纳德桥)	悬索桥	198	阵风	1852	法国
Wheeling Bridge(威灵桥)	悬索桥	310	风振	1854	美国
Niagara-Lewiston Bridge(尼亚加拉-利文斯顿桥)	悬索桥	320	阵风	1864	美国
Tay Bridge(泰湾大桥)	桁架梁桥	75	阵风	1879	苏格兰
Niagara-Clifton Bridge(尼亚加拉-克立夫顿桥)	悬索桥	386	阵风	1889	美国
Brighton Chain Pier Bridge(布兰登桥)	悬索桥	80	阵风	1896	英格兰
Tacoma Narrow Bridge(塔科马海峡桥)	悬索桥	853	风振	1940	美国

最初人们把风对桥梁的作用看成一种由风压形成的静力作用,在设计中仅考虑平均风荷载的作用。1879 年,当时世界上最长的铁路桥梁——泰湾大桥(Tay Bridge),75m 跨径的桁架梁被强风吹毁,当场死亡 90 人,该桥设计风速为 36m/s,但风毁时风速不超过 35m/s,因此桥梁工程师们开始注意到阵风风荷载的作用。1940 年,塔科马海峡桥风毁及其调查,开启了对桥梁动力风荷载作用和风致振动的研究。自塔科马海峡桥风毁后,经过世界各国研究人员的共同努力,人们对各种桥梁风致振动的现象和机理有了基本的认识,桥梁风致振动理论和方法也得到了很大的发展,悬索桥的跨度也增大到了 1991m,类似塔科马海峡桥那样的严重风毁事故再也没有出现。

第二节 梁式桥桥位风特性

桥梁抗风设计始于桥位风特性的研究和设计风速的确定。桥位风特性主要是指风速的时空特性,风速具有随时间随机变化的特性,一般采用长周期的平均风速随机变量模型和短周期的脉动风速随机过程模型;风速也具有随空间随机变化的特性,一般采用长周期的平均风速随高度确定性剖面模型和短周期的脉动风速随距离随机性相关模型。桥位设计风速主要是指设计平均风速和设计脉动风速,主要依据当地气象台站连续风速实测结果统计分析,并根据桥梁抗风理论和实践偏安全地加以规定。

一、风速时空特性

大气边界层自然风特性主要包括随时间变化的特性和随空间变化的特性。为了考察大气边界层自然风随空间高度的变化规律,选取同一地点三个不同高度处 8min 风速实测记录进行分析,如图 2-6 所示。不同高度风速实测记录表明,风速是随时间变化的,并且是非平稳的;同一地点风速的平均值随高度的增加而增大,并且是非线性的;风速的均方差随高度的增加而减小,并且是非定常的。

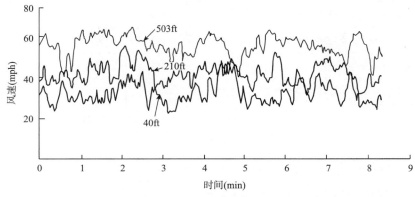

图 2-6 大气边界层自然风不同高度风速实测记录

注:1mph = 1.6km/h。

为了考察大气边界层自然风随时间周期性的变化规律,根据自然风实测结果统计,可以得到大气边界层自然风功率谱密度统计模型,如图 2-7 所示。该统计模型表明,自然风能量主要集中在 1a、4d、1d 和 1min 4 个卓越周期附近,自然风的能量输运主要通过长周期的平均风携带短周期的脉动风。因此,自然风风速模型可以考虑平均风速叠加脉动风速,平均风速的平均时距可以选择功率谱密度值较小的 10min 至 1h。

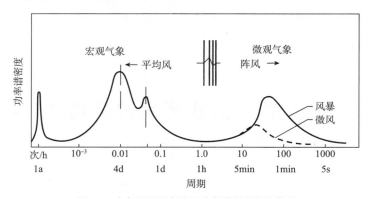

图 2-7 大气边界层自然风功率谱密度统计模型

大量风速实测记录表明[2]:大气边界层自然风风速时程中包含两种成分,即周期在 10min 以上的长周期成分和周期仅有几秒钟的短周期成分。根据这两种成分,抗风设计研究中常把自然风速分解为长周期的平均风速和短周期的脉动风速。平均风速是指风速时程按照一定时距(10~60min)统计平均得到的风速,是不随时间变化,仅随高度变化的随

机变量 $U(z)$；脉动风速一般采用风速脉动时程或功率谱密度表示，是随时间和高度变化的随机过程 $u(z,t)$。则

$$U(z,t) = U(z) + u(z,t) \tag{2-1}$$

二、设计平均风速

桥梁抗风设计中采用的平均风速称为设计平均风速。设计平均风速最基本的来源是设计基本风速，设计基本风速一般定义为桥位现场离地高度 10m、10min 平均时距、100 年一遇的期望风速。当桥梁所在地区的气象台站具有足够的连续风速观测数据时，可以采用当地气象台站年最大风速重现率小于 1% 的平均风速统计结果；当桥梁所在地区没有气象台站或气象台站的风速观测数据不足时，可以采用相应规范规定的基本风速值，也可以在桥位所在地区设立风速观测塔，将观测塔连续风速观测数据与附近气象台站的平行观测数据进行相关性分析，统计回归确定基本风速；当桥梁跨越狭窄的海峡、峡谷或复杂的地形地貌时，可采用现场风速观测、地形模型风洞试验、数值模型计算等可靠方法，确定基本风速或特定基准高度处的基准风速。

基于设计基本风速可以推算其他基准高度处的风速，一般称为设计基准风速。由于地表摩阻力的存在，一般认为设计平均风速在地表处为 0，并随离地高度的增加而增大，这种影响只有当离地高度达到梯度风高度时才逐渐消失，此时平均风速趋于常量。描述平均风速随高度变化的规律称为风速廓线或风速剖面，可以采用指数率模型、对数率模型、复合率模型等计算。

设计基准风速沿竖直高度方向的分布或风速剖面，一般采用指数率模型计算（图 2-8）。

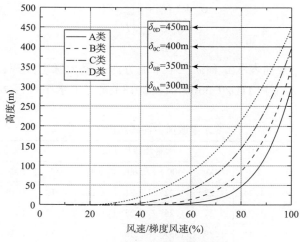

图 2-8 设计平均风速指数率模型

$$U_d(Z) = U_0 \left(\frac{Z}{Z_0}\right)^{\alpha_0} \tag{2-2}$$

式中，Z_0 表示基本高度，通常取基本高度 $Z_0 = 10m$；Z 表示基准高度，梁式桥基准高度通常取主梁中心高度；U_0 表示基本高度 Z_0 处的基本风速，当 $Z_0 = 10m$ 时，为设计基本风速；U_d 表示基准高度 Z 处的设计基准风速；幂指数 α_0 表示地表粗糙度系数，可根据我国《公路桥梁抗风设计规范》(JTG/T 3360-01—2018)取值，如表 2-4 所示。

地表粗糙度系数　　　　　　　　　　　　　　　　　表 2-4

地表类别	地表状况	地表粗糙度系数 α_0	地表粗糙高度 z_0(m)	梯度风高度 δ_0(m)
A	海面、海岸、开阔水面、沙漠	0.12	0.01	300
B	田野、乡村、丛林、平坦开阔地及低层建筑物稀少地区	0.16	0.05	350
C	树木及低层建筑物等密集地区、中高层建筑物稀少地区、平缓的丘陵地	0.22	0.3	400
D	中高层建筑物密集地区、起伏较大的丘陵地	0.30	1.0	450

三、设计脉动风速

桥梁抗风设计中采用的脉动风速称为设计脉动风速。脉动风速可以认为是由许多涡旋叠加所引起的,每一涡旋的特点是以角频率 $\omega = 2\pi n$ 作周期运动。相应地,脉动风速的总动能可以认为是气流中每一涡旋贡献的总和。由于脉动风速是一个随机过程,必须用统计方法加以描述。描述设计脉动风速的主要参数有阵风因子、紊流强度、紊流积分尺度和紊流功率谱密度等。

(1)阵风因子

阵风因子(gust factor)又称紊流因子,是描述脉动风速峰值大小的重要参数,水平顺风方向 u、水平横风方向 v 和竖直横风方向 w 的阵风因子定义为

$$G_u = (U_d + u_{\max})/U \tag{2-3a}$$

$$G_v = v_{\max}/U \tag{2-3b}$$

$$G_w = w_{\max}/U \tag{2-3c}$$

式中,$u_{\max}$、$v_{\max}$、$w_{\max}$ 分别表示 u、v、w 三个来流方向的最大脉动风速;U 表示平均风速。我国《公路桥梁抗风设计规范》(JTG/T 3360-01—2018)规定了水平顺风方向的阵风因子 G_u 的取值,如表 2-5 所示。

水平顺风方向阵风因子　　　　　　　　　　　　　　表 2-5

地表类别	水平加载长度(m)											
	<20	60	100	200	300	400	500	650	800	1000	1200	1500	≥2000
A	1.29	1.28	1.26	1.24	1.23	1.22	1.21	1.20	1.19	1.18	1.17	1.16	1.15
B	1.35	1.33	1.31	1.29	1.27	1.26	1.25	1.24	1.23	1.22	1.21	1.20	1.18
C	1.49	1.48	1.45	1.41	1.39	1.37	1.36	1.34	1.33	1.31	1.30	1.29	1.26
D	1.56	1.54	1.51	1.47	1.44	1.42	1.41	1.39	1.37	1.35	1.34	1.32	1.30

(2)紊流强度

紊流强度(turbulence intensity)是描述脉动风速强度的重要参数,水平顺风方向 u、水平横风方向 v 和竖直横风方向 w 的紊流强度定义为

$$I_u = \sigma_u/U \tag{2-4a}$$

$$I_v = \sigma_v/U \tag{2-4b}$$

$$I_w = \sigma_w/U \tag{2-4c}$$

式中,σ_u、σ_v、σ_w 分别表示 u、v、w 三个方向脉动风速的均方差。我国《公路桥梁抗风设计规范》(JTG/T 3360-01—2018)规定了三个方向紊流强度的取值为

$$I_u = \frac{1}{\ln\left(\dfrac{Z}{z_0}\right)} \tag{2-5a}$$

$$I_v = 0.88 I_u \tag{2-5b}$$

$$I_w = 0.50 I_u \tag{2-5c}$$

(3)紊流积分尺度

紊流积分尺度(turbulence integrated scale)是描述紊流涡旋平均尺寸的重要参数,水平顺风方向 u、水平横风方向 v 和竖直横风方向 w 的紊流积分尺度定义为

$$L_u^x = \frac{1}{\sigma_u^2}\int_0^\infty R_{u_1 u_2}(x)\,\mathrm{d}x \tag{2-6a}$$

$$L_v^x = \frac{1}{\sigma_v^2}\int_0^\infty R_{v_1 v_2}(y)\,\mathrm{d}y \tag{2-6b}$$

$$L_w^x = \frac{1}{\sigma_w^2}\int_0^\infty R_{w_1 w_2}(z)\,\mathrm{d}z \tag{2-6c}$$

式中,$R_{s_1 s_2}(\gamma)$ 分别表示两个脉动风速的互相关函数($s = u,v,w;\gamma = x,y,z$)。如果互相关函数是距离的快速递减函数,那么紊流积分尺度很小,紊流的影响也很小;反之,如果互相关函数递减很慢,那么紊流积分尺度很大,紊流的影响也很大。相隔距离远远超过积分尺度的空间两点,脉动风速是不相关的,因此它们在结构部件的作用将互相抵消。

(4)紊流功率谱密度

紊流功率谱密度(turbulence power spectrum density)是描述紊流中不同涡旋能量随频率分布的重要参数,一般将强风记录数据导入超低频滤波器,从而直接测出风速的功率谱密度为

$$\frac{nS(z,n)}{u_*^2} = \frac{Af^\gamma}{(1+Bf^\alpha)^\beta} \tag{2-7}$$

式中,n 表示频率;z 表示高度;u_* 表示摩擦速度;f 表示相似律坐标,即 Monin 坐标;A 和 B 是两个常数;α、β、γ 表示功率谱密度的幂指数,且满足 $\gamma - \alpha \cdot \beta = -\dfrac{2}{3}$。紊流功率谱密度水平顺风方向 u、水平横风方向 v 和竖直横风方向 w 的三个分量可取为

水平顺风方向 Simiu 谱:
$$\frac{nS_u(n,z)}{u_*^2} = \frac{200 f_z}{(1+50 f_z)^{5/3}} \tag{2-8a}$$

水平横风方向 Kaimal 谱:
$$\frac{nS_v(z,n)}{u_*^2} = \frac{15 f_z}{(1+9.5 f_z)^{5/3}} \tag{2-8b}$$

竖直横风方向 Panofsky 谱:
$$\frac{nS_w(n,z)}{u_*^2} = \frac{6 f_z}{(1+4 f_z)^2} \tag{2-8c}$$

式中,f_z 表示相似律坐标,且

$$f_z = \frac{nz}{U(z)} \tag{2-9}$$

第三节　梁式桥风荷载及其效应

梁式桥风荷载主要与设计风速、气动外形以及结构刚度有关。当桥梁结构的跨度较小（譬如 200m 以下）、刚度较大时，风荷载作用下桥梁结构基本保持缓慢变形而无振动，这种风荷载的作用相当于静力风荷载，只需考虑平均风荷载或阵风风荷载产生的桥梁结构静力风效应——内力、变形和稳定；当桥梁结构的跨度较大（譬如 200m 以上）、刚度较小时，风荷载作用下桥梁结构会产生风致振动，这种风荷载的作用不仅具有静力风荷载效应，而且具有动力风荷载（包括强迫风荷载和自激风荷载）产生的桥梁结构动力风效应——抖振、颤振、涡振、驰振等。梁式桥风荷载及其结构风效应分类如图 2-9 所示。

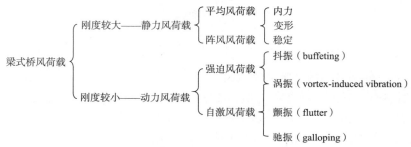

图 2-9　梁式桥风荷载及其结构风效应

一、静力风荷载及其效应

浸没在气流中的任何物体都会受到气流的作用，气流绕过一般非流线型或钝体截面的梁式桥结构时，会产生静力风荷载的三个分量，如图 2-10 所示，即静力风荷载的阻力分量 F_D 或水平分量 F_H、升力分量 F_L 或竖直分量 F_V 和升力矩分量 M_T，可以分别表示如下：

$$F_D = \frac{1}{2}\rho U^2 H C_D \quad (2\text{-}10\text{a})$$

$$F_L = \frac{1}{2}\rho U^2 B C_L \quad (2\text{-}10\text{b})$$

$$M_T = \frac{1}{2}\rho U^2 B^2 C_M \quad (2\text{-}10\text{c})$$

图 2-10　风轴与体轴坐标下的静力风荷载

式中，ρ 表示空气质量密度（kg/m³），一般可取 $\rho = 1.225 \text{kg/m}^3$；$U$ 表示设计平均风速（m/s），阵风风荷载计算时取用阵风风速；B 和 H 分别表示桥梁结构竖向和侧向投影宽度（m）；C_D、C_L 和 C_M 分别表示风轴方向的阻力系数、升力系数和升力矩系数，都是无量纲参数。

由上述三个公式定义的结构静力风荷载的三个分量，与设计风速、截面形式和结构尺寸三个因素有关。设计风速是由基本风速、地表粗糙度和离地高度等条件决定的。为了减小静力风荷载,桥位应当尽可能选择在基本风速较小的地区;在相同的基本风速条件下,地表粗糙度越大的场地,相同离地高度的平均风速越小,但脉动风速或阵风因子会越大;平均风速随离地高度的增加而增加,但脉动风速随离地高度的增加而减小。

梁式桥在静力风荷载或阵风风荷载作用下,产生的主要结构风效应包括截面内力、结构变形和整体稳定。由于梁式桥一般刚度较大并且以受弯为主,所以一般不会发生太大的变形和静力失稳,梁式桥静力风荷载引起的结构风效应以内力为主,必须考虑静力风荷载的阻力分量、升力分量和升力矩分量引起的结构内力,并且将其计入施工阶段和成桥状态的风荷载组合中,按照正常使用极限状态和承载能力极限状态进行梁式桥强度验算。

二、强迫风荷载及其效应

梁式桥结构简单,一般只考虑主梁受到风荷载作用。在主梁惯性坐标系中,动力风荷载一般可以分解为与脉动风速直接相关部分(强迫风荷载)和与脉动风速引起的结构振动间接相关部分(自激风荷载),因此,动力风荷载可以表达为随时间变化的脉动风速$\psi(t)$和结构位移$\delta(t)$及随时间变化的速度$\dot{\delta}(t)$和加速度$\ddot{\delta}(t)$的函数,即

$$\{F(t)\} = \{F[\psi(t),\delta(t),\dot{\delta}(t),\ddot{\delta}(t)]\}$$
$$= \{F[u(t),w(t),h(t),p(t),\alpha(t),\dot{h}(t),\dot{p}(t),\dot{\alpha}(t),\ddot{h}(t),\ddot{p}(t),\ddot{\alpha}(t)]\} \quad (2\text{-}11)$$

式中,$u(t)$和$w(t)$分别表示脉动风速的水平分量和竖直分量;$h(t)$、$p(t)$、$\alpha(t)$分别表示主梁结构位移的三个分量;$\dot{h}(t)$、$\dot{p}(t)$、$\dot{\alpha}(t)$分别表示主梁结构速度的三个分量;$\ddot{h}(t)$、$\ddot{p}(t)$、$\ddot{\alpha}(t)$分别表示主梁结构加速度的三个分量。

当梁式桥主梁风致振动变形较小时,作用在主梁上的动力风荷载仅与脉动风速有关,而与结构位移、结构速度和结构加速度无关,一般称为强迫风荷载或强迫气动力。基于线性假定的强迫风荷载,可以表示为脉动风速$u(t)$和$w(t)$的线性组合,即

$$F_{bi}(t) = A_i u(t) + B_i w(t) \quad (2\text{-}12)$$

式中,A、B分别表示两个不随时间变化的常数;下标i代表阻力分量D、升力分量L和升力矩分量M。基于线性假定的涡激力也可以表示为类似的形式。

强迫风荷载引起的桥梁风效应主要有抖振,也会体现在涡振中。一般采用理论分析、数值计算或风洞试验方法分析梁式桥结构,主要是主梁的振幅、频率和相应风速,并将抖振响应或涡振响应引起的单峰值内力与其他荷载所产生的内力进行叠加,按照《公路桥梁抗风设计规范》(JTG/T 3360-01—2018)的要求进行施工阶段和成桥状态的强度验算。桥梁抗风设计中,根据抖振或涡振响应极值,可以计算基于抖振或涡振响应的等效风荷载,并计算等效风荷载作用下的内力,与其他荷载所产生的内力进行叠加,验算桥梁结构的强度。梁式桥由于结构刚度大、抖振变形小,一般抖振问题并不严重,但简洁的梁式桥结构形式很适合进行抖振响应理论计算和风洞试验。

三、自激风荷载及其效应

当梁式桥主梁风致振动变形较大且振动响应改变周围气流或风荷载时,动力风荷载不仅

与脉动风速有关,而且与结构位移、结构速度和结构加速度相关,动力风荷载中仅与结构位移、结构速度和结构加速度相关的部分称为自激风荷载或自激气动力。基于线性假定的自激风荷载可以表示为结构位移 $\delta(t)$、结构速度 $\dot{\delta}(t)$ 和结构加速度 $\ddot{\delta}(t)$ 的线性组合,即

$$F_{si}(t) = A_i\delta(t) + B_i\dot{\delta}(t) + C_i\ddot{\delta}(t) \tag{2-13}$$

式中,A、B、C 分别表示三个不随时间变化的常数。

根据动力风荷载三分量计算模型,结构位移 $\delta(t)$、结构速度 $\dot{\delta}(t)$ 和结构加速度 $\ddot{\delta}(t)$ 各有三个分量,所以,式(2-13)可以表示为 9 个常数的线性组合,即

$$F_{si}(t) = A_h h(t) + A_p p(t) + A_\alpha \alpha(t) + A_{\dot{h}}\dot{h}(t) + A_{\dot{p}}\dot{p}(t) + A_{\dot{\alpha}}\dot{\alpha}(t) + A_{\ddot{h}}\ddot{h}(t) + A_{\ddot{p}}\ddot{p}(t) + A_{\ddot{\alpha}}\ddot{\alpha}(t) \tag{2-14}$$

桥梁结构风致振动分析一般假定振动是简谐的,且振幅是微小的,因此,结构位移 $\delta(t)$、结构速度 $\dot{\delta}(t)$ 和结构加速度 $\ddot{\delta}(t)$ 之间具有如下关系式

$$\delta(t) = \delta_m \sin\omega t \tag{2-15a}$$

$$\dot{\delta}(t) = \delta_m \omega \cos\omega t \tag{2-15b}$$

$$\ddot{\delta}(t) = -\delta_m \omega^2 \sin\omega t = -\omega^2 \delta(t) \tag{2-15c}$$

式中,δ_m 表示振动位移幅值;ω 表示振动角频率。

利用式(2-15)中的关系式,可以得到

$$A_y \delta(t) + A_{\ddot{y}}\ddot{\delta}(t) = A_y \delta(t) + A_{\ddot{y}}[-\omega^2 \delta(t)] = (A_y - \omega^2 A_{\ddot{y}})\delta(t) = B_y \delta(t) \tag{2-16}$$

即位移项的系数 A_y 和加速度项的系数 $A_{\ddot{y}}$ 不是独立的,因此可以合并成一个系数,从而式(2-14)中每个自激气动力分量中的 9 个常数可以简化为 6 个常数。

自激风荷载会引起梁式桥主梁风效应,包括颤振、涡振和驰振,一般采用理论分析、数值计算或风洞试验方法分析梁式桥主梁的颤振和驰振的临界风速和振动频率等,按照《公路桥梁抗风设计规范》(JTG/T 3360-01—2018)的要求进行颤振或驰振稳定性验算。对于涡振,需要按照《公路桥梁抗风设计规范》(JTG/T 3360-01—2018)的要求进行结构风效应变形验算,即验算涡振振幅和锁定风速。梁式桥由于结构刚度大、变形小,一般颤振和驰振失稳问题并不严重,但涡振问题特别是钢箱梁桥涡振问题时有发生,需要高度重视。

第四节 梁式桥风致振动

当自然风绕过一般非流线型的梁式桥结构时,自然风中的脉动风和非流线体绕流涡旋会形成复杂的空气动力作用——强迫风荷载和自激风荷载。当桥梁结构风振响应较小时,动力风荷载只相当于强迫风荷载,主要导致桥梁结构的强迫振动——抖振;当桥梁结构风振响应较大时,动力风荷载激发的结构振动反作用于风荷载,在特定风速下形成自激风荷载,导致桥梁

结构的限幅自激振动——涡振;当桥梁结构风振响应很大时,自激风荷载引起的自激振动的振幅会随着风速的增大不断增大直至发散,这就是发散性自激振动——颤振或驰振。梁式桥风致振动一般可以分为四种形式,即抖振、颤振、涡振和驰振。此外,在降雨条件下还可能发生风雨激振。

一、梁式桥抖振响应

桥梁抖振是一种随机性的强迫振动,主要是由自然风中的脉动成分、桥梁结构自身绕流或其他结构物特征紊流等引起的。现有桥梁抖振分析理论主要针对脉动风引起的抖振,而风洞试验则包括桥梁结构自身绕流或其他结构物特征紊流的影响。根据现有的研究成果,桥梁抖振虽然不会像桥梁颤振那样引起灾难性的失稳破坏,但是过大的抖振响应在桥梁施工期间可能危及施工人员和机械设备的安全,在成桥运营阶段则会带来结构刚度问题,影响行人和车辆的舒适性,并引起交变应力,缩短构件的疲劳寿命。桥梁抖振分析一般采用频域分析方法和时域分析方法,梁式桥抖振分析相对于其他桥型更加简洁和方便。

基于 Scanlan 准定常气动力模型,梁式桥主梁抖振力可以表示如下:

$$D_b(t) = \frac{1}{2}\rho U^2(x)B\left[2C_D(\alpha)\frac{u(t)}{U(x)} + \frac{dC_D}{d\alpha}\frac{w(t)}{U(x)}\right] \quad (2\text{-}17a)$$

$$L_b(t) = \frac{1}{2}\rho U^2(x)B\left\{2C_L(\alpha)\frac{u(t)}{U(x)} + \left[\frac{dC_L}{d\alpha} + C_D(\alpha)\right]\frac{w(t)}{U(x)}\right\} \quad (2\text{-}17b)$$

$$M_b(t) = \frac{1}{2}\rho U^2(x)B^2\left[2C_M(\alpha)\frac{u(t)}{U(x)} + \frac{dC_M}{d\alpha}\frac{w(t)}{U(x)}\right] \quad (2\text{-}17c)$$

式中,D_b、L_b 和 M_b 分别表示抖振力阻力分量、升力分量和升力矩分量。

如果在 Scanlan 准定常气动力模型中,同时引入达文波特的气动导纳修正,则梁式桥主梁抖振力可以表示如下:

$$D_b(t) = \frac{1}{2}\rho U^2(x)B\left[2C_D(\alpha)\chi_{Du}\frac{u(t)}{U(x)} + \frac{dC_D}{d\alpha}\chi_{Dw}\frac{w(t)}{U(x)}\right] \quad (2\text{-}18a)$$

$$L_b(t) = \frac{1}{2}\rho U^2(x)B\left\{2C_L(\alpha)\chi_{Lu}\frac{u(t)}{U(x)} + \left[\frac{dC_L}{d\alpha} + C_D(\alpha)\right]\chi_{Lw}\frac{w(t)}{U(x)}\right\} \quad (2\text{-}18b)$$

$$M_b(t) = \frac{1}{2}\rho U^2(x)B^2\left[2C_M(\alpha)\chi_{Mu}\frac{u(t)}{U(x)} + \frac{dC_M}{d\alpha}\chi_{Mw}\frac{w(t)}{U(x)}\right] \quad (2\text{-}18c)$$

式中,χ_{Du}、χ_{Dw}、χ_{Lu}、χ_{Lw}、χ_{Mu}、χ_{Mw} 是气动导纳的六个分量,它反映了时域内脉动风速和抖振力之间的传递关系。由此得到考虑气动导纳修正的梁式桥主梁抖振力功率谱为

$$S_D(\omega) = \rho^2 U^2(x)B^2\left\{C_D^2(\alpha)S_u(\omega)|\chi_{Du}(\omega)|^2 + \frac{1}{4}C_D'^2(\alpha)S_w(\omega)|\chi_{Dw}(\omega)|^2\right\} \quad (2\text{-}19a)$$

$$S_L(\omega) = \rho^2 U^2(x)B^2\left\{C_L^2(\alpha)S_u(\omega)|\chi_{Lu}(\omega)|^2 + \frac{1}{4}[C_L'(\alpha) + C_D(\alpha)]^2 S_w(\omega)|\chi_{Lw}(\omega)|^2\right\}$$

$$(2\text{-}19b)$$

$$S_M(\omega) = \rho^2 U^2(x) B^4 \left\{ C_M^2(\alpha) S_u(\omega) |\chi_{Mu}(\omega)|^2 + \frac{1}{4} C_M'^2(\alpha) S_w(\omega) |\chi_{Mw}(\omega)|^2 \right\} \quad (2\text{-}19c)$$

式中，$|\chi_{Rs}(\omega)|^2 (R=D,L,M;s=u,w)$ 表示水平、竖向脉动风对抖振阻力、升力和升力矩的气动导纳。

除了理论计算方法之外，梁式桥主梁抖振响应也可以采用节段模型风洞试验方法或全桥气弹模型风洞试验方法来确定。当采用节段模型试验法时，峰值因子可以通过测定抖振峰值响应的最大值 $P_{x,z,\theta}^{\max}$ 和最小值 $P_{x,z,\theta}^{\min}$ 以及均方根响应 $\sigma_{P_{x,z,\theta}}$ 来确定，计算公式如下：

$$g_{W_{x,z,\theta}} = \frac{|P_{x,z,\theta}^{\max} - P_{x,z,\theta}^{\min}|/2}{\sigma_{P_{x,z,\theta}}} \quad (2\text{-}20)$$

并且，要将采用节段模型试验法实测的共振响应均方根 $\sigma_{W_{r_{x,z,\theta}}}^{SM}$ 转换成实际桥梁结构的共振响应均方根 $\sigma_{W_{r_{x,z,\theta}}}^{P}$。位移共振响应均方根 $\sigma_{D_{r_{x,z,\theta}}}$ 的三个分量按照抖振分析理论，通过模态分析的方法简化为广义单自由度体系来计算，$\sigma_{D_{r_{x,z,\theta}}}$ 的三个分量表达式如下：

$$\sigma_{D_{r_x}}^2 = \left(\frac{1}{2}\rho U B\right)^2 \frac{\pi(\zeta_x^a + \zeta_x^s) n_{x0}}{M_x} |H_x(n_{x0})|^2 |\chi_x(n_{x0})|^2 |J_x(n_{x0})|^2 [4 C_D^2 S_u(n_{x0})] \quad (2\text{-}21a)$$

$$\sigma_{D_{r_z}}^2 = \left(\frac{1}{2}\rho U B\right)^2 \frac{\pi(\zeta_z^a + \zeta_z^s) n_{z0}}{M_z} |H_z(n_{z0})|^2 |\chi_z(n_{z0})|^2 |J_z(n_{z0})|^2 \left[4 C_L^2 S_u(n_{z0}) + \left(C_L' + \frac{H}{B} C_D\right)^2 S_w(n_{z0})\right] \quad (2\text{-}21b)$$

$$\sigma_{D_{r_\theta}}^2 = \left(\frac{1}{2}\rho U B^2\right)^2 \frac{\pi(\zeta_\theta^a + \zeta_\theta^s) n_{\theta 0}}{M_\theta^2} |H_\theta(n_{\theta 0})|^2 |\chi_\theta(n_{\theta 0})|^2 |J_\theta(n_{\theta 0})|^2 [4 C_M^2 S_u(n_{\theta 0}) + C_M'^2 S_w(n_{\theta 0})] \quad (2\text{-}21c)$$

式中，M_x、M_z、M_θ 分别表示 x、z、θ 方向广义模态质量或质量惯性矩；ζ_x、ζ_z、ζ_θ 分别表示 x、z、θ 方向振动阻尼比，上标 a 表示气动阻尼，上标 s 表示结构阻尼；H_x、H_z、H_θ 分别表示 x、z、θ 方向振动频率响应函数；J_x、J_z、J_θ 分别表示 x、z、θ 方向联合接受函数。

梁式桥由于跨度小、刚度大，主梁抖振响应较小，一般不会影响桥梁结构的强度、刚度和稳定性，但是，对于桥面行驶车辆而言，在桥面侧风作用和主梁抖振影响下，需要验算和控制车辆行驶安全，必要时需要采取侧风控制措施以确保桥面行车安全。

二、梁式桥颤振失稳

桥梁颤振是一种发散性的自激振动，主要是因为振动结构能够在流动的空气中不断吸收能量，而该能量又大于结构阻尼在振动中所耗散的能量。当气流经过流线型截面时，气流的流动速度主要影响或改变了流线型截面扭转和弯曲自由度运动的振幅以及相位，从而引起不同自由度之间的耦合振动和气动负阻尼，导致扭弯耦合颤振；当气流绕过钝体截面时，气流的流动速度主要影响或改变了钝体截面扭转自由度运动的振幅以及相位，从而引起扭转振动和气动负阻尼，导致扭转颤振。对于一般介于流线型和钝体之间的拱桥截面，可能产生从扭转颤振到扭弯耦合颤振的各种情况。桥梁颤振物理关系复杂、振动形态多样、振动机理深奥,因而桥梁颤振理论也经历了由古典耦合颤振理论到分离流颤振理论,再到三维桥梁颤振分析理论的发展过程。梁式桥颤振分析相对于其他桥型,更加简洁和方便。

桥梁颤振分析是从古典耦合颤振理论开始的。1935 年,Theodorsen 采用势能原理第一次求得了作用于振动平板上的非定常气动升力 L_h 和升力矩 M_α 的表达式,建立了平板机翼颤振分析方法,也称为 Theodorsen 平板颤振理论。美国塔科马海峡桥风毁事故发生后,Bleich 第一次提出采用 Theodorsen 平板气动力表达式来解决悬索桥桁架式加劲梁的颤振问题,但由此计算得到的颤振临界风速远高于塔科马海峡桥被破坏时的实际风速,为此,Bleich 又尝试采用考虑加劲梁断面两边涡旋影响的附加升力项和升力矩项来修正 Theodorsen 平板气动力表达式,并通过逐次逼近方法计算出了较为合理的桁架式加劲梁悬索桥颤振临界风速。

桥梁结构分离流颤振试验和理论方法的建立及完善是与著名空气动力专家 R. H. Scanlan 的贡献紧密联系在一起的。1967 年,Scanlan 首先提出用节段模型风洞试验识别的 6 个颤振导数(flutter derivatives)来建立线性非定常气动力计算模型。1974 年,Scanlan 又利用节段模型风洞试验中实测的颤振导数反算出过渡函数(indicial function),并将颤振导数进一步增加到 8 个。进入 20 世纪 90 年代后,Scanlan 等人又在非定常气动力计算模型中计入了各个自由度之间的耦合项,提出了用 H_i^*、A_i^* 和 P_i^* ($i = 1, 2, \cdots, 6$) 共 18 个颤振导数来表示更广义的耦合非定常气动力,将桥梁分离流颤振试验和理论方法提升到了新的高度。

$$D_\mathrm{f} = \frac{1}{2}\rho U^2 B \left(KP_1^* \frac{\dot{p}}{U} + KP_2^* \frac{B\dot{\alpha}}{U} + K^2 P_3^* \alpha + K^2 P_4^* \frac{p}{B} + KP_5^* \frac{\dot{h}}{U} + K^2 P_6^* \frac{h}{B} \right) \quad (2\text{-}22\mathrm{a})$$

$$L_\mathrm{f} = \frac{1}{2}\rho U^2 B \left(KH_1^* \frac{\dot{h}}{U} + KH_2^* \frac{B\dot{\alpha}}{U} + K^2 H_3^* \alpha + K^2 H_4^* \frac{h}{B} + KH_5^* \frac{\dot{p}}{U} + K^2 H_6^* \frac{p}{B} \right) \quad (2\text{-}22\mathrm{b})$$

$$M_\mathrm{f} = \frac{1}{2}\rho U^2 B^2 \left(KA_1^* \frac{\dot{h}}{U} + KA_2^* \frac{B\dot{\alpha}}{U} + K^2 A_3^* \alpha + K^2 A_4^* \frac{h}{B} + KA_5^* \frac{\dot{p}}{U} + K^2 A_6^* \frac{p}{B} \right) \quad (2\text{-}22\mathrm{c})$$

式中,K 表示折减频率,且 $K = B\omega/U$;h、p、α 分别表示桥梁结构竖向位移、侧向位移和扭转位移;H_i^*、P_i^*、A_i^* ($i = 1, 2, \cdots, 6$) 表示试验实测的颤振导数分量,是折减频率 K 的函数。

三维桥梁颤振分析始于 20 世纪 70 年代,Scanlan、Béliveau 和 Budlong 采用飞行器设计中的传递函数首先提出了全时域分析方法,但更多的是采用频域分析方法,最简单的频域分析方法是将各阶模态所对应的振动响应叠加起来,称为模态叠加法。80 年代末,Agar、陈振清、Namini 和 Jones 等人先后提出了基于桥梁有限元计算模型的参与模态较少的多模态颤振分析。由于模态叠加法只是基于所选振动模态的一种近似的分析方法,所以一些学者想到了基于桥梁结构有限元模型的精确分析方法——直接计算法。90 年代末,Miyata 等人和葛耀君等人分别提出了忽略结构阻尼和考虑结构阻尼的三维桥梁颤振全模态分析方法,将桥梁结构与绕流气体作为一个相互作用的系统,并充分考虑各种振动形式的结构阻尼,通过直接循环迭代求解结构-气流相互作用系统的部分广义特征值,极大地提高了计算效率,实现了三维桥梁颤振的准精确分析。

梁式桥由于跨度小、刚度大、基频高,主梁颤振临界风速很高,一般不会出现桥梁结构风振失稳问题,但是,对于钝体截面的钢结构桥梁,需要注意单一弯曲模态的风振失稳——驰振失稳问题。

三、梁式桥涡振响应

桥梁涡振是一种确定性的风致振动,同时具有强迫振动和自激振动的特点,主要是因为自然风流经桥梁结构形成交替脱落的旋涡产生涡激力,而振动的结构反过来又影响旋涡的形成和脱落。当涡激力的频率接近或等于结构的某一阶固有频率时,将诱发结构的共振,也就是涡激共振。涡激共振虽然不像颤振和驰振那样会对结构产生毁灭性破坏,但是桥梁结构出现涡激共振的风速一般比较低,出现涡激共振的概率比颤振或驰振大得多,大振幅的涡激共振不仅会使人产生不适,也会影响行车安全和结构的疲劳性能。

早在 1898 年,斯特劳哈尔(Strouhal)就发现风吹竖琴所发出的声调和风速与琴弦直径的比值成正比,并且发现旋涡脱落频率 n、风速 U 和圆柱直径 D 之间存在一定的关系:

$$sr = \frac{nD}{U} = f\left(\frac{\rho UD}{\mu}\right) = f(Re) \tag{2-23}$$

式中,n 表示旋涡脱落频率(Hz);D 表示结构特征尺寸(m);μ 表示空气黏性系数;Re 表示雷诺数。对于钝体截面桥梁也有类似的旋涡脱落现象,可以用式(2-23)来表示旋涡脱落的频率。

当被绕流的物体处于振动状态时,周期性的涡激力将引起体系的涡激振动,并且在旋涡脱落频率和结构自振频率接近时发生涡激共振。从式(2-23)来看,旋涡脱落频率 n 与风速 U 呈线性关系,$f = f_s$ 的共振条件只在某一风速时能满足。但以频率为 f_s 振动的体系将对旋涡的脱落产生反馈作用,使旋涡脱落频率 n 在相当大的风速范围内被 f_s "俘获",产生一种"锁定"(lock-in)现象,使得涡激共振的风速范围扩大。

工程应用中,除了以上有关涡激共振的特点外,人们更关心的是涡振振幅的计算问题。而解决涡振振幅计算问题的关键是确定涡激力的解析表达式。至今,涡激力的经典解析表达式主要有简谐力模型、升力振子模型、经验线性模型、经验非线性模型、广义经验非线性模型等。尽管涡振是限幅振动,但由于涡振发生的风速较低,并且当涡振振幅较大时仍有可能对桥梁结构产生破坏,因此大跨度梁式桥涡振响应是一个值得重视的问题。

国内外大跨度梁式桥抗风研究表明,涡振是梁式桥较为常见和必须控制的风致振动形式,国内外曾经发生的大跨度梁式桥涡振如表 2-6 所示。1974 年建成的巴西里约热内卢大桥是一座钢箱连续梁桥,使用了二十多年后,在 1997 年 10 月 16 日和 1998 年 2 月 17 日发生了两次涡振,最大涡振振幅为 0.165m,随后才采用 TMD 阻尼器抑制涡振。日本东京湾大桥也是钢箱连续梁桥,在 1994 年 10 月完成主架设之后,次年 2 月即观测到了明显的竖向涡振现象,振幅达到 0.54m,后也采用了 TMD 阻尼器。1998 年建成的丹麦大海带西引桥和 2009 年建成的俄罗斯伏尔加河桥,都是钢箱连续梁桥,且都发生过涡振,并安装了 TMD 阻尼器。2011 年建成的崇启大桥,可能是我国第一座发生涡振并采用 TMD 阻尼器控制的钢箱连续梁桥。2018 年建成的港珠澳大桥深水区非通航孔桥,虽然可以采用气动控制措施抑制涡振,但最后还是采用了 TMD 阻尼器。正在建设中的深中通道非通航孔桥是双幅钢箱连续梁桥,平行双幅桥面中间净距 0.5~6.7m,在桥梁抗风研究中发现涡振后,及时采取了气动控制措施。

国内外梁式桥涡振记录　　　　表2-6

序号	桥名	跨度（m）	涡振风速（m/s）	涡振频率（Hz）	最大振幅（m）	建成年份	所在地
1	里约热内卢大桥	200+300+200	15~17	0.32	0.165	1974	巴西
2	东京湾大桥	240	16~17		0.540	1997	日本
3	大海带西引桥	193	18		0.100	1998	丹麦
4	伏尔加河桥	154			0.400	2009	俄罗斯
5	崇启大桥	102+4×185+102	16~27	0.47	0.141	2011	中国
6	港珠澳大桥深水区非通航孔桥	110	21~28	0.81	0.105	2018	中国
7	深中通道非通航孔桥	110	27~40	0.85	0.441	在建	中国

四、梁式桥驰振失稳

桥梁驰振是一种发散性自激振动，主要是桥梁振动过程中的结构位移始终与驰振力的方向一致，源源不断地在振动中吸收能量，导致振动发散。驰振一般发生在具有棱角的非流线型截面的柔性轻质结构中，这种非流线型截面一般具有负斜率的升力系数或升力矩系数。

Den Hartog 在观察结冰电缆在大风中的大振幅弯曲振动现象时，首先将这一不稳定振动现象定义为驰振。他发现除了纯圆截面外，其他各种非流线型截面都有发生驰振的可能，他将驰振问题抽象成单自由度线性弯曲振动问题，采用以下线性驰振方程描述：

$$m(\ddot{y}+2\zeta\omega_1\dot{y}+\omega_1^2 y)=-\frac{1}{2}\rho U^2 B\left(\frac{\mathrm{d}C_L}{\mathrm{d}\alpha}+C_D\right)_0\frac{\dot{y}}{U} \tag{2-24}$$

式中，m 表示单自由度质点质量；y 表示质点振动位移；ω_1 表示质点振动频率。

式(2-24)中的右端项可以看作阻尼力，可与左端的阻尼力合并，由此得到系统总阻尼或表观阻尼如下：

$$d=2m\zeta\omega_1+\frac{1}{2}\rho UB\left(\frac{\mathrm{d}C_L}{\mathrm{d}\alpha}+C_D\right)_0 \tag{2-25}$$

如果 d 大于0，则表明系统总阻尼为正，系统振动是稳定的。如果 d 小于0，则表明系统阻尼为负，系统振动是不稳定的，振动结构将从气流中不断吸收能量，导致系统振动的振幅发散，现分两种情况进行讨论：

① 当 $\zeta=0$ 时，即理想结构无阻尼状态，总阻尼 $d<0$，意味着 $\frac{\mathrm{d}C_L}{\mathrm{d}\alpha}+C_D<0$，这就是著名的 Den Hartog 判别依据。由于阻尼系数 $C_D>0$，因此 $\frac{\mathrm{d}C_L}{\mathrm{d}\alpha}<0<-C_D$，即具有负斜率升力系数的截面外形将有可能产生发散性驰振。

② 当 $\zeta\neq 0$，即普通阻尼状态，如果 $\frac{\mathrm{d}C_L}{\mathrm{d}\alpha}+C_D<0$，且 $U\geq U_c=\frac{4m\zeta\omega_1}{\rho B}\left(\frac{\mathrm{d}C_L}{\mathrm{d}\alpha}+C_D\right)$，结构产生发散性驰振，若 $U<U_c$，则结构是稳定的，U_c 称为驰振临界风速；如果 $\frac{\mathrm{d}C_L}{\mathrm{d}\alpha}+C_D>0$，则结构始终是稳定的。

20世纪60年代,G. V. Parkinson和Novak等人分别从拟定常理论出发,分析了单自由度非线性驰振的特性,这些研究对于理解结构驰振的非线性本质具有重要意义。Parkinson还对各种截面形式(包括D形、正方形、各种长宽比的矩形等)做了系列试验,证明对于D形截面(裹冰线缆截面),只有当有效攻角$\alpha > 25°$时,才有可能发生驰振发散,并求出了矩形截面在微小攻角下发生驰振的长宽比范围。

国内外大跨度梁式桥抗风研究表明,驰振是梁式桥较为少见的风致振动形式,只有在桥面较窄、主梁较高,即主梁宽高比较小时才会发生。日本名古屋市矢田川桥是一座7.5m宽的三跨连续梁桥,跨径布置为67.1m+84.2m+67.1m,主梁采用变高度钢箱梁与0.25m混凝土桥面板结合,钢箱梁两个中支点梁高为3.2m,中跨跨中和两个边支点梁高均为2.2m,桥面两侧实体护栏高为1.5m,跨中主梁断面宽高比为1.9:1,支点主梁断面宽高比为1.5:1,是一座典型的窄桥,节段模型风洞试验和全桥模型风洞试验都发现了严重的驰振失稳问题,提出了采用导流板或中央桥面板开槽的气动控制措施,可以有效控制驰振发生。

五、梁式桥风雨激振

大气边界层中的自然风主要表现为季风、台风或飓风和局部地区风,具有非常复杂的特性,结构风效应研究主要关注风速的大小和方向及随时间和空间的变化特性,特别是时间非定常、空间位置相关和抽样随机性等特性。无论是强季风还是强台风,往往都伴随着降雨,特别是袭击我国东南沿海地区的台风,10min平均风速可达40m/s以上,3s瞬时风速可达60m/s以上,伴随的平均降雨强度可达200mm/24h、极端降雨强度可达15mm/10min。表2-7列出了我国江浙一带登陆台风的最大风速和降雨量,表2-8统计了我国华南和华东沿海地区登陆台风的最大阵风风速和降雨量。

我国江浙一带登陆台风最大风速和降雨量 表2-7

台风名称与编号	最大风速(m/s)	降雨量(mm)	年份	观测地
派比安0012	40	813	2000	江苏
云娜0414	53	367	2004	浙江
海棠0505	36	693	2005	浙江
卡努0515	60	265	2005	浙江
麦莎0509	42	384	2005	浙江
桑美0608	60	430	2006	浙江

我国华南沿海和华东沿海地区登陆台风最大阵风风速和降雨量 表2-8

地区要素	华南沿海			华东沿海
月份	6月、7月	8月、9月	10月、11月	7—9月
最大日降雨量(mm)	535.2	630.0	611.3	532.0
最大总降雨量(mm)	891.0	901.0	855.0	932.0
最大阵风风速(m/s)	45.0	60.0	50.0	58.0

狂风驱动骤雨对结构形成的作用会放大强风无雨状态下的风致结构作用,加剧平均风绕流和脉动风湍流的极值变化,改变风雨和结构动力耦合作用,使得原本已经十分复杂的风与结

构耦合作用更加复杂。

最早关注到的桥梁结构风雨作用效应是斜拉桥拉索的风雨激振,这是一种能够在实际桥梁结构中观测到的风雨作用效应。20 世纪 80 年代,Hikami 等在日本的 Meiko Nishi 桥上发现了斜拉索风雨激振现象,干燥条件下稳定的斜拉索在有雨时变得非常不稳定,当风速为 14m/s 时,有雨状态下最大振幅可达 55cm。此后,斜拉索的风雨激振现象成为桥梁工程师关注的一个热点,通过现场实测、风洞试验和理论分析,斜拉索风雨振动机理逐步明朗,斜拉索振动抑制措施也越来越多。此外,悬索桥吊杆、拱桥吊杆等都出现过类似的风雨激振问题,甚至导致疲劳损坏。

2004 年云娜台风登陆浙江沿海地区并造成严重破坏,灾后调查发现,许多建筑结构发生的严重风毁事故都与暴雨的作用有关,其中最具代表意义的例子就是某建筑物顶部圆柱形贮水塔的倒塌。该贮水塔与屋顶楼板处的连接采用的是圆形钢管,引发倒塌的直接原因是钢管断面剪切断裂,当地记录的最大阵风风速为 50m/s。如果单独考虑风荷载作用,由于水塔造型简单,很容易计算出需要达到 200m/s 或更高的风速才能导致圆形钢管破坏,这显然是不可能事件。为了得到合理的解释,我们考虑了风荷载计算中的一些因素。其中,我们考虑到雨水对空气密度的影响,以及结构表面的流动薄膜水层对气动力作用方式的改变。尽管这两种解释都有一定合理性,但它们缺乏试验证据和理论支持。

目前,国内外风工程界普遍采用的结构风效应研究方法都只能单独考虑风的影响,忽略了任何可能伴随的降雨作用。降雨对结构的影响研究仅限于环境工程和材料科学中对建筑结构表面材料的侵蚀、防腐和保温等效应的研究,风雨共同作用力的研究主要针对斜拉索的风雨激振现象。风雨共同作用条件下,关于结构荷载环境和结构静动力响应研究成果较少。比利时的 Bert Blocken 和 Jan Carmeliet 等对垂直方向降雨、水平方向降雨的强度、风速和风向等参数进行了系列观测,得到了相关数据。图 2-11 给出了一组风速和降雨强度的实测数据。

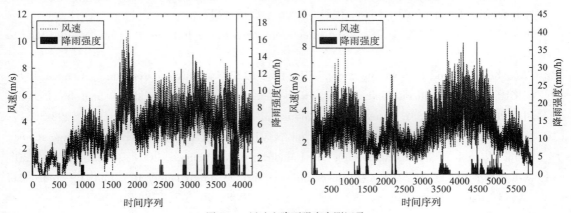

图 2-11 风速和降雨强度实测记录

Bert Blocken 认为,风雨共同作用下结构效应研究包括两个方面的内容,即风雨荷载的量化分析和结构在这些荷载作用下的响应。结构风雨共同作用效应是由许多参数决定的,譬如结构几何形状、环境特性、结构表面位置、风速、风向、紊流强度、降雨强度、雨滴大小分布、降雨持续时间等。众多参数和各个参数的变化使得结构风雨共同作用效应研究成为一个十分复杂的过程。

同济大学顾明和许树壮提出了风雨共同作用下风荷载的作用,并在模拟降雨条件下对平板节段模型的颤振导数进行了试验识别,用基于输出协方差的随机子空间方法识别出了风雨共同作用和仅有风作用的平板模型的气动导数。研究结果表明,桥梁结构在风雨共同作用下的气动导数和单独的风荷载作用下的气动导数有一定差别,特别是反映气动阻尼的气动导数受雨的影响较大,这将对桥梁颤振和抖振响应产生大的影响。

梁式桥结构简单,以主梁受弯为主,适宜开展风雨激振研究,按照风、雨独立作用及其效应,对风雨共同作用静力效应和风雨共同作用动力效应开展研究,推动桥梁风雨激振研究发展。

本章参考文献

[1] AMMANN O H, WOODRUFF G B. The failure of the Tacoma Narrows Bridge[J]. Federal Works Agency u. s. National Archives & Records Administration, 1941.

[2] SAWYER J S. Principles of Meteorological Analysis. Saucier Walter J[M]. University of Chicago Press, 1955. 438 pp. Illustrated. 75s. Cambridge, 2016.

[3] Wind forces on structures : Final Report[M]. American Society of Civil Engineers, 1972.

[4] DAVENPORT A G. Buffeting of a suspension bridge by storm winds[J]. Journol of the Structural Division, 1962, 88(3):233-270.

[5] National Physical Laboratory England. Wind effects on buildings and structures[C]//proceedings of the conference held at the National physical laboratory, Teddington, Middlesex, on 26th, 27th and 28th June, 1963, symposium No. 16.

[6] SCANLAN R H, TOMKO J J. Airfoil and bridge deck flutter derivatives[J]. Journal of the Engineering Mechanics Division, 1971, 97(6):1717-1737.

[7] SIMIU E, SCANLAN R H. Wind effects on structures : fundamentals and applications to design[J]. 1996.

[8] TANAKA H. Wind Engineering, prepared for CVG 5133[J]. University of Ottawa, Canada, 1998.

[9] CHOI E. Wind-driven rain and driving rain coefficient during thunderstorms and non-thunderstorms[J]. Journal of Wind Wngineering and Industrial Aerodynamics, 2001, 89(3-4):293-308.

[10] BLOCKEN B, CARMELIET J. A review of wind-driven rain research in building science[J]. Journal of Wind Engineering and Industrial Aerodynamics, 2004, 92(13):1079-1130.

[11] GE Y J, XIANG H F. Recent development of bridge aerodynamics in China[J]. Journal of Wind Engineering and Industrial Aerodynamics, 2008, 96(6-7):736-768.

[12] GE Y J, XIANG H F. Aerodynamic challenges in long-span bridges[C]. Keynote Paper in the Proceedings of the Conference of the Institution of Structural Engineers, 2008.

[13] 李国豪. 桥梁结构稳定与振动[M]. 北京:中国铁道出版社,1992.

[14] 美国各州公路和运输工作者协会. 美国公路桥梁设计规范:荷载与抗力系数设计法(SI单位 第一版 1994年)[M]. 北京:人民交通出版社,1998.

[15] 中华人民共和国交通运输部. 公路桥梁抗风设计规范:JTG/T 3360-01—2018[S]. 北京:

人民交通出版社股份有限公司,2018.

[16] 张志田. 大跨度桥梁非线性抖振及其对抗风稳定性影响的研究[D]. 上海:同济大学,2004.

[17] 顾明,许树壮. 风雨共同作用下平板模型的气动导数试验研究[J]. 土木工程学报,2004(10):73-77.

[18] 项海帆. 现代桥梁抗风理论与实践[M]. 北京:人民交通出版社,2005.

[19] 陈政清. 桥梁风工程[M]. 北京:人民交通出版社,2005.

[20] 许林汕. 基于高精度风雨模拟试验系统的斜拉索风雨振试验和分析[D]. 上海:同济大学,2008.

[21] 武占科. 风雨共同作用结构荷载模型及参数的试验研究[D]. 上海:同济大学,2009.

第三章

沿海台风风场特性

采用概率分布函数拟合气象站实测数据是预测极值风速的主要方法,而沿海地区气象站的风速样本包含了台风和非台风数据,两者对极值分布的贡献是不均匀的,尤其是强台风风速样本会显著影响概率分布尾部特征,造成估计的重现期极值风速偏离真实值,这就要求独立预测台风极值风速。台风每年直接影响某特定场地的概率通常很低,且强台风作用下,测风设备会发生损坏而未能捕捉最大风速,这使得气象站的实测台风风速样本存在缺陷,仅以该数据为母体样本预测极值风速亦会造成较大偏差,因此,台风极值风速通常采用随机模拟算法扩充风速样本开展预测。本章主要介绍我国沿海台风风场特性和设计风速,涵盖台风边界层三维风场模型、台风随机模拟、台风极值风速估计和台风脉动风速不确定性量化等多方面内容。

第一节 三维台风风场解析模型

一、三维台风风场

大气边界层中的台风,作用在任一单位质量大气微团的力主要包括径向压力梯度力、重力、黏性力和地球自转科氏力,基于牛顿第二定律,其动量守恒方程可写为

$$\frac{\mathrm{d}\boldsymbol{V}}{\mathrm{d}t} = \frac{\partial \boldsymbol{V}}{\partial t} + \boldsymbol{V} \cdot \nabla \boldsymbol{V} = -\frac{1}{\rho_\mathrm{a}}\nabla P - f \cdot (\boldsymbol{k} \times \boldsymbol{V}) + \boldsymbol{g} + \boldsymbol{F}_\mathrm{d} \qquad (3\text{-}1)$$

式中,$\boldsymbol{V}$ 为台风风速向量;ρ_a 为空气密度;$f = 2\Omega\sin\varphi$,为科氏力参数,其中 Ω(rad/s)为地球自转角速度,φ 为台风所处位置的纬度;$\boldsymbol{k}$ 为竖向单位向量;$\boldsymbol{g}$ 为重力加速度向量;$\boldsymbol{F}_\mathrm{d}$ 表示边界层中的黏性力;∇ 为 Hamilton 算子;P 为气压项,通常采用参数化模型构建,文献[2]提出了使用最为广泛的台风径向气压分布模型,该模型认为海平面名义高度 10m 处的径向气压可用下式表示:

$$P_{rs} = P_{cs} + \Delta P_s \cdot \exp\left[-\left(\frac{R_{\max,s}}{r}\right)^{B_s}\right] \qquad (3\text{-}2)$$

式中,下标 r 和 s 分别表示径向半径、地表或海平面名义高度 10m 位置;P_{rs} 为距离台风中心 r 处的地表或海平面气压(hPa);P_{cs} 为地表或海平面台风中心气压(hPa);$\Delta P_s = P_{ns} - P_{cs}$,为地表或海平面台风中心气压差(hPa),$P_{ns}$ 为地表或海平面台风外围气压(hPa),通常定为 1013hPa;$R_{\max,s}$ 为台风中心沿径向到最大风速的距离(km);B_s 为 Holland 径向气压剖面无量纲参数。该模型假定台风气压场沿着环向是不变的,无法模拟一些高度不对称的台风风场,但可以实现大多数台风风场的模拟,且该模型只有两个待定参数,有利于通过 Monte Carlo 模拟实现台风风灾的快速模拟和评估。由于台风气压场随高度的变化是非线性的,故式(3-2)无法直接应用于台风梯度层。为实现台风三维风场建模,可基于气体的状态方程,引入温度和湿度随高度的变化,构建参数化台风三维气压场模型:

$$P_{rz} = \left\{ P_{cs} + \Delta P_s \cdot \exp\left[-\left(\frac{R_{\max,s}}{r}\right)^{B_s}\right] \right\} \cdot \left(1 - \frac{gkz}{R_d \theta_v}\right)^{\frac{1}{k}} \tag{3-3}$$

$$\theta_v = T_v (P_s/P_z)^k \approx (1 + 0.61q)(T_z + 273.15) + \frac{kgz}{R_d} \tag{3-4}$$

$$T_z = T_s - \tau \cdot z \tag{3-5}$$

$$k = \frac{R}{c_p} = \frac{R_d(1 + 0.61q)}{c_{pd}(1 + 0.86q)} = \frac{2(1 + 0.61q)}{7(1 + 0.86q)} \tag{3-6}$$

$$q = RH \cdot \frac{3.802}{100\, P_z} \cdot \exp\left(\frac{17.67\, T_z}{T_z + 243.5}\right) \tag{3-7}$$

$$T_s = \text{SST} - 1 \;(\text{或 } T_s) = 28 - 3(\varphi - 10)/20 \tag{3-8}$$

式中,$g = 9.8\text{N/kg}$,为重力加速度;$R_d = 287\text{J/(kg·K)}$,为干空气的比气体常数;θ_v 为虚位温(K);T_v 为垂直高度上的空气温度;T_z 为高度 z 处的温度;k 为比例系数;c_{pd} 为在恒温条件下的干燥空气比热容;q 为气体比湿(kg/kg);$\tau = 0.0065\text{K/m}$,为温度直减率;z 为离地或离海面高度(m);RH 为相对湿度(%);R 为湿空气的比气体常数[J/(kg·K)];c_p 为定压比热容;T_s 为地表或海平面名义高度 10m 处的温度(K);SST 为海平面温度(℃);φ 为纬度(°)。

为求解三维风速场,基于湍流梯度输送理论或 K 理论,式(3-1)的边界层黏性力可以表示为湍流黏性系数和风速梯度的乘积。在以台风中心为原点的圆柱坐标(r,θ,z)中,可沿径向、切向和竖向三个方向进行分解:

$$\frac{\partial u}{\partial t} + u\frac{\partial u}{\partial r} + \frac{v}{r}\frac{\partial u}{\partial \theta} + w\frac{\partial u}{\partial z} - \frac{v^2}{r} = -\frac{1}{\rho_a}\frac{\partial p}{\partial r} + fv + K_u\left[\nabla^2 u - \frac{1}{r^2}\left(u + 2\frac{\partial v}{\partial \theta}\right)\right] \tag{3-9}$$

$$\frac{\partial v}{\partial t} + u\frac{\partial v}{\partial r} + \frac{v}{r}\frac{\partial v}{\partial \theta} + w\frac{\partial v}{\partial z} + \frac{uv}{r} = -\frac{1}{r\rho_a}\frac{\partial p}{\partial \theta} - fu + K_v\left[\nabla^2 v - \frac{1}{r^2}\left(v - 2\frac{\partial u}{\partial \theta}\right)\right] \tag{3-10}$$

$$\frac{\partial w}{\partial t} + u\frac{\partial w}{\partial r} + \frac{v}{r}\frac{\partial w}{\partial \theta} + w\frac{\partial w}{\partial z} = -\frac{1}{\rho_a}\frac{\partial p}{\partial z} - g + K_w \nabla^2 w \tag{3-11}$$

式中,u、v、w 分别为径向、切向和竖向速度分量;∇^2 为 Laplace 算子;K_u、K_v、K_w 为三个方向的湍流黏性系数(m²/s),通常可设为相同数值,即 $K_u = K_v = K_w = K$。采用尺度分析技术,移除上述非线性微分方程中的小尺度项并忽略气压的切向扰动项,台风边界层的三维动量方程简化为

$$\frac{\partial u}{\partial t} + u\frac{\partial u}{\partial r} + \frac{v}{r}\frac{\partial u}{\partial \theta} + w\frac{\partial u}{\partial z} - \frac{v^2}{r} - fv = -\frac{1}{\rho_a}\frac{\partial p}{\partial r} + K\frac{\partial^2 u}{\partial z^2} \tag{3-12}$$

$$\frac{\partial v}{\partial t} + u\frac{\partial v}{\partial r} + \frac{v}{r}\frac{\partial v}{\partial \theta} + w\frac{\partial v}{\partial z} + \frac{uv}{r} + fu = K\frac{\partial^2 v}{\partial z^2} \tag{3-13}$$

$$g = -\frac{1}{\rho_a}\frac{\partial p}{\partial z} \tag{3-14}$$

在台风梯度层,忽略边界层的摩擦作用,并假设水平方向风速随台风整体移动速度产生变化,即非定常项可以表示为

$$\frac{\partial \boldsymbol{V}_{hg}}{\partial t} = -\boldsymbol{V}_T \cdot \nabla \boldsymbol{V}_{hg} = -\left(\boldsymbol{V}_{Tr}\frac{\partial u_g}{\partial r} + \frac{\boldsymbol{V}_{T\theta}}{r}\frac{\partial u_g}{\partial \theta} - \frac{\boldsymbol{V}_{T\theta}v_g}{r}\right)\boldsymbol{e}_r - \left(\boldsymbol{V}_{Tr}\frac{\partial v_g}{\partial r} + \frac{\boldsymbol{V}_{T\theta}}{r}\frac{\partial v_g}{\partial \theta} - \frac{\boldsymbol{V}_{T\theta}u_g}{r}\right)\boldsymbol{e}_\theta \tag{3-15}$$

式中,下标 h 和 g 分别表示水平方向和梯度层; $\boldsymbol{V}_T$ 为台风整体移动速度向量, $\boldsymbol{V}_{Tr} = \boldsymbol{V}_T \cdot \cos(\theta - \theta_0)$, $\boldsymbol{V}_{T\theta} = -\boldsymbol{V}_T \cdot \sin(\theta - \theta_0)$,其中 $\theta_0 = \theta_T + 90°$,为台风移动方向与正东方向的夹角,逆时针为正, θ_T 则为台风移动方向与正北方向的夹角; $\boldsymbol{e}_r$ 和 $\boldsymbol{e}_\theta$ 为径向和切向的单位向量。

将式(3-15)代入式(3-12),并考虑切向风速通常大于径向和竖向分量,忽略式(3-12)中的一阶和二阶对流项,梯度层的动力平衡方程简化为

$$\frac{v_g^2}{r} + \left(f - \frac{c_\theta}{r}\right)v_g - \frac{1}{\rho_g}\frac{\partial p_g}{\partial r} = 0 \tag{3-16}$$

基于式(3-16),梯度风速可以求解为

$$v_g = \frac{c_\theta - fr}{2} + \sqrt{\left(\frac{c_\theta - fr}{2}\right)^2 + \frac{r}{\rho_g}\frac{\partial p_g}{\partial r}} \tag{3-17}$$

台风边界层的风速可以通过梯度层风速(u_g, v_g)叠加受边界层摩擦作用的衰减风速(u_d, v_d)获得,即径向风速 $u = u_g + u_d \approx u_d$,切向风速 $v = v_g + v_d$。而气压的径向梯度在不同高度可以认为是相同的,由此,可根据式(3-12)、式(3-13),简化获得轴对称($\partial V/\partial \theta = 0$)固定台风($\partial V/\partial t = 0$)边界层风速的大气动力学线性表达式:

$$\xi_g v_d = K\frac{\partial^2 u_d}{\partial z^2} \tag{3-18}$$

$$\xi_{ag} u_d = K\frac{\partial^2 v_d}{\partial z^2} \tag{3-19}$$

式中, $\xi_g = 2v_g/r + f$,为梯度层绝对角速度; $\xi_{ag} = \partial v_g/\partial r + v_g/r + f$,为梯度层的竖向涡量。考虑到 u_d 和 v_d 随高度增加会逐渐减小,通过式(3-18)、式(3-19)可以获得边界层衰减风速的解析解:

$$u_d = e^{-\lambda z'}\eta[D_1\sin(\lambda z') - D_2\cos(\lambda z')] \tag{3-20}$$

$$v_d = e^{-\lambda z'}[D_1\cos(\lambda z') + D_2\sin(\lambda z')] \tag{3-21}$$

式中, $\lambda = \sqrt[4]{\xi_g\xi_{ag}}/\sqrt{2K}$, $\eta = \sqrt{\xi_g/\xi_{ag}}$,参数 D_1 和 D_2 可以通过引入滑移边界条件获得:

$$\rho_a K \frac{\partial \boldsymbol{V}_h}{\partial z}\bigg|_{z'=0} = \rho_a C_d |\boldsymbol{V}_h| \boldsymbol{V}_h |_{z'=0} \tag{3-22}$$

式中，C_d 为拖曳系数，根据边界层近地面区域的对数率假定，C_d 可以表示为

$$C_d = \frac{\kappa^2}{\left[\ln\left(\frac{h+z_{10}-d}{z_0}\right)\right]^2} \tag{3-23}$$

式中，κ 为 von Kármán 常数，通常取为 0.4；h 为地表粗糙物的平均高度，可定义为地表粗糙高度 $z_0(m)$ 的函数，即 $h = 11.4\,z_0^{0.86}$；z_{10} 为距离 h 以上 10m 高度。风场底部计算域设在 $h + z_{10}$ 处，该位置 $z' = 0$，$d = 0.75h$ 为零平面位移。将式(3-18)、式(3-19)代入式(3-22)中，参数 D_1 和 D_2 可由下述两式确定：

$$K\lambda(D_2 - D_1) = C_d\sqrt{(D_2\eta)^2 + (v_g + D_1)^2}(v_g + D_1) \tag{3-24}$$

$$K\lambda(D_1 + D_2) = -C_d\sqrt{(D_2\eta)^2 + (v_g + D_1)^2}D_2 \tag{3-25}$$

从上式可以看出，D_1 和 D_2 位于一个以点 $(-v_g/2, v_g/2)$ 为圆心，半径为 $v_g/\sqrt{2}$ 的圆上，由此可定义 D_1 和 D_2 为

$$D_1 = \frac{\sqrt{2}v_g\cos\alpha - v_g}{2} \tag{3-26}$$

$$D_2 = \frac{\sqrt{2}v_g\sin\alpha - v_g}{2} \tag{3-27}$$

式中，α 为待定参数，可基于式(3-24)或式(3-25)在 $(\pi/4, 3\pi/4)$ 定义域内进行迭代求解。

湍流黏性系数是影响边界层风速剖面的关键参数，定值湍流黏性系数是无法准确地再现台风风场三维特征的，该参数在整个台风边界层的不同位置的实际数值是变化的，且有较大变异性。从定义来看，湍流黏性系数刻画的是由涡团扩散造成的动量传输现象，与分子黏性有相似性，但其反映的是流体的运动状态，而非真实黏性，其数值通常取决于流体密度和所处的边界层高度。基于普朗特混合长理论，湍流黏性系数主要由局地垂直形变 S_v 和湿空气的 Brunt-Vaisala 频率 N_m 确定：

$$K = l_v^2(S_v^2 - N_m^2)^{1/2} \tag{3-28}$$

$$S_v^2 = \left(\frac{\partial u}{\partial z}\right)^2 + \left(\frac{\partial v}{\partial z}\right)^2 \tag{3-29}$$

$$N_m^2 = \frac{g\partial\theta_v}{\theta_v\partial z} \tag{3-30}$$

式中，在中性大气条件下，垂直混合长 l_v 的上限 l_∞ 可大致取为边界层厚度的 1/3，其数值可采用下式计算获得：

$$l_v = \left[\frac{1}{\kappa(z+z_0)} + \frac{1}{l_\infty}\right]^{-1} \tag{3-31}$$

由于湍流黏性系数的计算式[式(3-28)~式(3-31)]显含速度项，无法直接代入前述推导过程获得速度的解析解，可采用迭代循环的方式，当湍流黏性系数收敛至一定精度时，确定该值为所处边界层目标点的湍流黏性系数值，并计算该点风速值。

基于前述推导获得的台风风速解析解和边界层湍流黏性系数的迭代求解算法，可以准确、

高效地构建台风三维数值风场。首先输入相应的风场参数,包括中心气压P_{cs}、台风整体移动速度V_T、移动方向θ_T、最大风速半径$R_{max,s}$、径向气压剖面形状参数B_s和地表粗糙高度z_0,随后划分求解网格,并通过迭代循环确定台风风场不同网格半径位置处的边界层高度,通过比较梯度风速[式(3-17)]和相同高度边界层风速获得该高度,最后在不同半径和高度的风场网格点迭代求解,确定对应点的湍流黏性系数和风速值。

图3-1对比了本章模拟台风竖向风剖面与实测剖面数据。由于实际的飓风或台风是一个旋转的天气系统,下投式探空仪难以获得某一垂直路径的风速剖面,文献[8]通过某一指定高度的风速大小,对探测到的风速剖面进行分类,并组合形成若干平均边界层(mean boundary layer, MBL)。图3-1中平均组合边界层剖面是由文献[9]基于大量下投式探空仪数据和基于速度方位显示技术(the velocity-azimuth display, VAD)分析的雷达数据获得的,两者数据分别以5m/s和10m/s为区间分类。从图中可以看出,本章提出的风场模型可以再现台风竖向风剖面基本特征,在1~3倍最大风速半径范围内,最大风速高度从400m增大到1000m。基于实测的平均组合风剖面只是大量实测数据的统计结果,无法与本章模型重构的风场完全重合。总体而言,本章模型可以很好地再现台风内部风场结构。

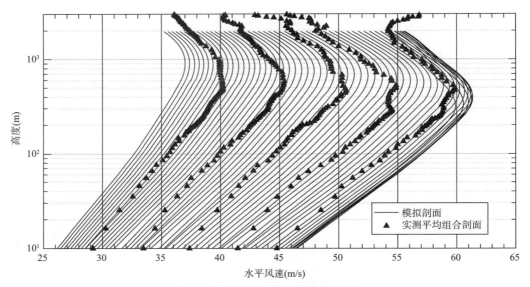

图3-1 模拟竖向风剖面与实测剖面对比

二、解析模型参数拟合

上述风场模型中,最大风速半径$R_{max,s}$和径向气压剖面形状参数B_s难以从现有大多数台风路径数据库中直接获取,或是采用与中心压差等参数的统计相关模型间接估计,无法反映历史台风风场的真实演变过程。日本气象局(JMA)自1977年以来公开发布了台风海平面或近地面10 min平均最大持续风速估计值V_{max}、50节风速对应的最大风速圈半径(R_{50})和方向信息、30节风速对应的最大风速圈半径(R_{30})和方向信息,共涵盖了23515个时刻点,其中13347个时刻点同时提供了R_{50}和R_{30},10168个时刻点仅提供了R_{30},且所有时刻点都提供了V_{max}。考虑到在科氏力作用下北半球的台风都是绕风眼逆时针旋转的,且台风向前移动的速度对台风风场风速也有一定贡献,其最大风速通常位于台风前进方向的右侧。假设该最大风速位于前进方向的右侧垂直线上,则该垂直方向($\theta_T - 90°$)的三对数据点(R_{30}, V_{30})、(R_{50}, V_{50})和($R_{max,s}$, V_{max})[或两对数据点(R_{30}, V_{30})和($R_{max,s}$, V_{max})],除了$R_{max,s}$以外,都可由JMA最佳路径数据集确定,由此可结合上述风场模型,采用优化拟合策略估计$R_{max,s}$和B_s。

参数优化拟合流程如图3-2a)所示,当台风位于海洋洋面时,z_0可以基于对数率风剖面假定求解:

$$z_0 = 10.0 \cdot \exp(-\kappa/\sqrt{C_{d10}}) \tag{3-32}$$

式中,C_{d10}为地表拖曳系数,可以定义为10m高度平均风速的线性函数:

$$C_{d10} = (0.49 + 0.065 U_{10}) \times 10^{-3} \quad (C_{d10} \leq C_{dmax}) \tag{3-33}$$

式中,U_{10}为10m高度的平均风速,而C_{dmax}可定义为风场半径坐标的函数:

$$C_{dmax} = (0.0881r + 17.66) \times 10^{-4} \quad (0.0019 \leq C_{dmax} \leq 0.0025) \tag{3-34}$$

式中,r为台风径向坐标(km)。当台风登陆以后,考虑到JMA提供的是最大风圈数据,而在远离最大风速半径后,风速随台风径向是逐渐减小的,则最外围的30节或50节风速最可能在开阔地表或平坦地貌被观测到,同时考虑到沿海地区多为平坦地貌,z_0取建筑结构荷载规范规定的A类地貌(近海海面和海岛、海岸等开阔平坦地带)的粗糙高度值,$z_0 = 0.01m$。由此,图3-2b)给出了参数优化拟合策略的图解示意,在$R_{max,s} \in [1km, R_{50}]$和$B_s \in [0.04, 4.50]$范围内组合不同的$R_{max,s}$和$B_s$,代入上述风场模型并计算得到对应的径向风速剖面,选取模拟风速和实测风速点权重误差最小时对应的$R_{max,s}$和B_s组合作为最优拟合解。

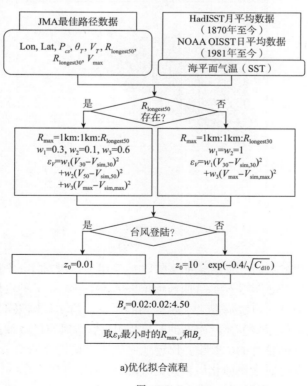

a)优化拟合流程

图 3-2

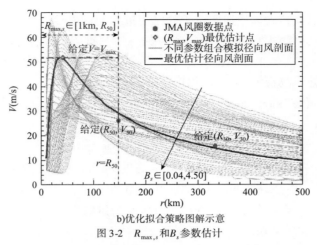

b) 优化拟合策略图解示意

图 3-2 $R_{max,s}$ 和 B_s 参数估计

图 3-3 总结了 23511 个时刻点拟合得到的风场参数 $R_{max,s}$ 和 B_s（4 个时刻的数据点质量较差予以剔除）。为了更清晰地展示 $R_{max,s}$ 一些较小的数值，图中采用了 $R_{max,s}$ 的对数值，其中 23175 组风场参数由位于海洋表面的风场拟合获得，336 组数据点由登陆后的台风风场拟合获得，$R_{max,s}$ 的最小值和最大值分别为 2km 和 1116km，B_s 的最小值和最大值分别为 0.16 和 4.4。在已有的研究结果中，通常认为 B_s 应该小于 2.5，这小于本章结果的上限，主要由风场模型和使用的风速数据差异造成。基于不同的拟合数据，风场参数 $R_{max,s}$ 和 B_s 的估计方法主要有两种，一种是采用气压数据直接拟合式(3-2)，另一种是基于风速数据拟合风场模型。

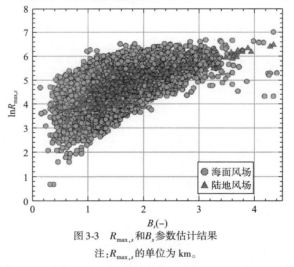

图 3-3 $R_{max,s}$ 和 B_s 参数估计结果

注：$R_{max,s}$ 的单位为 km。

基于气压数据的拟合方法最为直接，如文献[12]采用侦察机对穿的气压数据进行了参数拟合，文献[13]采用地面分布式气象站的气压数据拟合了若干登陆台风的风场参数，然而将该拟合方式得到的气压剖面直接代入风场模型，求解得到的风速场与实际结果不符。这是因为一方面忽略了梯度层与近地面气压场的差异，而这种差异会明显影响风速场结果，文献[12]的分析结果表明，通过拟合梯度层风速估计的 B_s 参数要比近地面气压直接拟合的结果大 20%～30%。另一方面，风场模型解析解是经过大量简化后得到的计算式，虽然直接拟合的气压场接近真实环境，但将其代入简化的风场模型后得到的风速场是失真的。

另一种方法是基于风速场的直接拟合,文献[12]将气压场参数化公式(3-2)直接代入风速场公式(3-17)中,再采用简化边界层模型计算近地面或海平面的风速,而后通过拟合 H*Wind 提供的海平面风速数据得到 $R_{max,s}$ 和 B_s。这种风场模型计算方法认为 Holland 气压模式适用于梯度层,这也是大多数研究采用的计算模式,由该方法得到的 $R_{max,s}$ 和 B_s 应该是梯度层的数值,尽管由此重构的气压场是偏离实际的,但梯度风速和近地面风速与实测结果都能很好地吻合。其不足之处在于无法确定梯度高度,台风风场的梯度高度并非定值,且变异性较大,难以用公式简单描述。本研究虽然也采用了风速场直接拟合的方法,但使用的风场模型认为 Holland 模式仅应用于近地面或海平面10m标准高度,而后将其延伸到梯度层计算不同高度的风速场,再由边界层解析模型计算 10m 高度的风速场,即气压场和风速场都是基于 10m 标准高度建模的,由该风场模型拟合 JMA 提供的 10m 标准高度实测风速数据,得到的 $R_{max,s}$ 和 B_s 同样无法再现真实气压场,但由此重构的风速场是接近真实的。本章风场模型考虑了三维气压场,梯度高度的中心压差低于近地面由最佳路径数据直接计算的结果,且风场模型推导过程忽略了大量非线性项和非轴对称项,这要求 B_s 的数值大于传统推导得到的数值,以使模拟得到的风场与 JMA 数据库的风场数据相吻合。

图 3-4 展示了两次典型台风过程不同时刻的中心气压 P_{cs} 和拟合得到的 $R_{max,s}$、B_s,并选取若干时刻对比了模拟径向风速剖面和 JMA 风速数据点。可以看出,拟合的径向风速剖面可以很好地捕捉实测数据点,且对于特定台风,$R_{max,s}$ 和 B_s 的数值是缓慢波动变化的,即台风的尺度和风速分布并不会在相邻时刻发生显著变化,在后续台风路径和相关参数模拟过程中需要特别注意。同时值得一提的是,$R_{max,s}$ 和 B_s 增大或减小并不完全依赖于 P_{cs},既有研究中,$R_{max,s}$ 和 B_s 的统计模型仅依赖不同参数之间的相关关系,同一台风不同时间步模拟得到的参数 $R_{max,s}$ 和 B_s 会有较大变异性。

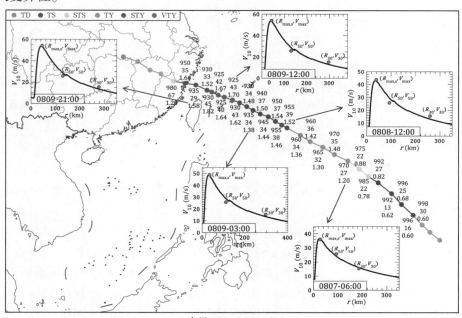

a) 台风 Saomai (200608)

图 3-4

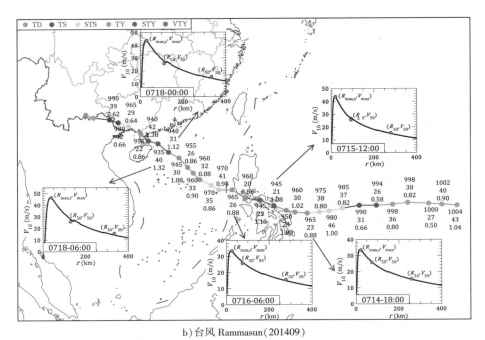

b) 台风 Rammasun(201409)

图 3-4 模拟径向风速剖面与实测风速数据点对比（从上到下的数值分别表示 P_{cs}、$R_{max,s}$ 和 B_s）

如前所述，既有模型在模拟台风时，$R_{max,s}$ 和 B_s 通过参数间的统计相关函数随机取值，但是既有的一些实测数据表明，参数间的相关性并不是很强，如文献[12]的研究结果显示，各参数之间的决定系数都小于 0.3。基于前文的拟合数据，图 3-5 给出了台风中心所处纬度 Lat、中心压差 ΔP_s、径向气压剖面形状参数 B_s、最大风速半径对数值 $\ln R_{max,s}$ 和海平面温度 SST 之间的相关性分析结果。相关性最强的两个参数是 $\ln R_{max,s}$ 和 B_s，对于洋面台风和登陆台风，其相关系数 ρ 分别为 0.605 和 0.856，这与文献[12]的相关性分析结果是一致的。SST 和 Lat 的强相关性是符合基本常识的，但两者之间表现出一种非线性相关特征；$\ln R_{max,s}$ 和 SST、Lat 是弱相关的，与 ΔP_s 几乎没有相关性；B_s 和 Lat、ΔP_s 也是弱相关的，与其他参数之间的相关系数都小于 0.2，表现为不具有相关性。既有统计模型中，$\ln R_{max,s}$ 通常为 ΔP_s 和 Lat 的函数，B_s 为 $R_{max,s}$、ΔP_s、Lat 和 SST 的函数，然而从上述相关性分析结果可以看出，$\ln R_{max,s}$ 与 ΔP_s 的相关性很弱，同样，B_s 与这些参数的相关性也不是很强，由此构建的统计模型往往误差很大，且不是无偏估计。与此同时，登陆台风的拟合结果显示，B_s 并不会有明显的减小趋势，这与文献[14]建议的 B_s 登陆衰减模型是相悖的，甚至一些登陆台风的 B_s 会随着台风登陆时间显著增大，这可能与本章所采用的拟合策略以及 JMA 风场数据的确定方法有关。

由上述相关性分析可以看出，既有 $R_{max,s}$ 和 B_s 统计模型较为单一，模拟的相邻时刻台风可能尺寸和内部风场结构具有较大的变异性，这与实际风场的缓变过程是不符的。为了在台风模拟时实现台风参数 $R_{max,s}$ 和 B_s 的随机有效取值，结合本章参数估计结果的优势，引入不同时间步之间的自相关性，从而建立风场参数的统计递归模型，该建模思想在台风全路径随机模拟模型中也有所体现。结合相关性分析结果，对 $R_{max,s}$ 和 B_s 提出以下线性加权回归计算式：

$$\ln R_{\max,s}(i+1) = r_1 + r_2 \cdot \ln R_{\max,s}(i) + r_3 \cdot \ln R_{\max,s}(i-1) + r_4 \cdot \Delta P_s(i+1) + r_5 \cdot \psi(i+1) + \varepsilon_{\ln R_{\max,s}}$$

(3-35)

$$B_s(i+1) = b_1 + b_2 \cdot B_s(i) + b_3 \cdot B_s(i-1) + b_4 \cdot \Delta P_s(i+1) + b_5 \cdot \sqrt{\ln R_{\max,s}(i+1)} + \varepsilon_{B_s}$$

(3-36)

式中，$r_j(j=1\sim5)$ 和 $b_j(j=1\sim5)$ 分别为 $R_{\max,s}$ 和 B_s 线性回归模型的系数；ψ 为台风中心的纬度；$\ln R_{\max,s}(i)$ 和 $B_s(i)$ 表示时间步 i 的数值；$\varepsilon_{\ln R_{\max,s}}$ 和 ε_{B_s} 为实测数据和回归模型之间的偏差。文献[12]曾引入无量纲参数 A 来综合考虑 $R_{\max,s}$、ΔP_s、ψ 和 SST 的影响，由此构建 B_s 统计模型为 $\sqrt{A}$ 的线性函数。若提取本章海面台风的数据分析 B_s 和 $\sqrt{A}$ 的相关性，其相关系数为 0.50，需要注意的是，本章中这两个参数是正相关的，而文献[12]得到的是负相关的结论，这主要是因为本章中 B_s 和 $R_{\max}$ 成正相关，而文献[12]中这两者是负相关的，至于出现完全相反结论的原因还不得而知，可能是参数拟合方法的差异，也可能是不同海域热带气旋系统本身的差异。

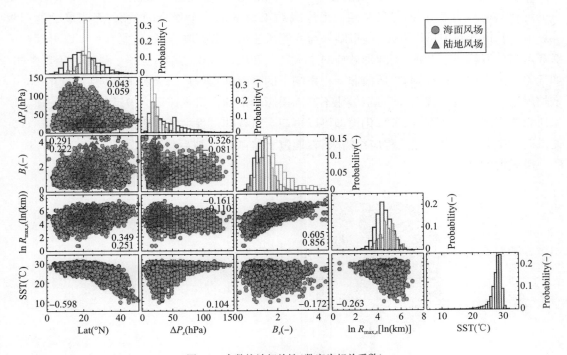

图 3-5　参数统计相关性（数字为相关系数）

三、历史台风风场重构

采用上述拟合方法得到的风场参数 $R_{\max,s}$ 和 B_s，根据 1977—2015 年日本气象局提供的路径基本信息，可再现历史台风风灾演变情况。为尽可能准确地获取台风移动过程中每个网格点出现的最大风速,首先将每次台风路径的时间步内插为15min,然后以每个时间步的经纬度为圆心,以350km为影响半径,圈选出该时刻的网格点,并计算每个网格点考虑地表粗糙高度结合地形效应时的风速值,提出每个网格点的最大风速,即可生成每次台风的最大风速分布图。

图3-6比较了两次台风[台风Khanun(200515)和台风Hagupit(200814)]在若干站点的模拟风速和实测风速。台风Khanun是2005年登陆浙江省台州市的一次强台风,位于其行进路径附近的三个气象站捕捉到了风速和风向时程,站点位置分别为东海塘(121.6000°E,28.4642°N)、上大陈岛(121.8830°E,28.4952°N)和芦潮港(121.9305°E,30.8684°N),其中东海塘和芦潮港气象站四周为开阔平坦区域,无地形效应影响,而近海岸的上大陈岛有明显的地形效应,最大风速增大系数1.24出现在SE来流风方向。在台风登陆后,上大陈岛气象站由于风速仪损坏而未能记录完整的风速时程,芦潮港气象站仅提供了风速时程信息。另一次台风Hagupit是2008年登陆广东省的一次强台风,JMA提供的近地面最大风速和海平面最低气压分别达到了$V_{max}=90$节(46.3m/s)和$P_{cs}=935hPa$,本章同样收集了台风登陆过程中三个气象站记录到的风速风向信息,包括电白(110.9978°E,21.4982°N)、崎仔岛(111.3795°E,21.4512°N)和阳江(111.9793°E,21.8458°N)三个气象站,其中电白和阳江为1min平均的实测数据,而崎仔岛为0.1s时距的实测数据,均采用滑动平均转换为10min的平均风速,电白站点的地形效应最明显,而崎仔岛是距离海岸约4.5km的一个很小的岛礁,无明显的地形效应影响。从图3-6中可以看出,模拟结果与实测风速风向数据吻合良好,尤其是可以再现台风对穿区域的双峰风速特征,而地形效应对上大陈岛和阳江气象站略有影响。受多种因素影响,如气象观测塔的振动和倾斜、风向非平稳影响下的瞬时地形效应以及暴雨等,观测到的10min平均风速存在明显的波动,而对于量化不同因素影响下的台风风速风向波动细部特征,现有模型还无法实现。总体而言,参数化模型可以再现台风登陆过程中各观测站点的最大风速,对风速风向的拟合精度已满足工程应用需求,在通过大量随机模拟后,可高效、准确地开展各地区的台风风灾评估。

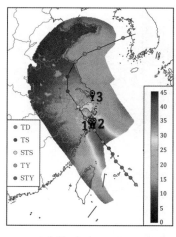
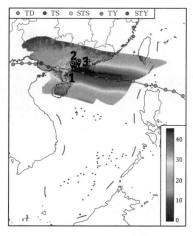

a) 台风Khanun(200515)　　　　b) 台风Hagupit(200814)

图3-6　模拟和实测10min平均风速对比(m/s)

第二节　地理加权回归法台风模拟

一、地理加权回归法

由于地理位置变化,变量间的关系会有所区别,即空间数据存在非平稳特征,需要在不同地理位置建立合适的回归方法。地理加权回归(geographically weighted regression,GWR)法是一种空间分布离散数据回归分析方法,根据数据所处空间位置,以不同数据点和目标点的空间距离为基础,对各数据点赋予不同的权重,而后建立局部区域的加权回归方程。假设回归方程有 m 个解释变量或自变量 $X_k(k=1,2,\cdots,m)$,空间范围内每个变量有 n 个数据点,因变量为 $n\times 1$ 维的矩阵 Y,同时需提前获取各自变量的数据点所处的空间位置信息,由此,对于空间目标点 i,基于 GWR 方法的回归方程表示为

$$W_{n\times n}Y_{n\times 1} = W_{n\times n}X_{n\times m}\boldsymbol{\beta}_{m\times 1} + W_{n\times n}\boldsymbol{\varepsilon}_{n\times 1} \tag{3-37}$$

式中,$W=\mathrm{diag}[w_{1i},w_{2i},\cdots,w_{ni}]$ 为 $n\times n$ 维基于距离的权重矩阵;X 为 m 个自变量的 n 个实测数据点;$\boldsymbol{\beta}$ 为对应于 X 的 m 个拟合参数;$\boldsymbol{\varepsilon}$ 为 $n\times 1$ 维的误差项。$\boldsymbol{\beta}$ 的参数估计可由下式获得:

$$\hat{\boldsymbol{\beta}}_{m\times 1} = (X_{n\times m}^{\mathrm{T}}W_{n\times n}X_{n\times m})^{-1} \cdot (X_{n\times m}^{\mathrm{T}}W_{n\times n}Y_{n\times 1}) \tag{3-38}$$

权重矩阵 W 中的数值 $w_{ji}(j=1,2,\cdots,n)$ 可定义为空间目标点 i 和第 j 个观测数据的距离衰减函数,通常称为核函数,常用的核函数包括指数函数、Gaussian 函数和 tri-cube 函数,本节将采用指数衰减核函数,具体可表示为

$$w_{ji} = \sqrt{\exp(-d_{ji}^2/\theta_i^2)} \tag{3-39}$$

式中,d_{ji} 为空间目标点 i 和第 j 个观测数据的距离;θ_i 为衰减参数,通常称为带宽。图 3-7 绘制了不同带宽时的指数衰减核函数,可以看出该函数的衰减速度随带宽的增大而逐渐减小,即对于特定空间目标点,较大的带宽将引入更多的回归数据点。需要说明的是,指数衰减核函数定义的权重值随距离增大会不断减小直至接近 0,但距离很大的数据点对目标点的回归分析影响较小,为了实现有效的 GWR 分析,定义权重值大于 0.01 时的数据为有效数据,而该范围以外的数据点将不予考虑。针对不同的空间回归目标点,将采用交叉验证的方法搜索最优带宽,搜索的判断条件为实测数据和回归值偏差的标准差达到最小。

图 3-7 中,当带宽为 1 时,将以目标点为圆心、约 3 个单位长度为半径的圆形区域内的实测样本作为加权回归所使用的数据。由于本节以经纬度作为空间分析坐标,以每个经纬度网格点(分辨率为 1°)作为加权回归的目标点,即带宽为 1 时,将采用分布在目标点附近 3°范围内的实测样本进行回归分析,而在分析过程中也发现大多数情形下,当样本数据较多时,最优带宽通常在 0.4~0.6 之间,因此,对每个目标点搜索最优带宽时,限定其搜索范围为[0.1,1],从而实现每个目标点的带宽是自适应的,如图 3-8 所示。

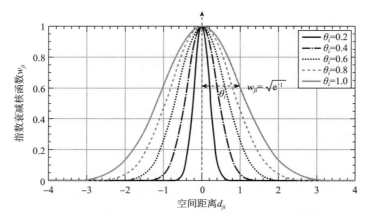

图 3-7　不同带宽的指数衰减核函数

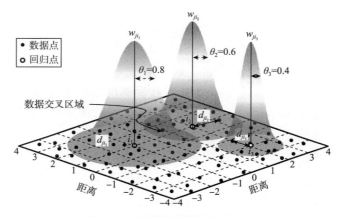

图 3-8　自适应带宽的指数衰减核函数

二、台风路径模型

台风路径模型通常采用台风移动速度 V_T 和前进方向 θ_T 的递归公式进行描述，由 V_T 和 θ_T 在每个时间步的数值确定下一个时间步台风风眼所在位置，同时其还对风速场的分布有一定影响。如前文所述，采用局部圆形区域模拟法时，V_T 和 θ_T 的数值是根据圈选历史数据的母体概率分布随机采样的，而实际的台风下一个时间步的前进方向和移动速度是与其上一时刻的数值密切相关的，这也是全路径模拟时必须考虑的关键内容。由此，一旦赋予台风移动的初始方向和速度，其接下来各时间步的 V_T 和 θ_T 可由以下递归公式模拟：

$$\Delta \ln V_T = \ln V_T(i+1) - \ln V_T(i) = v_1 + v_2 \cdot \ln V_T(i) + v_3 \cdot \ln V_T(i-1) + v_4 \cdot \theta_T(i) + \varepsilon_{\Delta \ln V_T}$$

(3-40)

$$\Delta \theta_T = \theta_T(i+1) - \theta_T(i) = h_1 + h_2 \cdot \theta_T(i) + h_3 \cdot \theta_T(i-1) + h_4 \cdot V_T(i) + \varepsilon_{\Delta \theta_T} \quad (3\text{-}41)$$

式中，$v_j(j=1\sim4)$ 和 $h_j(j=1\sim4)$ 为模型回归系数，在不同的经纬度网格点由地理加权回归分析获得；$V_T(i)$ 和 $\theta_T(i)$ 为时间步 i 的台风移动速度和前进方向；$\varepsilon_{\Delta\ln V_T}$ 和 $\varepsilon_{\Delta\theta_T}$ 为回归模型和实测数据之间偏差构建的误差项。

以地理西北太平洋我国沿海区域（15°N～50°N，100°E～135°E）每个经纬度网格点为目标点，基于式（3-40）、式（3-41）进行地理加权回归分析。为了保证回归分析有足够的数据点，只有当样本数量大于 10 时，才对该目标点进行回归分析，而数据量不足的位置，将直接采用邻近距离最小位置点的回归分析结果。通过对实测数据和回归值的交叉验证，获取各回归分析目标点的最优带宽，陆地区域的经纬度网格点由于数据量不足，直接取用附近网格点的带宽值。

基于各经纬度目标网格点的最优带宽，采用地理加权回归可以确定式（3-40）、式（3-41）在各目标点的模型系数（$v_1 \sim v_4$ 和 $h_1 \sim h_4$）和误差项，而后将这些空间离散点的数值采用二维插值扩展到整个目标区域。相较于传统方法，即采用不同经纬度网格方块内的历史数据开展回归分析，认为同一网格内的路径模型、强度模型和风场参数模型的系数是固定的，而通过地理加权回归后得到不同网格点的回归系数，由此可通过二维插值扩展到整个模拟平面，使模拟过程更精细。

由式（3-37）可知，在进行地理加权回归分析时，要保证加权后自变量和因变量之间的偏差是无偏的，且加权后的误差项 $\mathbf{W}_{n\times n}\boldsymbol{\varepsilon}_{n\times 1}$ 基本服从零均值的正态分布，这使得 $\boldsymbol{\varepsilon}_{n\times 1}$ 的均值通常不为 0，且不完全服从正态分布，而一旦确定加权回归系数 $\boldsymbol{\beta}_{m\times 1}$ 后，在进行随机模拟时，$\mathbf{Y}$ 的模拟值是基于无加权误差项随机采样的。为了检验误差项的概率分布类型，提取了经纬度网格点（116°E，20°N）通过回归分析获得的 $\Delta\theta_T$ 和 $\Delta\ln V_T$ 误差项。图 3-9 给出了各误差项的累计分布函数（CDF），可以看出，加权误差项的均值接近 0，且基本服从正态分布，这表明地理加权回归分析的结果是无偏的。而图中的无加权误差项并不都等于 0，由于权重值都是小于 1 的，无加权误差项整体数值大于加权误差项。图 3-9 分别采用正态分布和基于 SU 变换的 Johnson 体系分布对误差项进行了拟合，整体拟合效果较好，后者的 K-S 检验值低于前者，表现更优，因此，误差项的随机采样将采用基于 SU 变换的 Johnson 体系分布进行模拟。

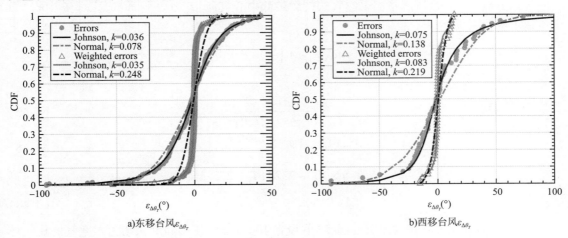

图 3-9

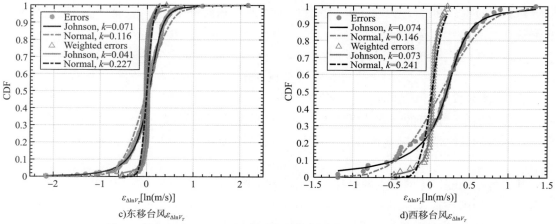

c) 东移台风 $\varepsilon_{\Delta\ln V_T}$ d) 西移台风 $\varepsilon_{\Delta\ln V_T}$

图 3-9　网格点(116°E, 20°N)路径模型误差项(图中的 k 值为 K-S 检验值)

三、台风强度模型

台风强度模型通常是指台风中心气压的演变过程,包括在海洋洋面时的相对强度模型和登陆以后的强度衰减模型或填充模型。

(1) 洋面台风相对强度模型

台风在洋面的生成需要合适的海平面温度,以堆积大量的上升气流云团,且其在海面上的强度演变也和海平面温度直接相关,因此海洋洋面台风的强度演变通常引入无量纲的相对强度概念,该变量考虑了中心气压、海平面温度和大气湿度的综合影响,定义如下:

$$I = \frac{P_{da} - (P_{cs} - e_s)}{P_{da} - P_{dc}} = \frac{1013 - P_{cs} + (1 - RH_a)e_s}{(1-x)(1013 - RH_a \cdot e_s)} \quad (3\text{-}42)$$

式中, e_s 为饱和水汽压,即水汽达到饱和时的压强,可由下式获得:

$$e_s = 6.122 \cdot e^{\frac{17.67(T_s - 273.16)}{T_s - 29.66}} \quad (3\text{-}43)$$

式中, RH_a 为台风周边气流的相对湿度,取为 0.75; $P_{da} = 1013 - RH_a \cdot e_s$,为台风周边干空气的气体分压; P_{dc} 为台风海平面干空气的持续最低中心气压; T_s 为海平面温度; $x = P_{dc}/P_{da}$,可由下式求解:

$$\ln x = -A\left(\frac{1}{x} - B\right) \quad (3\text{-}44)$$

其中:

$$A = \frac{\varepsilon L_v e_s}{(1-\varepsilon) R_v T_s P_{da}} \quad (3\text{-}45)$$

$$B = RH_a \cdot \left[1 + \frac{e_s \ln(RH_a)}{A \cdot P_{da}}\right] \quad (3\text{-}46)$$

$$L_v = 2.5 \times 10^6 - 2320(T_s - 273.16) \quad (3\text{-}47)$$

$$\varepsilon = \frac{T_s - T_0}{T_s} \quad (3\text{-}48)$$

式中, T_0 为台风中心在对流层的温度(假设在 100 hPa 气压的高度); R_v 为湿空气的比气体常数,取为 461J/(kg·K); L_v 为汽化潜热。

通过上述公式结合海平面温度数据,其中 1951—1981 年 8 月采用 Hadley 中心提供的月平均 SST 数据资料(HadISST1),之后,分析由 NOAA 提供的 1/4° 分辨率逐日海温最优插值资料来确定海平面温度。最佳路径数据中每次台风在海洋洋面每个时刻对应的海平面温度取用上述资料中给出的距离台风中心最近网格点的温度,由此可计算历史所有台风在海洋洋面每个时刻的相对强度,从而构建海洋洋面台风相对强度演变的递归模型:

$$\ln[I(i+1)] = c_1 + c_2 \cdot \ln[I(i)] + c_3 \cdot \ln[I(i-1)] + c_4 \cdot \ln[I(i-2)] + c_5 \cdot T_s(i+1) + c_6 \cdot [T_s(i+1) - T_s(i)] + \varepsilon_{\ln(I)} \quad (3-49)$$

式中,$c_j(j=1\sim 6)$ 为模型回归系数,与路径模型相似,各回归系数可采用地理加权回归分析获得;$I(i)$ 和 $T_s(i)$ 分别为第 i 个时间步的相对强度和海洋表面温度;$\varepsilon_{\ln(I)}$ 为回归模型和实测数据之间的偏差项。

需要指出的是,台风强度在特定气候条件下是有限值的,为了使模拟过程中不至于出现强度异常的台风,需设置台风中心气压的下限值。P_{dc} 为海平面干空气的持续最低中心气压,而通常海平面的台风中心为饱和水汽(相对湿度 100%),由此可定义海平面可能的最低中心气压为

$$P_{cs,\min} = P_{dc} + e_s \quad (3-50)$$

在强度模拟过程中,一旦模拟的台风中心气压低于 $P_{cs,\min}$,则将其数值修改为 $P_{cs,\min}$。

(2) 登陆台风强度衰减模型

温暖洋面上的台风由于上升气流的持续供应,可维持一定强度,而一旦台风登陆,暖湿气流供应中断,台风中心气压会显著增大,强度迅速减弱而逐渐消散。登陆台风强度减弱过程通常采用中心压差的衰减模型或填充模型进行描述,由于多数情况下沿海地区工程场地的最大风速出现在台风接近大陆沿岸和登陆过程中,准确刻画台风登陆衰减过程对预测沿海地区的设计风速尤为关键。Georgiou[17] 在模拟美国东部沿海地区的飓风风灾时,将其分成四个区域,将每个区域中心压差的登陆衰减模型描述为登陆后前进距离的函数。另一种常用模型假设登陆后的台风中心压差随时间的变化服从指数衰减函数[18],即

$$\Delta P_s(t) = \Delta P_{s0} \cdot \exp(-at) \quad (3-51)$$

式中,t 为台风登陆后的前进时间(h);ΔP_{s0} 为即将登陆时的台风中心压差(hPa);a 为登陆衰减率,通常与 ΔP_{s0} 有一定关系,可以表示为:

$$a = a_1 + a_2 \Delta P_{s0} + \varepsilon_a \quad (3-52)$$

式中,a_1、a_2 分别为依赖于地理位置和地形地貌的模型系数;ε_a 为服从正态分布的零均值误差项。

四、风场参数拟合

本章第一节基于 JMA 1977—2015 年的最佳路径数据优化拟合了风场关键参数 $R_{\max,s}$ 和 B_s,同时提出了统计递归模型。由前述分析可以看出,$R_{\max,s}$ 与 ψ、B_s 与 ΔP_s 的线性相关性都较弱,且 $R_{\max,s}$ 和 B_s 的取值关键在于前一个时间步的数值,为了简化计算,构建的线性递归模型如下:

$$\ln R_{\max,s}(i+1) = r_1 + r_2 \cdot \ln R_{\max,s}(i) + r_3 \cdot \ln R_{\max,s}(i-1) + r_4 \cdot \Delta P_s(i+1) + \varepsilon_{\ln R_{\max,s}} \quad (3-53)$$

$$B_s(i+1) = b_1 + b_2 \cdot \sqrt{R_{\max,s}(i+1)} + b_3 \cdot B_s(i) + b_4 \cdot B_s(i-1) + \varepsilon_{B_s} \quad (3-54)$$

式中，$\ln R_{\max,s}(i)$ 和 $B_s(i)$ 为第 i 个时间步的数值；$\varepsilon_{\ln R_{\max,s}}$ 和 ε_{B_s} 分别为模型误差项；$r_j(j=1\sim4)$ 和 $b_j(j=1\sim4)$ 分别为模型系数，同样可在每个 1°×1° 经纬度目标网格点采用地理加权回归方法拟合获得。

五、模拟结果检验

为了对上述路径模型、强度模型和风场参数模型进行可靠性检验，分别基于各模型开展了独立的随机模拟，其中模拟的前两个时间步的数值选为 JMA 数据库中台风 Gerald（1984 年第 8 号）在 UTC 时间 1984 年 8 月 16 日 00:00 和 06:00 的基本信息，主要包括这两个时刻的台风中心经纬度、前进方向、移动速度、中心气压、最大风速半径和径向气压剖面形状参数。图 3-10 给出了台风路径、强度和风场参数的 1000 次模拟结果，并对比了台风 Gerald 的真实观测结果。

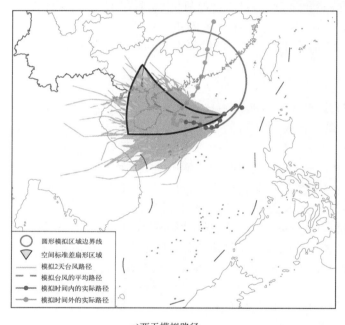

a) 两天模拟路径

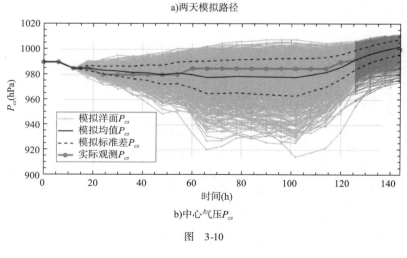

b) 中心气压 P_{cs}

图 3-10

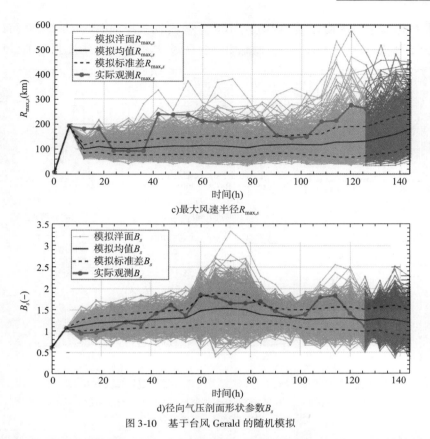

c) 最大风速半径 $R_{max,s}$

d) 径向气压剖面形状参数 B_s

图 3-10 基于台风 Gerald 的随机模拟

图 3-10a)给出了台风路径接下来两天内(48h)的模拟结果,并采用模拟的前进方向和移动速度绘制了其空间标准差所覆盖的扇形区域,可以看出真实历史路径在接下来两天内并不完全处于该扇形区域内,但仍处于所有模拟路径区域内,这意味着本章的路径模型可以有效模拟台风可能的路径,且有一定概率模拟若干不同寻常的台风路径,这在 JMA 的历史路径数据库中也是存在的。基于台风 Gerald 真实历史路径在不同时刻的经纬度位置信息,并结合当时的海洋温度数据,分别用相对强度模型和登陆衰减模型模拟了可能的强度变化过程。图 3-10b)给出了 1000 次台风中心气压的模拟结果并对比实测的强度演变时程,可以看出,历史实测的中心气压时程接近模拟结果均值,且位于 1 倍方差范围内。该时间段内,实测最低中心气压为 980hPa,表明约有一半的模拟台风达到了强热带风暴(severe tropical storm,STS)级别,同时也说明了基于本章模型,台风 Gerald 仍有一定概率发展成超强台风。图 3-10c)、d)分别对比了 $R_{max,s}$ 和 B_s 的模拟结果和实测数据,由于 JMA 未提供台风 Gerald 登陆后近地面持续最大风速($V_{max,s}$)、50 节和 30 节风速对应的风圈半径等信息,台风登陆后的 $R_{max,s}$ 和 B_s 未能进行优化拟合,因此图中仅给出了台风在海洋洋面时估计的 $R_{max,s}$ 和 B_s 值。可以看出,1000 次模拟得到的时程结果可以有效覆盖实测数据,其中 $R_{max,s}$ 的实测时程有一大部分数据位于模拟结果的 1 倍方差范围以外,而 B_s 的实测值基本位于 1 倍方差范围以内。

除了上述对台风个例的模拟验证外,还对整个局部圆形区域的模拟结果进行了对比验证,如图 3-11 所示,比较了香港地区实测和 10000 年模拟路径各参数概率密度函数图,包括台风中心压

差 ΔP_s、前进方向 θ_T、移动速度 V_T、最大风速半径 $R_{max,s}$ 和径向气压剖面形状参数 B_s，可以看出模拟路径各参数的经验概率密度函数图与实测结果吻合良好，基本再现了香港地区的台风风场特点。

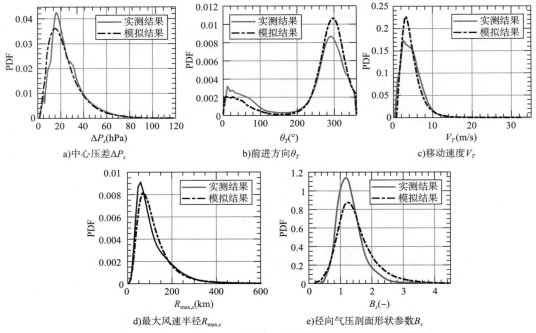

图 3-11 香港地区实测和 10000 年模拟路径各参数概率密度函数图对比
注：PDF 表示概率密度分布。

第三节 台风平均风速预测

一、年最大平均风速估计

采用上述模拟方法，可在某个特定区域随机生成所需要的台风样本，随后将各时刻的路径、中心气压、风场参数等基本信息输入风场模型中，即可计算获得各台风在经过目标场地时产生的风速，随后采用这些风速数据即可预测不同重现期的年最大平均风速。我国《建筑结构荷载规范》(GB 50009—2012) 中规定的风压重现期为 50 年，《公路桥梁抗风设计规范》(JTG/T 3360-01—2018) 推荐的基本风速包括 10 年、50 年和 100 年，为预测台风气候下不同重现期的年最大平均风速，将在各目标场地随机模拟 10000 年的台风数据，而地表粗糙高度 z_0 取规范中规定的标准场地(B 类：田野、乡村、丛林、平坦开阔地及低层建筑物稀少地区)对应的数值 $z_0=0.05\text{m}$，考虑到美国 ASCE 7-16 规范中平坦开阔地的建议地表粗糙高度 $z_0=0.03\text{m}$，且沿海区域的气象站点基本选址在平坦开阔地貌，作为对比，同时也计算了 $z_0=0.01\text{m}$ 对应的风速值。虽然我国规范中定义 $z_0=0.01\text{m}$ 为海面、海岸、开阔水面、沙漠的地表粗糙高度，但根据

ASCE 7-16 规定,开阔水面和海面$z_0=0.0002$m,实际上,水面的地表粗糙高度主要受风引起的浪的影响,可定义为风速的函数,但一般都小于0.01m。因此,可以认为开阔平坦地貌的地表粗糙高度介于0.01~0.05m之间。同时,各个目标场地模拟的台风路径将作为基础数据保留,若工程场地的真实地表粗糙高度z_0可以通过实测数据反演获得,则可直接将该z_0代入各路径数据中,获取适用于该场地的年最大平均风速。需要指出的是,模拟台风的时间步为6h,在计算各台风影响下目标场地的风速时程时,为有效捕捉每次台风的最大风速,将6h的台风路径、中心气压、风场参数等基本信息内插到15min,然后得到各个时刻点的风速。

假设每年影响目标场地的台风数量是相互独立的,则T年内有n次台风影响该场地的概率为$P_T(n)$,服从泊松分布(Poisson distribution),由此可估计T年内任意一次台风的最大风速v_i大于某一特定风速值V的概率:

$$P_T(v_i > V) = 1 - \sum_{n=0}^{\infty} P(v_i \leq V | n) P_T(n) = 1 - \exp\left(-\frac{N}{Y}T\right) \tag{3-55}$$

式中,$P(v_i \leq V|n)$为给定台风的最大风速v_i小于或等于给定风速V的概率;N为最大风速v_i大于给定风速V的台风数量;Y为模拟年数。假设$T=1$,则最大风速v_i大于给定风速V的年超越概率为

$$P_{T=1}(v_i > V) = 1 - \exp[-\lambda P(v_i > V)] = 1 - \exp\left(-\frac{N}{Y}\right) \tag{3-56}$$

式中,λ为目标圆形区域内每年台风的平均次数。式(3-56)的倒数即为给定风速V的平均重现期(mean recurrence interval, MRI 或 return period, RP),当N相对于Y是小量时,重现期公式可简化为:

$$\mathrm{RP}(v_i > V) = \frac{1}{\lambda P(v_i > V)} = \frac{Y}{N} \tag{3-57}$$

二、圆形模拟区域尺寸影响

台风模拟结果的处理需要以目标点为圆心,分析特定半径圆形区域中的有效数据,该圆形区域的尺寸会直接影响随机模拟的最终结果,而合适的半径大小应使模拟获得的台风风灾曲线不会因半径的进一步增大而产生明显的变化。选取我国沿海区域两处大跨度桥梁桥址所在地为模拟目标点,分别为在建的深圳至中山跨江通道的伶仃洋主航道桥(113.745°E,22.485°N)和已建成的中央开槽箱梁悬索桥——西堠门大桥(121.923°E,30.061°N)。设置圆形区域半径R从100km逐渐增大至800km,增大间隔为50km,由此模拟得到不同重现期下台风年最大平均风速曲线图,如图3-12所示。可以看出随着圆形区域尺寸不断增大,台风年最大平均风速曲线逐渐收敛于某一固定位置,文献[14]建议圈选$R=250$km范围内的数据用于预测台风风灾曲线,参考图3-12a),当$R=250$km时,伶仃洋主航道桥桥址处百年一遇的风速与$R=800$km时的结果偏差小于0.5m/s;而对于西堠门大桥桥址处的百年一遇风速,$R=250$km的数值要比$R=800$km时的结果约小2m/s,如图3-12b)所示,该偏差在结构设计时是不可接受的,这也表明台风路径和风场特征是依赖于地理空间位置的。若取用$R=500$km,伶

伶仃洋主航道桥和西堠门大桥桥址10m高度处百年一遇风速相比于$R=800$km时的结果,偏差分别在0.1m/s和0.2m/s以内。从图3-12也可以看出,若仅关注重现期大于1年的曲线,$R=500$km时的年最大平均风速曲线与$R=800$km时几乎重合。由于圆形区域半径每增大100km,随机模拟的计算时间约需要增大一倍,因此$R=500$km是较为合理的选择。

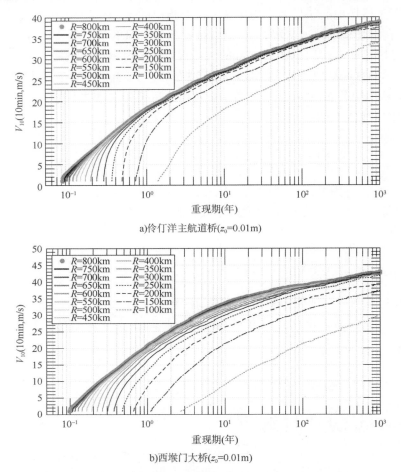

图3-12 圆形区域尺寸对风灾曲线的影响(10m高度10min平均风速)

三、沿海城市台风设计风速

为了与其他既有研究进行对比,分别对上海、宁波、温州、福州、厦门、广州、深圳、香港、湛江和海口采用上述方法进行10000年Monte Carlo随机模拟,并计算各城市不同重现期、地表粗糙高度z_0分别为0.01m、0.05m,10m高度10min平均的年最大平均风速。表3-1列出了这10座沿海城市100年重现期的年最大平均风速,并与既有研究结果和规范建议值做了比较,对于《公路桥梁抗风设计规范》(JTG/T 3360-01—2018)(表3-1中简称"桥梁规范")和《建筑结构荷载规范》(GB 50009—2012)(表3-1中简称"建筑规范")的建议值,除了上海的年最大平均风速相差2.5m/s外,其他城市与规范建议值基本一致。若比较规范设定的标准地表粗糙高度$z_0=0.05$m的基本风速,宁波和温州的模拟结果比规范建议值约大1.5m/s,其他城市的结果总体上要低于规范建议值,尤其是南部城市厦门、深圳、香港、湛江和海口的模拟年最大平均风速比规范建议值约低 10m/s,这主要与规范基本风速的确定方法有关。如前所述,规范的基本风速是基于由各气象站几十年的风速数据拟合的概率密度函数估算的,这些实测风速样本既包括强台风数据,也包含良态风的大风数据,而这些数据中提取的年最大平均风速,可能仅有少数几次是强台风数据,而强台风的风速一般会显著大于良态风的大风风速,这使得用于构建概率密度函数的风速样本是不均匀的,少量的强台风样本直接影响该概率密度函数曲线尾部的形状,造成预测的设计风速出现较大偏差。文献[22]专门以美国得克萨斯州 Corpus Christi 的一个观测点为例,对该问题带来的设计风速预测偏差做了详细说明。基于气象站风速数据预测极值风速,也可采用最大月平均风速或良态风和台风风速混合概率分布函数等方法,但由于实测数据样本有限,往往估计的结果仍有较大偏差,且将气象站数据转换为规范标准风速,需要根据时距、高度、站点迁移、地表粗糙高度等因素进行修正,不可避免地会带来若干不确定性。从表 3-1 中也可看出,$z_0 = 0.01$m 的预测结果整体比 $z_0 = 0.05$m 时大 4.5~5.5m/s 左右,这表明地表粗糙高度对年最大平均风速预测结果有显著影响,而气象站点真实的地表粗糙高度往往由人为界定或借助长期风速观测数据反演获得。

沿海城市年最大平均风速(100 年重现期,$T = 10$min,$z = 10$m,$z_0 = 0.05$m,m/s) 表 3-1

城市	桥梁规范	建筑规范	Xiao 等[21]	Li 和 Hong		Chen 和 Duan[24]	本章(全路径)		本章(局部圆形区域)	
				CSM[20]	FTM[23]		$z_0 = 0.01$m	$z_0 = 0.05$m	$z_0 = 0.01$m	$z_0 = 0.05$m
上海	33.8	31.30	48.27	32.2	31.7	31.7	32.84	27.58	34.94	29.51
宁波	31.3	31.30	44.93	33.3	33.0	34.5	37.24	31.31	38.10	32.76
温州	33.8	33.81	48.75	36.1	36.5	34.9	38.32	32.26	40.96	35.07
福州	37.4	37.25	48.47	37.8	35.1	33.6	34.96	29.45	38.12	32.42
厦门	39.7	39.38	46.70	39.1	38.9	37.7	34.28	29.00	36.19	30.59
广州	31.3	31.30	41.57	30.5	31.4		32.16	27.22	33.45	28.27
深圳	38.4	38.33	43.79	36.4	36.8	36.4	34.19	29.19	34.74	29.60
香港	39.5	39.38	45.03	37.6	37.7		34.85	29.81	36.03	30.52
湛江	39.4	39.38	42.86	40.9	37.4	37.5	31.25	26.74	32.52	27.73
海口	38.4	38.33	42.94			38.5	31.72	27.25	32.53	28.07

注:CSM 和 FTM 分别表示局部圆形区域模拟法和全路径模拟,Li 和 Hong 的结果仅给出了 ΔP 采用最佳概率分布时预测的年最大平均风速。

为了验证表 3-1 中靠北部城市宁波、温州模拟得到的年最大平均风速大于南部城市香港、湛江、海口等的模拟结果,分别分析了历史数据中台风对各城市的影响情况。首先根据 JMA 最佳路径数据库中的 $V_{max,s}$ 和 P_{cs} 对台风强度进行分类,P_{cs} 主要针对 1977 年以前的热带气旋数据,根据 Dvorak 当前强度指数表,将各台风级别的分类列于表 3-2 中。由于较长重现期的年最大平均风速通常由强台风控制,图 3-13 定性比较了宁波、温州、香港(接近深圳)和湛江(接近海口)四个区域受超强台风[$P_{cs} < 935$hPa 或 $V_{max,s} > 55$m/s(107knots)]和强台风[$P_{cs} < 960$hPa

或 $V_{max,s}>43m/s(83knots)$]的影响情况,分别以 500km 为半径,从 JMA 提供的 65 年最佳路径数据库中圈选了各区域的历史台风路径。可以看出,湛江地区只有 2 次热带气旋(2008 年第 14 号台风 Hagupit 和 2014 年第 9 号台风 Rammasun)达到了超强台风级别,而香港地区有 6 次(1954 年第 8 号台风 Ida,1979 年第 9 号台风 Hope,2008 年第 14 号台风 Hagupit,2010 年第 13 号台风 Megi,2013 年第 19 号台风 Usagi 和 2014 年第 9 号台风 Rammasun),相比之下,温州和宁波地区分别受超强台风影响 25 次和 13 次。而对于强台风,在过去半个多世纪里,湛江和香港地区受影响次数分别为 40 次和 52 次,温州和宁波地区则分别为 89 次和 55 次。

表 3-2 JMA 的热带气旋等级分类

强度参数	热带低压(TD)	热带风暴(TS)	强热带风暴(STS)	台风(TY)	强台风(STY)	超强台风(VTY)
10min $V_{max,s}$(knots)	≤33	(33,47]	(47,63]	(63,83]	(83,107]	>107
P_{cs}(hPa)	≥998	[989,998)	[978,989)	[960,978)	[935,960)	<935

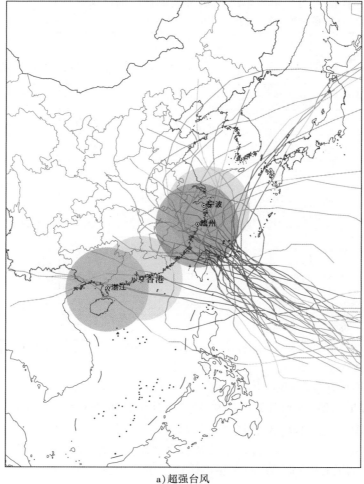

a) 超强台风

图 3-13

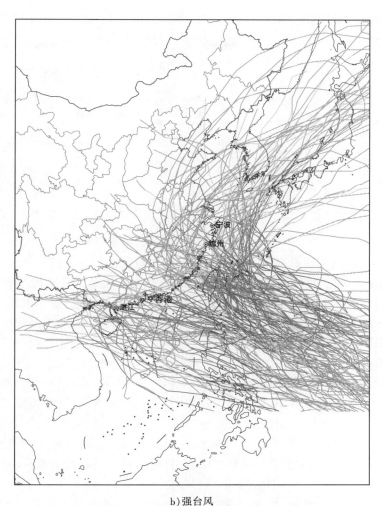

b) 强台风

图 3-13 影响宁波、温州、香港和湛江的超强台风和强台风路径

  图 3-14 绘制了上述 10 座沿海城市每年受各个级别台风的影响次数,可以看出,以厦门为分界点,厦门以北城市和以南城市受台风影响规律存在明显差异。厦门以南的城市受较弱台风[热带风暴(TS)和强热带风暴(STS)]影响次数约为以北城市的 2 倍,而强台风(STY)和超强台风(VTY)更多地影响厦门以北的城市,这说明厦门、福州、温州等城市相比于广州、深圳、香港、湛江、海口有更高的概率受强台风(STY)和超强台风(VTY)影响而出现较高的台风风速。菲律宾群岛的高山阻挡效应,使经过该区域的热带气旋若要以强台风或超强台风直接袭击海南省或广东省,就必须在我国南海重新增强或直接穿过菲律宾和我国台湾之间的巴士海峡,从而造成影响这两个省份的强台风或超强台风数量较少。与此同时,北半球台风的最大风速往往出现在前进方向的右边,向西行进的台风若直接登陆海南岛,则风速将随着登陆时间的增加而衰减。海口和湛江的高风速记录较少,相比而言,温州和宁波有更高的概率直接受台风最大风速袭击。值得一提的是,强台风发生次数较少,会使得气象站测到的台风的高风速样本偏少,若仍采用基于概率密度函数的统计方法,少数强台风或超强台风的样本在很大程度上会

使年最大平均风速出现高估的情况。由此可见,本研究基于台风历史数据随机模拟得到的设计风速中,温州和宁波的重现期风速高于湛江和海口是合理的。

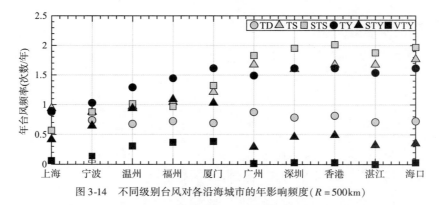

图 3-14　不同级别台风对各沿海城市的年影响频度($R=500\text{km}$)

文献[21]的模拟结果明显高于其他研究结果和规范建议值,可能有三方面的原因。首先是其采用了 Holland 方法估计径向气压剖面形状参数,该方法是基于梯度层和近地面层风速场的近似关系建立的,存在较大偏差。其次是设定了 1000km 半径的圆形区域,由于其在模拟过程中采用了传统方法,即假设台风中心气压在登陆前保持不变,而 1000km 半径的圆形区域会将很多较远海面的强台风数据也纳入模拟过程,从而过高估计了这些强台风的影响。最后是选取地表粗糙高度$z_0=0.02\text{m}$,这要小于规范规定的 B 类标准地貌$z_0=0.05\text{m}$。

同时,本节的模拟年最大平均风速也低于文献[20]和文献[22]的计算结果,尤其是厦门、深圳、香港和湛江地区的年最大平均风速差别较大,文献[24]利用全路径模拟的结果也大于本节的结果。除了上述分析外,出现这种差异的另一个原因可能是使用了不同最佳路径数据库,文献[22]采用了中国气象局(CMA)的最佳路径数据库,该数据库定义的基本时距为 2min,而文献[24]选用了美国联合台风警报中心(JTWC)提供的路径数据库,该数据库的基本时距为 1min。

为了进一步验证上述结果,本节还采用全路径模拟结果进行了验证。同样采用 10000 年的模拟路径,并圈选以目标点为圆心、以 500km 为半径的圆形范围内的模拟路径,计算各目标点的年最大平均风速,沿海各城市的年最大平均风速列于表 3-1 中。可以看出,全路径模型的模拟结果和本节结果最大偏差出现在福州市,约为 3m/s,其次是温州,约为 2.5m/s,其他城市的偏差皆在 2m/s 以内。且全路径模型预测的年最大平均风速与本节局部圆形区域模型预测结果的趋势是一致的,即厦门以北的城市整体年最大平均风速要高于厦门以南的城市,海口、湛江和香港的模拟年最大平均风速要明显低于规范建议值,而温州和宁波的预测值则高于规范建议值。

四、台风基本风速区划

分别采用上述局部圆形区域模拟法和全路径模拟法,对东南沿海地区以及专属经济区海域不同目标点进行随机模拟,对于靠近内陆而数据量不足的目标点,适当增大模拟区域的尺寸进行计算。图 3-15 ~ 图 3-18 给出了两种模拟方法得到的台风年最大平均风速等值线云图,分别对应$z_0=0.01\text{m}$ 和$z_0=0.05\text{m}$ 两种地表粗糙高度,重现期分别为 100 年和 50 年。可以明显看出,采用全路径模拟法得到的风速等值线图和局部圆形区域模拟法整体分布趋势相近,但前者比后者更加平滑,这主要是因为局部圆形区域模拟法需要对每一个目标点进行模拟,即相邻目标点具有完全不同的两套模拟结果,这使得相邻点之间的年最大平均风速存在模拟造成的偏差,而全路径模拟法在整个模拟区域内使用相同的路径结果,相邻点之间圈选的台风大部分是一致的,使得风速偏差较小。同时可以看出,我国沿海的台湾和纬度介于26°N～32°N 的地区受强台风影响最为严重,有很高的台风年最大平均风速,其次是纬度介于22°N～23°N 的沿海区域,即广东东部沿海地区,也有较高的台风年最大平均风速。受台湾岛中央山脉影响,纬度介于23°N～26°N 的沿海区域相比于其南北沿海区域,年最大平均风速明显减小。

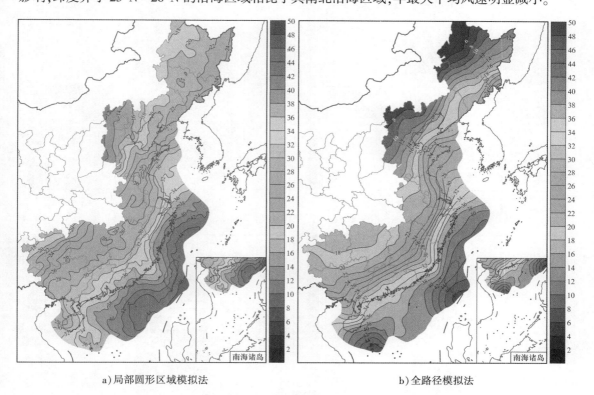

a) 局部圆形区域模拟法　　　　　　　　　　b) 全路径模拟法

图 3-15　台风年最大平均风速图(100 年重现期,$T = 10\text{min}, z = 10\text{m}, z_0 = 0.01\text{m}, \text{m/s}$)

局部圆形区域模拟法和全路径模拟法所得结果的主要差别发生在海南省及其南部的南海区域,100 年重现期的年最大平均风速差别超过 6m/s,专属经济区最南部的差别达到了 10m/s,目前还无法判断两种结果哪个是高估或低估。全路径模拟法以整个西太平洋区域为计算域,模拟台风在登陆前的情况,所途经的海洋区域更广,这也就意味着其有更大的概率在台风登陆前达到较高强度,但 JMA 最佳路径数据库过去近 70 年的统计结果表明,我国南海区域只有两次超强台风记录,包括 1954 年的台风 Glenda 和 2014 年的台风 Rammasun,且只有台风 Rammasun 在我国海南省北部登陆。采用局部圆形区域模拟法时,圆形区域内部的模拟参数和历史路径的实测参数的经验概率密度函数具有很高的吻合度,这意味着该局部区域的台风模拟是满足精度要求的,而全路径模拟法得到的结果仍需进一步开展局部区域的验证工作。

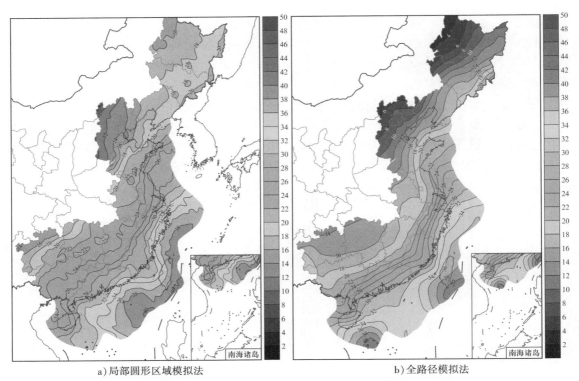

a) 局部圆形区域模拟法　　　　　　　　　b) 全路径模拟法

图 3-16　台风年最大平均风速图（100 年重现期，$T=10\min$，$z=10\mathrm{m}$，$z_0=0.05\mathrm{m}$，m/s）

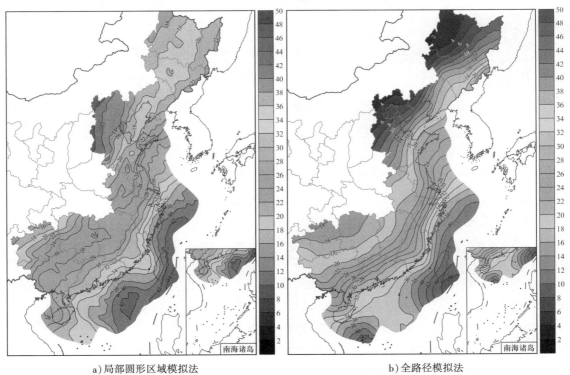

a) 局部圆形区域模拟法　　　　　　　　　b) 全路径模拟法

图 3-17　台风年最大平均风速图（50 年重现期，$T=10\min$，$z=10\mathrm{m}$，$z_0=0.01\mathrm{m}$，m/s）

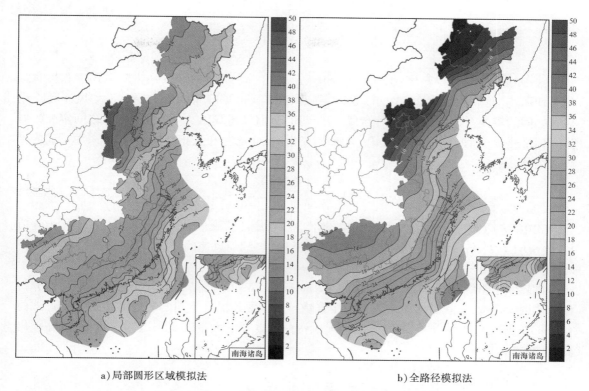

a) 局部圆形区域模拟法　　　　　　　　b) 全路径模拟法

图 3-18　台风年最大平均风速图（50 年重现期，$T=10\min, z=10\mathrm{m}, z_0=0.05\mathrm{m}$，m/s）

值得说明的是，图 3-15～图 3-18 所示的年最大平均风速图主要是为了讨论我国台风灾害的分布特征，若对某个特定工程场地进行台风年最大平均风速预测，可针对该场地的地形地貌特征，采用本节的台风风场模型，计算不同来流方向、不同高度和不同重现期的风速结果，尤其是对于超高层建筑和超大跨度桥梁，直接计算预测不同高度的年最大平均风速具有重要工程意义。

第四节　台风阵风风速预测

一、台风阵风因子

受地表覆盖物、地形变化和强对流过程的摩阻效应影响，大气边界层处的风速往往是持续脉动的，表现为不同尺度旋涡的无规则运动。在风工程领域，风速的脉动可由以下基本量评估：阵风因子（gust factor）、湍流强度（turbulence intensity）、积分尺度（integral length scale）、功率谱函数（power spectrum density，PSD）等，这些基本量的量化工作对于了解湍流组成、指导结构抗风设计具有重要意义。其中，阵风因子定义为离地高度 z 处，短时距最大阵风风速（短时距 τ）和较长参考时距平均风速（长时距 T）的比值：

$$G_u(\tau,T,z,z_0) = \frac{\hat{U}(\tau,z,z_0)_{\max}}{\overline{U}(T,z,z_0)} \tag{3-58}$$

式中,z_0 为地表粗糙高度;$\hat{U}(\tau,z,z_0)$ 和 $\overline{U}(T,z,z_0)$ 分别为短时距的最大阵风风速和长时距的平均风速,通常采用 $\tau = 2 \sim 3\text{s}$,$T = 600\text{s}$ 或 $T = 3600\text{s}$,可见阵风因子主要是平均风速和阵风风速之间的转换系数,可用于估计台风阵风风速、极值风荷载以及对不同气象站之间实测数据进行标准化等。基于峰值因子理论,当脉动风速服从正态分布且相互独立时,可采用下式估算阵风因子:

$$G_u(\tau,T,z,z_0) = 1 + g(\tau,T)\frac{\sigma_u(\tau,T,z,z_0)}{\overline{U}(T,z,z_0)} = 1 + g(\tau,T)SD_u(\tau,T,z,z_0) \tag{3-59}$$

式中,$\sigma_u(\tau,T,z,z_0)$ 为经过低频 $1/T$ 和高频 $1/\tau$ 滤波后脉动风速的标准差;$g(\tau,T)$ 为峰值因子;$SD_u(\tau,T,z,z_0)$ 为归一化标准差,当阵风时距 τ 与脉动风速的样本时距相同时,$SD_u(\tau,T,z,z_0)$ 即为脉动风速的湍流强度 I_u。

世界气象组织(World Meteorological Organization,WMO)总结了部分实测台风和理论分析的阵风因子曲线,发现各曲线之间具有显著差异。尽管其根据不同的地表类型推荐了近地面(10m)的阵风转换系数,但台风风速的阵风特征仍需基于大量的实测数据进行研究,并提出合适的阵风因子计算模型。

二、台风实测风速

本节将采用西堠门大桥健康监测系统采集的台风实测风速样本进行分析。西堠门大桥(121°54′E,30°03′N)为主跨 1650m 中央开槽箱梁悬索桥,桥梁顺桥主轴布置约为东北方向(北偏东 45°),连接了浙江省舟山市的金塘岛和册子岛,跨中桥面距水面高度为 76.5m。大桥位于台风频发地带,每年平均有 2~3 次台风影响桥位区域,而安装在大桥上的健康监测系统可有效捕捉台风风速时程并记录相应的结构响应。图 3-19a)给出了西堠门大桥的桥位和风速仪布置图,其中 6 个 Young 型 8100 三维超声波风速仪(UA1~UA6)安装在主跨 1/4、1/2 和 3/4 处的照明灯柱上,距离桥面高度 6m。三维超声波风速仪测量的风速和水平风向范围分别为 0~40m/s 和 0°~360°,分辨率分别为 0.01m/s 和 0.1°,方向定义正北为 0°,顺时针为正,采样频率设置为 32Hz,风速仪体轴坐标对应的三个方向 (x,y,z) 分别调整对向正北、正西和竖向,由此测得三个方向的风速为 u_x、u_y 和 u_z。在进行风速分析之前,首先采用向量分解法将实测风速分解为顺风向、侧风向和竖向风速,本节主要研究顺风向风速的脉动特征。

2011—2015 年,西堠门大桥健康监测系统风速仪成功捕捉了 9 次台风的风速记录,即台风 Muifa(2011 年第 9 号)、Roke(2011 年第 15 号)、Bolaven(2012 年第 15 号)、Sanba(2012 年第 16 号)、Soulik(2013 年第 7 号)、Neoguri(2014 年第 8 号)、Fung-Wong(2014 年第 16 号)、Chan-Hom(2015 年第 9 号)和 Goni(2015 年第 15 号),如图 3-19b)所示,其中每个风速仪总共记录了 624h 的风速数据。值得注意的是,由于桥址位于北纬 30°左右,受科氏力影响,只有少数台风会直接登陆并中心对穿该区域,多数台风路径在接近该区域时会转向偏北或东北方向,这使得很多较大风速的风向更趋于平行于桥梁纵轴,而为了避免桥梁结构的影响,这部分风速在后续分析中将被移除,造成后续使用的 10min 最大平均风速仅为 25m/s。

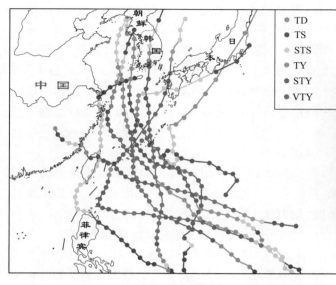
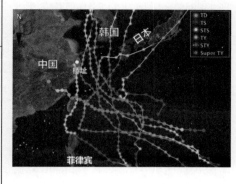

a) 桥位和风速仪布置　　　　　　　　　　　　b) 观测台风的路径

图 3-19　西堠门大桥健康监测系统观测的台风过程

为了保证数据质量,需采用以下基本判断条件移除受桥梁结构影响和风速仪出现故障或损坏时的风速数据:

(1) 由于台风是一个快速旋转的旋涡风暴系统,台风移动并靠近桥梁结构的过程中,桥位处的风向一般会发生持续变化。根据图 3-19a) 的桥梁布置图,仅保留水平风向在 60°~210°(UA1、UA3 和 UA5) 和 -120°~30°(UA2、UA4 和 UA6) 区域的风速。

(2) 10min 平均风速大于 5m/s。设置平均风速阈值是满足台风边界层中性稳定条件较为方便的标准,英国工程科学数据库(Engineering Science Data Unit,ESDU)推荐强风数据使用 10m/s,文献[26]建议使用 5m/s。事实上,该阈值的选择与来流上游的地表特征演化相关,对于本节的平坦开阔海面,该阈值可选为较小的 5m/s。

(3) 每个 10min 风速时程记录,其 3s 时距最大阵风风速要小于均值与 5 倍标准差的和。该条件主要是考虑到受风速仪自身缺陷以及环境因素影响,所测风速数据中存在噪声和异常的阵风风速。

(4) 由于风速仪安装在照明灯柱上,在风作用下可能会发生较大的振动响应,而照明灯柱的固有频率通常高于 2Hz,为移除灯柱发生较大振动响应时的风速样本,将每 10min 风速记录变换为频域内的功率谱函数,若在大于 2Hz 区间内存在能量峰值,则将该风速样本移除。

通过上述质量控制筛选,移除了存在异常的风速数据,总共剩余 4007 组 10min 风速时程样本。

三、台风脉动风速

(1) 非平稳影响

如前所述,非平稳序列严格意义上定义为统计参数或概率分布随时间变化的时间序列,即均值、标准差、频域能量特征等都是时间的函数,在工程应用时,通常认为台风风速信号的时变均值为主要的非平稳特征。在计算台风风速脉动参数(湍流强度、阵风因子等)前,需提取每一段台风风速时程的时变均值,而每一段风速记录的时间长度对确定结构年最大平均风速和计算风速脉动特征有重要影响。文献[27]通过比较分析,指出当风速记录时长从 1min 增大到 1h 时,台风风速时程中平稳信号所占比例先增大后减小,在记录时长 10~30min 之间达到最大。需指出的是,他们采用了游程检验(run test)测试信号的非平稳性,在测试过程中定义了相同的子片段数量,如文献[27]选择片段数量 $N=30$,这可能直接影响非平稳特征判断结果。本节将选用每一段风速数据的时长为 10min,与多数设计规范以及前人研究一致,这也是大多数台风数值模型和风灾预测时采用的风速时距。

对于上述 4007 组 10min 风速时程样本,采样频率为 32 Hz,首先对每组样本开展游程检验,将样本平均分成 $N=60$ 的子片段,在置信水平 5% 基础上检测游程数量,该检验认为任意 10s 风速样本为平稳信号。经过该检验,约有 92.5%(当 $N=30$ 时,比例为 46.99%)的风速时程样本在置信水平 5% 时拒绝零假设(null hypothesis),即为非平稳风速样本。随后,采用自适应的离散小波变换(discrete wavelet transform,DWT)提取非平稳样本的时变均值,小波基为 db10,将检验结果为平稳的风速时程均值设为常数。离散小波变换的最大分解层数为 $n_0 = \log_2(T \cdot f_{\text{sampling}}) = 14$。最后采用非平稳风速模型计算风速的各脉动参数,包括湍流强度 I_u、阵风因子 G_u、峰值因子 g 和功率谱密度函数:

$$I_u^*(\tau,T) = \frac{\sigma_u^*(\tau,T)}{\overline{U}^*(T)} \tag{3-60}$$

$$G_u^*(\tau,T) = \max\left[\frac{U(\tau,T)}{\widetilde{U}^*(\tau,T)}\right] \tag{3-61}$$

$$g^*(\tau,T) = \frac{\max[u^*(\tau,T)]}{\sigma_u^*(\tau,T)} \tag{3-62}$$

$$f\hat{S}_u^*(f) = \frac{fS_u^*(f)}{\sigma_u^{*2}(\tau,T)} = \frac{A_u^*\hat{f}}{(1+1.5A_u^*\hat{f})^{5/3}} \tag{3-63}$$

式中,上标 * 号表示非平稳模型;$U(\tau,T)$ 为顺风向风速时程;$u^*(\tau,T)$ 为移除时变均值 $\widetilde{U}^*(\tau,T)$ 后的脉动风速:

$$u^*(\tau,T) = U(\tau,T) - \widetilde{U}^*(\tau,T) \tag{3-64}$$

$\overline{U}^*(T)$ 为等效平均风速:

$$\overline{U}^*(T) = \frac{1}{T}\int_0^T \widetilde{U}^*(\tau,T)\mathrm{d}\tau \tag{3-65}$$

图 3-20 给出了三例典型的平稳和非平稳风速时程以及风速分解结果,由图 3-20a) 可以看出,经过游程检验满足平稳假定风速时程的时变均值和常数均值基本一致,由此获得的脉动风速时程概率密度图和统计特征也基本相同。图 3-20b)、c) 中的非平稳风速时程的时变均值和

常数均值之间具有显著差异,且移除时变均值后,脉动风速的概率密度图和统计特征也表现出显著差别,脉动风速相比于移除常数均值的结果更接近正态分布,即偏度(γ_3)和峰度(γ_4)分别接近0和3,下一节将对此进行进一步讨论。

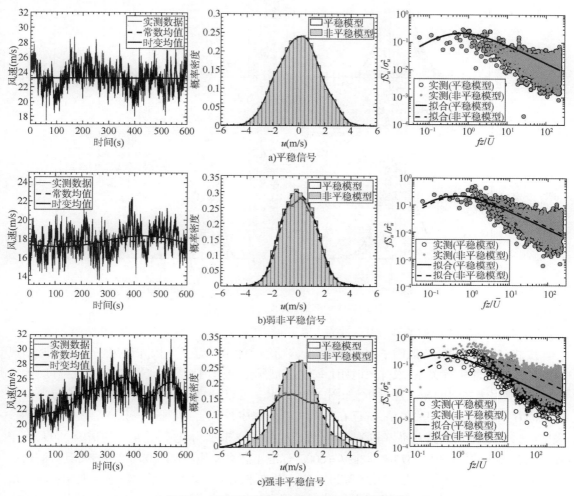

图3-20 风速时程分解、脉动风速概率密度和功率谱

(2)非高斯特性

风速的非高斯特性主要指脉动风速的偏度$\gamma_3 \neq 0$(skewness,标准三阶中心矩)或峰度$\gamma_4 \neq 3$(kurtosis,标准四阶中心矩),受台风边界层各类因素影响,风速时程的非高斯特性不可避免,且是造成风速时程各统计量具有较大离散度的主要原因。图3-21分别给出了脉动风速偏度和峰度的概率密度函数图,并选取了两种阵风时距,分别为文献[28]推荐的0.25s和较多规范使用的3s,可以看出,脉动风速的偏度处于$-2 \sim 1$范围内,且近似服从正态分布,这意味着脉动风速的概率密度函数是左偏(left-skewed)或左尾(left-tailed)的。脉动风速的峰度范围为$1 \sim 10$,即脉动风速概率密度函数相比于正态分布是尖峰(leptokurtic)且长尾的,近似服从对数正态分布。由此可见,台风脉动风速具有显著的非高斯特性,其将直接影响阵风因子和峰值因子的估计结果,采用高斯分布极有可能低估阵风因子。

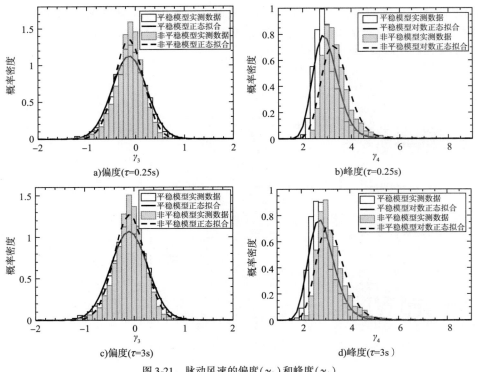

图 3-21 脉动风速的偏度(γ_3)和峰度(γ_4)

(3) 脉动参数统计相关性

由式(3-59)可知,阵风因子与湍流强度、峰值因子相关,为了分析阵风因子与其他脉动风速统计量之间的依赖关系,取阵风时距$\tau=3s$,开展脉动风速前四阶中心矩以及湍流强度、阵风因子、峰值因子之间的相关性分析,如图 3-22 所示。可以看出,湍流强度、阵风因子与平均风速之间存在一定的负相关关系,这已在很多实测研究中被证实;表征非高斯特性的偏度(γ_3)、峰度(γ_4)则与平均风速几乎不相关;峰值因子g^*亦独立于平均风速,其统计均值为 2.93,高于基于正态分布的估计值 2.575($\tau=3s, T=600s$,标准正态离差为 $1-3/600=0.995$),且实测数据的峰值因子具有较大离散性,变化范围为 1~6。功率谱函数参数A_u与平均风速有弱相关性。由风速标准差和均值计算的无量纲参数——湍流强度与阵风因子强相关,且与峰值因子也有一定相关性,根据文献[29]和文献[30]建议的公式,阵风因子和湍流强度的相关关系可由下式描述:

$$G_u^*(T,\tau) = 1 + k_1 \cdot I_u^{*k_2} \cdot \ln\frac{T}{\tau} \tag{3-66}$$

式中,k_1和k_2为待定系数,文献[29]建议$k_1=0.5, k_2=1.0$,本节的拟合结果为$k_1=0.45$,$k_2=0.92$,两者较为接近,且与文献[30]的实测结果基本一致。若用式(3-59)拟合G_u^*和I_u^*的关系,得到的峰值因子为 3.02,同样高于基于正态分布的估计值。

同时,表征非高斯特性的偏度(γ_3)和峰度(γ_4)之间也有中等相关性,其线性相关系数$\rho=-0.315$;这两个统计量和湍流强度的相关性很弱,与阵风因子和功率谱函数参数几乎没有相关性,而有趣的是,偏度和峰值因子具有较强的相关性,峰度和峰值因子也有一定相关性,可以认为脉动风速的非高斯特性对峰值因子有显著影响。同时可以发现,虽然式(3-59)构建了峰值因子和阵风因子之间的关系,但由统计结果可以看出,两者之间并没有相关性,式(3-59)主要描述了阵风因子和湍流强度的关系,由该式拟合的峰值因子趋于常数。其他参数之间的统计相关性都不显著。

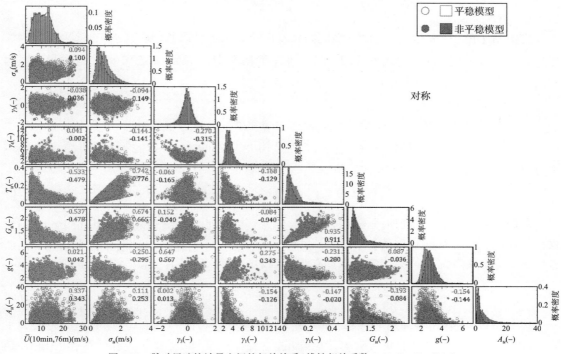

图 3-22 脉动风速统计量之间的相关关系(线性相关系数 ρ, $\tau=3\mathrm{s}$, $T=600\mathrm{s}$)

四、阵风因子估计

(1) 平稳高斯风速时程

若平稳风速时程数据点之间相互独立,且服从高斯分布(正态分布),则风速时程信号的峰值因子可由下式估计:

$$g(\tau,T) = \left[\sqrt{2\ln(\nu T)} + \frac{\gamma}{\sqrt{2\ln(\nu T)}}\right] \frac{\sigma_u(\tau,T)}{\sigma_u(\tau\to 0, T\geqslant 1\mathrm{h})} \tag{3-67}$$

式中,$\gamma=0.5772$,为 Euler 常数;ν 为零值上穿越率(单位时间穿越次数),可由下式估算:

$$\nu^2(\tau,T) = \frac{\int_0^\infty f^2 S_u^*(f) |H_{\mathrm{TA}}(f,\tau,T)|^2 \mathrm{d}f}{\int_0^\infty S_u^*(f) |H_{\mathrm{TA}}(f,\tau,T)|^2 \mathrm{d}f} \tag{3-68}$$

式中,$S_u^* = S_u/\sigma_u^2$,S_u 为顺风向脉动风速的谱密度函数(PSD);f 为频率;$H_{\mathrm{TA}}(f,\tau,T)$ 为时间平均滤波器,考虑了谱密度函数阵风时距 τ 的截尾效应(切断高频部分)和与风速记录时长 T 相关的高通滤波效应,可表示为:

$$|H_{\mathrm{TA}}(f,\tau,T)|^2 = \left[\frac{\sin(f\pi\tau)}{f\pi\tau}\right]^2 - \left[\frac{\sin(f\pi T)}{f\pi T}\right]^2 \tag{3-69}$$

由于本章采用的风速由三维超声波风速仪测得,故无须考虑测风设备带来的机械滤波效应。式(3-67)等号右侧第二项考虑了截尾后谱密度函数的方差折减效应,可由下式计算:

$$\frac{\sigma_u(\tau,T)}{\sigma_u(\tau\to 0,T\geqslant 1\text{h})} = \int_0^\infty \hat{S}_u(f)\mid H_{\text{TA}}(f,\tau,T)\mid^2 \text{d}f \tag{3-70}$$

式中,$\hat{S}_u(f) = S_u(f)/\sigma_u^2$,对于顺风向脉动风速的谱密度函数(PSD)$S_u$,通常采用最为广泛的 von Kármán 谱,其表达式见式(3-63)。非平稳模型中,参数σ_u^*、S_u^*和ν^*由脉动风速时程u^*计算获得,并由此计算峰值因子g^*。

(2)非高斯风速时程

理论上,任意归一化的非高斯信号可表示为高斯信号的单调函数,这在分析结构表面风压的非高斯特性时经常采用,本节将使用基于统计矩的 Hermite 多项式模型实现非高斯风速时程向高斯时程的转换。Hermite 多项式为经典正交多项式序列,可表示为:

$$H_n(x) = (-1)^n \cdot e^{\frac{x^2}{2}} \cdot \frac{\text{d}^n}{\text{d}x^n} e^{-\frac{x^2}{2}} \tag{3-71}$$

根据峰度(γ_4)值,非高斯风速时程信号可分为三类:硬化过程($\gamma_4<3$,hardening process)、软化过程($\gamma_4>3$,softening process)和偏斜过程($\gamma_4=3$,skewed process)。对于标准软化非高斯时程$Z(t)$,文献[31]建议采用基于标准高斯过程$U(t)$的前四阶 Hermite 多项式展开:

$$Z(t) = \frac{X(t)-\mu_x}{\sigma_x} = k\{H_1[U(t)] + h_3 \cdot H_2[U(t)] + h_4 \cdot H_3[U(t)]\} \tag{3-72}$$

式中,$X(t)$为软化非高斯时程;μ_x和σ_x分别为$X(t)$的均值和标准差;k、h_3和h_4为模型系数,可由非高斯时程$X(t)$的前四阶统计矩确定,主要方法是将$H_n[U(t)]$进行泰勒展开,并结合式(3-72)左右两侧的各阶统计矩都相等的基本原则,计算获得各模型系数。采用一阶泰勒展开并考虑到 Hermite 多项式的正交特点,各模型系数可由下式估算:

$$k = 1, \quad h_3 = \frac{\gamma_3}{6}, \quad h_4 = \frac{\gamma_4-3}{24} \tag{3-73}$$

式中,γ_3和γ_4分别为$Z(t)$的偏度和峰度。为了保证软化非高斯信号和高斯信号转换过程的一对一映射关系,文献[31]提出了下述限制边界条件:

$$\frac{h_3^2}{(1/2)^2} + \frac{(h_4-1/6)^2}{(1/6)^2} \leqslant 1 \tag{3-74}$$

基于上述一对一映射条件,软化非高斯时程的峰值因子可由高斯时程转换计算:

$$g_{\text{NG}} = k[g + h_3 \cdot (g^2-1) + h_4 \cdot (g^3-3g)] \tag{3-75}$$

式中,g为高斯时程的峰值因子,可由式(3-67)计算获得。类似地,硬化非高斯时程$Z(t)$可采用下式实现转换:

$$U(t) = k \cdot Z(t) - h_3 \cdot [Z^2(t)-1] - h_4 \cdot [Z^3(t)-3Z(t)] \tag{3-76}$$

式中,k、h_3和h_4同样可采用式(3-73)获得,其一对一映射条件和峰值因子的计算公式分别为:

$$\frac{h_3^2}{(1/2)^2} + \frac{(h_4+1/6)^2}{(1/6)^2} \leqslant 1 \tag{3-77}$$

$$g = k[g_{\mathrm{NG}} - h_3 \cdot (g_{\mathrm{NG}}^2 - 1) - h_4 \cdot (g_{\mathrm{NG}}^3 - 3g_{\mathrm{NG}})] \tag{3-78}$$

对于偏斜非高斯时程($\gamma_3 \neq 0$,$\gamma_4 = 3$),文献[32]建议当时程的峰度γ_4在[$3 - \sqrt{24 \cdot \chi^2(p,2)/n}$,$3 + \sqrt{24 \cdot \chi^2(p,2)/n}$][$\chi^2(p,2)$为两自由度、事件发生概率为$p$的卡方分布,$n$为$U(t)$的数据点数量]范围内时,都可认为是偏斜非高斯时程,对应的峰值因子可由下式估计:

$$g_{\mathrm{NG}} = k \cdot [g + h_3 \cdot (g^2 - 1)] \tag{3-79}$$

式中的各系数可通过下式求解:

$$\begin{cases} 1 = k^2(1 + 2h_3^2) \\ \gamma_3 = k^3(6h_3 + 8h_3^3) \end{cases} \tag{3-80}$$

图3-23列出了所有实测风速样本的偏度和峰度值($\tau = 0.25$s和$\tau = 3$s),并给出了三类非高斯模型的一对一映射边界条件。可以看出,非平稳模型得到的结果更加集中。尽管上述模型仅给出了采用一阶泰勒展开的结果,但在计算时发现,仅有3~4个风速时程的峰度大于14,位于图3-23所示的映射边界之外,且其他阵风时距对应脉动风速的偏度和峰度也只有少数数据点位于边界之外,可见,上述模型可有效涵盖几乎所有的数据点。设定卡方分布的概率值$p = 0.95$,$n = 6000$,偏斜模型的上限和下限分别为3.15和2.85,本节的实测数据未发现位于该范围内的样本点。对于平稳模型,图中软化非高斯区域和硬化非高斯区域分别涵盖了67.24%和29.31%的数据点,偏斜模型的样本点仅占3.45%;相比之下,非平稳模型中的软化非高斯区域和硬化非高斯区域分别涵盖了60.18%和37.70%的数据点,偏斜模型的样本点仅占2.11%。

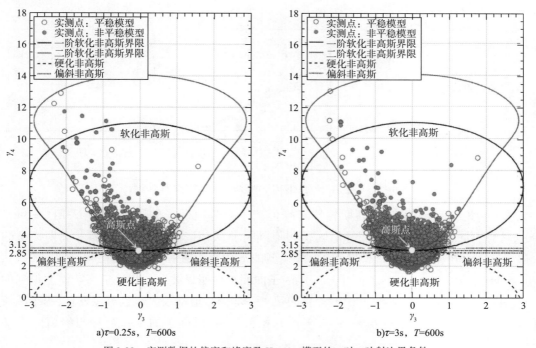

图3-23 实测数据的偏度和峰度及Hermite模型的一对一映射边界条件

(3) 非高斯特性对峰值因子的影响

为了探究脉动风速非高斯特性对峰值因子 g 的影响,采用上述平稳非高斯模型构建不同偏度($\gamma_3 = -0.4 \sim 0.4$)和峰度($\gamma_4 = 2 \sim 5$)时,不同阵风时距对应的峰值因子曲线如图 3-24 所示,其中离地高度 $z = 10$m,时程记录时长 $T = 600$s,湍流强度 $I_u = 15\%$。由图 3-24 可以看出,当 γ_3 设为常数、γ_4 取不同数值时,各峰值因子曲线约相交于 $\tau = 20$s 位置,且在 $\tau > 20$s 后几乎重合;而当 γ_4 设为常数、γ_3 取不同数值时,各曲线的相交点出现在 $\tau = 30$s 位置,在 $\tau > 30$s 后也基本保持重合,这说明当 $\tau > 30$s,$T = 600$s 时,可认为峰值因子的取值独立于脉动时程的偏度和峰度,即非高斯特性对峰值因子的影响可以忽略,可直接采用高斯模型估计峰值因子。同时可以发现,当 γ_3 为常数且 $\tau < 20$s 时,峰值因子随 γ_4 增大而增大,同样的变化趋势也发生在 γ_4 为常数且 $\tau < 30$s,γ_3 从 -0.4 逐渐增大到 0.4 时,这意味着脉动时程的偏度和峰度越大,得到的峰值因子也越大。相比于图中的高斯模型曲线,非高斯特性影响下的峰值因子不再是单一曲线,尤其是当偏度和峰度都为较大值时,高斯模型会明显低估峰值因子取值。

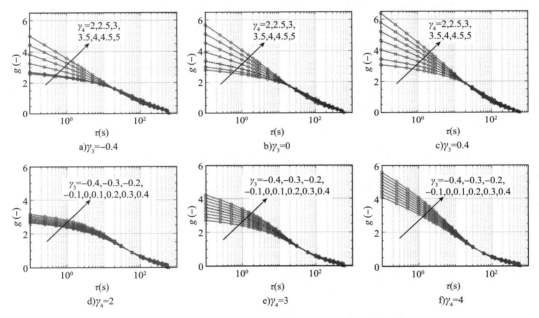

图 3-24 非高斯特性对峰值因子的影响(虚线为高斯模型曲线)

进一步地,为清楚了解非高斯特性对峰值因子和阵风因子的影响规律,采用 $\tau = 3$s,$T = 600$s,计算不同偏度和峰度时的峰值因子和阵风因子,如图 3-25 所示。偏斜非高斯模型的有效边界区间是由卡方分布近似获得的,该模型的适用性存在一定缺陷,使得在 $\gamma_4 = 3$ 且 $\gamma_3 < -0.2$ 和 $\gamma_3 > 0.2$ 区间内,峰值因子和阵风因子曲面存在明显波动。相比于高斯模型得到的定值峰值因子和阵风因子,非高斯模型计算的很大一部分数值都较大。且可以发现,由于湍流强度为定值 15%,又湍流强度与 γ_3、γ_4 几乎没有相关性,阵风因子的变化趋势与峰值因子基本一致。

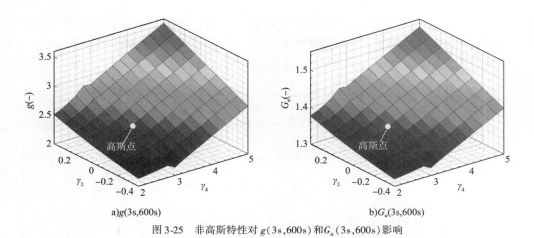

图 3-25 非高斯特性对 $g(3s,600s)$ 和 $G_u(3s,600s)$ 影响

五、阵风因子随机模拟

由前述讨论可知,脉动风速非高斯特性会造成阵风因子的较大离散性,而根据本节建立的非高斯模型,引入特定工程场地风速的前四阶矩($\overline{U}$、σ_u、γ_3、γ_4)和功率谱密度函数,即可快速建立该场地的阵风因子曲线。湍流强度剖面通常根据工程场地下垫面地貌特征进行划分,可由规范建议或实测统计获得,ESDU(83045)标准认为当目标场地来流上游的地貌变化较小,且持续超过30km时,该场地的边界层符合剪切流平衡条件,强风下脉动风速的标准差可由理论公式计算获得,考虑了平均风速、地表类别和离地高度的影响。而该模型属于确定性模型,σ_u 和 $\overline{U}$ 近似服从线性关系,这在台风实测结果中也得到了验证,如图 3-26a) 所示,可以看出 $z_0 = 0.01\text{m}$ 时的 ESDU 模型与实测线性拟合结果基本一致。然而,实测结果具有较大离散性,由此在 ESDU 模型基础上引入 σ_u 的误差项 $\varepsilon(\sigma_u)$:

$$\sigma_u = \frac{u_* 7.5\eta[0.538 + 0.09\ln(z/z_0)]^{\eta^{16}}}{1 + 0.156\ln[u_*/(|f_c|z_0)]} + \varepsilon(\sigma_u) \tag{3-81}$$

$$\eta = 1 - \frac{6|f_c|z}{u_*} \tag{3-82}$$

式中,f_c 为科氏力参数;u_* 为摩擦风速,可由地表的雷诺应力(Reynolds stress)计算或通过拟合对数风剖面获得:

$$u_* = \frac{\kappa \overline{U}(T,z,z_0)}{\ln(z/z_0)} \tag{3-83}$$

式中,$\kappa = 0.4$,为 von Kármán 常数。由图 3-26a) 可以看出,σ_u 的离散性基本独立于平均风速,由此采用正态分布拟合 $\varepsilon(\sigma_u)$,均值为0,标准差为 0.562m/s,拟合结果如图 3-26b) 所示,该结果满足5%显著性水平的 Anderson-Darling(AD)检验。

除此以外,需确定脉动风速的偏度和峰度的统计特征,而后才能实现阵风因子的随机模拟。由于本节的实测数据位于桥梁主梁以上约6m(海面以上约76.5m),理论上可直接采用该数据实现该高度阵风因子的模拟计算,但由于风工程应用时,通常采用标准化的10m高度,基于文献调研,获得了文献[35]基于实测数据获得的10m高度台风脉动风速偏度和峰度统计参数,见表3-3,其根据地表类型对应的粗糙高度 z_0,对不同场地测得的统计参数进行

分类,但未给出参数之间的相关性和服从的概率分布类型。根据表中参数和前述分析结果,仍假定脉动风速的偏度和峰度分别服从正态分布和对数正态分布,两者之间的线性相关系数认为是 −0.315,峰度的对数均值和对数标准差可由下式计算:

$$\mu_{\ln} = 2 \times \ln\mu - \frac{1}{2}\ln(\mu^2 + \sigma^2) \qquad (3-84)$$

$$\sigma_{\ln} = -2 \times \ln\mu + \ln(\mu^2 + \sigma^2) \qquad (3-85)$$

式中,μ、σ 分别为原始数据的均值和标准差。

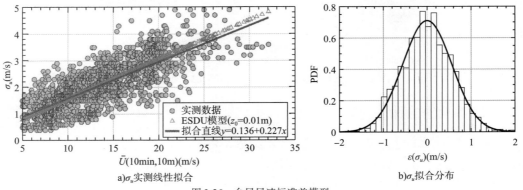

图 3-26 台风风速标准差模型

10m 高度台风脉动风速偏度和峰度统计参数　　　表 3-3

地表类型	z_0(m)	偏度(γ_3)				峰度(γ_4)					
		μ	max	min	σ	μ	max	min	σ	$\mu_{\ln}$	$\sigma_{\ln}$
海面	(0, 0.005)	−0.28	0.29	−1.15	0.30	3.10	5.44	2.23	0.64	1.11	0.20
平坦地貌	[0.005, 0.02)	0.02	0.59	−1.21	0.36	2.88	4.76	2.27	0.47	1.05	0.16
开阔地	[0.02, 0.05)	0.21	0.56	−0.19	0.23	2.87	3.77	2.39	0.31	1.05	0.11

采用蒙特卡洛方法分别生成 10^4 对应不同平均风速区间的随机阵风因子曲线,如图 3-27 所示。图中同时给出了 Durst 曲线和 ASCE 规范采用的 KM 曲线,可以看出,阵风因子曲线离散性在低风速时尤其明显,Durst 曲线和 KM 曲线皆位于模拟结果范围内,但高于模拟结果的均值。随着平均风速的不断增大,阵风因子曲线的离散性逐渐减小且趋于平稳,Durst 曲线和 KM 曲线则高于模拟结果。

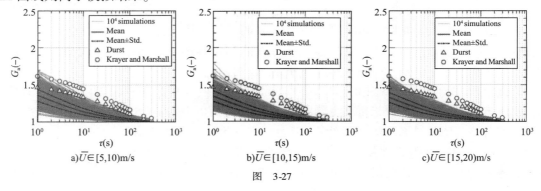

图 3-27

第三章 沿海台风风场特性

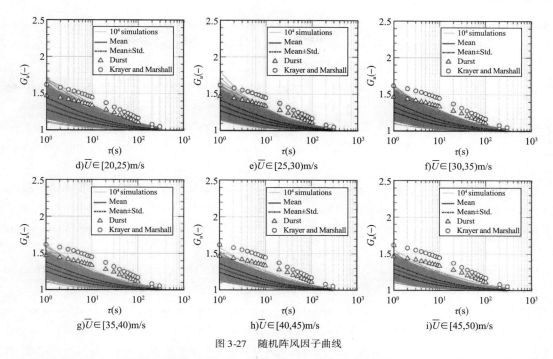

图 3-27 随机阵风因子曲线

将图 3-28 中不同平均风速区间中 3s 阵风因子的结果分别采用广义极值分布拟合，可得到 3s 阵风因子随风速的演变图，如图 3-28a) 所示。以西堠门大桥桥址处为例，结合本章第三节第二部分中获得的平均风速重现期曲线，可以得到阵风风速重现期曲线，如图 3-28b) 所示。

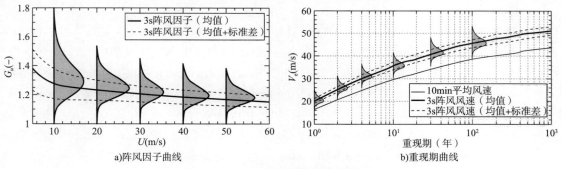

图 3-28 西堠门大桥桥址处台风灾害曲线

本章参考文献

[1] HOLTON J. An introduction to dynamic meteorology[M]. Pittsburgh: Academic Press, 2004.

[2] HOLLAND G J. An analytic model of the wind and pressure profiles in hurricanes[J]. Monthly Weather Review, 1980, 108(8): 1212-1218.

[3] VICKERY P J, WADHERA D. Statistical models of holland pressure profile parameter and radius to maximum winds of hurricanes from flight-level pressure and H* Wind Data[J]. Journal of Applied Meteorology and Climatology, 2008, 47(10): 2497-2517.

[4] ZHAO L, LU A, ZHU L, et al. Radial pressure profile of typhoon field near ground surface observed by distributed meteorologic stations[J]. Journal of Wind Engineering and Industrial Aerodynamics, 2013, 122:105-112.

[5] SATOH M. Atmospheric circulation dynamics and general circulation models[M]. Heidelberg: Springer. 2014.

[6] YAN M, MATSUI M, HIBI K. An analytical model for simulation of the wind field in a typhoon boundary layer[J]. Journal of Wind Engineering and Industrial Aerodynamics, 1995, 56(2-3): 291-230.

[7] APSLEY D D. Numerical modelling of neutral and stably stratified flow and dispersion in complex terrain[D]. Guildford: University of Surrey, 1995.

[8] POWELL M D, VICKERY P J, REINHOLD T A. Reduced drag coefficient for high wind speeds in tropical cyclones[J]. Nature, 2003, 422(6929):279-283.

[9] GIAMMANCO I M, SCHROEDER J, POWELL M D. Observed characteristics of tropical cyclone vertical wind profiles[J]. Wind and Structures, 2012, 15(1):65-86.

[10] VICKERY P J, SKERLJ P F. Hurricane gust factors revisited[J]. Journal of Structural Engineering, 2005, 131(5):825-832.

[11] 中华人民共和国住房和城乡建设部. 建筑结构荷载规范: GB 50009—2012[S]. 北京: 中国建筑工业出版社, 2012.

[12] FANG G S, ZHAO L, SONG L L, et al. Reconstruction of radial parametric pressure field near ground surface of landing typhoons in northwest pacific ocean[J]. Journal of Wind Engineering and Industrial Aerodynamics, 2018, 183:223-224.

[13] VICKERY P J, WADHERA D, TWISDALE L A, et al. U. S. hurricane wind speed risk and uncertainty[J]. Journal of Structural Engineering, 2009, 135(3), 301-320.

[14] FANG G S, PANG W, ZHAO L, et al. Extreme typhoon wind speed mapping for coastal region of China: geographically-weighted regression-based circular subregion algorithm[J]. Journal of Structural Engineering, 2021, 147(10): 04021146.

[15] FOTHERINGHAM A S, BRUNADON C, CHARLTON M. Geographically weighted regression: the analysis of spatially varying relationships[M]. Chichester: Wiley, 2002.

[16] GRORGIOU P N. Design wind speeds in tropical cyclone-prone regions[D]. London: The University of Western Ontario, 1985.

[17] VICKERY P J. Simple empirical models for estimating the increase in the central pressure of tropical cyclones after landfall along the coastline of the United States[J]. Journal of Applied Meteorology, 2005, 44(12):1807-1826.

[18] ASCE. Minimum Design Loads for Buildings and Other Structures (ASCE 7-16)[S]. American Society of Civil Engineers, 2017.

[19] LI S H, HONG H P. Use of historical best track data to estimate typhoon wind hazard at selected sites in China[J]. Natural Hazards, 2005, 76(2):1395-1414.

[20] XIAO Y F, DUAN Z D, XIAO Y Q, et al. Typhoon wind hazard analysis for southeast China

coastal regions[J]. Structural Safety,211,33(4-5):286-295.

[21] SIMIU E, SCANLAN R H. Wind effects on structures: fundamentals and applications to design[M]. New York: John Wiley,1996.

[22] LI S H, HONG H P. Typhoon wind hazard estimation for China using an empirical track model[J]. Natural Hazards,2016,82(2): 1009-1029.

[23] CHEN Y, DUAN Z. A statistical dynamics track model of tropical cyclones for assessing typhoon wind hazard in the coast of southeast China[J]. Journal of Wind Engineering and Industrial Aerodynamics,2018,172:325-340.

[24] ESDU: Strong winds in the atmospheric boundary layer[S]. Part 1: Mean-hourly Wind Speeds, Engineering Sciences Data Unit 82026,1983.

[25] MASTERS F J, VICKERY P J, BACON P, et al. Toward objective, standardized intensity estimates from surface wind speed observations[J]. Bulletin of the American Meteorological Society, 2010,91(12):1665-1681.

[26] CAO S Y, TAMURA Y, KIKUCHI N, et al. Wind characteristics of a strong typhoon[J]. Journal of Wind Engineering and Industrial Aerodynamics, 2009,97(1):11-21.

[27] HOLMES J D, GINGER J D. The gust wind speed duration in AS/NZS 1170.2[J]. Australian Journal of Structural Engineering,2012,13(3):207-216.

[28] ISHIZAKI H. Wind profiles, turbulence intensities and gust factors for design in typhoon-prone regions[J]. Journal of Wind Engineering and Industrial Aerodynamics, 1983, 13(1): 55-66.

[29] FANG G S, ZHAO L, CAO S Y, et al. Gust characteristics of near-ground typhoon winds [J]. Journal of Wind Engineering and Industrial Aerodynamics, 2019,188:323-337.

[30] Winterstein S R Kashef T. Moment-based Hermite model of random vibration[R]. Report No. 219, Dept. of Structural Engineering, Technical University of Denmark, Lyngby,Denmark,1987.

[31] YANG Q, TIAN Y. A model of probability density function of non-Gaussian wind pressure with multiple samples[J]. Journal of Wind Engineering and Industrial Aerodynamics,2015, 140:67-78.

[32] KWON D K, KAREEM A. Comparative study of major international wind codes and standards for wind effects on tall buildings[J]. Engineering Structures, 2013,51(2):23-35.

[33] ESDU: Strong winds in the atmospheric boundary layer[J]. Part 2: Discrete gust speeds, Engineering Sciences Data Unit 83045, 1983.

[34] LI L X, KAREEM A, HUNT J, et al. Turbulence spectra for boundary-layer winds in tropical cyclones: a conceptual framework and field measurements at coastlines [J]. Boundary-layer Meteorology,2015,154(2):243-263.

[35] DURST C S. Wind speeds over short periods of time[J]. Meteorological Magazine,1960,89: 181-186.

[36] KRAYER W R, MARSHALL R D. Gust factors applied to hurricane winds[J]. Bulletin of the American Meteorological Society,1992,73(5):613-618.

第四章

内陆强风风场特性

桥梁抗风设计主要针对桥位地区影响桥梁抗风性能的强风。大气边界层中的强风包括沿海地区的台风和内陆地区的季风,特别是强台风和强季风。内陆季风受海陆分布、大气环流和地形地貌的影响,一般表现为非常复杂的平均风特性和脉动风特性,特别是受桥位所在局部地区的地形地貌影响很大,一般采用现场实测、风洞试验和数值模拟方法进行研究。本章主要介绍平原地区和深切峡谷桥位风特性的地形模型风环境风洞试验以及复杂地形风特性的典型风区风环境现场实测。

第一节 我国强风分布及特性

大气边界层中的自然风是一种地球表面的空气流动现象,主要由地球自转和太阳对地球表面不均匀加温等大气环流引起,能量过于集中的强风会给人类带来灾害,也会对桥梁结构造成损伤甚至破坏。除了龙卷风和雷暴风等局部强风之外,大尺度的强风主要包括台风和季风,登陆台风和内陆季风不仅受大气环流影响,而且受海陆分布和陆地地形影响,因此,强风特性包括平均风特性和脉动风特性,是桥梁抗风设计研究的基础。

一、我国强风地区

大气边界层中的中大尺度强风一般包括台风和季风。台风是风力等级最高的热带气旋,是发生在热带或副热带洋面上的低压涡旋,是一种强大的热带天气系统,其生成和发展主要受气温、海温、大气环流和大气湿度等的影响,登陆台风还受陆地地形影响;季风是指受大陆和海洋在一年之中增热和冷却程度影响,风速和风向随季节有规律变化的自然风,主要受海陆分布、大气环流、地形地貌等的影响。

我国位于欧亚大陆东部,东南部濒临太平洋,夏季盛行台风;西南和西北部内陆多山,冬季盛行季风,特别是青藏高原的耸立改变了海陆影响所引起的气压分布和大气环流,增加了我国西部地区季风的复杂性。夏季季风是来自太平洋的东南季风和印度洋的西南季风,东南季风影响遍及我国东南部地区,西南季风则影响我国西南各省和南部沿海地区,但风速远不及东南季风大。夏秋季强风主要来自西太平洋的热带风暴,是破坏力极强的海洋风暴,登陆我国东南沿海地区。冬季季风来自西伯利亚和蒙古等中高纬度的内陆,那里空气十分严寒、干燥,冷空气积累到一定程度后,在有利高空环流引导下,就会爆发南下,俗称寒潮,强冷空气自北向南影响我国各地,引起冬季强风。我国强风主要分布在两大地区:

①内陆季风区:新疆北部、内蒙古、甘肃北部和三北地区(东北、华北、西北)。
②沿海台风区:山东、江苏、上海、浙江、福建、广东、海南和广西沿海地区及其附近岛屿。

二、内陆季风特性

内陆季风特性是非常复杂的,在桥梁抗风设计研究中,一般将风特性分为长周期的平均风特性和短周期的脉动风特性。其中,平均风特性用平均风速表示,其特性包括风向角、风攻角、风速剖面等,设计平均风速就是基本风速;脉动风特性用阵风风速表示,其特性包括阵风因子、紊流强度、紊流积分尺度等,设计脉动风速就是紊流功率谱,如图4-1所示。

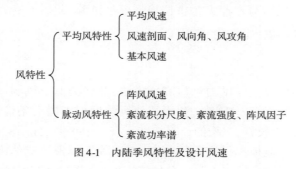

图 4-1　内陆季风特性及设计风速

三、季风特性研究方法

季风特性的影响因素主要包括海陆分布、影响大气环流、地形地貌等,影响桥位季风特性的主要因素是地形地貌,研究地形地貌对桥位季风特性的方法主要有现场实测、风洞试验和数值模拟。

1)现场实测

国外风特性现场实测开展较早、普及很广,很多国家建筑标准中所采用的 Davenport 谱,就是 Davenport 通过对世界上不同地点、不同高度测得的 90 多次强风记录进行统计分析所得到的。Davenport 还提出了风剖面指数率模型和地面粗糙度等概念,描述了 3～4 种地形类别,从而为风工程的研究奠定了基础。Duchene Marullaz 在法国南特地区开展了一系列风观测,他在 3 个相互独立桅杆的不同高度处放置了风速仪,统计了 2 次强风数据,得到了阵风因子、紊流积分尺度、紊流功率谱等参数,并得到了紊流强度随高度增加而减小的规律,紊流功率谱与 Davenport 谱形式相同。为了解决各国规范中不同地表类别抗风参数差异的问题,加拿大、英国、挪威、美国、日本等国家开展了长期的风观测工作,按照风速、风向、地表类别等进行分类,建立了风工程基础资料数据库。对于山区复杂地形的风环境观测也开展了一些研究,譬如山顶区风速加速效应、山体背风区脉动风特性、多重山脉风场特性等。

国内有关风环境现场实测的研究开展得比较晚,早期只有气象和大气科学研究者做过一些这方面的工作,为我国强风特性的研究积累了一定的经验。葛耀君提出了一种对桥址处相邻几个测站的基准风速通过距离加权平均来计算桥址处设计基准风速的方法。王存忠和曹文俊分析了天津市郊大气边界层的紊流功率谱。王介民研究了山谷城市的大气边界层的紊流功率谱特征。从 2000 年开始,风特性观测在我国结构风工程中越来越受到重视,很多桥梁风环境现场观测都建有高塔和测风设备,譬如,润扬长江公路大桥、苏通长江公路大桥、西堠门大桥、四渡河大桥、禹门口黄河大桥、胶州湾大桥、北盘江大桥、矮寨大桥、港珠澳大桥等。

2) 风洞试验

国内外进行地形模型风洞试验,模拟局部地形风场特性及其对构造物影响的研究日渐增多。国外比较著名的有:日本清水建设就地形表面粗糙度及上游来流地面粗糙度对流经山体的紊流场的影响展开了研究,日本东京大学对日本北部积丹半岛海岸带区域的研究,加拿大西安大略大学对香港特别行政区的地形模型风洞试验等。我国最早的地形模型风洞试验是 2001 年由同济大学完成的上海卢浦大桥桥位地形模型试验,此后又有北盘江大桥、四渡河大桥、矮寨大桥、三水河特大桥等。

3) 数值模拟

数值模拟是指采用计算流体动力学(CFD)方法,开展类似于风洞试验的数值风洞分析。早在 1977 年,伦敦大学的 Vaslie Melling 利用数值风洞模拟了层流条件下二维及三维立方体结构,其中二维的模拟结果较好,三维的计算精度不高。1998 年,Maurizi 等人对葡萄牙北部的一个山区进行了风环境数值模拟研究。2000 年,Kim 等人模拟了流体绕过山谷的风环境,模拟结果与实地风观测结果吻合较好。国内在数值模拟方面起步较晚,山区风环境的数值模拟主要集中在同济大学、西南交通大学、湖南大学、长安大学、哈尔滨工业大学等几所高校。目前数值模拟方法正成为桥位风特性研究的一个热点。

第二节 平原地区桥位风环境风洞试验

平原地区桥位风环境风洞试验以上海鲁班路跨越黄浦江的大桥——卢浦大桥为工程背景,桥位虽处于平原地区的上海,但是,市区建筑物密集,为了准确描述桥位附近风环境影响,参照国际上最先进的方法,制作桥位周围地形模型,通过地形模型风洞试验,确定季风特性参数,用以指导节段模型和全桥模型风洞试验及桥梁抗风设计。卢浦大桥桥位地形模型风环境风洞试验是在同济大学 TJ-3 边界层风洞中进行的。

一、卢浦大桥桥位地形模型

上海鲁班路跨越黄浦江的卢浦大桥桥位,处于市中心密集建筑物区域内,特别是浦西内环线两侧高层建筑已经初具规模,参照目前国际上大跨度桥梁风环境研究的先进方法,桥位地形模型设计制作如下。

桥位地形范围:桥轴线主桥跨中为圆心,半径 $R_p = 1100 \text{m}$(>10 倍桥高 $h_p = 100 \text{m}$),总面积约 380 万 m^2。

几何缩尺比例:1∶500。

模型地形尺寸:桥轴线主桥跨中为圆心,半径 $R_m = 2.2 \text{m}$(>10 倍桥高 $h_m = 0.2 \text{m}$),总面积约 15.2m^2。

模型模拟内容:黄浦江及支流水平面和两岸江堤,由高密度底板覆塑面层制成;

高架道路、地面道路和住宅区小路,由电脑雕刻 ABS 板制成;

建筑物周围空地和草坪,由 ABS 板切割而成;

六层及六层以下建筑为块体模型,由 ABS 板粘接而成;

六层以上建筑为立体模型,由 ABS 板经电脑雕刻加工而成。

卢浦大桥桥位地形模型如图 4-2 所示。

图 4-2 卢浦大桥桥位地形模型

二、桥位边界层风场模拟

卢浦大桥桥位风环境风洞试验是在同济大学 TJ-3 边界层风洞中进行的,该风洞试验段宽 15m、高 2m、长 14m,是世界第二大边界层风洞。风洞内气流由 7 个直流电动机产生,空风洞试验风速范围为 1~17.6m/s,均匀流场中平均风速不均匀性小于 1.5%,紊流强度小于 1%。

1)桥位模型安装圆盘

卢浦大桥桥位模型直径为 4.4m,被安装固定在直径 4.8m 的木制圆盘上,便于圆盘绕圆心做 360°旋转以模拟风偏角。

2)边界层流场发生器

大气边界层流场采用国际流行的尖塔加粗糙元被动模拟方法。其中,尖塔高度为 1.2m,间距为 0.55m,共 26 个,并按一宽一窄顺序排列,宽尖塔底边 0.20m,窄尖塔底边 0.10m,顶边均为0.05m;粗糙元按大小共分3种类型,前两排A型为高0.1m、宽0.1m、厚0.1m、间距1.0m,中六排B型为高0.075m、宽0.06m、厚0.045m、间距0.5m,后排C型为高0.03m、宽0.02m、厚0.02m、间距0.25m。尖塔、粗糙元和圆盘平面布置如图4-3所示。

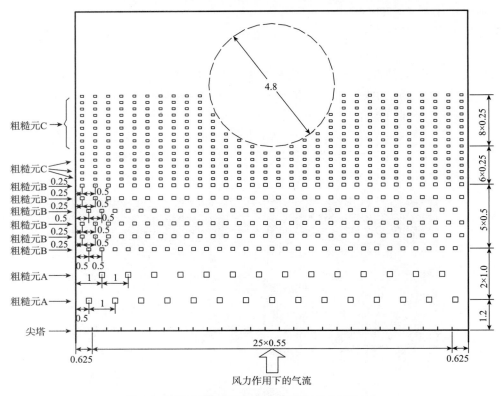

图4-3 尖塔、粗糙元和圆盘平面布置图(尺寸单位:m)

3) 试验风速传感器

试验风速传感器包括参考风速传感器和测点风速传感器。参考风速传感器采用皮托管补偿微压计,安装在与圆盘中心相等进风口距离的位置上,离洞底的高度为1m;测点风速传感器采用丹麦Dantec热线风速仪,为了满足不同的测量需要,分别采用了一字热线探头、十字热线探头和L形热线探头。

三、桥位边界层风场实测

1) 边界层平均风速剖面和紊流强度剖面

根据图4-3布置的尖塔和粗糙元,在圆盘中心高度1m处分别以参考试验风速$U_r = 10\text{m/s}$和$U_r = 5\text{m/s}$实测离洞底高度z为5cm、10cm、20cm、30cm、40cm、60cm、80cm、100cm、120cm等处的平均风速U以及紊流强度I_u(来流方向)和I_w(竖直方向),其结果如表4-1和图4-4所示。

1∶500 边界层风场实测风速剖面表

表 4-1

z(cm)	$U_r=10\text{m/s}$			$U_r=5\text{m/s}$		
	U(m/s)	I_u(%)	I_w(%)	U(m/s)	I_u(%)	I_w(%)
5	6.162	17.1	10.2	3.005	16.4	9.5
10	6.424	15.6	10.3	3.265	16.2	9.8
20	7.091	14.1	9.9	3.384	13.9	9.7
30	7.581	13.0	9.7	3.747	11.8	9.1
40	7.802	11.7	9.4	3.843	11.5	9.0
60	8.610	10.0	8.5	4.292	9.1	7.8
80	9.220	7.8	6.7	4.578	7.3	6.5
100	9.622	5.6	5.6	4.782	5.3	5.6
120	9.791	4.1	—	4.875	4.0	—
α	0.169			0.174		

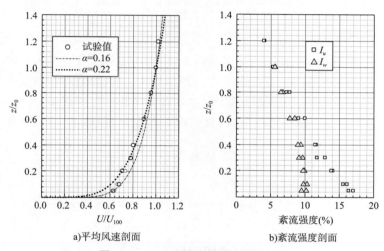

图 4-4 1∶500 边界层风场实测风速剖面

表 4-1 和图 4-4 表明：1∶500 边界层风场的梯度风高度 δ_m 约为 1m，对应于桥位实际大气边界层梯度风高度 $\delta_p=500\text{m}$，结果基本合理；由试验结果拟合得到的平均风速指数率模型中幂指数为：$U_r=10\text{m/s}$ 时 $\alpha=0.169$，$U_r=5\text{m/s}$ 时 $\alpha=0.174$，桥位现场按Ⅱ类地表粗糙度定义，则 $\alpha=0.16$，因此，参考风速取 $U_r=10\text{m/s}$ 进行风洞试验比较合理；紊流强度 I_u 和 I_w 剖面基本合理，紊流强度 I_w 数值略偏大，特别是在梯度风高度附近。

为了对不同高度处的平均风速 U 的测量精度进行定量的比较，现对参考风速 $U_r=10\text{m/s}$ 时梯度风高度范围内各点的平均风速作下列归一化，即

$$U_{z1}=\frac{10}{U_{100}}\cdot U_z=\frac{10}{9.622}\cdot U_z=1.0393U_z \tag{4-1}$$

式中，U_z 表示风洞试验实测风速，如表 4-1 中第二列所示。按指数律变化的各点平均风速可按下式计算：

$$U_{z0}=\left(\frac{z}{100}\right)^{\alpha}\cdot U_{10}=10\times\left(\frac{z}{100}\right)^{0.169} \tag{4-2}$$

根据Ⅱ类地表场地特性,可以从《公路桥梁抗风设计指南》中查得对应于风洞试验中各个高度处的紊流强度 I_u。因此,参考风速 $U_r = 10\text{m/s}$ 时,不同高度处的平均风速 U_{z1} 和紊流强度 I_{u1} 的试验结果与理论要求值的比较如表 4-2 所示。

平均风速和紊流强度模拟误差分析　　　　　　　　　表 4-2

$z(\text{cm})$	平均风速			紊流强度		
	$U_{z0}(\text{m/s})$	$U_{z1}(\text{m/s})$	误差(%)	$I_{u0}(\%)$	$I_{u1}(\%)$	误差(%)
5	6.027	6.404	+6.3	16.0	17.1	+6.9
10	6.776	6.676	−1.5	15.0	15.6	+4.0
20	7.619	7.370	−3.3	13.0	14.1	+8.5
30	8.159	7.879	−3.4	12.0	13.0	+8.3
40	8.565	8.109	−5.3	12.0	11.7	−2.5
60	9.173	8.984	−2.5		10	
80	9.630	9.582	−0.5		7.8	
100	10.000	10.000	+0.0		5.6	

表 4-2 中的比较结果表明:1:500 边界层模拟风场的平均风速剖面具有良好的精度,其中最大相对误差仅 6.3%,而桥面高度 $z_1 = 10\text{cm}$ 和拱顶高度 $z_2 = 20\text{cm}$ 处的相对误差分别为 −1.5% 和 −3.3%;1:500 边界层流场的紊流强度剖面也具有良好的精度,其中最大相对误差仅 8.5%,而桥面高度 $z_1 = 10\text{cm}$ 和拱顶高度 $z_2 = 20\text{cm}$ 处的相对误差分别为 +4.0% 和 +8.5%。

2) 边界层脉动风特性

按照 1:500 缩尺比,卢浦大桥的桥面高度 $h_d = 50\text{m}$ 和拱顶高度 $h_c = 100\text{m}$ 分别对应于地形模型高度 $z_1 = 10\text{cm}$ 和 $z_2 = 20\text{cm}$,因此,脉动风特性测量主要在这两个高度上进行。此外,脉动风特性测量的数据采用采样频率 $f = 1000\text{Hz}$,每次采样时间 $T = 32.768\text{s}$,重复采样三次,共有 98304 个样本点。现将 1:500 边界层脉动风特性测量结果汇总如下。

(1) 阵风因子

在大跨度桥梁风荷载计算中,起主要作用的阵风因子有两个,即 G_u 和 G_w,可以分别定义如下:

$$G_u = 1 + \frac{u_{\max}}{U} \tag{4-3}$$

$$G_w = \frac{w_{\max}}{U} \tag{4-4}$$

式中,$u_{\max}$ 和 $w_{\max}$ 分别表示来流方向和竖直方向最大脉动风速。阵风因子实测结果与《公路桥梁抗风设计指南》中规定的Ⅱ类和Ⅲ类地表场地数值比较如表 4-3 所示。

阵风因子实测结果与Ⅱ类、Ⅲ类地表场地数值比较　　　　　　表 4-3

$z(\text{cm})$	G_u			G_w
	实测值	Ⅱ类场地	Ⅲ类场地	实测值
10	1.568	1.380	1.70	0.443
20	1.512	1.380	1.70	0.378

(2) 功率谱密度

脉动风功率谱密度主要分量是水平分量 $S_u(n)$ 和竖向分量 $S_w(n)$，根据《公路桥梁抗风设计指南》，应分别采用 Simiu 谱和 Panofsky 谱如下表示：

$$\frac{nS_u(n)}{u_*^2} = \frac{200f}{(1+50f)^{5/3}} \quad (4\text{-}5)$$

$$\frac{nS_w(n)}{u_*^2} = \frac{6f}{(1+4f)^2} \quad (4\text{-}6)$$

式中，n 表示脉动风频率；f 表示折算频率，且 $f = nz/U(z)$；u_* 表示气流剪切速度。功率谱密度实测结果与理论计算[式(4-5)和式(4-6)]结果的比较如图 4-5 所示。

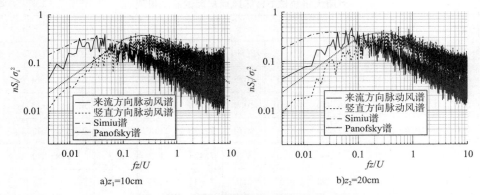

a) $z_1 = 10\text{cm}$　　　　b) $z_2 = 20\text{cm}$

图 4-5　功率谱密度实测结果与理论计算结果比较

四、桥位风环境试验结果

卢浦大桥主桥桥轴线走向如图 4-6 所示，其中浦西岸侧桥轴线走向为北偏西 18.7°，浦东岸侧桥轴线走向为南偏东 18.7°。桥位风环境实测得到的风速剖面和脉动风特性结果汇总如下。

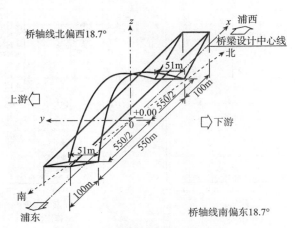

图 4-6　卢浦大桥主桥桥轴线走向图

1) 风速剖面试验结果

为了与气象站提供的风速方向一致,桥位风速剖面风洞试验分别按 16 个方向($\Delta\beta = 22.5°$)来流,即从北(N)开始按顺时针方向以 $\beta = 22.5°$ 递增,分别为东北(NE)区方向 N、NNE、NE 和 ENE(浦西地区和黄浦江下游来流),东南(SE)区方向 E、ESE、SE 和 SSE(黄浦江下游和浦东地区来流),西南(SW)区方向 S、SSW、SW 和 WSW(浦东地区和黄浦江上游来流)和西北(NW)区方向 W、WNW、NW 和 NNW(黄浦江上游和浦西地区来流)。

采用参考风速 $U_r = 10\text{m/s}$,对桥位 16 个方向的来流进行了风洞试验,桥位中心 16 个方向的平均风速剖面和紊流强度剖面试验结果按 4 个区汇总,如表 4-4 ~ 表 4-7、图 4-7 ~ 图 4-10 所示。

卢浦大桥桥位 NE 区风速剖面试验结果表　　　　表 4-4

z(cm)	N			NNE			NE			ENE		
	U(m/s)	I_u(%)	I_w(%)	U(m/s)	I_u(%)	I_w(%)	U(m/s)	I_u(%)	I_w(%)	U(m/s)	I_u(%)	I_w(%)
5	5.267	23.0	13.4	5.915	17.5	10.5	6.174	15.5	9.2	6.618	14.3	7.5
10	5.662	22.0	13.4	6.456	16.3	10.0	6.786	13.2	8.5	6.981	13.1	8.3
20	6.698	16.5	9.9	7.265	12.1	8.6	7.238	11.8	8.7	7.339	12.3	8.5
30	7.134	13.3	9.3	7.506	11.0	8.5	7.428	11.2	8.7	7.711	11.2	8.4
40	7.472	10.8	8.7	7.798	9.6	8.0	7.634	10.3	8.6	7.849	9.9	7.9
60	8.151	8.8	7.6	8.302	9.6	7.8	8.235	8.8	7.5	8.344	9.3	7.8
80	8.620	7.5	6.5	8.775	7.5	6.4	8.795	6.9	6.4	9.096	7.0	6.1
100	9.013	5.0	5.3	9.220	4.8	5.2	9.173	4.8	5.1	9.465	5.0	4.8
120	9.125	4.0	4.3	9.316	4.0	4.2	9.286	4.1	4.3	9.549	3.9	3.8

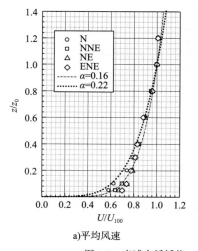
a) 平均风速

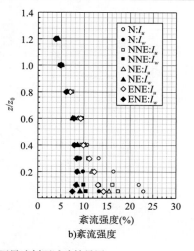
b) 紊流强度

图 4-7　卢浦大桥桥位 NE 区风速剖面试验结果图

卢浦大桥桥位 SE 区风速剖面试验结果表　　　　表 4-5

z(cm)	E			ESE			SE			SSE		
	U(m/s)	I_u(%)	I_w(%)	U(m/s)	I_u(%)	I_w(%)	U(m/s)	I_u(%)	I_w(%)	U(m/s)	I_u(%)	I_w(%)
5	6.519	14.4	7.9	6.368	15.5	9.2	6.101	17.7	10.3	6.032	17.5	10.1
10	7.046	13.0	8.6	6.865	15.1	9.0	6.730	17.2	10.2	6.625	15.6	9.1
20	7.298	12.2	8.9	7.503	12.4	8.6	7.381	12.4	9.1	7.247	13.6	8.8
30	7.637	11.1	8.6	7.687	10.8	8.6	7.641	11.0	9.2	7.632	11.9	8.6
40	7.967	10.2	8.6	7.961	10.7	8.3	7.758	11.5	8.7	7.903	10.4	8.5
60	8.420	9.8	7.7	8.434	9.4	7.7	8.385	9.5	7.9	8.588	8.9	7.4
80	9.131	7.4	6.2	9.149	6.9	6.1	9.119	7.1	6.1	9.097	7.6	6.4
100	9.520	4.8	5.0	9.525	4.9	4.9	9.515	5.1	5.1	9.549	5.0	4.7
120	9.641	3.9	3.8	9.628	3.8	3.7	9.610	4.0	4.0	9.690	3.9	4.0

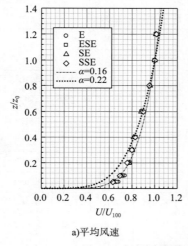 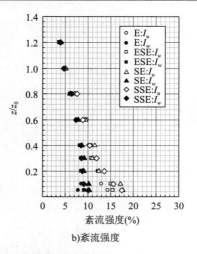

a) 平均风速　　　　　　　　　b) 紊流强度

图 4-8　卢浦大桥桥位 SE 区风速剖面试验结果图

卢浦大桥桥位 SW 区风速剖面试验结果表　　　　表 4-6

z(cm)	S			SSW			SW			WSW		
	U(m/s)	I_u(%)	I_w(%)	U(m/s)	I_u(%)	I_w(%)	U(m/s)	I_u(%)	I_w(%)	U(m/s)	I_u(%)	I_w(%)
5	6.061	17.7	9.5	5.713	18.7	10.8	6.125	15.9	9.7	6.282	14.7	7.9
10	6.820	13.7	9.1	6.757	16.3	8.9	6.612	14.1	9.6	6.809	12.4	8.0
20	7.249	13.5	9.2	7.126	12.6	8.7	7.235	12.3	9.2	7.256	11.3	8.6
30	7.722	10.7	8.5	7.454	11.0	8.4	7.373	12.1	8.8	7.516	10.9	9.1
40	7.905	10.0	8.6	7.723	9.4	8.3	7.697	10.1	8.3	7.580	10.9	8.5
60	8.433	9.2	7.8	8.066	9.5	8.0	8.196	9.3	7.9	8.237	9.2	7.2
80	8.942	8.3	6.7	8.826	8.0	6.6	8.851	6.7	6.4	8.808	7.1	6.7
100	9.365	5.1	5.4	9.234	5.2	5.2	9.228	5.3	5.5	9.217	4.7	5.3
120	9.547	3.8	4.3	9.393	3.9	4.0	9.354	4.1	4.1	9.288	3.7	4.3

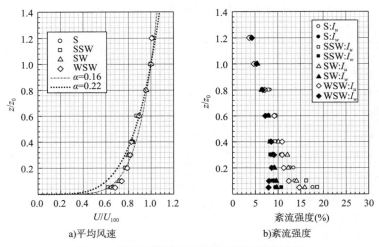

a) 平均风速 b) 紊流强度

图 4-9　卢浦大桥桥位 SW 区风速剖面试验结果图

卢浦大桥桥位 NW 区风速剖面试验结果表　　表 4-7

z(cm)	W			WNW			NW			NNW		
	U(m/s)	I_u(%)	I_w(%)	U(m/s)	I_u(%)	I_w(%)	U(m/s)	I_u(%)	I_w(%)	U(m/s)	I_u(%)	I_w(%)
5	6.153	15.7	8.4	5.632	17.3	10.5	5.469	21.0	12.6	4.301	27.1	16.6
10	6.725	14.2	9.1	6.413	15.2	10.1	5.884	20.1	12.2	4.936	26.0	16.3
20	7.134	12.0	8.5	7.080	12.1	8.7	6.587	16.1	10.6	6.124	21.4	12.7
30	7.417	12.1	8.3	7.454	10.8	8.3	7.286	12.4	8.6	7.055	13.9	9.8
40	7.586	9.9	8.5	7.596	10.4	8.3	7.544	10.5	8.6	7.372	12.0	8.9
60	8.143	9.1	8.0	8.154	9.0	7.7	8.101	9.7	7.8	8.050	9.1	7.5
80	8.780	7.1	6.3	8.656	7.8	6.6	8.651	7.8	6.6	8.601	7.4	6.7
100	9.141	4.5	5.1	9.035	5.2	5.3	9.107	4.8	5.0	9.045	5.1	5.5
120	9.206	4.0	4.3	9.174	3.9	4.4	9.218	4.0	4.4	9.168	4.0	4.3

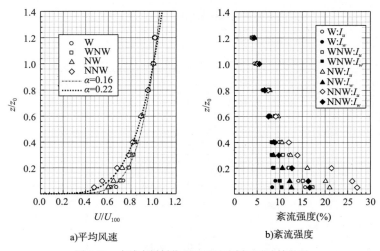

a) 平均风速 b) 紊流强度

图 4-10　卢浦大桥桥位 NW 区风速剖面试验结果图

根据表4-4~表4-7中不同高度处的平均风速,采用线性回归的方法可以回归出各个风向的幂指数 α。由于风洞试验中模拟的风速剖面幂指数为 $\alpha=0.169$,而非Ⅱ类地表场地的 $\alpha=0.16$,因此,对试验回归的 α 值进行修正,即乘修正系数 0.16/0.169,从而得到修正后的平均风速剖面幂指数 α,如表4-8所示。

根据表4-4~表4-7中不同高度处的紊流强度,可以确定16个方向对应于桥面高度 $h_d=50m$ 和拱顶高度 $h_c=100m$ 处的紊流强度 I_u。由于风洞试验中模拟的紊流强度在上述两个高度处均与《公路桥梁抗风设计指南》规定值存在一定的偏差,因此必须对紊流强度试验结果进行修正,修正系数分别为 15.0/15.6($h_d=50m$)和 13.0/14.1($h_c=100m$),修正后两个高度处的紊流强度 I_u 如表4-8所示。

风速剖面修正和紊流强度修正　　　　　　　　　　表4-8

风向	风速剖面幂指数 α			$h_d=50m$ 紊流强度 $I_u(\%)$			$h_c=100m$ 紊流强度 $I_u(\%)$		
	试验值	修正系数	修正后	试验值	修正系数	修正后	试验值	修正系数	修正后
N	0.188		0.178	22.0		21.2	16.5		15.2
NNE	0.154		0.146	16.3		15.7	12.1		11.2
NE	0.141		0.133	13.2		12.7	11.8		10.9
ENE	0.137		0.130	13.1		12.6	12.3		11.3
E	0.141		0.133	13.0		12.5	12.2		11.2
ESE	0.146		0.138	15.1		14.5	12.4		11.4
SE	0.157		0.149	17.2		16.5	12.4		11.4
SSE	0.163	0.16/0.169	0.154	15.6	15.0/15.6	15.0	13.6	13.0/14.1	12.5
S	0.149		0.141	13.7		13.2	13.5		12.4
SSW	0.163		0.150	16.3		15.7	12.6		11.6
SW	0.149		0.141	14.1		13.6	12.3		11.3
WSW	0.140		0.133	12.4		11.9	11.3		10.4
W	0.143		0.135	14.2		13.7	12.0		11.1
WNW	0.157		0.149	15.2		14.6	12.1		11.2
NW	0.183		0.173	20.1		19.3	16.1		14.8
NNW	0.247		0.234	26.0		25.0	21.4		19.7

2)脉动风特性试验结果

根据卢浦大桥桥轴线与黄浦江轴线的相对关系,脉动风特性风洞试验主要按 ENE(黄浦江下游来流)、SSE(浦东地区来流)、WSW(黄浦江上游来流)和 NNW(浦西地区来流)4个方向来流进行,并选取桥面高度($h_d=50m$)和拱顶高度($h_c=100m$)作为脉动风特性测量的基准高度。

采用参考风速 $U_r=10m/s$,对桥位中心4个方向的来流进行了风洞试验,桥位中心4个方向及2个高度的阵风因子试验结果及其修正值如表4-9所示,水平分量和竖直分量脉动风功率谱密度如图4-11~图4-14所示。

阵风因子 G_u 和 G_w 试验结果　　　　　表 4-9

方向	高度	G_u			G_w
		试验结果	修正系数	修正后	试验结果
ENE	$h_d = 50\text{m}$	1.430	1.38/1.568	1.258	0.315
	$h_c = 100\text{m}$	1.363	1.38/1.512	1.244	0.302
SSE	$h_d = 50\text{m}$	1.464	1.38/1.568	1.288	0.364
	$h_c = 100\text{m}$	1.383	1.38/1.512	1.262	0.311
WSW	$h_d = 50\text{m}$	1.414	1.38/1.568	1.244	0.321
	$h_c = 100\text{m}$	1.361	1.38/1.512	1.242	0.289
NNW	$h_d = 50\text{m}$	1.931	1.38/1.568	1.699	0.655
	$h_c = 100\text{m}$	1.651	1.38/1.512	1.474	0.498

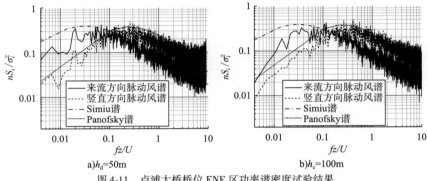

图 4-11　卢浦大桥桥位 ENE 区功率谱密度试验结果

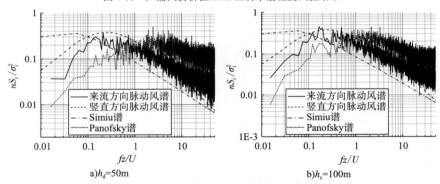

图 4-12　卢浦大桥桥位 SSE 区功率谱密度试验结果

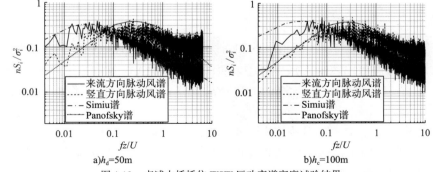

图 4-13　卢浦大桥桥位 WSW 区功率谱密度试验结果

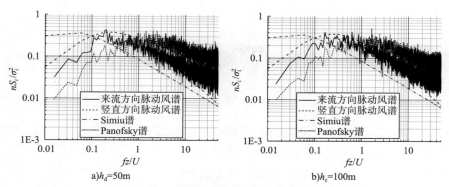

图 4-14 卢浦大桥桥位 NNW 区功率谱密度试验结果

五、平原地区桥位风特性参数

根据桥位地形模型风环境风洞试验结果与桥位平均风统计分析结果,卢浦大桥主桥桥位风环境特性参数定义如下。

(1)桥位设计基准风速

$$U_d = U_c \left(\frac{z}{z_c}\right)^\alpha \qquad (4-7)$$

式中,z 表示离开水面高度;z_c 表示拱顶高度;U_c 表示拱顶平均风速;α 表示风速剖面幂指数,取风环境试验中 ENE 和 WSW 两个方向中的较小值,即 $\alpha = 0.13$。

(2)桥位设计阵风风速

$$U_g = G_u U_d \qquad (4-8)$$

式中,G_u 表示阵风风速系数,取风环境试验中桥面高度($h_d = 50\text{m}$) ENE 和 WSW 两个方向的平均值,即 $G_u = 1.25$。

(3)桥面紊流强度

$$I_u : I_v : I_w = 1 : 0.88 : 0.5 \qquad (4-9)$$

式中,I_u 表示水平来流紊流强度,取风环境试验中桥面高度($h_d = 50\text{m}$) ENE 和 WSW 两个方向的平均值,即 $I_u = 0.12$;I_v 表示纵向紊流强度,取 $I_v = 0.88 I_u = 0.11$;I_w 表示竖直紊流强度,取 $I_w = 0.5 I_u = 0.06$。

(4)脉动风功率谱密度

$$\frac{nS_u(n)}{u_*^2} = \frac{200f}{(1+50f)^{5/3}} \qquad (4-10)$$

$$\frac{nS_w(n)}{u_*^2} = \frac{6f}{(1+4f)^2} \qquad (4-11)$$

式中,$S_u(n)$ 和 $S_w(n)$ 分别表示脉动风水平分量和竖直分量的功率谱密度;n 和 f 分别表示脉动风频率和折算频率,且 $f = nz/U(z)$;u_* 表示剪切速度。风环境试验证实 ENE 和 WSW 两个方向桥面高度($h_d = 50\text{m}$)和拱顶高度($h_c = 100\text{m}$)的水平顺风向脉动风功率谱密度可以采用 Simiu 谱[式(4-10)],竖直方向脉动风功率谱密度可以采用 Panofsky 谱[式(4-11)]。

第三节　深切峡谷桥位风环境风洞试验

深切峡谷桥位风环境风洞试验以湖北省恩施州四渡河大桥为工程背景,桥位处于四渡河峡谷中,桥面海拔约930m,主跨跨径900m。大桥东端连接八字岭隧道,东南方向是四渡河干流,东北和西北分别有两条四渡河的支流,北方两条支流之间地形的海拔略低于桥面高度,其余方向多为高于桥面的山峰。桥位地形的主要特征是四渡河两岸东南至西北走向的山岭中,东面山岭海拔从900m至1200m不等,平均不超过1100m;西面山岭海拔从900m至1400m变化,平均不超过1200m。山岭从西北向东南渐阔,峡谷收缩角约30°,大桥桥位正好处在峡谷的喉部(最窄的位置)。四渡河大桥桥位地形模型风环境风洞试验是在同济大学TJ-3边界层风洞中进行的。

一、四渡河大桥桥位地形模型

湖北省恩施州四渡河大桥桥位,处于深切峡谷之内,周围崇山峻岭、地形复杂,参照目前国际上大跨度桥梁风环境研究的先进方法,桥位地形模型设计制作如下。

桥位地形范围:桥轴线主桥跨中为圆心,半径$R_p=1600m$,总面积约804万m^2。

几何缩尺比例:1∶500。

模型地形尺寸:桥轴线主桥跨中为圆心,半径$R_m=3.2m$,总面积约32.2m^2。

模型模拟方法:为了减小风洞阻塞比,模型底部高度限定为海拔600m;

地形模型采用泡沫塑料板分层叠加,每层的形状根据等高线切割成型;

每层地形模型泡沫塑料板厚33.3mm,相当于实际地形高差50m;

地形模型周边采用30°斜坡板渐变至风洞底面。

四渡河大桥桥位地形模型如图4-15所示。

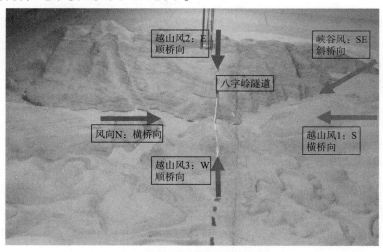

图4-15　四渡河大桥桥位地形模型

二、桥位边界层风场模拟

四渡河大桥桥位风环境风洞试验是在同济大学 TJ-3 边界层风洞中进行的。

(1) 桥位模型安装圆盘

四渡河大桥桥位模型直径为 6.7m，被安装固定在直径 6.8m 的木制圆盘上，便于圆盘绕圆心做 360°旋转以模拟风偏角。

(2) 边界层流场模拟

大气边界层流场采用国际流行的尖塔加粗糙元被动模拟方法。由于桥位地处深切峡谷，所以各个风向角的来流差异很大，分析桥位地形后确定主要桥位风向角有 5 个，如图 4-15 和表 4-10 所示。

四渡河大桥桥位主导风向　　　　　　　表 4-10

编号	模型方位角度	风向及描述
1	0°	N——北风：从四渡河支流来风，横桥向风
2	90°	E——东风：从八字岭隧道上吹来的越山风，顺桥向风
3	133°	SE——东南风：从四渡河峡谷谷口吹向喉口，斜桥向风
4	180°	S——南风：桥位在越山风尾流区下游，横桥向风
5	270°	W——西风：越山风，顺桥向风

北风(N)：近似峡谷风，北部地势最高处与桥面相近，与两条支流峡谷一起构成比较复杂的地形特征。

东风(E)：典型越山风，大桥位于背风侧尾流区，平均风速减小，而紊流脉动加强。

东南风(SE)：典型峡谷风，大桥位于峡谷喉部，平均风速增大，除了山坡附近由于局部突出的地形产生较大紊流外，峡谷中部的紊流特性变化不大。

南风(S)：峡谷风和越山风的组合，东侧峡谷使得风速略有增大，而正面高出桥面的地形产生越山风效应，与东、西风不同的是大桥处在尾流区的下游。

西风(W)：典型越山风，大桥位于背风面的尾流区，与东风相似。

(3) 风速传感器位置

风速传感器安装在桥轴线跨中和两个四分点处，用来确定沿主梁轴线的风特性分布。东西桥塔处离地 7.5m（模型高度 15mm）和塔顶高度 200m（模型高度 400mm）设置风速传感器，用来确定桥塔处的风剖面。

为了与风速现场实测数据比较，风速传感器还安装在现场实测东、西两个气象观测塔位置，其中，东观测塔高 60m，与跨中水平距离约 453m，垂直距离约 104m（向北）；西观测塔高 20m，与跨中水平距离约 387m，垂直距离约 56m（向北）。

风速传感器位置分布如图 4-16 所示，其中圆点表示地形模型风速测点。风洞试验中选择 20m 高度的西观测塔作为桥位参考风速点，测点离地高度 20m，绝对高度与桥面高度相同。

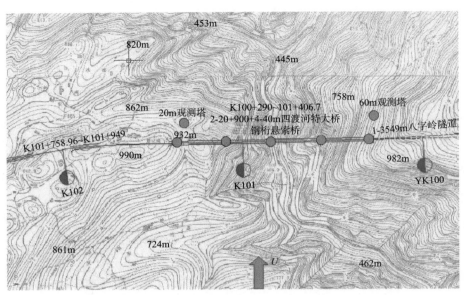

图 4-16　四渡河大桥桥位地形模型风速传感器位置图

三、桥位越山风特性

四渡河大桥桥位的越山风共来自三个方向,为东面 E、南面 S 和西面 W,桥位地形模型风洞试验分别模拟了这三个方向的来流,三个方向越山风来流作用下的参考点风特性、桥轴线风特性和风剖面特性试验主要结果汇总如下。

(1)参考点风特性

桥位西侧 20m 高度的西观测塔作为风洞试验的参考点,海拔为 930m。在东风 E、南风 S 和西风 W 三个方向越山风作用下,参考点平均风速和紊流强度风洞试验结果如表 4-11 所示。其中,参考点平均风速分别为 2.83m/s、9.34m/s 和 8.86m/s,对应的来流平均风速是 9.8m/s;参考点紊流强度分别为 56.2%、33.6% 和 20.2%,对应的来流紊流强度为 15%。

四渡河大桥桥位越山风参考点平均风速和紊流强度　　　表 4-11

越山风	桥轴线关系	来流平均风速（m/s）	参考点平均风速（m/s）	来流紊流强度（%）	参考点紊流强度（%）
东风 E	顺桥向	9.8	2.83	15	56.2
南风 S	横桥向	9.8	9.34	15	33.6
西风 W	顺桥向	9.8	8.86	15	20.2

在东风 E、南风 S 和西风 W 三个方向越山风作用下,参考点来流平均风速和试验平均风速沿高度方向变化的风速剖面如图 4-17 所示,显然与良态气候模式下的四类地表场地风速剖面具有很大差异,出现了风速值 S 形变化。由于南风 S 是横桥方向的,因此其成为四渡河大桥抗风必须考虑的主要越山风方向。

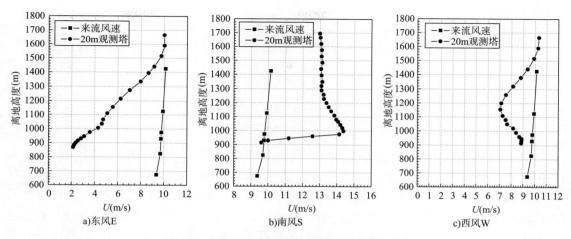

图 4-17　四渡河大桥桥位越山风参考点平均风速剖面

（2）桥轴线风特性

桥面海拔 930m 处，沿着桥轴线设置了 7 个测点，分别是西观测塔（参考点）、西桥塔、西四分点、跨中、东四分点、东桥塔、东观测塔。风特性参数包括风速比 S_r、水平紊流强度 I_u、竖直紊流强度 I_w、水平紊流尺度 L_u、阵风因子 G_u 和风攻角 α。在东风 E、南风 S 和西风 W 三个方向越山风作用下，桥轴线上 7 个测点的风特性参数风洞试验结果如表 4-12 所示。其中，风速比、水平和竖直紊流强度以及阵风因子等都是东风 E 最大，水平紊流尺度是南风 S 最大，风攻角是西风 W 最大。由于南风 S 是横桥方向的，因此其成为四渡河大桥抗风必须考虑的主要越山风方向。

四渡河大桥桥位越山风桥轴线风特性　　　　表 4-12

风特性	越山风	西观测塔	西桥塔	西四分点	跨中	东四分点	东桥塔	东观测塔
S_r	东风 E	1.00	1.45	1.92	2.18	2.24	2.53	2.59
	南风 S	1.00	0.93	1.48	0.95	0.98	1.38	1.11
	西风 W	1.00	1.07	0.84	1.00	1.08	1.06	1.06
I_u	东风 E	0.562	0.530	0.364	0.302	0.276	0.230	0.247
	南风 S	0.336	0.412	0.073	0.230	0.220	0.140	0.281
	西风 W	0.202	0.204	0.238	0.182	0.139	0.151	0.146
I_w	东风 E	0.274	0.205	0.202	0.193	0.172	0.160	0.133
	南风 S	0.222	0.184	0.041	0.144	0.170	0.070	0.113
	西风 W	0.108	0.119	0.169	0.122	0.099	0.100	0.096
L_u	东风 E	2.83	3.58	5.13	5.03	4.49	3.78	4.49
	南风 S	5.20	7.55	9.70	8.01	14.37	15.54	13.86
	西风 W	11.05	17.56	6.30	10.92	10.72	9.48	9.86
G_u	东风 E	1.58	1.07	2.05	1.92	1.93	1.67	1.73
	南风 S	1.59	1.72	1.10	1.61	1.49	1.20	1.46
	西风 W	1.60	1.50	1.79	1.47	1.35	1.41	1.38

续上表

风特性	越山风	西观测塔	西桥塔	西四分点	跨中	东四分点	东桥塔	东观测塔
α	东风E	4.36	0.98	−2.32	0.65	−3.51	−9.63	−4.47
	南风S	−7.26	−8.49	−0.87	2.19	−7.24	−7.74	−13.01
	西风W	−11.05	−12.71	−14.24	−4.30	−7.44	−6.65	−9.91

(3) 风剖面特性

桥位风剖面特性选择东、西桥塔作为观测点，在东风E、南风S和西风W三个方向越山风作用下，东、西桥塔平均风速剖面和紊流强度剖面风洞试验结果如图4-18和图4-19所示。其中，平均风速剖面三个方向越山风都不相同，对桥梁抗风影响最大的南风来流时，东桥塔的平均风速先减小后增大，西桥塔的平均风速先增大后减小，都出现了S形平均风速剖面；紊流强度剖面三个方向越山风也都不同，南风来流时，东桥塔的紊流强度先增大后减小，西桥塔的紊流强度先减小后增大。

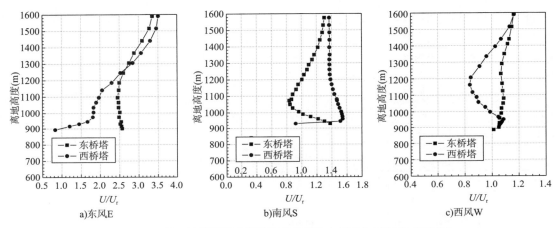

图4-18 四渡河大桥桥塔越山风平均风速剖面（参考风速 U_r 取20m观测塔）

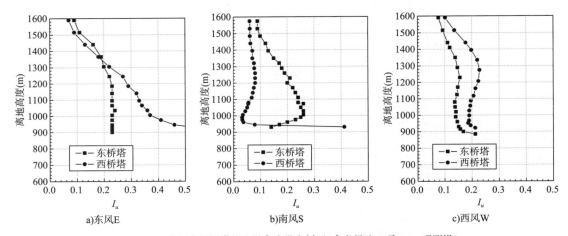

图4-19 四渡河大桥桥塔越山风紊流强度剖面（参考风速 U_r 取20m观测塔）

四、桥位峡谷风特性

(1) 参考点风特性

在东南风 SE 和北风 N(近似峡谷)两个方向峡谷风作用下,参考点平均风速和紊流强度风洞试验结果如表 4-13 所示。其中,参考点平均风速分别为 9.06m/s 和 5.08m/s,对应的来流平均风速是 9.8m/s;参考点紊流强度分别为 24.0% 和 42.2%,对应的来流紊流强度为 15%。故东南风 SE 对四渡河大桥抗风影响较大。

四渡河大桥桥位峡谷风参考点平均风速和紊流强度　　表 4-13

峡谷风	桥轴线关系	来流平均风速(m/s)	参考点平均风速(m/s)	来流紊流强度(%)	参考点紊流强度(%)
东南风 SE	斜桥向	9.8	9.06	15	24.0
北风 N	横桥向	9.8	5.08	15	42.2

在东南风 SE 和北风 N(近似峡谷)两个方向峡谷风作用下,参考点来流平均风速和试验平均风速沿高度方向变化的风速剖面如图 4-20 所示,显然与良态气候模式下的四类地表场地风速剖面具有很大差异,出现了风速值 S 形变化。

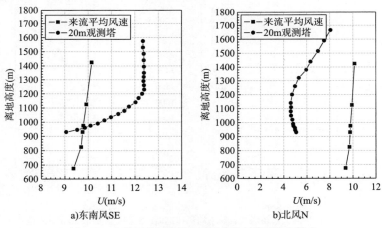

图 4-20　四渡河大桥桥位峡谷风参考点平均风速剖面

(2) 桥轴线风特性

在东南风 SE 和北风 N 两个方向峡谷风作用下,桥轴线上 7 个测点的风特性参数风洞试验结果如表 4-14 所示。其中,东南风 SE 风速比和风攻角较大,其余参数基本均是北风 N 较大。故东南风 SE 对四渡河大桥抗风影响更大。

四渡河大桥桥位峡谷风桥轴线风特性　　表 4-14

风特性	峡谷风	西观测塔	西桥塔	西四分点	跨中	东四分点	东桥塔	东观测塔
S_r	东南风 SE	1.00	1.08	1.02	1.09	1.22	0.42	0.48
	北风 N	1.00	1.05	0.87	0.77	0.73	0.73	0.75
I_u	东南风 SE	0.240	0.204	0.174	0.149	0.149	0.416	0.444
	北风 N	0.422	0.411	0.398	0.401	0.433	0.454	0.431

续上表

风特性	峡谷风	西观测塔	西桥塔	西四分点	跨中	东四分点	东桥塔	东观测塔
I_w	东南风 SE	0.130	0.127	0.114	0.089	0.095	0.128	0.162
	北风 N	0.114	0.109	0.157	0.192	0.214	0.187	0.187
L_u	东南风 SE	8.97	10.57	9.80	9.45	6.81	13.50	18.20
	北风 N	17.60	19.08	16.81	16.09	13.66	17.70	13.03
G_u	东南风 SE	1.55	1.46	1.42	1.34	1.29	2.70	2.59
	北风 N	2.51	2.32	2.41	2.53	2.60	2.66	2.60
α	东南风 SE	-8.23	-8.39	-6.75	-0.87	-0.57	5.25	5.03
	北风 N	2.14	1.81	1.15	3.21	2.18	1.09	1.53

(3) 风剖面特性

在东南风 SE 和北风 N 两个方向峡谷风作用下，东、西桥塔平均风速剖面和紊流强度剖面风洞试验结果如图 4-21 和图 4-22 所示。其中，东南风来流时，东、西桥塔的平均风速剖面很接近，但北风来流时，两个桥塔的平均风速剖面有所不同；东、西桥塔的紊流强度剖面也是东南风来流时相近，北风来流时有所差别。

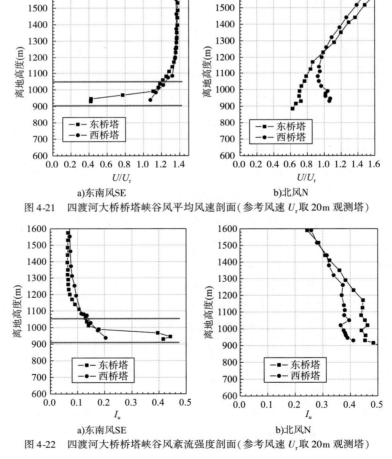

图 4-21 四渡河大桥桥塔峡谷风平均风速剖面（参考风速 U_r 取 20m 观测塔）

图 4-22 四渡河大桥桥塔峡谷风紊流强度剖面（参考风速 U_r 取 20m 观测塔）

五、深切峡谷桥位风特性参数

根据桥位地形模型风环境风洞试验结果与桥位平均风统计分析结果,四渡河大桥主桥桥位风环境特性参数如下。

(1)桥位设计基准风速

东南方向峡谷风来流的平均风速最大,峡谷风的加速效应应当考虑海拔和两面山坡边界层的影响,但是峡谷风加速效应并没有发生在桥梁结构所在的高度范围,而是发生在高于桥塔顶部的空间范围。桥位平均风速不能采用规范规定的四类地表场地,可以参考东南方向峡谷风来流时风洞试验得到的平均风速剖面。

(2)桥面平均风速攻角

桥位受深切峡谷影响,平均风速攻角变化很大,桥梁中跨在多个峡谷风和越山风来流时,出现了负攻角,且数值较大。桥面高度正攻角可取 $\alpha = 3°$,负攻角应取 $\alpha = -5°$。

(3)桥面设计阵风风速

桥位阵风因子比平坦地区大,风洞试验得到的阵风因子平均值为 1.9,其中,北风来流时超过 2.3。当采用东南方向峡谷风风速作为设计风速时,桥面阵风因子可取 $G_u = 1.5$;当采用北侧峡谷风风速作为设计风速时,桥面阵风因子应取 $G_u = 2.5$。

(4)桥面高度紊流强度

桥面高度紊流强度普遍较大,风洞试验得到的水平紊流强度平均值为 0.283,竖直紊流强度平均值为 0.238。当采用东南方向峡谷风风速作为设计风速时,桥面高度紊流强度可取 $I_u = 0.18$ 和 $I_w = 0.14$;当采用北侧峡谷风风速作为设计风速时,桥面高度紊流强度应取 $I_u = 0.40$ 和 $I_w = 0.20$。

(5)脉动风功率谱密度

桥面高度水平顺风向脉动风功率谱密度可以采用 Simiu 谱[式(4-10)],竖直方向脉动风功率谱密度可以采用 Panofsky 谱[式(4-11)]。桥面高度水平顺风向脉动风功率谱密度与 Simiu 谱相比,风洞试验实测风谱向高频偏移;桥面高度竖直方向脉动风功率谱密度与 Panofsky 谱相比,风洞试验实测风谱的峰值频率与规范谱比较接近,但是山区风谱的结构受地形影响变化较大。

第四节 复杂地形风区风环境现场实测

复杂地形风区风环境现场实测选址新疆地区三个典型的内陆风口,即阿拉山口、达坂城和额尔齐斯河谷。为此,建立了测风塔,同步实测不同高度的风速和风向,利用实测数据统计推断平均风特性和脉动风特性,为复杂地形桥梁抗风设计提供现场实测风特性参数。新疆地区三个复杂地形风口的风环境现场实测是由长安大学完成的。

一、新疆复杂地形三大风区

新疆地区的东疆、南疆东部、北疆西部和西北部以及喀喇昆仑山、天山的高山区,都是大风多发地区。其中,阿拉山口大风日数多达164天/年,排名全疆第一;达坂城大风日数为148天/年,排名全疆第二。根据新疆地区大风天数多、风速强度大、地形地貌复杂等特点,选取了三个典型复杂地形风区,即阿拉山口风区、达坂城风区和额尔齐斯河谷风区作为风环境现场实测的场地,如图4-23所示。

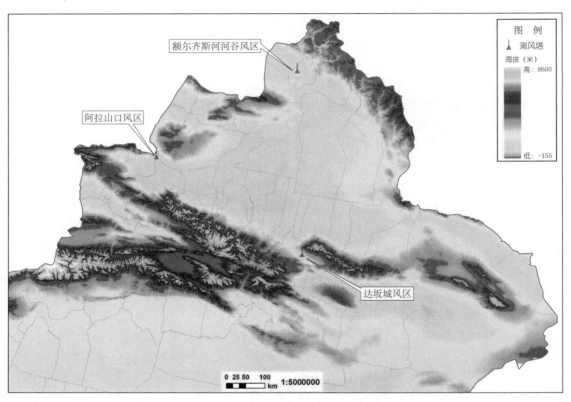

图4-23 新疆三个典型复杂地形风区位置图

(1)阿拉山口风区

阿拉山口风区位于巴尔鲁克山、玛依勒山和阿拉套山构成的乌郎康勒谷地,长约100km,宽约30km,呈西北到东南走向,是一狭长的气流通道。该风区大风日数多年平均可达164天,是全疆之冠,也是冬季冷空气进入新疆的重要通道。当冷空气入侵新疆时,由于"狭管效应",很容易形成强劲的西北大风,风力在入山口处最大。该风区主导风向为西北风和东南偏南风,年平均风速可达6.0m/s,是3—9月的风速更大,5月平均风速最高可达8.5m/s。阿拉山口风区现场实测测风塔安装在博乐。

(2)达坂城风区

达坂城风区位于乌鲁木齐市东南处,在天山东段依连哈比尔尕山尾间和博格达山南麓之间的谷地之中,呈西北到东南走向。河谷北侧的博格达最高峰海拔达5445m,地势陡峭,南侧最高山峰海拔 2600m，地势呈东北至西南倾斜。该风区主导风向为西北偏西风和东南偏南风，年平均风速 6.0m/s，春季和冬季相对风速较大，5月平均风速最高可达 7.3m/s，10月平均风速最小为 5.0m/s。达坂城风区现场实测测风塔安装在柴窝堡。

（3）额尔齐斯河谷风区

额尔齐斯河谷风区位于阿尔泰山脉和塔尔巴哈台山、萨吾尔山之间的河谷地带。该风区西北起自农十师 185 团，东南至北屯附近，呈西北到东南走向，是冷空气进入新疆的通道之一。由于"狭管效应"，当冷空气入侵时，形成偏西大风，或冷空气进入准噶尔盆地后，出现东高西低的气压场，河谷地区就出现偏东大风，全年盛行偏东风和偏西风。额尔齐斯河谷风区现场实测测风塔安装在托洪台。

二、测量仪器及安装

新疆三个典型复杂地形风区风环境现场实测选用中国华云气象科技集团有限公司生产的 CAWS1000-GWS 风能观测系统，风向观测仪器为 EL15-2D 风向仪，风速观测仪器为 EL15-1A 风速仪，脉动风观测仪器为英国 GILL 公司 WindMaster Pro 三维超声风速风向仪，三种现场实测风向和风速测量仪器如图 4-24 所示，其技术性能如表 4-15 所示。此外，实测基站内配有无线接收设备、数据采集计算机、不间断电源等设备，以确保风速和风向观测数据采集系统和记录系统的正常运行。

a)EL15-2D 风向仪　　　　b)EL15-1A 风速仪　　　　c)超声风速风向仪

图 4-24　现场实测风向和风速测量仪器

表 4-15　现场实测风向和风速测量仪器技术性能

测量仪器	仪器量程	分辨率	误差	采样频率（Hz）	平均时间
EL15-2D 风向仪	0～360°	3°	±3°	1	10min
EL15-1A 风速仪	0～60m/s	0.1m/s	±0.5m/s	1	10min
超声风速风向仪	0～60m/s 0～360°	0.01m/s 1°	±1.5% ±1.5%	10	3s

在阿拉山口风区的博乐、达坂城风区的柴窝堡和额尔齐斯河谷的托洪台分别建立了实测基站，基站内各有一座测风塔，高度有 100m 和 70m 两种，基站测风塔位置、风速仪和风向仪安装高度等如表 4-16 所示。

实测基站测风塔位置和风速仪、风向仪安装高度　　　　表 4-16

风区名称	测风塔位置	经度	纬度	海拔（m）	塔高（m）	风速仪高度（m）	风向仪高度（m）
阿拉山口	博乐	82°36′43.2″	45°10′57.9″	263	100	10/30/50/70/100	10/50/70/100
达坂城	柴窝堡	87°56′55.9″	43°33′21.9″	1153	100	10/30/50/70/100	10/50/70/100
额尔齐斯河谷	托洪台	86°40′49.9″	47°51′33.9″	519	70	10/30/50/70	10/50/70

三、三大风区平均风特性

新疆三大风区平均风特性实测样本主要基于 2009 年 10 月到 2011 年 9 月两个完整年度，按照 10min 平均时距划分子样本，筛选瞬时风速大于 10.8m/s 的样本进行统计分析，平均风特性包括平均风速和风向、平均风速剖面、平均风速风攻角等参数。

（1）平均风速和风向

图 4-25 ~ 图 4-27 分别给出了两年观测期三处测风塔不同高度处的月最大风速和月极大风速实测结果，表 4-17 给出了观测期三处测风塔不同高度处年平均最大风速和极大风速。三处测风塔平均风速实测结果表明，海拔 263m 的阿拉山口风速最大，10m 高度处极大风速为 33.7m/s；海拔 1153m 的达坂城风速其次，10m 高度处极大风速为 29.8m/s；海拔 519m 的额尔齐斯河谷风速最小，10m 高度处极大风速为 28.8m/s。

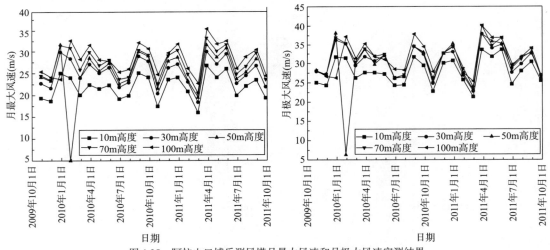

图 4-25　阿拉山口博乐测风塔月最大风速和月极大风速实测结果

三处测风塔不同高度处年平均最大风速和极大风速（m/s）　　　　表 4-17

测风高度（m）	阿拉山口博乐测风塔		达坂城柴窝堡测风塔		额尔齐斯河谷托洪台测风塔	
	年平均最大风速	极大风速	年平均最大风速	极大风速	年平均最大风速	极大风速
10	26.7	33.7	23.0	29.8	23.8	28.8
30	29.9	37.9	29.7	36.7	24.7	31.6
50	31.7	38.1	30.8	37.7	27.7	31.4
70	33.3	39.1	32.5	38.3	29.5	31.5
100	35.4	40.1	33.7	39.2		

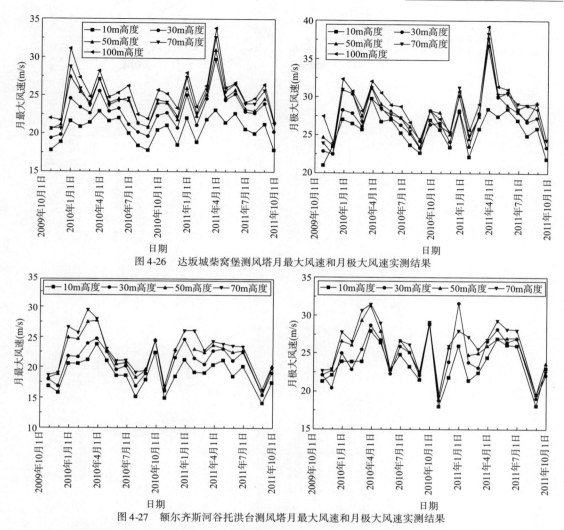

图 4-26 达坂城柴窝堡测风塔月最大风速和月极大风速实测结果

图 4-27 额尔齐斯河谷托洪台测风塔月最大风速和月极大风速实测结果

图 4-28 给出了两年观测期三处测风塔不同高度处月最大风速对应的风向，图 4-29 给出了两年观测期三处测风塔 10m 高度风向玫瑰图。三处测风塔风向实测结果表明，三大风区的主导风向都很明确，其中，阿拉山口的强风风向以西北偏西为主，东南偏东为辅；达坂城的强风风向以西北偏北为主，几乎没有其他主导风向；额尔齐斯河谷的强风风向以东偏南为主，西偏南为辅。

（2）平均风速剖面

根据两年观测期三处测风塔不同高度处实测的日或月平均风速和最大风速，可以拟合指数率平均风速剖面中的幂指数 α。

按照日平均风速和日最大风速，采用最小二乘法拟合幂指数 α 的情况如图 4-30 和图 4-31 所示，拟合结果如表 4-18 所示。三处测风塔日平均风速拟合结果表明，达坂城幂指数 α 拟合值最大，平均风速拟合值为 0.116，最大风速拟合值为 0.173；阿拉山口幂指数 α 拟合值其次，平均风速拟合值为 0.109，最大风速拟合值为 0.120；额尔齐斯河谷幂指数 α 拟合值最小，平均风速和最大风速拟合值都是 0.107。三处测风塔日最大风速拟合得到的幂指数都大于或等于日平均风速拟合得到的幂指数。

▶ 大跨度梁式桥抗风

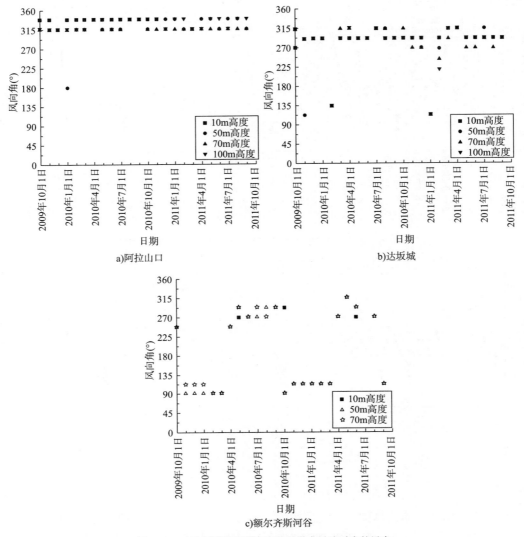

图 4-28 三处测风塔不同高度处月最大风速对应的风向

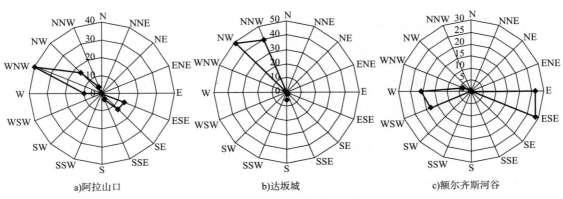

图 4-29 三处测风塔 10m 高度风向玫瑰图

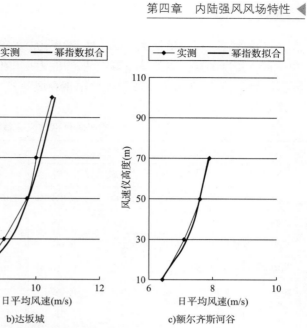

图4-30 三处测风塔日平均风速幂指数 α 拟合

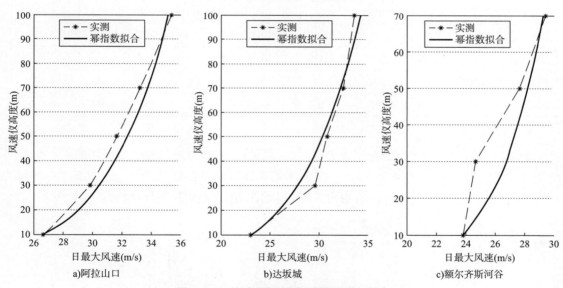

图4-31 三处测风塔日最大风速幂指数 α 拟合

三处测风塔日风速幂指数 α 拟合结果　　　　　　　　　　　　表4-18

风区名称	测风塔位置	日平均风速拟合 α	日最大风速拟合 α
阿拉山口	博乐	0.109	0.120
达坂城	柴窝堡	0.116	0.173
额尔齐斯河谷	托洪台	0.107	0.107

按照月平均风速,采用最小二乘法拟合幂指数 α 的结果如表4-19所示。三处测风塔月平均风速拟合结果表明,阿拉山口幂指数 α 拟合值最大为0.149、最小为0.092,平均值为0.120;

达坂城幂指数 α 拟合值最大为 0.173、最小为 0.058，平均值为 0.092；额尔齐斯河谷幂指数 α 拟合值最大为 0.169、最小为 0.047，平均值为 0.091。月平均风速剖面幂指数最大值均出现在风速较大时，而幂指数最小值也大多出现在风速较小时，因此，月平均风速越大，拟合得到的幂指数越大。

三处测风塔月平均风速幂指数 α 拟合结果　　　　　　表 4-19

时间	幂指数 α			时间	幂指数 α		
	阿拉山口	达坂城	额尔齐斯河谷		阿拉山口	达坂城	额尔齐斯河谷
2009 年 10 月 9 日	0.126	0.090	0.047	2010 年 10 月 10 日	0.142	0.076	0.063
2009 年 11 月 9 日	0.120	0.060	0.099	2010 年 11 月 10 日	0.100	0.097	0.120
2009 年 12 月 9 日	0.135	0.156	0.131	2010 年 12 月 10 日	0.125	0.105	0.110
2010 年 1 月 10 日	0.134	0.116	0.116	2011 年 1 月 11 日	0.092	0.095	0.155
2010 年 2 月 10 日	0.145	0.064	0.169	2011 年 2 月 11 日	0.144	0.084	0.094
2010 年 3 月 10 日	0.149	0.090	0.087	2011 年 3 月 11 日	0.120	0.173	0.090
2010 年 4 月 10 日	0.117	0.058	0.049	2011 年 4 月 11 日	0.120	0.088	0.062
2010 年 5 月 10 日	0.111	0.058	0.064	2011 年 5 月 11 日	0.103	0.073	0.122
2010 年 6 月 10 日	0.115	0.116	0.067	2011 年 6 月 11 日	0.115	0.073	0.079
2010 年 7 月 10 日	0.120	0.086	0.118	2011 年 7 月 11 日	0.120	0.091	—
2010 年 8 月 10 日	0.107	0.090	0.047	2011 年 8 月 11 日	0.115	0.098	0.074
2010 年 9 月 10 日	0.105	0.097	0.054	2011 年 9 月 11 日	0.101	0.083	0.076

（3）平均风速风攻角

平均风速风攻角的实测数据比较离散，三个测风塔中，达坂城柴窝堡测风塔的风攻角实测结果相对稳定和集中，如图 4-32 所示。实测平均风速风攻角的数值均在 ±5° 之间，多数大风时段风攻角在 ±3° 之间。最大正攻角为 3.6°，出现在 2010 年 9 月 5 日；最大负攻角为 -4.8°，出现在 2010 年 9 月 7 日。

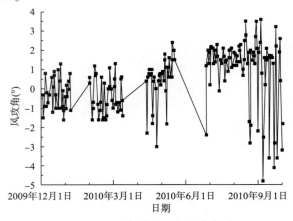

图 4-32　达坂城柴窝堡测风塔风攻角实测记录

四、三大风区脉动风特性

新疆三大风区脉动风速实测同样基于 2009 年 10 月到 2011 年 9 月两个完整年度,按照 10min 平均时距划分子样本,筛选瞬时风速大于 10.8m/s 的样本进行统计分析,脉动风特性包括紊流强度和阵风因子、紊流积分尺度、紊流功率谱等参数。

(1)紊流强度和阵风因子

两年观测期三处测风塔不同高度处紊流强度和阵风因子的实测结果如图 4-33 和图 4-34 所示,实测统计结果如表 4-20 所示。三处测风塔紊流强度实测统计结果表明,紊流强度随高度的增加而减小,10m 高度处的紊流强度最大。离地 10m 高度处,阿拉山口紊流强度最大为 0.187、最小为 0.062,均值为 0.094;达坂城紊流强度最大为 0.259、最小为 0.075,均值为 0.111;额尔齐斯河谷紊流强度最大为 0.249、最小为 0.032,均值为 0.083。

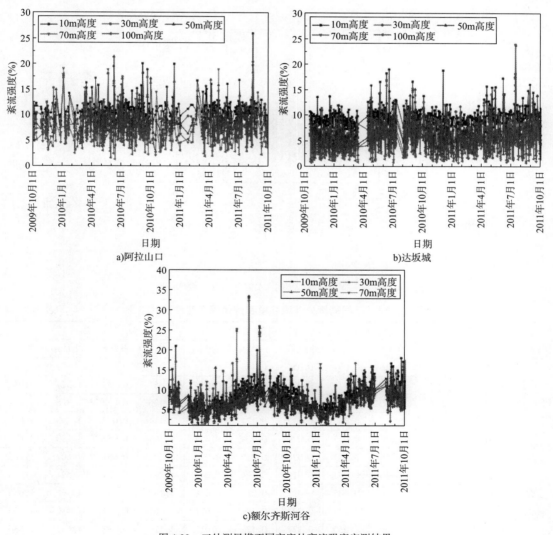

图 4-33 三处测风塔不同高度处紊流强度实测结果

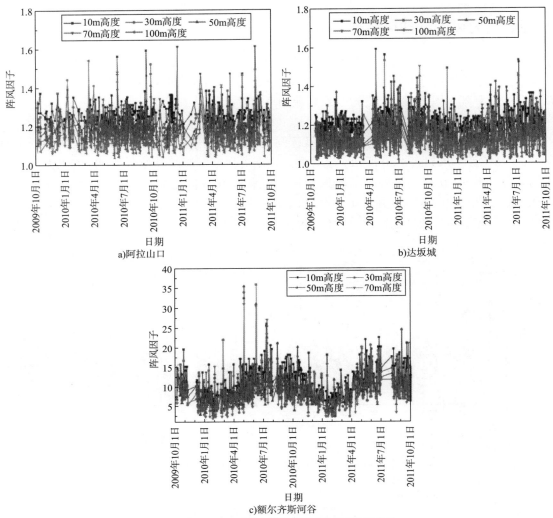

图4-34 三处测风塔不同高度处阵风因子实测结果

三处测风塔不同高度处紊流强度和阵风因子实测统计结果 表4-20

测站	测点高度(m)	样本数	平均风速(m/s)	紊流强度(%)				阵风因子			
				均值	根方差	最大值	最小值	均值	根方差	最大值	最小值
阿拉山口	10	258	16.16	0.094	0.016	0.187	0.062	1.213	0.056	1.589	1.118
	30	276	18.15	0.072	0.019	0.149	0.016	1.161	0.055	1.527	1.041
	50	282	18.30	0.058	0.020	0.134	0.012	1.130	0.053	1.365	1.022
	70	283	19.20	0.050	0.022	0.121	0.009	1.114	0.055	1.298	1.022
	100	276	20.14	0.043	0.020	0.109	0.009	1.101	0.053	1.290	1.023
达坂城	10	481	14.79	0.111	0.020	0.259	0.075	1.263	0.061	1.607	1.163
	30	488	16.10	0.093	0.019	0.196	0.045	1.207	0.054	1.521	1.086
	50	495	16.80	0.085	0.023	0.213	0.038	1.182	0.054	1.466	1.085
	70	497	17.20	0.078	0.024	0.189	0.021	1.161	0.054	1.480	1.055
	100	494	17.90	0.060	0.024	0.179	0.012	1.120	0.057	1.539	1.030

续上表

测站	测点高度(m)	样本数	平均风速(m/s)	紊流强度(%)				阵风因子			
				均值	根方差	最大值	最小值	均值	根方差	最大值	最小值
额尔齐斯河谷	10	335	14.85	0.083	0.028	0.249	0.032	1.202	0.075	1.644	1.068
	30	340	16.00	0.067	0.032	0.333	0.011	1.160	0.077	1.709	1.030
	50	335	16.70	0.068	0.030	0.337	0.015	1.157	0.074	1.697	1.033
	70	355	17.60	0.062	0.029	0.325	0.012	1.143	0.074	1.607	1.019

三处测风塔阵风因子实测统计结果表明,阵风因子随高度的增加而减小,10m 高度处的阵风因子最大。10m 高度处,阿拉山口阵风因子最大为 1.589、最小为 1.118,均值为 1.213;达坂城阵风因子最大为 1.607、最小为 1.163,均值为 1.263;额尔齐斯河谷阵风因子最大为 1.644、最小为 1.068,均值为 1.202。

(2) 紊流积分尺度

通常紊流积分尺度的实测计算数据比较分散,但达坂城柴窝堡测风塔 70m 高度处典型强风时段的紊流积分尺度实测计算结果相对集中和稳定,如图 4-35 所示(图中横坐标为样本序列),实测点的跳跃显示了分析结果的分散性。紊流积分尺度实测计算表明,水平来流方向紊流积分尺度最大达到 682m、最小仅 8.22m,平均值为 131m;水平横向紊流积分尺度最大达到 435m,最小仅 0.457m,平均值为 85.7m;竖直方向紊流积分尺度最大达到 8.47m,最小仅 0.061m,平均值为 1.38m。

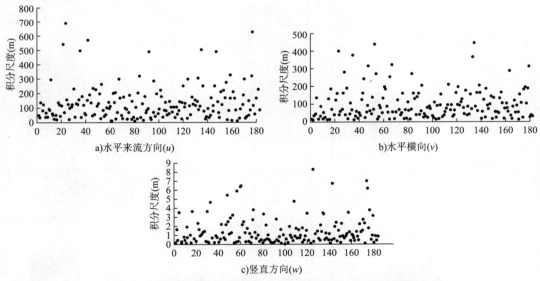

图 4-35 达坂城柴窝堡测风塔 70m 高度处典型强风时段紊流积分尺度实测

(3) 紊流功率谱

紊流功率谱统计分析采用达坂城柴窝堡测风塔 70m 高度处的脉动风速实测数据,将每个满足强风要求的 10min 时段的脉动风速数据作子样,分别计算紊流功率谱,并按照算术平均方法计算以天为单位的平均紊流功率谱。这样分析得到的紊流功率谱既可以代表该时段的紊流功率谱特性,又消除了因离散 Fourier 运算带来的随机误差。

图 4-36 给出了具有代表性的 6d 达坂城柴窝堡测风塔 70m 高度处强风时段平均紊流功率谱,包括春季 2d、夏季 1d、秋季 1d 和冬季 2d,其中,对脉动风水平顺风向 u-分量功率谱与 Simiu 谱[式(4-10)]进行了比较,对水平横风向 v-分量和竖直横风向 w-分量功率谱与 Panofsky 谱[式(4-11)]进行了比较。紊流功率谱实测结果及比较结果表明,实测的 u-分量、v-分量和 w-分量紊流功率谱与 Simiu 谱和 Panofsky 谱总体上较为接近,少数时段的实测功率谱曲线与理论谱有较大差异,例如 2009 年 12 月 14 日实测所得功率谱比理论谱低,且紊流能量主要位于高频段(由小尺度旋涡组成的黏滞区),但同样是冬季的 2010 年 1 月 5 日却较为吻合;多数实测紊流功率谱曲线比 Simiu 谱和 Panofsky 谱曲线低,但高频段接近理论曲线,甚至高于理论曲线。从旋涡性质和运动规律出发,不同频率区段可能需要采用不同的功率谱曲线进行拟合;比较夏季风和冬季风代表时段(2010 年 7 月 10 日和 2010 年 1 月 5 日),冬季强风的紊流功率谱向高频段偏移,这是否代表了冬夏两季脉动风的差异有待进一步研究。

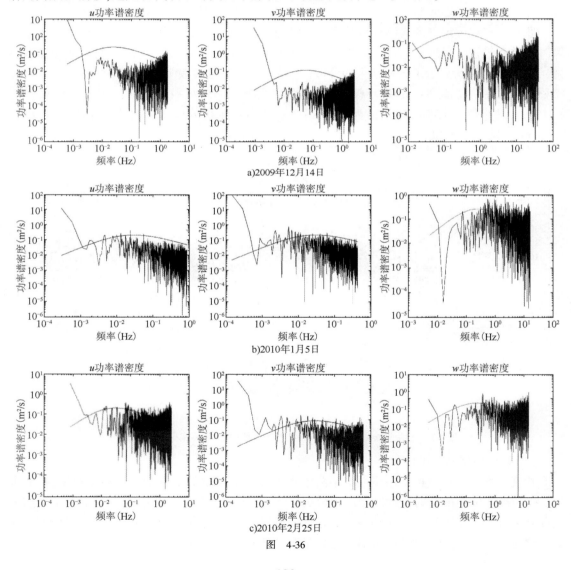

图 4-36

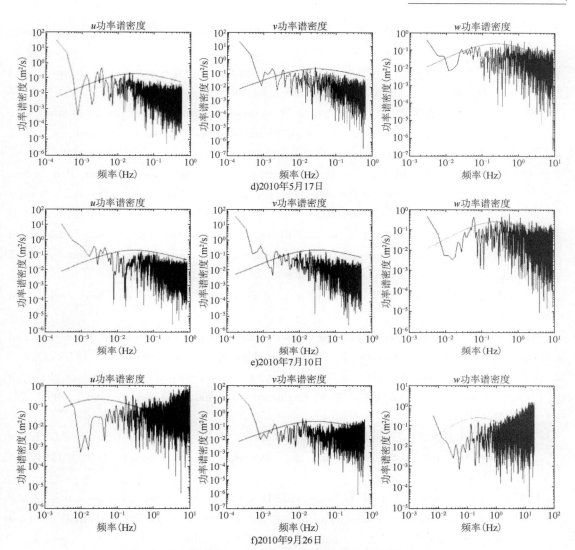

图4-36 达坂城测风塔70m高度处强风时段每天平均紊流功率谱密度

本章参考文献

[1] DAVENPORT A G. The relationship of wind structure to wind loading [C]. Paper No.2 in Proc. Conf. on Wind Effects on Buildings and Structures. N. P. L. 1963.

[2] LAUNDER B E, SPALDING D B. Lectures in mathematical models of turbulence [M]. London: Academic Press, 1972.

[3] DUCHENE-MARULLAZ P. Full-Scale Measurement of the Structure and Strong Winds [R]. CIRIA Report No. 76, 1978.

[4] DAVENPORT A G. The spectrum of horizontal gustiness near the ground in high winds [J]. Quarterly Journal of the Royal Meteorological Society, 1984, 87(372): 194-211.

[5] PANOFSKY H A, DUTTON J A. Atmospheric turbulence—models and methods for engineering applications [M]. New York: Wiley, 1984.

[6] WILL J A B, GRANT A, BOYACK C F. Offshore mean wind profile [R]. Department of Energy, Offshore Technical Report, OTH 86 226, 1986.

[7] SPARKS P R, REID W D, WELSH S, et al. Wind conditions in hurricane Hugo by measurement, inference and experience[J]. Journal of Wind Engineering and Industrial Aerodynamics, 1992, 41(1-3): 55-66.

[8] ANDERSEN O J, LOVSETH J. Gale force maritime wind. The Froya data base, Part 1: Site and instrumentation. Review of the data base[J]. Journal of Wind Engineering and Industrial Aerodynamics, 1995, 57(1): 97-109.

[9] KATO N, OHKUMA T, KIM J R, et al. Full scale measurement of wind velocity in two urban areas using an ultrasonic anemometer [J]. Journal of Wind Engineering and Industrial Aerodynamics, 1996, 41(1-3): 67-78.

[10] SIMIU E, SCANLAN R H. Wind Effects on Structures[M]. 3rd ed. New York: John Wiley, 1996.

[11] RAUPACH M R, FINNIGAN J J. The influence of topography on meteorological variables and surface-atmosphere interaction [J]. Journal of Hydrology, 1997, 190(3-4): 182-213.

[12] MILLER C A, DAVENPORT A G. Guidelines for the calculation of wind speed-ups in complex terrain [J]. Journal of Wind Engineering and Industrial Aerodynamics, 1998, 74-76: 189-197.

[13] KOSSMANN M, VÖGTLIN R, CORSMEIER U, et al. Aspects of the convective boundary layer structure over complex terrain [J]. Atmospheric Environment, 1998, 32(7): 1323-1348

[14] MAURIZI A, PALMA J M L M, CASTRO F A, et al. Numerical simulation of the atmospheric flow in a mountainous region of the north of Portugal [J]. Journal of Wind Engineering and Industrial Aerodynamics, 1998, 74-76: 219-228.

[15] CARPENTER P. LOCKE N. Investigation of wind speeds over multiple two-dimensional hills [J]. Journal of Wind Engineering and Industrial Aerodynamics, 1999, 83(1-3): 109-120.

[16] KIM H G, PATEL V C, LEE C M. Numerical simulation of wind flow over hilly terrain [J]. Journal of Wind Engineering and Industrial Aerodynamics, 2000, 87(1): 45-60.

[17] YAMAGUCHI A, ISHIHARA T, FUJINO Y. Experimental study of the wind flow in a coastal region of Japan [J]. Journal of Wind Engineering and Industrial Aerodynamics, 2003, 91(1-2): 247-264.

[18] 王立治,章小平,王晓晞,等.城郊大气近地面层湍流特征的初步研究[J].大气科学,1985,1(1):11-18.

[19] 许维德.湍流边界层理论[M].哈尔滨:哈尔滨船舶工程学院出版社,1985.

[20] 王介民.山谷城市的近地层大气湍流谱特征[J].大气科学,1992,16(1):11-17.

[21] 王存忠,曹文俊.天津市郊大气边界层湍流谱特征分析[J].气象学报,1994,52(4):

484-492.

[22] 项海帆.公路桥梁抗风设计指南[M].北京:人民交通出版社,1996.

[23] 同济大学土木工程防灾国家重点实验室.超大跨度拱桥风荷载及抗风稳定性研究——桥位风环境试验与风速统计[R].上海:同济大学,2001.

[24] 庞加斌,林志兴,葛耀君.浦东地区近地强风特性观测研究[J].流体力学实验与测量,2002,16(3):32-39.

[25] 庞加斌,葛耀君,陆烨.大气边界层湍流积分尺度的分析方法[J].同济大学学报(自然科学版),2002,30(5):622-626.

[26] 项海帆.现代桥梁抗风理论与实践[M].北京:人民交通出版社,2005.

[27] 陈政清.桥梁风工程[M].北京:人民交通出版社,2005.

[28] 同济大学土木工程防灾国家重点实验室.四渡河大桥抗风性能研究[R].上海:同济大学,2005.

[29] 刘健新,李加武.中国西部地区桥梁风工程研究[J].建筑科学与工程学报,2005,22(4):32-39.

[30] 胡峰强.山区风特性参数及钢桁架悬索桥颤振稳定性研究[D].上海:同济大学,2006.

[31] 张永胜.禹门口黄河斜拉桥风环境数值模拟研究[D].西安:长安大学,2007.

[32] 庞加斌.沿海和山区强风特性的观测分析与风洞模拟研究[D].上海:同济大学,2007.

[33] 谢以顺,李爱群,王浩.润扬悬索桥桥址区实测强风特性的对比研究[J].空气动力学学报,2009,27(1):47-51.

[34] 张玥.西部山区谷口处桥位风特性观测与风环境数值模拟研究[D].西安:长安大学,2012.

[35] 刘健新.内陆强风及其作用的现场实测与模拟[R].北京:国家自然科学基金资助项目结题报告(90915001),2013.

第五章

桥位风场数值模拟

桥位风场特性研究是大跨度梁式桥抗风设计的基础。一方面,桥位风场受到复杂地形、温度差异、非平稳来流等影响;另一方面,桥位现场实测易受工程周期、资金流和交通条件的限制。因此,采用数值模拟方法研究大跨度梁式桥的桥位风场特性具有一定的现实意义。本章首先介绍大气边界层风场特性、数学模型和数值模拟方法;然后采用中尺度气象模式研究了不同场地的风、温度场;并通过小尺度大涡模拟方法研究了温度成层均匀流绕钝体和温度成层湍流绕二维小山;最后,将中尺度气象模式与小尺度大涡模拟方法结合,完成了平稳和非平稳来流条件下的跨尺度复杂地形风场数值模拟。

第一节 大气边界层风场

一、边界层风场特性

(1)大气分层与大气边界层

地球大气由被重力束缚在地球表面的各种气体和悬浮的液态、固态颗粒组成,厚度约为1000km,如图5-1所示。其中桥梁结构一般分布在对流层(troposphere)底部的大气边界层(atmospheric boundary layer,ABL),即直接受地表摩擦影响的部分,其厚度随纬度、地形、地貌、昼夜、天气和季节变化。

(2)中性流假设与流动的温度效应

桥梁抗风研究中常采用强风条件下的中性流假设,即假定流场中温度为均一恒定的常数,忽略流动的温度效应。中性流假设在研究中具体表现为:①现场观测一般不关注温度,或仅记录当地温度而忽略其空间分布;②风洞试验不控制风洞内部温度,忽略风洞内流场的弗劳德数Fr、理查德森数Ri和瑞利数Ra等温度相关的无量纲参数的相似性要求;③在计算流体动力学模拟中,采用不可压缩控制方程组,忽略重力的影响,省略能量输送方程和气体状态方程。

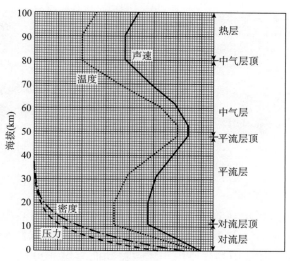

图 5-1　大气分层[1]（根据美国 1962 标准大气密度、压力、声速和温度剖面[2]）

实际上，大气中存在重力波、海陆风、山谷风等局部热对流现象；而人类活动也直接影响了局部大气边界层的温度分布，并引发了城市热岛效应、逆温层雾霾等温差驱动的流动问题。同逆温这一温度的垂直变化相比，温度的水平变化不会表现为浮力对流体的直接作用，而是以压力驱动的形式影响流场速度分布。从较大尺度来说，台风、季风等天气过程直接受到温度差异的驱动。在中尺度范围，海陆风和山谷风（图 5-2）等热成风特性表现出显著的日夜变化。其中，在高山峡谷地区，由山顶山脚温差引起的山谷风容易引发较大的垂直风速，对结构抗风不利。在小尺度范围，龙卷风是典型的显著受温度影响的一类特异风场。目前的理论认为，高空与地面之间的剧烈温差是龙卷风形成的初始条件，龙卷风在浮力的驱动下逐渐发展。大气边界层流动的温度效应也会对结构风荷载、局部风环境等产生影响。成层流风洞试验研究揭示了温度成层条件下钝体气动力和绕流形态发生的变化，如图 5-3 所示。大气边界层流动温度效应对颗粒物传输的影响，则与污染物传播、室内通风、热岛效应、雾霾等息息相关。综上所述，在大气边界层风及其对结构的作用中，温度效应值得研究。

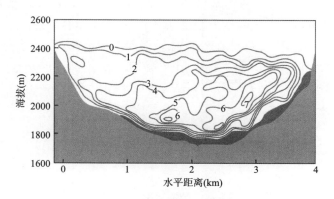

图 5-2　山谷风垂直剖面（m/s）多普勒雷达测量[3]

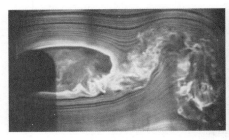 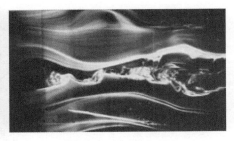

a) 中性流　　　　　　　　　　　　　b) 温度成层流

图 5-3　温度效应对圆柱尾流形态的影响[4]

(3) 大气边界层结构风效应

文献[5]指出,大气边界层风在不同地区对不同的结构类型具有不可忽视的破坏力。1940 年,美国塔科马海峡桥由于悬索桥加劲梁颤振引发吊杆断裂,最终导致结构垮塌。1965 年,英国渡桥电厂六组相邻冷却塔中的三座由于风致振动而垮塌。2007 年,北极 Iqaluit 地区发生强风灾害,破坏了 8 层居民楼的屋顶和外墙。2013 年,美国 Joplin 龙卷风造成 162 人死亡,近 7000 所房屋受损。

在有些情况下,大气边界层风作用于结构的效应不是破坏性的,而是相对常态化的,但仍值得研究。文献[6]指出,限幅风致振动如舟山西堠门大桥悬索桥加劲梁涡振、杨浦大桥斜拉索风雨振会引发结构耐久性和行车安全问题。山区/丘陵等野外复杂地形的风场特性研究有助于桥位风特性确定和风力资源开发。而城市地形的风环境研究则对治理空气污染和解决高层结构风问题至关重要。相对来说,对结构具有破坏性的大气边界层风一般具有风速高的特点,研究的重点在于极限情况下风致结构破坏的过程;而对常态化大气边界层风的研究则更加注重风场本身的特性,以及复杂地形、障碍物、热效应等对风场的影响。

二、风场数学模型

(1) 可压缩理想牛顿流体控制方程组

根据文献[7],地球大气层的惯性参考系(x,y,z,t)(x、y 为水平坐标,z 为高度坐标,t 为时间)下空气微团的运动和状态可通过可压缩理想牛顿流体基本方程组[式(5-1)]来描述。其中描述大气状态和流动的基本物理参数包括:风速矢量 $\boldsymbol{v}=u\boldsymbol{i}+v\boldsymbol{j}+w\boldsymbol{k}$、密度 ρ、压力 p、温度 T 等。其他重要的物理量包括大气的动力黏性系数 μ、定容比热容 c_V、摩尔气体常数 R、热传导系数 k、单位质量体积加热率 q、耗散函数 Ψ、地转偏向力(F_x,F_y,F_z)、重力等其他体积力(G_x,G_y,G_z)等。重要的数学形式包括全导数 $\mathrm{d}\rho/\mathrm{d}t = \partial\rho/\partial t + u\partial\rho/\partial x + v\partial\rho/\partial y + w\partial\rho/\partial z$、散度算子 $\boldsymbol{\nabla} = \boldsymbol{i}\partial/\partial x + \boldsymbol{j}\partial/\partial y + \boldsymbol{k}\partial/\partial z$、拉普拉斯算子 $\Delta = \boldsymbol{\nabla}\cdot\boldsymbol{\nabla} = \partial^2/\partial x^2 + \partial^2/\partial y^2 + \partial^2/\partial z^2$ 等。暂时不考虑实际大气的湿度、能见度、降水等。

$$\rho\frac{\mathrm{d}u}{\mathrm{d}t} = G_x + F_x - \frac{\partial p}{\partial x} + \mu\Delta u + \frac{\mu}{3}\frac{\partial(\boldsymbol{\nabla}\cdot\boldsymbol{v})}{\partial x} \tag{5-1a}$$

$$\rho\frac{\mathrm{d}v}{\mathrm{d}t} = G_y + F_y - \frac{\partial p}{\partial y} + \mu\Delta v + \frac{\mu}{3}\frac{\partial(\boldsymbol{\nabla}\cdot\boldsymbol{v})}{\partial y} \tag{5-1b}$$

$$\rho \frac{dw}{dt} = G_z + F_z - \frac{\partial p}{\partial z} + \mu \Delta w + \frac{\mu}{3} \frac{\partial (\boldsymbol{\nabla} \cdot \boldsymbol{v})}{\partial z} \tag{5-1c}$$

$$\rho c_V \frac{dT}{dt} = \rho q + k\Delta T + \mu \Psi \tag{5-1d}$$

$$\frac{1}{\rho} \frac{d\rho}{dt} = -\boldsymbol{\nabla} \cdot \boldsymbol{v} \tag{5-1e}$$

$$p = \rho R T \tag{5-1f}$$

式(5-1a)~式(5-1c)称为动量方程,由动量守恒条件和各向同性牛顿流体的本构关系导出。式(5-1d)称为能量方程,由能量守恒条件、傅立叶热传导定律、牛顿流体热力本构关系、无相变假设导出。式(5-1e)称为连续性方程,由质量守恒条件、连续介质假设和无质量源项假设导出。式(5-1f)为理想气体状态方程。式(5-1)共包含 u、v、w、ρ、p、T 六个变量和六个方程,在给定初始条件和边界条件的情况下可以求得偏微分方程组的数值解。

(2)描述大气边界层流动的无量纲数

大气的风、温特征可以由以下无量纲数进行描述:

①马赫数 $Ma = |\boldsymbol{v}|/c$ 描述气体的压缩程度,其中 c 为声速。一般满足 $Ma < 0.3$ 时,气体可视作不可压缩流,但热膨胀和重力作用导致的流场密度差异仍存在。

②雷诺数 $Re = \rho|\boldsymbol{v}|l/\mu$ 描述一定尺度 l 的流体黏性力与惯性力的比值。Re 数越大,湍流特征越明显。大气边界层的流动一般是充分发展的湍流。

③罗斯贝数 $Ro = |\boldsymbol{v}|/(2l\Omega \sin\varphi)$ 描述地转偏向力的相对影响,其中 Ω 为地球自转速度,是常数,φ 为当地纬度。Ro 数越小,地转偏向力的影响越大,因此 Ro 数可作为大气运动尺度的判定依据。

④瑞利数 $Ra = \rho^2 g c_p l^3 (T_s - T_0)/(\mu k T_0)$ 描述流场中热对流与热传导的比,其中 c_p 为定压比热容,T_s 和 T_0 为局部温度和参考温度。大气边界层中 Ra 数通常较大,流动以热对流为主。

(3)大气流动的尺度概念

可压缩理想牛顿流体的控制方程[式(5-1)]过于复杂,在实际应用中需要针对不同尺度的问题,对方程进行简化。各种大气运动系统具有不同的水平空间和时间特征尺度,而竖向的空间尺度和温度则往往受到大气边界层高度的限制。文献[8]分析了自由大气(3~20km 高度)和近地面大气的纬向风速功率谱密度分布情况,如图 5-4 所示。近地层大气的 1 分峰值的能量比例明显高于自由大气,显示了湍流的影响。在传统的大气科学领域,1 年、数日、1 日三个能量峰值是主要的研究对象;而 1min 以及更小周期的能量成分则是风工程的主要研究领域。从数分钟到数小时区间的能量"低谷",起到了不同尺度之间能量交换的重要作用,被称为"中尺度区间"。若以 10m/s 风速为标准,则中尺度的时间区间可以对应 $10^3 \sim 10^5$ m 的水平空间区间。大气流动的大尺度、中尺度、小尺度的空间和时间划分标准以及对应的典型大气流动现象见表 5-1。

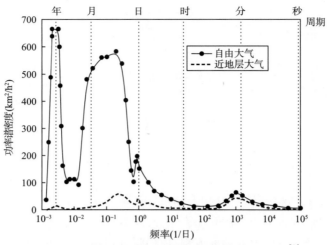

图 5-4 自由大气和近地层大气纬向风速功率谱密度分布[8]

天气系统的尺度特征[9]　　　　　　　　表 5-1

尺度	水平尺度 l(m)	时间尺度 t	流动现象(尺度从小到大)
大尺度	$>10^5$	$>1h$	锋面,气旋,长波,副热带高压
中尺度	$10^3 \sim 10^5$	$1min \sim 1h$	城市热岛效应,重力内波,雷暴,飑线
小尺度	$<10^3$	$<1min$	边界层湍流,钝体绕流,深对流,龙卷风

三、风场数值模拟

计算机数值模拟技术的发展使人们不再完全依赖气象观测与风洞试验就能得到比较可靠的流场特性,并为探究空气流动机理提供了新方法。

(1) 中尺度气象模式 WRF

文献[10]提出的中尺度气象模式(weather research and forecasting model,WRF)针对中尺度的典型天气过程,采用可压缩非静力平衡欧拉方程组,相比于传统的大气数值模式具有更高的时间和空间精度,对于大气边界层的物理量也可以得到较好的模拟结果,具有计算效率高但湍流模拟精度低的特点。

文献[11]采用 WRF 模拟了台风过程,并同风洞试验与现场实测进行对比,验证了 WRF 可以得到较好的平均风剖面和风速时程结果;但由于 WRF 对下垫面模拟精度较差,故近地风速的误差显著,如图 5-5 所示。文献[12]和文献[13]在 WRF 计算的内层嵌套网格中不采用行星边界层模式(planetary boundary layer,PBL)计算近地层风,而应用大涡模拟(large eddy simulation,LES)方法提高了 WRF 对复杂地形近地风场的求解能力。总的来说,WRF 可在一定程度上准确模拟平均风场,但网格细化到 1km 以下会进入风速能量的"灰色区域",表现为 WRF 难以分辨峡谷中的小尺度地形细节及输出高频风速成分。

(2) Boussinesq 近似模拟 LES

大涡模拟是一种计算流体动力学(computational fluid dynamics,CFD)方法。文献[14]指出,相较于传统的雷诺平均法(Reynolds average numerical simulation,RANS),LES 通过引入亚格子尺度湍流模型实现了湍流模拟精度与计算效率之间的平衡,适合求解边界条件复杂的非定常流动问题,如图 5-6 所示。

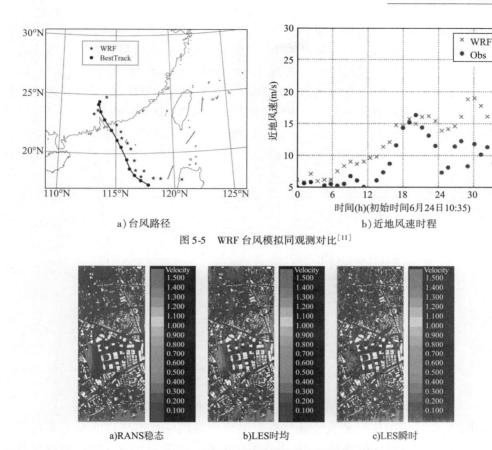

a) 台风路径 b) 近地风速时程

图 5-5 WRF 台风模拟同观测对比[11]

a)RANS稳态 b)LES时均 c)LES瞬时

图 5-6 稳态 RANS 同 LES 模拟城市地貌 1km 高度近地风场对比[14]

同平坦地形相比,高山、峡谷等地区的地形特征尺度与大气边界层高度相近,易发生越山风、峡谷风和其他特征湍流现象。《公路桥梁抗风设计规范》(JTG/T 3360-01—2018)规定,对于深切峡谷可以采用 CFD 方法进行小尺度桥址风特性分析。文献[15]采用 LES 和浸入边界法对湍流边界层风流经粗糙二维小山进行了模拟。文献[16]采用 LES 研究了真实小山近地风场,平均风速和脉动风速经小山后的变化同观测吻合。已有的山区风场 LES 研究的来流条件多基于现场实测或规范建议的风剖面、风谱和峰值因子,并采用准定常假设构建平稳的湍流大气边界层来流条件。实际山区地形来流具备多尺度特征,即存在不同频率成分的大气流动,表现出较强的非平稳、非定常特点,已有 LES 研究较少考虑。此外,峡谷地形的入流边界条件确定尤为困难,已有 LES 研究多关注垂直山脊走向的越山风,而对沿峡谷流向的山谷风研究较少。

对于大气边界层低速流体的温度效应,可以采用 Boussinesq 近似,忽略压力引起的密度变化而仅关注温度引起的密度变化,从而将可压缩 N-S 方程简化为仅考虑竖直方向浮力的不可压缩 Boussinesq 近似的 N-S 方程。从平衡湍流模拟精度和计算资源消耗的角度来说,Boussinesq 近似的 LES 方法在高雷诺数温度流研究中是较优的选择,但在复杂地形风场数值模拟等风工程领域中较少应用,一方面是因为过去的研究对流体的温度效应不够重视,另一方面是因为缺乏来流的温度场条件。

(3) WRF + LES 多尺度风场数值模拟

相比于自由大气,近地风的小尺度成分和中尺度成分能量占比接近。多尺度方法通过插值和人工湍流生成等"降尺度过程"向 WRF 得到的大、中尺度流动中补充小尺度信息,输出更接近自然大气的"宽频"风速,并作为入流条件输入小尺度 LES 计算中,最终得到近地高精度风、温度场分布。文献[17]证明 WRF 与 LES 结合方法模拟的山区风场的高频成分较强,且平均风速更接近实测数据,如图 5-7 所示。文献[18]采用 WRF 与 LES 结合方法研究了山区风力发电。WRF + LES 多尺度风场数值模拟方法为考虑流动温度效应的复杂地形风场模拟提供了良好的方法。

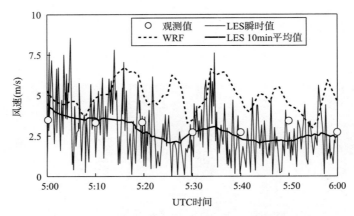

图 5-7 山区近地风速时程 LES 模拟、WRF 模拟和实测数据比较[17]

提高 WRF 平均风模拟精度和人工湍流效率是多尺度风场模拟研究的两个难点。高精度、短时距的气象再分析数据可降低 WRF 边界条件失真。数据同化是利用局部观测数据对 WRF 结果进行实时全局修正,可降低风场误差累积。高分辨率地形数据和 Topo-wind 亚格子地形识别可提高山区地形识别能力。文献[13]采用 WRF + LES 边界层方案,进一步提高了山区风的求解能力。数值人工湍流生成是多尺度方法的核心技术。文献[17]和文献[19]引入循环入流技术,通过空数值风洞循环生成湍流风剖面时程。循环入流法得到的平均风速和湍流强度同试验结果吻合较好,但脉动风剖面形状、低频成分、湍流积分尺度与计算效率仍有改进空间。

第二节 桥位风场数值模拟方法

目前桥位风场数值模拟主要采用三种方法,即中尺度气象模式数值模拟 WRF 方法、小尺度温度成层风场数值模拟 LES 方法和跨尺度温度成层风场数值模拟 WRF + LES 方法,基本可以满足沿江沿海、平原地区、深切峡谷、复杂山区等桥位风场的模拟需求。

一、中尺度气象模式数值模拟 WRF 方法

气象模式数值模拟 WRF 方法基于可压缩流非静力平衡控制方程组,采用有限差分法进行控制方程组的空间离散,将求解区域划分为有序的差分网格,用有限的网格节点代替连续的计算域,用偏微分方程中未知量的差商代替偏导数,得到离散点上的线性差分方程组,并通过求解线性方程组得到给定初始条件和边界条件下微分方程组的数值近似解。

WRF 方法能够准确模拟温度效应、平均风速和风向以及其他气象参数,适用于沿江沿海和平原地区桥位风场的数值模拟。但是,WRF 方法无法准确模拟风速脉动和风速风向突变,因此对地表粗糙度影响比较大的深切峡谷和复杂山区,以地表摩擦和脉动风速为主的桥位风场数值模拟不适用。高精度高程数据可以提高地表压力模拟精度,且对风速影响较小。另外,卫星地表覆盖数据在高纬度地区准确性不足,对卫星数据得到的地表粗糙度进行修正可以显著降低 WRF 的风速误差。

二、小尺度温度成层风场数值模拟 LES 方法

小尺度温度成层风场数值模拟 LES 方法基于不可压缩流 Boussinesq 控制方程组,采用大涡模拟方法对控制方程组进行空间过滤,将湍流分为格子尺度和亚格子尺度,格子尺度湍流直接求解,亚格子尺度湍流引入经验公式。在空间离散方面采用了有限体积法,梯度项采用基于最小二乘法的梯度方法求解,压力采用压力交叉方法求解。对流项采用有限中心差分,可减少数值振荡并提供较好的能量离散精度。在时间离散方面则采用了二阶隐式方案,压力-速度耦合采用了 SIMPLE 方法。湍流模型方面,有限体积法通过对控制体积内直接空间平均的方法进行滤波。亚格子尺度湍流通过 Smagorinsky-Lily 模型表达。

LES 方法能够准确模拟平均风速和风向、脉动风速以及简单温度效应,适用于受地表粗糙度影响比较大的深切峡谷和复杂山区桥位风场的数值模拟。但是,LES 方法无法准确模拟复杂温度场和中、大尺度区域的风场,并且具有人工湍流生成、温度成层强度定量描述和层流与湍流温度影响等缺陷。人工湍流生成目前主要采用 RFG 谱方法,可以得到较为理想的目标平均风速和脉动风速剖面,并通过中性流和成层流条件下的空数值风洞计算进行验证;温度成层对湍流表现出抑制作用,而且随着温度成层强度的增加,抑制作用会加强,所以,LES 方法较难模拟温度成层强度高和湍流强度高的风场。

三、跨尺度温度成层风场数值模拟 WRF + LES 方法

气象模式数值模拟 WRF 和风工程数值模拟 LES 相结合的跨尺度温度成层风场数值模拟 WRF + LES 方法,是将中尺度气象模式 WRF 的风场和温度场的模拟结果,通过空间和时间插值以及人工湍流生成等降尺度过程后,作为入流条件输入小尺度大涡模拟,数值计算近地风场恒温场,故降尺度过程是 WRF 和 LES 结合方法的关键。水平方向的降尺度过程是将 WRF 内部嵌套网格之间的水平数据插值后传递给 LES,由于网格尺度下降约 2 个数量级,而且 WRF 数值的风场不包含高频风速成分,因此还需要在插值的基础上加入人工湍流生成;竖直方向的降尺度过程需要注意 WRF 贴体压力坐标和 LES 笛卡儿坐标之间的差异,以及 WRF 在高度方向的物理量交错布置。

WRF+LES方法有效地提高了WRF计算结果的湍流成分能量,对极值风速的预测有重要作用。WRF+LES方法可以更好地反映出小尺度地形和温度成层效应的影响,理论上适用于所有桥位场地,包括沿江沿海、平原场地、深切峡谷、复杂山区等。但是,WRF+LES方法对平均风速预测的精度依赖于WRF边界条件的准确性,因此提升WRF模拟的精度是十分重要的。WRF+LES方法模拟得到的湍流成分,其脉动幅值与观测结果接近,但频谱特征仍有差异,进一步提高高频成分精度不仅需要改善RFG谱方法,而且需要提高地表形状、格子尺度、时间分步等精度,并扩大计算区域的水平范围,从而更精确地体现复杂地形特征的影响。

第三节 中尺度气象模式 WRF 数值模拟

一、WRF 数值模拟方法

(1) 计算流程

利用WRF模式进行实时模拟的求解过程如图5-8所示。地形、地貌、气象观测与预报等数据作为边界条件,经过WPS(WRF preprocessing system,WPF预处理系统)完成格式转化、网格生成和插值等处理过程。如有需要,WPS的输出数据再进行数字滤波(digital filter)和数据同化(data assimilation)。WPS输出的数据经初始化后,输入ARW(科研用计算内核)或NMM(预报用计算内核)进行计算。计算中可采用各种物理参数化方案和WRF-Chem等外部计算包。最后进行计算结果的后处理。本节采用ARW进行计算。

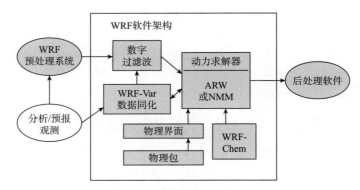

图 5-8 WRF 模式计算流程图

(2) 压力贴体坐标系

如图5-9所示,WRF采用了压力贴体坐标系(x,y,η,t),其中$\eta=(p_h-p_{ht})/\xi(x,y)=(p_h-p_{ht})/(p_{hs}-p_{ht})$为跟随地形的压力坐标,$p_h$、$p_{ht}$、$p_{hs}$分别表示格点、顶部边界、地表边界的静平衡气压,$\xi(x,y)$表示随水平坐标变化的单位面积地表到上部边界的空气柱重力。这种高度定义方法非常适合有限差分方法和结构化网格,但难以描绘复杂的地表几何构造。

(3) 完全可压缩非静力平衡方程组

在中尺度模型中，通常在可压缩理想牛顿流体控制方程组[式(5-1)]的基础上忽略黏性项，即欧拉方程；再添加受地表影响的源项（地转偏向力、摩擦力、热交换等），并通过物理参数化方案等方法给出这些源项的值。忽略推导过程直接给出 WRF 采用的完全可压缩非静力平衡欧拉方程[式(5-2)]，其中 η 表示在压力贴体坐标系的值，$\phi = gz$ 为位势，θ 为位温，$\alpha = 1/\rho$ 为比容，ξ 为地表到模式顶空气柱重力，$U = \xi u, V = \xi v, W = \xi w, \Omega = \xi \eta_t, \Theta = \xi \theta$ 为通量形式的变量，η_t 为垂直压力坐标的时间变化率，源项 F_U、F_V、F_W、F_Θ 表达物理参数化模式、湍流混合、球面投影和科里奥利力引起的强迫项在动量和热量的影响。式(5-2a)~式(5-2h)分别为：3 个方向的动量方程、热量方程、连续性方程、速度投影不变方程、大气静平衡方程、状态方程。偏微分方程组共有 8 个未知量和 8 个方程，在给定初始条件和边界条件下可得到数值解。

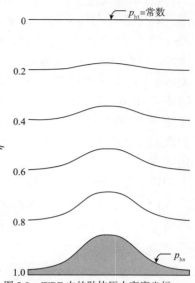

图 5-9　WRF 中的贴体压力高度坐标 η

$$\frac{\partial U}{\partial t} + \left(\frac{\partial Uu}{\partial x} + \frac{\partial Vu}{\partial y} + \frac{\partial \Omega u}{\partial \eta}\right) - \frac{\partial}{\partial x}\left(p\frac{\partial \phi}{\partial \eta}\right) + \frac{\partial}{\partial \eta}\left(p\frac{\partial \phi}{\partial x}\right) = F_U \quad (5\text{-}2\text{a})$$

$$\frac{\partial V}{\partial t} + \left(\frac{\partial Uv}{\partial x} + \frac{\partial Vv}{\partial y} + \frac{\partial \Omega v}{\partial \eta}\right) - \frac{\partial}{\partial y}\left(p\frac{\partial \phi}{\partial \eta}\right) + \frac{\partial}{\partial \eta}\left(p\frac{\partial \phi}{\partial y}\right) = F_V \quad (5\text{-}2\text{b})$$

$$\frac{\partial W}{\partial t} + \left(\frac{\partial Uw}{\partial x} + \frac{\partial Vw}{\partial y} + \frac{\partial \Omega w}{\partial \eta}\right) - g\left(\frac{\partial p}{\partial \eta} - \xi\right) = F_W \quad (5\text{-}2\text{c})$$

$$\frac{\partial \Theta}{\partial t} + \left(\frac{\partial U\theta}{\partial x} + \frac{\partial V\theta}{\partial y} + \frac{\partial \Omega \theta}{\partial \eta}\right) = F_\Theta \quad (5\text{-}2\text{d})$$

$$\frac{\partial \xi}{\partial t} + \left(\frac{\partial U}{\partial x} + \frac{\partial V}{\partial y} + \frac{\partial \Omega}{\partial \eta}\right) = 0 \quad (5\text{-}2\text{e})$$

$$\frac{\partial \phi}{\partial t} + \frac{1}{\xi}\left(U\frac{\partial \phi}{\partial x} + V\frac{\partial \phi}{\partial y} + \Omega\frac{\partial \phi}{\partial \eta} - gW\right) = 0 \quad (5\text{-}2\text{f})$$

$$\frac{\partial \phi}{\partial \eta} = -\alpha \xi \quad (5\text{-}2\text{g})$$

$$p = p_0 \left(\frac{R\theta}{p_0 \alpha}\right)^{c_p/c_V} \quad (5\text{-}2\text{h})$$

(4) 空间离散方案

WRF 采用有限差分法（finite difference method, FDM）进行控制方程的空间离散。有限差分法对于具有简单边界形状的问题，将求解区域划分为有序的差分网格；用有限的网格节点代替连续的计算域，用偏微分方程中未知量的差商代替偏导数，得到离散点上的线性差分方程组;通过求解线性方程组得到给定初始条件和边界条件下微分方程组的数值近似解。

对于真实大气流动的求解,有限差分法需要通过坐标转化构造均匀网格系统。上节已经介绍了 WRF 在高度方向采用贴体压力网格,通过定义 $\eta=1,\eta_1,\eta_2,\eta_3,\cdots,0$ 来定义竖直网格,$\eta_i(i=1,2,3\cdots)$ 为在 1~0 之间递减的自定义值(图 5-9)。而在水平方向,WRF 的 Arakawa-C 型交错网格支持多层网格的双向嵌套;在同一层网格内部,所有单元的水平网格间距 δ_x 和 δ_y 均一致。如图 5-10 所示,垂直于单元边长的速度分量 U、V、W 定义在对应的单元边界上,分别称作 u、v、w 点;θ 则定义在单元的质心,称作质量点。速度分量与热力学标量之间采用间距 $\delta_x/2$ 和 $\delta_y/2$ 的交错布置。同样,p、α、ξ 等标量也定义在质量点,而位势 ϕ 定义在 w 点。图 5-10 中下标"i""j""k"与"$i+1/2$""$j+1/2$""$k+1/2$"分别代表面心与边长上的物理量。在进行有限差分离散时,由于网格交错,需要从 u、v、w 点到质量点进行插值,见式(5-3)。其中水平方向由于网格均匀直接比较简单,而垂直方向的插值则需考虑垂直网格非等分的因素。

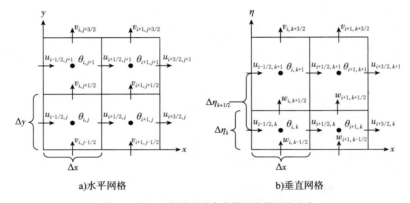

a) 水平网格　　　　　　　b) 垂直网格

图 5-10　WRF 水平和垂直离散的交错网格方案

$$\overline{A^x}|_i = \frac{A_{i+1/2} - A_{i-1/2}}{2} \tag{5-3a}$$

$$\overline{A^y}|_j = \frac{A_{j+1/2} - A_{j-1/2}}{2} \tag{5-3b}$$

$$\overline{A^\eta}|_{k+1/2} = \frac{1}{2}\left(\frac{\Delta\eta_k}{\Delta\eta_{k+1/2}}A_{k+1} + \frac{\Delta\eta_{k+1}}{\Delta\eta_{k+1/2}}A_k\right) \tag{5-3c}$$

(5) 时间积分方案

ARW 求解内核总体上采用了显式的 3 阶 Runge-Kutta 时间积分方案(简称 RK3 方案)对控制方程进行求解。式(5-4)给出了 RK3 方案的步骤,对于诊断变量 $\Phi=(U,V,W,\Theta,\phi',\mu')$,RK3 方案在给定的时间步长 Δt 内先后分别在 $t+\Delta t/3$,$t+\Delta t/2$,$t+\Delta t$ 三个时间子步进行控制方程组的求解;每个时间子步内还完成了若干步声学子步计算,用于提高计算稳定性,此处不展开介绍。RK3 方案具有稳定时间步长较大的优点,有利于提高计算速度。

$$\Phi^* = \Phi^t + \frac{\Delta t}{3}R(\Phi^t) \tag{5-4a}$$

$$\Phi^{**} = \Phi^t + \frac{\Delta t}{2} R(\Phi^*) \tag{5-4b}$$

$$\Phi^{t+\Delta t} = \Phi^t + \Delta t R(\Phi^{**}) \tag{5-4c}$$

（6）湍流和过滤

WRF 求解的是可压缩欧拉方程。与式(5-1)相比,式(5-2)中尺度控制方程中黏性项没有显式的表达,而是并入了源项。而在 RK3 时间积分步骤中,需要显式计算出源项中的黏性部分。在不采用 WRF 内部的 LES 方法时,WRF 的湍流模拟方法是显式的,给出定义在质量点的水平涡黏度 K_h 和竖直涡黏度(eddy viscosity)K_v,再算出源项中的耗散部分。WRF 主要提供了 4 种显式定义方法(不包含一些 PBL 方案中的特殊处理):

①直接定义 K_h 和 K_v 为常数。

②水平涡黏度 K_h 采用 Smagorinsky 一阶闭合模型,竖直涡黏度 K_v 在 PBL 方案中计算。

③水平和竖直涡黏度均通过 3D Smagorinsky 湍流闭合模型给出。

④水平和竖直涡黏度均通过 TKE(turbulent kinetic energy,湍动能)方法给出。

对于具有一定尺度的大气流动的数值模拟,通过滤波和阻尼可以去除不关注的大气波动成分,提高计算稳定性和速度。这些滤波方法可以分为两种,一种是动力学滤波,从方程组的动力特性出发,消除不符合求解的大气运动尺度的"噪声",保留主要运动特征;另一种是对不稳定的非线性数值中产生的短波扰动进行过滤。WRF 的 ARW 内核在计算的不同阶段引入了过滤。这些数值阻尼虽然提高了计算效率,但牺牲了计算精度,尤其是对湍流等高频成分的求解,这是 WRF 输出湍流成分不足的主要原因之一。下面列出 ARW 采用的比较重要的滤波/阻尼:

①声波子步计算中采用了三维散度阻尼,对压力添加向前的阻尼,提高计算稳定性。还采用了额外模态滤波,在水平动量方程中添加阻尼项,从而过滤掉高阶声波。

②极地滤波用于处理高纬度和极地附近网格间距缩短导致的计算时间步要求提高问题。

③添加重力波吸收层防止上部边界产生虚假的重力波反射。

④垂直速度阻尼是在流场垂直速度超过网格计算稳定性的克朗数(Courant number)$Cr = |\Omega \mathrm{d}t / \xi \mathrm{d}\eta|$ 限制时,通过在竖向动量方程中增加瑞利阻尼项来稳定计算过程。

（7）边界条件与嵌套

在竖直方向上,WRF 定义顶部边界为等压的,且笛卡儿坐标系速度 w 为零,并增加阻尼层吸收重力波;在底部边界,水平速度 u 和 v 均为 0,地面的摩擦和传热通过表面层(surface layer,SL)方案给出,也可以采用壁面边界。WRF 的水平网格可以实现双向嵌套。如图 5-11 所示,实线表示外层嵌套网格单元的边界,虚线表示内层嵌套网格单元的边界,加粗字体的物理量表示内外层网格交互的量。在水平边界上,WRF 提供了周期、开放、对称和外部文件指定四种侧边界条件,对于全球模拟则不存在水平边界。一般在采用实际观测/预报资料的模拟过程中,采用外部文件指定边界条件。

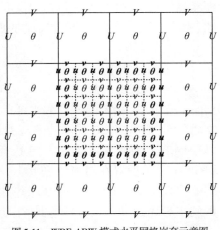

图 5-11　WRF-ARW 模式水平网格嵌套示意图

(8) 物理参数化方案

物理参数化方案最直观的理解是通过经验或物理的方法,给出控制方程中没有显式表达的量,也就是控制方程 [式(5-2)]等式右边的源项。但实际上,WRF 的物理参数化方案的作用不限于源项的定义。下面简单介绍 WRF 的物理参数化方案。

①微物理(microphysics,MP)方案计算大气中水汽的状态和云量等。

②积云参数化(cumulus parameterization,CP)方案模拟亚网格的云量特征和变化。

③行星边界层方案处理竖向亚格子尺度通量,并求解近地面大气的运动方程,以提供温度和湿度廓线以及水平动量等参数。

④近地层(surface layer,SL)方案给定地表第一层网格的物理量,与 PBL 方案对应。

⑤长波(longwave)和短波(shortwave)大气辐射(radiation)方案提供各种辐射对大气和地表的加热信息。

⑥陆面模式(land-surface model,LSM)计算陆地和海冰向大气输送的热量和水汽通量。

二、近地风温场 WRF 模拟

(1) 研究背景

WRF 高精度模拟算例以北极复杂地形近地风温场研究为背景,北冰洋和西伯利亚地区的加速变暖促进了建筑制造、资源开发、科学研究等人类活动。选择这个地区,一方面是因为复杂地形风速场模拟极具挑战,另一方面是因为北极温度场变化复杂且敏感,一直被认为是验证近地风温场数值模拟的最佳例子。文献[20]提出北极地区近几十年极端气候发生频率显著上升,2007 年 2 月 Iqaluit, Nunavut 地区 140km/h 的阵风掀翻了一幢 8 层建筑的整个屋顶。文献[21]采用多种物理参数化方案,通过对气压、温度和降水观测数据进行对比,得到了 WRF 对北极大气具有较好模拟效果的结论。文献[22]指出 WRF 高估了阿拉斯加大气边界层底层风速,而低估了高层风速,但文献[22]仅考虑了近地风速很低(0~5m/s)的情况。

文献[23]和文献[24]指出,高纬度地区风特性同中纬度地区不同,表现为较低的边界层高度、稳定的空气成层和较小的地转偏向力。对高纬度地区进行高质量的风场模拟研究,必须注意高纬度地区的特点,包括中尺度地形的特点,极涡、极昼极夜、暴风雪等极地天气,以及海冰、积雪、冻土、苔原、冰川等特别的地表覆盖类型,这对 WRF 模拟提出了不小的挑战。

(2) 气象观测数据

用于验证本节 WRF 模拟结果的气象观测数据来自俄罗斯北冰洋沿岸的 Tiksi 水文气象站(71.6°N,128.9°E)(图 5-12)。Tiksi 观测站位于俄罗斯北冰洋沿岸,在 Laptev 海的 Buor-Khaya 湾岸边,受大西洋和太平洋的共同影响。当地为苔原地貌,冬季漫长多雪,夏季短暂。文献[25]指出,Tiksi 观测站的观测结果对北极变暖、大气组分变化、北冰洋海冰缩减、大气污染等多个北极气象研究方向具有重要意义,吸引了大量研究和观测活动。20m 通量塔[图 5-12a)]设置在沿海的平原上,小尺度地形的影响不显著,但海陆交换和中尺度地形的影响比较显著。RM Yong 3001 风速仪安装在塔上 3.7m、9.2m、15.5m、21.0m 高度处,可以得到水平风速和风向记录。地表的积雪深度通过塔上 3m 处 CSI SR50A 超声雪深计测量。地表压力则用 5m 高度处 Vaisala PTB110 Barometric 气压传感器得到。地表温度和湿度分别由 2m 高度的 IR 地表温度传感器和相对湿度计测量得到。以上传感器的采样时间间隔均为 1min。此外，塔上还安装了 ATI "K Style" 超声风速仪，提供 10Hz 的三向风速 u、v、w 和温度 T 时程。

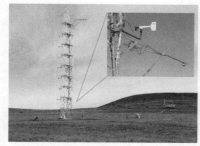

a) 无雪的 Tiksi 观测站通量塔周围(2011-09-18)　　b) 积雪覆盖的 Tiksi 观测站周围(2011-05-28)

图 5-12　北极地区 Tiksi 气象观测站周围环境照片

（3）计算区域设置

计算区域采用 59 层竖向网格，其中 14 层位于地表 1000m 范围内，第 1 层距离地表 3.8m。模式顶的压力为 50hPa。水平方向为四层双向嵌套网格 d01、d02、d03 和 d04，其中后者均位于前者的正中，而所有网格的水平中心均为 Tiksi 观测站位置（图 5-13）。每层网格均为水平 90×90 个格点，水平格点间距（dx, dy）d01 到 d04 分别为 13500m、4500m、1500m 和 500m，其中 x 为纬度方向，y 为经度方向。时间步从外到内分别是 30s、10s、3.33s 和 1.11s。

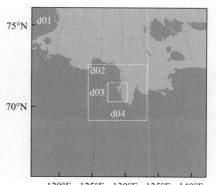

图 5-13　以 Tiksi 观测站为中心的水平嵌套网格 d01、d02、d03 和 d04

对于下垫面，计算比较了 1″ 高精度 ASTER 高程数据和 30″ 低精度 GTOPO30 高程数据；而在地貌方面，主要采用 USGS 24 种类型地表覆盖数据，并参考 GLOBCOVER 2009 全球地表覆盖类型地图和观测站附近植被描绘，对 Tiksi 观测站附近地貌做了局部修正。考虑到当地年均积雪日达到 209d，计算中采用 Noah LSM 陆面模式进行雪热动力学模拟。若由地表覆盖类型定义的原始粗糙度为 z_{ori}，则 Noah LSM 通过式(5-5)在计算中对地表粗糙度进行基于积雪覆盖影响的修正。其中，h_{cr} 为临界雪深；$z_{snow} = 0.001m$ 为冰雪覆盖类型对应的粗糙度；z_{eff} 为局部有效粗糙度；h 为 WRF 计算得到的积雪深度；z_0 是修正后用于风速计算的粗糙度；SCF 为雪覆盖比例，从 0 到 1 变化。需要注意的是，式(5-5a)、式(5-5b)中的常数 "7" 表示植被覆盖高度同粗糙度的经验比值。

$$h_{cr} = 7(z_{ori} - z_{snow}) \tag{5-5a}$$

$$z_{eff} = \begin{cases} z_{ori} - h/7 & (h < h_{cr}) \\ z_{snow} & (h \geq h_{cr}) \end{cases} \tag{5-5b}$$

$$z_0 = (1 - SCF)z_{ori} + SCF \times z_{eff} \tag{5-5c}$$

针对高纬度地区，为更好地模拟近地层风速和积雪效应，仔细选取了物理参数化方案。微物理方案采用文献[26]中的 WSM6，可较好地进行云分布尺度的雪/冰生成分析。陆面模式采用文献[27]中的 Noah LSM,可较好地模拟积雪覆盖。边界层模式和近地层模式方面,主要采用了文献[28]中的 MYJ PBL 方案和配套的 Eta SL 方案。辐射方案采用了文献[29]中的 Dudia 短波辐射方案和文献[30]中的 RRTM 长波辐射方案。

ARW read-data 计算的初始和更新条件采用了 NCEP FNL 全球实时再分析数据,并且比较了 ERA-Interim 全球实时再分析数据。两者均提供了 1°分辨率、6h 更新间隔的全球实时再分析气象数据,分别考虑了 4 个 48h 的时间段,时间分布在 2016 年的 4 个月份:

①12:00—28OCT 到 12:00—30OCT:薄雪 + 稳定强风;
②12:00—13JUL 到 12:00—15JUL:无雪 + 不稳定风;
③12:00—24APR 到 12:00—26APR:薄雪 + 不稳定风;
④12:00—27JAN 到 12:00—29JAN:厚雪 + 较稳定风。

其中,10 月和 7 月分别为有雪和无雪的情况,比较了不同粗糙度设置下的风速模拟,讨论了积雪影响和粗糙度修正的必要性;稳定风(10 月和 1 月)和不稳定风(7 月和 4 月)的比较用于评价 WRF 模拟风速的能力;不同 PBL 方案和高程数据精度的比较主要在 10 月工况进行;而初始数据的比较则在 4 月和 1 月工况进行。总计完成了 15 个算例。

(4) 地表高程精度对风温模拟结果影响

图 5-14 给出了两组不同精度地表高程数据条件下,Tiksi 观测站地表压力 p、积雪深度 h、水平风速 U 和风向 α 的 WRF 时程模拟结果,并同 Tiksi 观测站通量塔的观测值进行对比。两组模拟均在 10 月工况进行;分别采用 1″高精度 ASTER 高程数据和 30″低精度 GTOPO30 高程数据;模拟均采用了修正的粗糙度 $z_{\text{sparse}} = 0.01\text{m}$,以及 MYJ PBL 方案和 NCEP 初始化数据。如图 5-14a)所示,高精度 ASTER 高程算例的压力时程模拟结果较好;而低精度 GTOPO30 高程算例同前者之间存在稳定压力差 $\Delta p = 2\text{hPa}$,这是由高程误差导致的大气静压误差引起的。如图 5-14b)所示,整体上 WRF 的积雪深度同观测结果一致。在 09:00—29 OCT 到 22:00—29 OCT 时间段内积雪深度数据变化剧烈,与 Tiksi 观测站记录的降雪过程和 WRF 雪厚增加结果对应,此处数据异常可能是因为降雪干扰了激光雪深计。如图 5-14c)、d)所示,整体上 WRF 对高纬度地区平均风速风向模拟结果较好,但无法再现观测值中的高频成分。

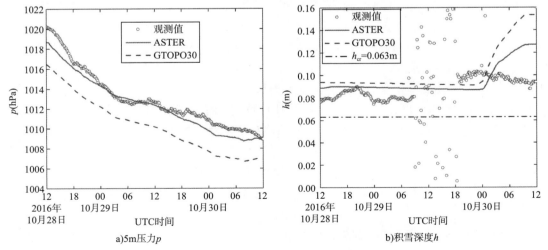

图 5-14

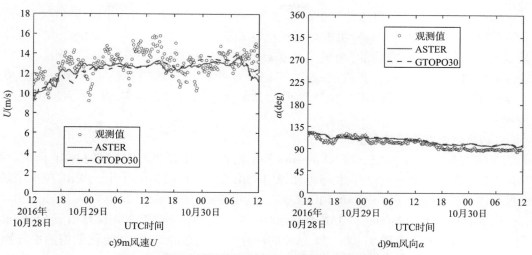

c) 9m风速U

d) 9m风向α

图 5-14　高精度和低精度地表高程 WRF 算例结果同观测值比较

三、高精度 WRF 模拟结果

(1) 地表粗糙度修正效果分析

图 5-15 给出了积雪的 10 月和无雪的 7 月工况下，Tiksi 观测站附近原始粗糙度分别设置为 $z_{\text{sparse}} = 0.01\text{m}$（图例中 Modified 为修正后的稀疏植被）、$z_{\text{wooded}} = 0.3\text{m}$（图例中 USGS 为灌木苔原）、$z_{\text{snow}} = 0.001\text{m}$（图例中 Snow 为对照的冰雪地貌）时的近地风速时程，并与观测值对比。所有算例均在 ASTER 高程数据、MYJ PBL 方案和 NCEP 初始化条件下进行。根据式(5-5a)，对于稀疏植被、灌木苔原和冰雪地貌，临界雪深 h_{cr} 分别为 0.063m、2.093m 和 0。由图 5-15b) 可知，10 月算例中积雪深度始终在 0.063m 以上。根据式(5-5)，修正后的稀疏植被和对照的冰雪覆盖类型有效粗糙度均为 $z_{\text{eff}} = 0.001\text{m}$；而对于灌木苔原，$z_{\text{eff}}$ 则随时间变化。

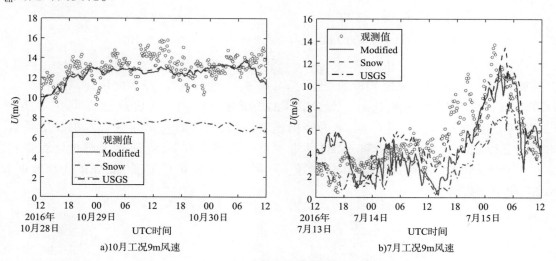

a) 10 月工况 9m 风速

b) 7 月工况 9m 风速

图 5-15　不同粗糙度设置下 WRF 风速模拟结果同观测值对比

由图 5-15a)可见修正后的稀疏植被和冰雪算例的风速差距很小且同观测值接近,而灌木苔原算例风速明显偏低,说明积雪对粗糙度的修正是有效的,同时证明 USGS 在 Tiksi 观测站附近的粗糙度是不准确的,粗糙度修正是必要的。而图 5-15b)7 月工况由于没有积雪,Noah LSM 的积雪效应修正没有激活,可以看到此时积雪算例和修正算例风速结果是有一定差异的。7 月工况修正粗糙度算例的结果明显好于 USGS 算例,进一步说明了粗糙度修正的必要性。

(2)初始化数据敏感性分析

图 5-16 比较了采用 NCEP 和 ERA-Interim 初始化数据在 1 月和 4 月工况的 WRF 风速结果。计算均采用修正粗糙度、ASTER 高程数据和 MYJ PBL 方案。由图 5-16a)可见,WRF 模拟结果与观测值整体上较为吻合,但 NCEP 和 ERA-Interim 两组 WRF 结果偏低,其中 ERA-Interim 相对较好。由图 5-16b)可见,12:00—27 JAN 到 06:00—28 JAN 时段 NCEP 算例误差小于 ERA-Interim 算例,但两者均未能再现 03:00—29 JAN 的风速峰值。总的来说,初始化数据的准确性对 WRF 地表风速影响显著,但仍需更多研究。

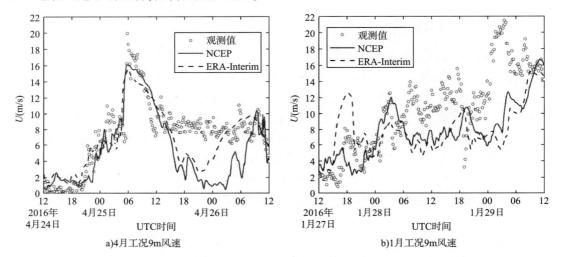

图 5-16　NCEP 和 ERA-Interim 初始化数据条件下风速模拟结果对比

(3)PBL 方案敏感性分析

WRF 通过 PBL 方案从时均诊断变量 $C=u,v,\theta,q$(维向风速,经线向风速,势温,湿度)计算得到亚格子尺度湍流通量。如文献[31]所述,这一过程是通过竖向扩散方程[式(5-6)]实现的,其中 t 为时间,w 为竖向速度,K_C 为对应时均诊断变量 C 的扩散系数。本节的五种 PBL 方案中,YSU 和 ACM2 为非局部一阶闭合方案,K_C 通过 K 理论计算得到;MYJ、MYNN3 和 QNSE 则为局部 TKE 方案。算例均采用修正粗糙度、ASTER 高程数据和 NCEP 初始化数据。

$$\frac{\partial C}{\partial t}=-\frac{\partial}{\partial z}\overline{w'C'}=\frac{\partial}{\partial z}\left[K_C\left(\frac{\partial C}{\partial z}\right)\right] \tag{5-6}$$

图 5-17 为五种 PBL 方案下,WRF 计算得到的近地温度、湿度、风速和风向与观测值的对比。

28 OCT—30 OCT 计算时间内,当地日照时间非常短,日出和日落时间分别在 00:00 和 06:15 UTC 附近。由图 5-17a)可见,地表温度在 00:00—29 OCT 到 06:00—29 OCT 范围升高,大致对应了日照时间。5 种 PBL 方案中,YSU 的温度模拟优于其他四种方案,而 MYJ 最差。由图 5-17b)可见,地表湿度在计算时间内均在 $q=80\%$ 附近保持大致稳定,5 种 PBL 方案均可较好地模拟地表湿度。由图 5-17c)、d)可见,5 种 PBL 方案都较好地模拟了强风过程的平均风速和风向,但未能准确反映风速脉动。

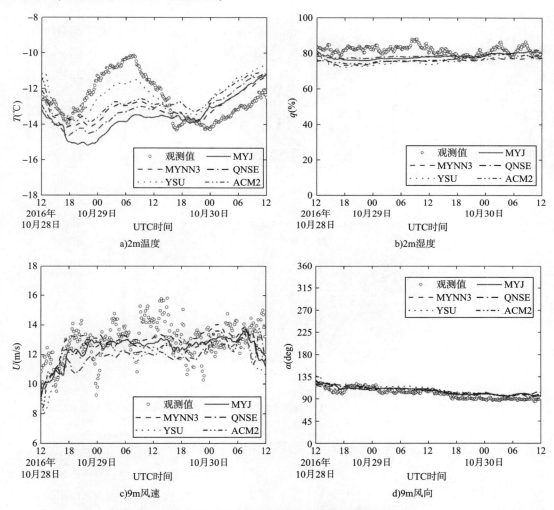

图 5-17 不同 PBL 方案 WRF 地表气象参数模拟结果同观测值对比

图 5-18 和图 5-19 分别针对日间(06:00—29 OCT)和夜间(18:00—29 OCT)给出了 5 种 PBL 方案的算例在 Tiksi 观测站周围的温度、风速水平分布。其中颜色云图代表温度,流线图代表风,白线代表等高线。可见:第一,地表温度分布同等高线大致重合,西北和东南的山脉均对应较冷的区域,而 Tiksi 观测站附近的沿海平原则温度较高;第二,计算结果呈现显著的海陆温度差异,气温从东北角的北冰洋海面向西南内陆方向递减,白天的海陆温差明显大于夜晚;第三,YSU、ACM2 和 MYNN3 算例的地表温度整体高于 QNSE 与 MYJ,尤其

在日间(06:00—29 OCT),这与图 5-17a)的结果一致;第四,近地风水平分布上中尺度地形的影响明显,风从西北角的山峰两侧绕过,而从东南的双峰之间加速穿过,紧邻 Tiksi 观测站北侧的小山的绕流对站点近地流场有一定影响;第五,近地风向同温度差异存在一定的关系,由于海陆温度的日间差异(06:00—29 OCT)均大于夜间(18:00—29 OCT),日间的子午向风速较夜间显著。其中 YSU 算例的日间海陆温差尤为显著,其风向也更偏北,而 YSU 算例夜间风向同其他算例区别不大。

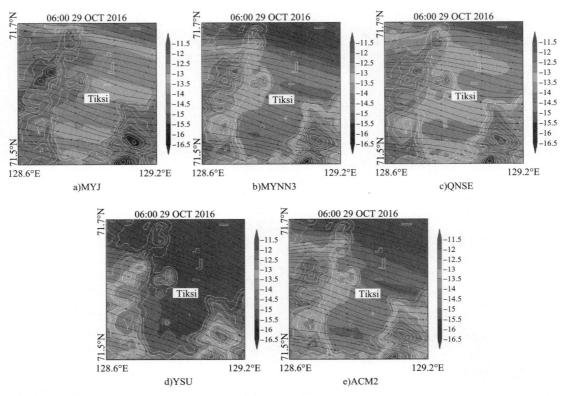

图 5-18 不同 PBL 方案 Tiksi 观测站周围日间 2m 水平温度(云图)和 10m 水平风速分布(流线)计算结果

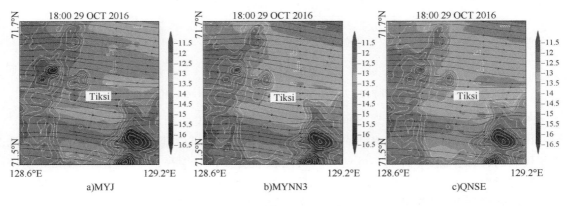

图 5-19

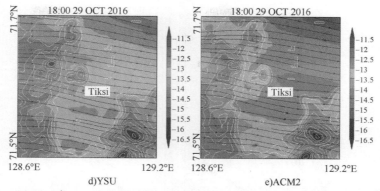

图 5-19 不同 PBL 方案 Tiksi 观测站周围夜间 2m 水平温度(云图)和 10m 水平风速分布(流线)计算结果

表 5-2 总结了 5 种 PBL 方案的 WRF 2 日平均 9m 风速及与观测值的误差。可见,MYNN3 算例的 2 日平均风速误差最大,其次是 MYJ、ACM2 和 YSU,QNSE 最小。综合考虑北极地区近地温度、湿度和风场模拟,MYNN3 边界层方案的效果最好。

不同 PBL 方案 Tiksi 观测站地表风速统计 表 5-2

9m 风速(m/s)	Obs.	MYJ	MYNN3	QNSE	YSU	ACM2
2 日平均	12.97	12.46	12.93	11.94	12.17	12.46
误差	—	-0.51	-0.04	-1.03	-0.8	-0.51

(4)稳定度、势温和风速剖面分析

式(5-7)中,势温 θ 定义为空气微团经过绝热过程到大气标准气压(一般取 $p_\infty = 1000\text{hPa}$,地表气压)时所对应的温度。式(5-8)中,理查德森数 Ri 用于描述大气边界层的稳定度,其中 N 为浮力频率。Kelvin-Helmholtz 剪切不稳定的最小判据可由式(5-9)确定。

$$\theta = T\left(\frac{p_\infty}{p}\right)^{R/c_p} \tag{5-7}$$

$$Ri = \frac{N^2}{(dU/dz)^2} = \frac{g(d\theta/dz)}{\theta_0(dU/dz)^2} \tag{5-8}$$

$$Ri < Ri_{cr} = 0.25 \tag{5-9}$$

图 5-20 比较了不同 PBL 方案 Tiksi 观测站位置 WRF 计算得到的 1000m 理查德森数和势温剖面,分别考虑了日间 06:00—29 OCT 和夜间 18:00—29 OCT。如图 5-20a)所示,日间和夜间的所有 WRF 结果均在近地 100m 内满足式(5-9),表明近地层风是剪切不稳定的。而 100m 之上的大气边界层内,流动的稳定性在日间和夜间都很强,表现出北极地区冬季的典型特征。在图 5-20b)中,近地 100m 内温度随高度的衰减速度小于近地 100m 以上大气边界层内的温度衰减速度,表明不稳定近地层内存在较强的混合作用。YSU 和 ACM2 方案引入的非局部混合更好地模拟了温度的变化。

图 5-21 给出了 1 月、4 月、7 月和 10 月算例 Tiksi 观测站位置 24h 平均风速剖面 WRF 结果。从地面开始,风剖面的第一个与第二个峰值分别对应大气边界层顶与对流层顶。由此可见,北极地区对流层高度在四个时段均为 8~9km,比中纬度地区(10~12km)小。而大气边界层在冬季算例(1 月、4 月、10 月)只有 300m 高,但在夏季(7 月)却达到了 1300m,体现了寒冷下垫面和极夜对北极大气边界层风的影响。

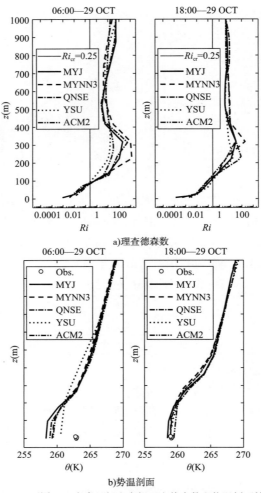

a)理查德森数

b)势温剖面

图 5-20 不同 PBL 方案日间和夜间理查德森数和势温剖面结果

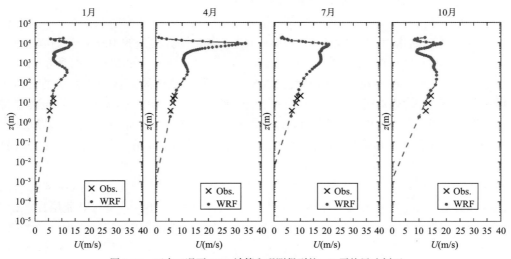

图 5-21 四个工况下 WRF 计算和观测得到的 24h 平均风速剖面

第四节 小尺度温度成层风场 LES 数值模拟

一、温度成层影响控制方程

(1) 温度成层的物理概念和数学描述

温度成层是指重/冷空气在轻/暖空气下的现象。如图 5-22 所示，在密度 $\rho(z)$ 沿高度方向减小的大气中，当高度 z 处体积 V 的流体微团向上移动到 $(z+h)$ 高度时，微团受到与位移方向相反的浮力，其大小等于 $(z+h)$ 高度的压力减去微团重力。根据流体微元的运动方程，同时考虑可压缩大气的绝热气体过程方程、理想气体状态方程和大气静平衡方程，大气的温度效应可由浮力作用下空气微团振动的频率，即浮力频率 N 表征，其定义为式(5-10)。当流场中沿高度 z 方向的密度/温度变化相对参考密度 ρ_0/温度 T_0 为小量时，式(5-10)可近似为式(5-11)，其中 $\alpha = 1/T_0$ 为热膨胀系数，即浮力对流动的影响与温度梯度相关。

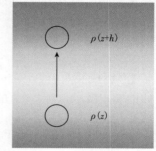

图 5-22 空气微团在竖向密度梯度流体中发生竖向位移[24]

$$N^2 = -\frac{g}{\rho_0}\frac{d\rho}{dz} = \frac{g}{\theta_0}\frac{d\theta}{dz} \tag{5-10}$$

$$N^2 = \alpha g \frac{dT}{dz} \tag{5-11}$$

对中性流来说，绕流形态主要取决于边界几何形状和雷诺数 Re。而对于稳定成层流而言，绕流形态还受到温度成层强度的影响，这一影响可通过无量纲的弗劳德数 Fr 描绘[式(5-12)]，其中 h 是流体/绕流沿高度方向的特征尺度，Fr 表征了流体惯性力和浮力的比值。

$$Fr = \frac{U}{Nh} \tag{5-12}$$

根据线性理论，若稳定温度成层（即逆温条件 $dT/dz > 0$）的分布高度是有限的，则渠道中重力内波的能量被上部和下部的边界约束住，具有离散的竖向振型和连续的水平振型分布。对于上部和底部刚性边界、有限深度 H 的渠道，dT/dz 为大于 0 的常数，则可根据渠道深度 H 定义成层系数 K[式(5-13)]，其物理意义为最快的线性竖向内波传播速度同流速的比。对于更普遍的大气边界层近地逆温，可认为温度边界层高度 δ_t 内 $dT/dz > 0$，但温度梯度是非线性的，可根据式(5-14)定义弗劳德数的倒数 Fr^{-1}。K 和 Fr^{-1} 均表征了流场中整体温度成层强度的大小。

$$K = \frac{NH}{\pi U} \tag{5-13}$$

$$Fr^{-1} = \frac{\int_0^{\delta_t} N(z)\,dz}{U_{ref}} \tag{5-14}$$

(2) 小尺度大气边界层热对流和 Boussinesq 近似

在小尺度大气边界层包含温度的问题中,有 $Ro \ll 1$、$Ma \ll 1$、$Re \gg Re_{cr}$、$Ra \gg Ra_{cr}$ 等条件,地转偏向力的影响很小,湍流和热对流的影响显著,而温度变化引起的密度相对变化是小量。可以对可压缩理想牛顿流体方程组[式(5-1)]进行简化:①忽略科里奥利力 $\boldsymbol{F}$;②流场可视为不可压缩流,忽略声波,控制方程中除了垂直动量方程中的重力/浮力项 G_z,其余 $\rho = \rho_0$;③忽略辐射,即 $q = 0$。其中②即为大气边界层热对流问题的 Boussinesq 近似。对于小尺度大气边界层热对流问题,可通过 Boussinesq 近似忽略流体的可压缩性,将流场的温度/密度对运动的影响表示为竖向的浮力项,而黏性项则予以保留。在温度、压力的扰动量均为小量的前提下,控制方程组中的净浮力可以表达为式(5-15)。

$$(\rho - \rho_0)g = -(T - T_0)\alpha \rho_0 g \tag{5-15}$$

(3) 温度成层效应 Boussinesq-LES 控制方程组

如图 5-4 所示,大气湍流的能量主要在小尺度上,湍流模拟对小尺度风场数值研究至关重要。湍流是由不同尺度的涡组成的,其中最小尺度的 Kolmogorov 涡具有 $0.1 \sim 1\,\mathrm{mm}$ 的尺度。对于大气边界层的 CFD 模拟,若直接以 Kolmogorov 涡的尺度划分网格求解控制方程组,对计算资源的要求将是难以满足的。对于 $1\,\mathrm{km}^3$ 的计算域,如果网格大小为 $1\,\mathrm{mm}^3$,则网格数量将达到 10^{18}。大涡模拟方法对控制方程组进行空间过滤,将湍流分为格子尺度和亚格子尺度(subgrid scale, SGS)成分。对前者通常直接求解,对后者则引入经验公式。考虑 Boussinesq 近似,则滤波后的 LES 控制方程组为式(5-16),其中 g_i 对垂直方向取 g,其余方向为 0;上标横线代表空间过滤后的量;$\tau_{ij} = \overline{u_i u_j} - \overline{u}_i \overline{u}_j$ 为亚格子尺度应力,$\tau_{Tj} = \overline{Tu_j} - \overline{T}\,\overline{u}_j$ 为亚格子尺度热通量。

$$\frac{\partial \overline{u}_i}{\partial x_i} = 0 \tag{5-16a}$$

$$\frac{\partial \overline{u}_i}{\partial t} + \overline{u}_j \frac{\partial \overline{u}_i}{\partial x_j} = -\frac{1}{\rho_0}\frac{\partial \overline{P}}{\partial x_i} + \frac{\mu}{\rho_0}\frac{\partial^2 \overline{u}_i}{\partial x_i \partial x_j} - \frac{\partial \tau_{ij}}{\partial x_j} - \alpha g_i (T - T_0) \tag{5-16b}$$

$$\frac{\partial \overline{T}}{\partial t} + \overline{u}_j \frac{\partial \overline{T}}{\partial x_j} = \kappa \frac{\partial^2 \overline{T}}{\partial x_i \partial x_j} - \frac{\partial \tau_{Tj}}{\partial x_j} \tag{5-16c}$$

二、温度成层均匀流钝体绕流 LES 模拟

(1) 计算模型

如图 5-23a)所示,研究均一速度线性温度梯度来流经过宽高比 $b/h = 0.6$ 矩形柱的绕流形态,探究不同温度成层强度情况下钝体气动力和绕流场的变化。在钝体形状的选择上,文献[32]发现,在宽高比 $b/h = 0.6$ 附近,矩形柱尾流的涡脱和剪切层卷曲很强,阻力系数达到最大值。文献[33]指出,$b/h = 0.6$ 时,由于涡脱不会再附着并且涡脱强烈,成层对涡脱的影响更容易识别。

矩形柱水平置于渠道正中,长边同来流方向垂直。渠道高度 $H = 20h$,阻塞率 5%。矩形

柱至入口和出口的距离分别为 $L_1 = 15h$ 和 $L_2 = 35h$。计算域的展向长度为 $L = 2h$。雷诺数 $Re = 8400$。边界条件设置为：①矩形柱表面：速度满足无滑移边界条件 $u_i = 0$，压力满足 Neumann 条件，热通量为 0；②入口：均一定常速度 $u = U, v = 0, w = 0$，压力满足 Neumann 条件，温度 $T(y)$ 沿高度 y 方向线性分布，成层系数 $K = 0 \sim 3$；③出口：速度和温度采用对流条件，其扩散通量在流向 x 方向为 0，压力满足 Neumann 条件；④展向上部和下部边界：速度、压力和温度均为对称边界条件。采用"O"形贴体结构化网格，如图 5-23b) 所示。矩形柱的宽边和高边分别等分为 45 个和 75 个网格，而展向划分 20 层网格。格子大小从壁面向外增加，而壁面第一层网格厚度满足 $y^+ < 1$。格子数为 100 万个，以矩形柱高度 h 计的无量纲时间步长 $\Delta t = 0.0015$，计算中克朗数均小于 1；总无量纲计算时间 $t = 300$，数据采样从 $t = 150$ 开始，持续 20 个以上涡脱周期。

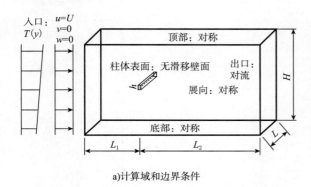 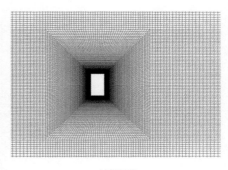

a)计算域和边界条件　　　　　　　　　　b)计算网格

图 5-23　温度成层流绕矩形柱 LES 计算模型

（2）数值方法

数值计算在 Fluent© 16.1 软件包的支持下进行，并通过 UDF（user defined function）二次开发定义边界条件。为了确保计算结果的可信度，针对自然对流和钝体绕流两个方面对 Fluent 提供的数值方法进行了详细的比选。在空间离散方面采用了有限体积法（FVM）。梯度项采用基于最小二乘法的梯度求解方法。压力交叉方法（PRESTO）具有适用于高 Ra 数自然对流的特点，故采用该方法进行压力求解。对流项的空间离散采用了有界中心差分方法，该方法可减少数值振荡并提供较好的能量离散精度。时间离散则采用了二阶隐式方案。压力-速度耦合采用了 SIMPLE 方法。湍流模型方面，有限体积法通过对控制体积内直接空间平均的方法进行滤波。亚格子尺度湍流通过 Smagorinsky-Lily 模型表达，见式（5-17）。其中 Prandtl 数 $Pr = 0.85$，S_{ij} 为应变率张量，ν_{SGS} 为 SGS 亚格子黏度，$C_S = 0.1$ 为 Smagorinsky 常数，$\overline{\Delta}$ 为格子过滤尺度，κ 是冯卡门常数，d 为格子与壁面的距离。

$$\tau_{ij} - \frac{1}{3}\delta_{ij}\tau_{kk} = -2\nu_{SGS}\overline{S}_{ij} = \nu_{SGS}\left(\frac{\partial \overline{u}_i}{\partial x_j} + \frac{\partial \overline{u}_j}{\partial x_i}\right) \tag{5-17a}$$

$$\tau_{Tj} = -\frac{\nu_{SGS}}{Pr}\frac{\partial \overline{T}}{\partial x_j} \tag{5-17b}$$

$$\nu_{SGS} = L_S^2 |\overline{S}| \tag{5-17c}$$

$$L_S = \min(\kappa d, C_S \overline{\Delta}) \tag{5-17d}$$

(3) 矩形柱气动性能随成层系数 K 的变化

图 5-24 比较了矩形柱时均阻力系数 $C_D = 2F_D/(hL\rho_0 U^2)$ (F_D 为时均阻力)、脉动升力系数 $C_{Lf} = 2F_{Lf}/(hL\rho_0 U^2)$ (F_{Lf} 为升力的标准差)和斯特劳哈尔数 $Sr = f_v h/U$ (f_v 为旋涡脱离频率)随成层系数 ($K = 0 \sim 3$) 的变化,并与文献[34]、[35]和[4]进行对比。可见阻力、脉动升力和斯特劳哈尔数均随 K 的增加先减小后增加,表现为"二阶段变化"。在临界成层系数 $K_{cr} = 2$ 附近达到最小值 $C_{D,\min} = 1.48$、$C_{Lf,\min} = 0.54$、$Sr_{\min} = 0.099$。$K = 3$ 时 $Sr \approx Sr_0$,而阻力和脉动升力比中性流略低。

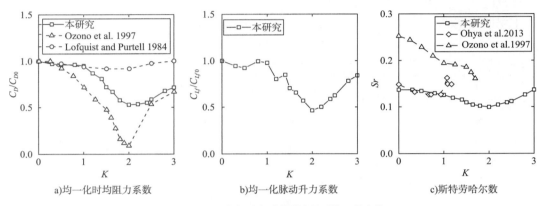

a) 均一化时均阻力系数　　b) 均一化脉动升力系数　　c) 斯特劳哈尔数

图 5-24　矩形柱气动力系数随成层系数 K 的变化

(4) 温度成层对绕流影响的作用机理

温度成层对绕流的影响包含两方面:①温度成层流中流体微团的竖向运动受到浮力的抑制作用;②$K > 2$ 后重力内波的传播及其同矩形柱绕流的相互作用。

从 $K = 0$ 到 $K = 2$,钝体近尾流竖向混合和剪切层卷曲受到浮力抑制。图 5-25 给出了近尾流竖向脉动速度云图,可见从 $K = 0$ 到 $K = 2$,尾流的竖向运动显著削弱;而 $K = 2.8$ 时,由于重力波贡献了竖向速度分量,近尾流竖向脉动速度增加。图 5-26 描绘了矩形柱近周时均流线,可见 $K = 2$ 时尾流回流区的长度显著增加。图 5-27a) 描述了内卷距离 x_1 和尾流回流区流向长度 x_r 随 K 的变化,并同文献[36]的中性流试验进行比较;其中 x_1 为柱体迎风面到标记回流区边界的时均流线顶点的水平距离,x_r 为背风面到尾流中心线上时均流向速度零点的距离。可见从 $K = 0$ 到 $K = 1$,x_1 和 x_r 缓慢增长,之后增速加快并在 $K = 2$ 附近分别达到最大值,之后迅速降低。以上表明 $K = 0 \sim 2$ 时,分离剪切层内卷受到浮力的抑制作用。

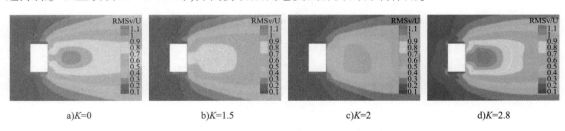

a) $K = 0$　　b) $K = 1.5$　　c) $K = 2$　　d) $K = 2.8$

图 5-25　典型成层强度矩形柱近尾流竖向脉动速度云图

a)K=0　　b)K=1.5　　c)K=2　　d)K=2.4

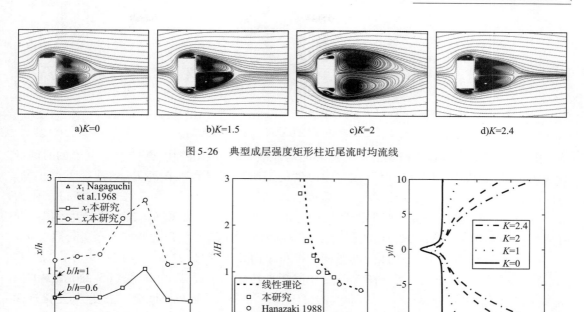

图 5-26　典型成层强度矩形柱近尾流时均流线

a)内卷距离x_1和回流区长度x_r　　b)流向波长λ　　c)背风面下游$h/2$处c_p竖向分布

图 5-27　近场和远场流动特征随 K 的变化

从 $K=2$ 到 $K=3$，重力内波的传播成为主导，浮力的抑制作用减弱。根据文献[37]对线性理论的推导，被有限深度渠道束缚的重力驻波具有离散的竖直振动模态和连续的流向/展向振动模态，竖向振动阶数 n、竖直波长 λ_y 和流向波长 λ 满足式(5-18)和式(5-19)。同时波的传播速度大于流速时才能形成驻波，故产生重力驻波需要满足式(5-20)，当 K 继续增大时，波会向上游传播。需要注意的是，阶数 $n=1$ 和 $n=2$ 分别对应一阶反对称波形和二阶对称波形。

$$\lambda_y(n)=\frac{2H}{n} \tag{5-18}$$

$$\lambda(n)=\frac{2H}{\sqrt{K^2-n^2}} \tag{5-19}$$

$$K \geqslant K_{cr}(n)=n \tag{5-20}$$

如图 5-28 中远场瞬时流线所示，$K=2$ 附近渠道内开始出现 $n=2$ 的对称重力驻波，$K=2.5$ 时波长缩短。$K=2$ 时，卡门涡街被限制在矩形柱背风面和第一个波谷之间。图 5-27b)比较了流向波长 λ 随成层强度 K 的变化，其中虚线为式(5-19)的线性理论预测结果，圆点是文献[38]对成层流绕球体的数值计算结果。可见 $K>2$ 以后，二阶内波的流向波长随着 K 的增加持续缩短，与线性理论和文献[38]结果较为吻合。$K=2$ 附近本研究同线性理论之间的差异主要是因为成层流的线性理论引入了无黏流假设，其前提是波的能量远大于涡的能量，而 $K=2$时波的能量相对较弱。当 K 继续增加时，流场从以涡脱为主要特征的流态转变为以重力内波为主的流态。

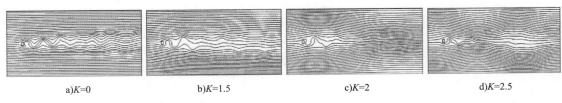

图5-28 典型成层强度全渠道高度瞬时流线

图5-29比较了渠道中时均温度云图和时均流线。式(5-16c)中,等式左边温度的时间导数项在时间平均后可以忽略,而等式右边温度的二阶空间导数项在高Ra数前提下是小量。在强成层条件下旋涡的能量相对较小,通过引入二维无黏流假设,可以将式(5-16c)简化为式(5-21),即时均温度梯度矢量同速度矢量是正交的,因而$K=2$和$K=2.4$时温度等值线与时均流线高度重合。图5-27c)给出了矩形柱背风面下游$h/2$处的压力竖向分布。若假设$u=U$、$v=0$、$w=0$,则式(5-16c)中压力的竖向梯度可以简化为式(5-22),即竖向压力分布为抛物线形状,大小与K^2成正比。可见图5-27c)中除矩形柱尾流附近外,均满足式(5-22)预测的抛物线形状;而近尾流$-h<y<h$压力曲线的负压"波谷"表征了近尾流回流区强度,其变化规律与C_D-K曲线[图5-24a)]一致。图5-30给出了$t=300$附近升力极值时刻展向瞬时涡度ω_z的三维等值面。$K=1$时,卡门涡街的三维结构相比中性流有一定程度的减弱,与低雷诺数($Re=200$)时尾流涡街由于温度成层从三维结构回到二维结构的现象类似。而$K=2$时尾流涡街沿流向发展到$15h$左右迅速消失,仅维持两至三对涡,这同重力波与涡的相互作用有关。$K>2$时,随着重力波的发展和流向波长的缩短,尾流涡街在$10h$左右到下游远端混合之后再次出现。

$$\frac{\partial \overline{T}/\partial x}{\partial \overline{T}/\partial y} = -\frac{\overline{v}}{\overline{u}} \tag{5-21}$$

$$\frac{dP}{dy} \approx -\rho_0 \alpha g(T-T_0) = -\rho_0 \frac{\pi^2 U^2}{H^2} K^2 y \tag{5-22}$$

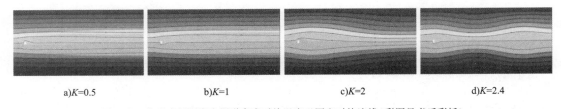

图5-29 典型成层强度全渠道高度时均温度云图和时均流线(彩图见书后彩插)

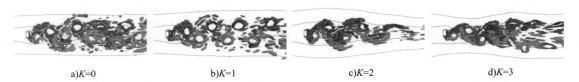

图5-30 典型成层强度瞬时涡度ω_z等值曲面和瞬时流线(彩图见书后彩插)

三、温度成层湍流二维小山绕流 LES 模拟

根据线性理论,有限深度渠道内温度成层流越过下部壁面障碍物时,会在 $K_{cr}=1$ 发生向上游传播的非对称重力内波,并伴随障碍物阻力随 K 的增加由减小到增大的转变。文献[39]发现了成层流绕小山的浮力抑制和重力波等现象,但缺乏对湍流来流条件的讨论。

(1) 湍流边界层生成方法

本节采用数值粗糙元与随机序列合成法结合的方法生成湍流边界层。文献[15]和文献[40]采用的数值粗糙元方法同风洞试验的粗糙元类似,属于湍流被动生成技术。通过改变粗糙元的尺寸 h_0 和间距,数值粗糙元法可控制平均风速、脉动风速和紊流积分尺度的竖向剖面形状,特别是模拟近地湍流峰值特征,但该方法对计算资源的要求较高。随机序列合成法是用随机数人工合成湍流风场的方法,计算效率很高,但由于生成的湍流不满足 N-S 方程,因此衰减速度较快。将两种方法结合可以实现湍流边界层模拟精度和计算效率之间的平衡。

文献[41]在文献[42]研究的基础上提出了用于 LES 的 random flow generation(RFG)方法,属于随机序列合成法的一种。RFG 方法输出的张量形式的脉动风场 $v_i(X,t)$ 可以表示为式(5-23)。其中,谐波阶数在 Fluent©16.1 中为固定值 $M=100$,φ_j^m、ζ_j^m、a_i^m 为相互独立的随机数,$N(0,1)$ 和 $N(0,1/2)$ 为标准正态分布,e_{ijn} 表示置换符号。本节计算将多组矩形柱粗糙元与 RFG 方法结合,用于生成湍流边界层。

$$v_i(X,t) = \sqrt{\frac{2}{M}} \sum_{m=1}^{M} \left[p_i^m \cos(c_k^m x_k + \omega_m t) + q_i^m \sin(c_k^m x_k + \omega_m t) \right] \tag{5-23a}$$

$$x_k = \frac{X_k}{L_k} \tag{5-23b}$$

$$c_k^m = a_k^m \frac{b^m}{\eta_{(k)}^m \sqrt{\omega_u}} \tag{5-23c}$$

$$b^m = \sqrt{\frac{3}{2} S_{ln}^m \omega_u \frac{a_l^m a_n^m}{a_k^m a_k^m}} \tag{5-23d}$$

$$p_i^m = e_{ijn} \varphi_j^m a_n^m \tag{5-23e}$$

$$q_i^m = e_{ijn} \zeta_j^m a_n^m \tag{5-23f}$$

$$\varphi_j^m, \zeta_j^m \in N(0,1), \quad a_i^m \in N(0,1/2) \tag{5-23g}$$

(2) 计算区域设置

如图 5-31 所示,文献[43]和文献[44]的风洞试验,小山截面为双曲线形 $z = h\exp[-x^2/(L^2\ln 2)]$,其中小山高 $h=0.025\text{m}$,半坡长 L 即从坡顶到 $z=h/2$ 处长,取 $L=3h$,最大坡度约 14°。计算域高 2.5m,长 5m,宽 0.2m。如图 5-32 所示,从入口开始,地面每隔 0.05m 设置一个展向均一矩形柱粗糙元,尺寸为 $0.0025\text{m} \times 0.0025\text{m}$,共 10 个。小山中心位置 ($x=0$) 设置在距离入口 1.5m 处。采用结构化贴体网格,网格数量约 120 万个,其中展向 20 层,竖向

102层,纵向585层。在近地层和粗糙元表面有加密,底层网格满足$y^+<1$。计算域上部为对称边界,展向为周期边界,底部为无热通量的无滑移壁面边界,出口为对流边界。入口采用UDF定义风速和温度,并采用RFG方法生成湍流。

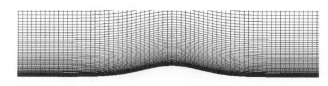

图5-31 双曲线小山周围网格

图5-32 入口粗糙元附近网格

(3)空风洞湍流边界层保持性

为验证湍流边界层的精度和沿流线的保持性,对仅包含粗糙元的空数值风洞开展了数值验证。网格、时间步、边界条件和计算方法都同小山算例一致。分别考虑中性流条件(neutral)和弱成层(stable 1)算例。其中neutral和stable 1算例的入口速度剖面均按文献[43]的中性流试验设置。stable 1算例的入口温度剖面按文献[43]的温度成层流试验设置,式(5-15)中的热膨胀系数设置为$\alpha=1/T_0$,其中边界层外的均一温度$T_0=294\mathrm{K}$。湍流边界层高度为$\delta=0.2\mathrm{m}$,温度边界层高度也为$\delta_t=0.2\mathrm{m}$。边界层以上$U_{\mathrm{ref}}=1.8\mathrm{m/s}$,边界层高度定义的雷诺数$Re=\delta U_{\mathrm{ref}}/\nu=24000$。

图5-33~图5-35分别给出了流向平均风速u、湍流强度I_u和温度T的剖面沿顺流方向x的变化,并同风洞试验结果进行对比。需要注意的是,一方面,文献[43]的风洞试验中,湍流是通过入口格栅与齿疏生成的,而温度成层则是通过入口附近的地表液氮冷却与试验段的地表氮气冷却实现的,冷却装置置于地下。因此,试验中可以实现近地湍流与强温度成层的并存,而计算中由于下部边界没有持续冷却,近地发生剪切不稳定[式(5-9)],导致流场中近地的垂直掺混和温度均一化,如图5-35所示。另一方面,试验中下部边界冷却也导致稳定成层工况的平均风速和湍流强度剖面同中性流区别较大。而计算中neutral和stable 1算例的平均风剖面差异较小,仅在$x=75h$的下游远场出现了一定的差异。LES模拟得到的湍流剖面同试验结果的趋势一致,但在湍流强度峰值的大小和位置$z_{\max}$上有一定的差异。随着湍流边界层沿着流向发展,近地湍流峰值上移而强度削弱,同时湍流边界层高度δ和温度边界层高度δ_t也逐渐增加。在从$z_{\max}$到湍流边界层高度δ的外层区域(external region)中,湍流成分主要由RFG脉动入口贡献,因而表现出随流向较为显著的衰减。

(4)温度成层对越过小山湍流边界层的影响

在湍流边界层小山绕流的LES模拟中,共计算了中性流(neutral)、弱成层(stable 1)、强成层(stable 25)和更强成层(stable 100)四个算例,计算域的入口速度和温度条件同空风洞算例一致。其中stable 25和stable 100算例通过修改热膨胀系数α改变浮力频率N的垂直分布,如图5-36所示。对于stable 1、stable 25、stable 100三个温度成层算例,小山上游$x=-20h$处整体温度成层强度分布分别为0.175、0.992、2.106[式(5-14)]。

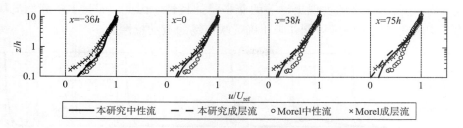

图 5-33　空风洞中顺流向平均风速剖面沿流向的发展

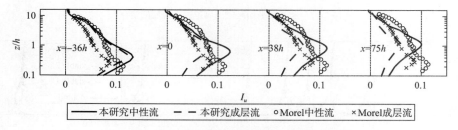

图 5-34　空风洞中顺流向湍流强度剖面沿流向的发展

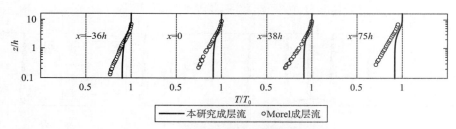

图 5-35　空风洞中温度剖面沿流向的发展

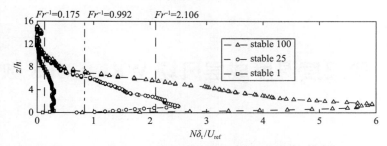

图 5-36　小山上游 $x=-20h$ 处浮力频率 N 的垂直分布和整体温度成层强度 Fr^{-1}

　　图 5-37～图 5-39 给出了中性和不同成层强度的湍流边界层越过小山后，顺流向平均风速 u 剖面、顺流向湍流强度 I_u 剖面和竖向湍流强度 I_w 剖面的变化。首先，中性流 neutral 和弱成层 stable 1 算例的 u、I_u、I_w 剖面差异相对较小，均观察到越过小山时近地平均风速先增加后减小和湍流强度增加的现象。对于 stable 25 强成层情况，其近地平均风速和湍流强度整体上弱于 neutral 和 stable 1 情况，表现出温度成层对近地湍流边界层的抑制作用；此时 $Fr^{-1}=0.992$，流场中可能已经形成 $n=1$ 的重力驻波。对于 stable 100 更强成层情况，重力内波的影响十分显著，观察到在背风坡出现了近地平均风速大于中性流的情况。湍流强度总体上较小，但在小山下游 $x=20h$ 处观察到较大的近地顺流向湍流峰值。需要注意的是，stable 100 算例时重力内

波向上游传播速度较快,流场表现出显著的非平稳的特性。因此,stable 100 算例流场时间平均得到的平均风速和湍流强度可能并未正确反映流场的流动特性。

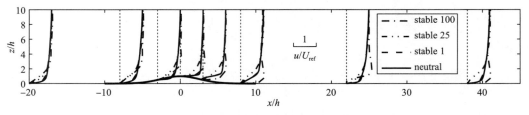

图 5-37 顺流向平均风速剖面越过小山后的变化

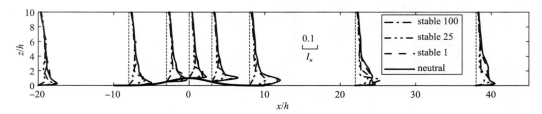

图 5-38 顺流向湍流强度剖面越过小山后的变化

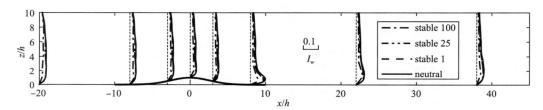

图 5-39 竖向湍流强度剖面越过小山后的变化

第五节　跨尺度温度成层风场 WRF + LES 数值模拟

一、跨尺度风场数值模拟

(1) 从 WRF 到 LES 的降尺度方法

WRF 和 LES 结合方法是将中尺度 WRF 的风速、温度模拟结果经过空间和时间插值及人工湍流生成等降尺度过程(downscale process)后,作为入流条件输入小尺度 LES 计算并求解近地风场。文献[45]指出,降尺度过程是 WRF 和 LES 结合方法的主要技术难点。

水平方向的降尺度过程如图 5-40a)所示,WRF 内部嵌套网格之间的水平数据传递采用了插值的方法,未进行湍流成分补充;内部网格边界处设置松弛区域,用于减轻插值引发的数值振荡。从 WRF 到 LES 的水平数据传递过程中,由于网格尺度会下降 2 个数量级,而 WRF 数值的风场不包含高频的风速成分,因此在插值的基础上还需要人工湍流生成步骤,本节采用了 RFG 方法[式(5-23)]。竖直方向的降尺度过程如图 5-40b)所示,需要注意 WRF 贴体压力高度坐标 η(图 5-9)和 LES 计算的笛卡儿坐标之间的差异,以及 WRF 在高度方向的物理量交错布置(图 5-10)。

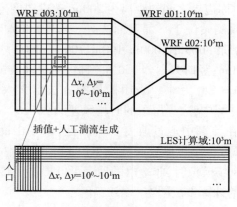

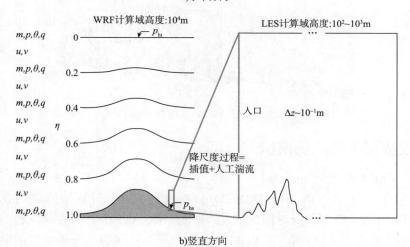

图 5-40　WRF 到 LES 的降尺度过程

时间方面,对于最内层空间网格尺度 10^3 m 的 WRF 计算,出于数值稳定性的考虑,其最内层时间步在 1s 左右。但由于 WRF 本身湍流模拟困难,输出风速仅能得到周期在 1min 以上的频率成分。本节主要通过 RFG 人工湍流生成方法解决 WRF 高频尺度的模拟不足问题。

(2)计算区域设置

风场跨尺度模拟以本章第二部分北极 Tiksi 观测站附近 WRF 模拟作为中尺度计算部分,其详细计算设置和 WRF 近地风、温场结果分析见前文。对于本节第二部分平稳风场模拟,采用本章第二部分 18:00—18:10 OCT 29 2016 时间段的 WRF 模拟结果。对于本节第三部分节非平稳风场模拟,采用本章第二部分 05:20—06:20 OCT 29 2016 时间段的 WRF 模拟结果,同时采用本节第一部分介绍的 Tiksi 观测站 20m 通量塔相应时间段的超声风速测量结果进行验证。

根据对历史气象观测数据的分析,Tiksi 观测站的主风向和较高风速发生的风向均为西风,因此以正西-正东方向建立计算模型。地形数据采用 ASTER-GDEMV2 的 1″卫星高程,其经线和纬线方向的当地精度分别为 10m 和 30m 左右。实际地形小尺度 LES 计算的网格和边界条件如图 5-41 所示,计算域的上部对称边界海拔为 1000m,下部无滑移壁面边界的海拔从 883m 到 994m 不等,展向对称边界之间的距离为 200m,速度温度入口边界和对流出口边界之间的距离为 4000m。Tiksi 观测站位于下部壁面边界,至计算域入口、出口、左侧展向边界、右侧展向边界的水平距离分别是 3000m、1000m、100m、100m。网格划分方面,东西(顺流)向 Δx 和南北(横流)向 Δy 均为 10m;竖向共划分 150 个网格,其中地表第一层网格厚度 0.01m。网格总数为 400 × 20 × 150 = 120 万个。采用插值的方法定义入口平均风、温剖面,并通过 RFG 方法输入风速脉动。计算中,边界层顶的时均风速约 20m/s。若以小山高度计算,实际大气雷诺数 Re 约为 $1×10^8$;在计算中通过改变空气黏性,以小山高度计的雷诺数为 $Re = 6 × 10^4$。需要注意的是,在本章第三节温度成层流绕小山 LES 计算中,采用了入口段粗糙元补充近地湍流成分。实际地形风场模拟时,非平滑的地表可以提供足够的近地湍流,粗糙元的作用不显著。小尺度 LES 模拟的计算方法同本章第三节一致。

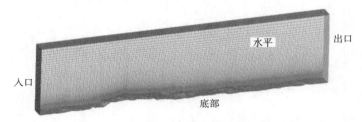

图 5-41 小尺度实际地形风、温场 LES 模拟的计算域和网格

二、温度成层平稳风场模拟

(1) WRF 平稳风场风温剖面

图 5-42 给出了 18:00—18:10 OCT 29 2016 时间段内 WRF 计算结果在 CFD 计算域入口处的风速(U)和温度(T)剖面随时间的变化,输出频率为 0.9Hz。同时间段超声测速得到的 9m 高度风速时程如图 5-44 所示。可见 WRF 计算和观测得到的风速和温度剖面符合均值不随时间变化的特点,平稳性检验也表明风速和温度时程为平稳过程。

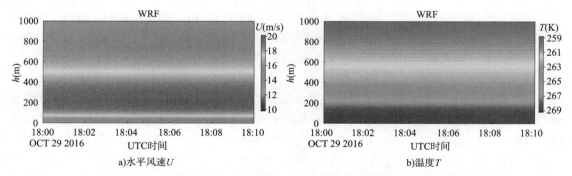

a)水平风速 U b)温度 T

图 5-42 平稳时段 WRF 计算在 CFD 计算域入口处风温剖面随时间变化(彩图见书后彩插)

对计算时间内的风速和温度 WRF 结果进行平均,得到用于 LES 计算入口输入的平均风速和温度剖面,如图 5-43a)、b) 所示。风速方面,可见边界层高度约为 220m,边界层内近似满足对数分布,近地 9m 高度风速约为 12.6m/s,而在边界层顶达到最高风速 19.1m/s;从边界层顶到 1000m 高度范围内,风速近似线性减小,在 1000m 高度风速约为 13.4m/s。温度在整个计算高度内随着高度增加而上升。由于正的温度梯度幅值可以表征大气静稳定的强度,WRF 计算表明北极地区冬季气候下具有强稳定边界层。具体来说,在近地 100m 左右高度内,温度随高度上升的速度很小,大气静稳定度不强;从 100m 到 400m 高度,静稳定性较强,在此之上温度基本线性上升,大气稳定度维持在较高水平。如图 5-43c) 所示,近地层 100m 左右范围基本满足理查德森数 $Ri<1$,尤其是近地 50m 高度内满足 $Ri<0.25$;而 100m 以上的部分 Ri 维持在 1 以上。可见,虽然北极大气具有较强的静稳定性,但 Tiksi 观测站附近的 WRF 计算结果表明近地表风场显著受到下垫面带来的速度剪切的影响,具有较强的剪切不稳定性。然而,图 5-43d) 的 WRF 脉动风速剖面计算结果显示,整个计算高度内的湍流强度均小于 1%,脉动特性不显著,尤其是近地表并没有展现出显著的风速脉动,与观测值差异较大。因此,通过 RFG 方法引入 LES 计算的入口速度脉动是必要的。

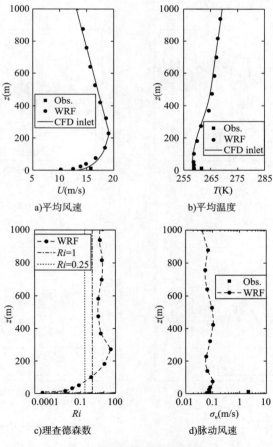

a) 平均风速 b) 平均温度

c) 理查德森数 d) 脉动风速

图 5-43 平稳算例 WRF 输出剖面

(2) 近地风温特性

图 5-44 比较了 Tiksi 观测站位置平稳风速下，10min 时距内近地三向风速 U、V、W 和温度 (T) 时程的超声测量，WRF 计算，中性流 WRF+LES 计算 (CFD-neutral) 和实际温度剖面 WRF+LES 计算 (CFD-stable) 的结果。其中，超声测量和 CFD 时程的时距均为 0.1s，而 WRF 的时距为 1.11s。表 5-3 进一步给出了 10min 近地风温时程对应的平均值、方差、最大值与最小值统计结果。在主风向 U 上，WRF+LES 结果在平均风速、脉动风速、风速极值上均同观测值较为接近，相比 WRF 的模拟精度提升显著。在横风向 V 上，WRF+LES 计算的风速均值出现了一定的误差，与 LES 计算域展向长度过小有关。此外，相比于 WRF，WRF+LES 较好地模拟了横向和竖向的风速脉动以及温度的波动幅度，但横向和竖向的湍流强度仍弱于观测值。可见 RFG 方法虽然在顺流方向湍流生成效果显著，但在横风和竖直方向的湍流模拟还需要进一步研究。在温度 T 方面，WRF 的平均温度误差基本延续到了 WRF+LES 计算中，与其他脉动特性的比较结果相似，WRF+LES 同样显著提高了温度的脉动值。在 WRF+LES 计算中，温度的脉动主要是由竖直湍流输送引起的。最后，比较中性流和实际温度剖面的 WRF+LES 计算，后者在近地主风向平均风速和风速极值上均弱于前者，体现了较弱的温度成层对山体下游近地风速的影响，与本章第三节的结论一致。

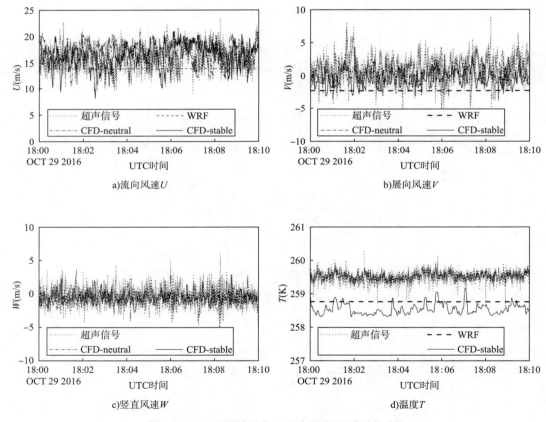

图 5-44 Tiksi 观测站近地 9m 三向风速和温度平稳时程

平稳算例 Tiksi 观测站位置 9m 风速、温度 10min 统计值对比　　　表 5-3

参量		超声信号	WRF	CFD-neutral	CFD-stable
U	均值	16.02	13.87	16.98	16.31
	方差	2.10	0.01	1.98	2.18
	最大值	23.60	13.88	21.69	20.96
	最小值	8.84	13.85	10.21	8.14
V	均值	0.93	-2.39	0.18	-0.34
	方差	1.93	0.01	1.13	1.16
	最大值	8.87	-2.37	4.27	4.28
	最小值	-9.23	-2.39	-2.45	-3.17
W	均值	-0.43	—	-0.67	-0.64
	方差	1.21	—	0.71	0.73
	最大值	6.04	—	1.53	2.83
	最小值	-8.21	—	-2.66	-2.75
T	均值	259.51	258.75	—	258.53
	方差	0.12	0.00	—	0.16
	最大值	260.30	258.76	—	259.16
	最小值	258.59	258.75	—	258.31

图 5-45 进一步给出了主风向 U 时程的频谱分析结果,其中虚线为 Karman 谱,横坐标为无量纲频率,纵坐标为无量纲功率谱密度。首先,超声观测的风谱结果同 Karman 谱吻合度较高,而在高频部分能量分布要大于 Karman 谱。其次,WRF 结果在无量纲频率 10^{-2} 后能量迅速下降;注意到 WRF 计算中近地风速 $u=10^1$ m/s 尺度、WRF 最内层网格精度 dx 在 10^3 m 尺度时对应的时间尺度为 10^2 s,而对应高度在 10^1 m 尺度时,可得 WRF 计算最内层网格近地风速计算的无量纲频率的尺度为 10^{-2},同图 5-45 中能量迅速下降的现象一致。需要注意的是,尽管这一结果表明 WRF 输出的频率成分与网格尺度有关,现有研究表明,WRF 的数值过滤尺度在灰色区域频段的风速脉动模拟能力不足,因此进一步提高 WRF 的分辨率难以提高结果的湍流成分。最后,相对于 WRF 结果,WRF + LES 方法显著提高了高频风速成分能量,而且风谱曲线光滑。但在无量纲频率 10^{-1} 以上,跨尺度方法结果的能量分布小于观测结果和 Karman 谱。除了进一步改善 RFG 方法以外,LES 计算中提高高频风速成分主要需要增加地形网格的精度、提高雷诺数、减小计算时间步。此外,在频谱上,中性流 WRF + LES 计算同实际温度 WRF + LES 计算差别不大。

(3) 风温剖面

图 5-46 描绘了中性流和实际温度来流条件下,WRF + LES 计算得到的 Tiksi 观测站位置 ($x=0$) XZ 切面时均流向风速云图。可见,湍流边界层在越过上游山体时出现了显著的越山风加速现象。受温度成层的影响,山体下游边界层顶部的平均风速有所上升,同表 5-3 所示的近地平均风速下降不同。

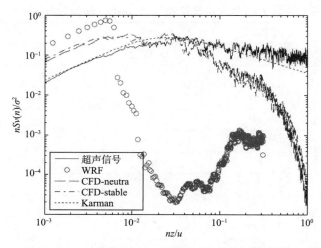

图 5-45　Tiksi 观测站近地 9m 平稳风速时程功率谱密度对比

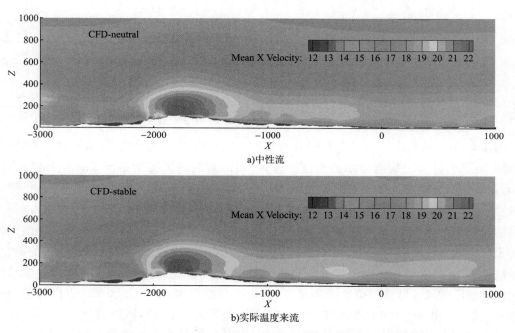

图 5-46　不同条件下 Tiksi 观测站位置 XZ 切面时均流向风速云图（彩图见书后彩插）

图 5-47 给出了 Tiksi 观测站处离地 150m 高度内的风速、温度和湍流剖面情况。WRF + LES 计算结果显示，温度从近地的 258.5 K 上升到 150m 高度的 259.2 K，满足静力稳定成层条件；但同 WRF 的温度剖面结果相比，越过小山的温度剖面形状发生了变化，即近地温度梯度增加而高层温度梯度下降，体现了垂直方向的湍流掺混使得温度梯度更加均匀化。在流向平均速度上，越过小山的大气边界层同 WRF 结果相比，发生了显著加快的情况，近地层风速更加接近超声测量的风速均值。而流向脉动风速由于采用了 RFG 人工湍流输入，湍流成分相比 WRF 显著增强；脉动风剖面在距离地面 10m 高度附近达到极值 3m/s，而在 75~150m 范围内变化较小。平均风剖面形状的改变体现了复杂地形的影响，而脉动风速的提升体现了人工

湍流模拟的效果,两者是 WRF + LES 方法相对于 WRF 风场模拟的主要进步。通过对比中性流和实际温度成层流两种条件下的 WRF + LES 计算结果,可以看到温度成层流条件下 Tiksi 观测站处 30m 以内的近地层风速相对于中性流条件略有下降,而在 30～150m 范围内风速稍高于中性流,两者的脉动风速剖面差异不大。

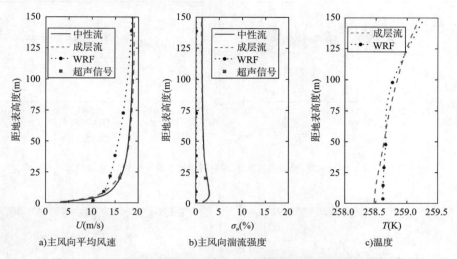

图 5-47　Tiksi 观测站处离地 150m 高度平稳过程风速、温度和湍流剖面统计值

三、温度成层非平稳风场模拟

(1) 非平稳超声信号和 WRF 输出的时间插值

相对于平稳风场跨尺度计算过程,非平稳风场跨尺度计算需要对 WRF 输出风温场进行时间插值,LES 计算域入口风速是非平稳、非定常的。

图 5-48 给出了 05:20—06:20 APR25 的 1h 间隔内的近地 9m 主风向风速 U 和温度 T 时程的超声测量和 WRF 计算结果。可见,无论是超声测量还是 WRF 结果,风速和温度的非平稳特征都是很明显的。超声测量平均风速在 05:30 到 05:45 时从 5m/s 左右快速提升到 20m/s 左右,之后平均风速逐渐降低直到 06:20 的 15m/s 左右。而 WRF 结果相对超声测量来说,低估了前一段风速剧烈上升的过程,尽管风速开始上升的时刻 05:30 和最后 06:20 平均风速都同超声测量结果相近。这也暴露了 WRF 模式在模拟风速剧烈变化过程中的不足。在温度变化方面,超声测量结果和 WRF 结果都在关注时间范围内升高,但 WRF 结果低于超声测量结果。同本章第二节平稳风场模拟一样,非平稳风场下 WRF 的结果也存在湍流成分缺失的问题。

图 5-49 给出了 WRF 计算得到的非平稳风温剖面时程。风剖面形状在计算时间范围内变化剧烈。若以高度方向风速极值点位置定义边界层高度 δ,则 05:20 边界层高度 δ = 500m,对应极值风速约为 20m/s,而近地风速较低,仅为 5m/s 左右;05:30 后 δ 迅速降低,伴随着极值风速和近地风速的上升;05:50 后,边界层高度下降至 200m 左右,而极值风速上升到 23m/s,近地风速大幅上升至 15m/s。温度剖面的变化同风速剖面的变化基本同步,表现出热对流的特点。整个计算时间内温度剖面维持稳定。将图 5-49 的风温剖面时程进行

插值后,输入小尺度 LES 计算域作为入流速度的平均部分,而脉动部分的模拟则通过 RFG 方法实现。LES 计算分别考虑了中性流设置的 CFD-neutral 算例和实际温度设置的 CFD-stable 算例。

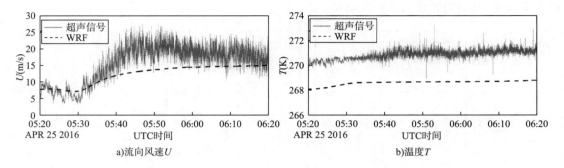

图 5-48　Tiksi 观测站 9m 高度风速、温度时程超声信号与 WRF 结果对比

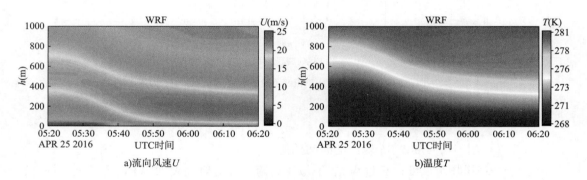

图 5-49　WRF 非平稳风速、温度剖面时程(彩图见书后彩插)

(2)近地风特性

图 5-50 比较了 WRF + LES 计算和 WRF、超声测量得到的近地 9m 瞬时风速时程和 10min 统计值时程。可见 WRF + LES 跨尺度方法输出风速时程结果在 WRF 非定常风速的基础上增加了湍流。但同超声测量结果相比,WRF + LES 方法在高频能量上仍有不足,与平稳算例结果相似。

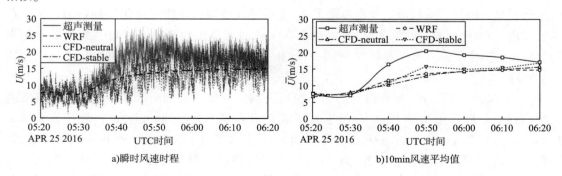

图　5-50

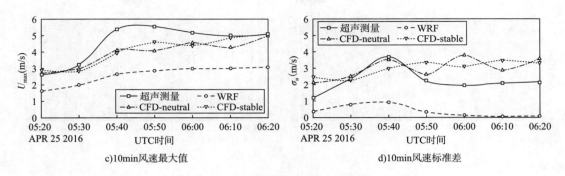

图 5-50　近地 9m 非平稳风速时程计算结果对比

从平均风速上看,中性流和实际温度的 WRF + LES 算例均同 WRF 结果接近,在 05:40—06:10 时间内比超声测量结果低 5m/s 左右。但实际温度 CFD-stable 算例在 05:50 附近的 10min 时均风速高于 CFD-neutral 和 WRF。从风速标准差上看,WRF + LES 方法模拟的风速标准差明显大于 WRF 结果,同观测结果接近。对于非平稳过程,10min 时距风速标准差与湍流强度并不是完全对应的,如 WRF 的风速标准差在 05:20—05:50 范围内明显较高,表征了平均风速变化的影响。此外,WRF + LES 方法对风速极值的预测也明显优于 WRF,体现了该方法在结构风荷载估计等应用中的潜力;WRF + LES 方法同样受限于入口输入的平均风速的误差,模拟的风速极值小于观测的风速极值。在近地风速标准差和风速极值的变化上,温度成层的影响不显著。

(3) 风温剖面

图 5-51 给出了 CFD-stable 算例在 Tiksi 观测站处温度剖面时间变化。同图 5-49b)相比,CFD 温度剖面的时间变化在整体上同 WRF 输出结果相似,但显然增加了脉动成分。图 5-52 比较了 CFD-neutral 和 CFD-stable 计算得到的水平风速剖面沿高度的变化。同图 5-49a)相比,两者的风速脉动成分在整个流场高度内都显著增长。温度成层作用下边界层顶部的风速有所上升,与平稳算例的结论一致。从时间上看,温度成层流的风速剖面随时间的变化较弱。

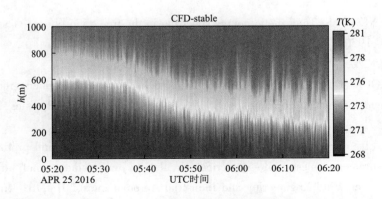

图 5-51　Tiksi 观测站处 WRF + LES 计算的非平稳温度剖面时间变化(彩图见书后彩插)

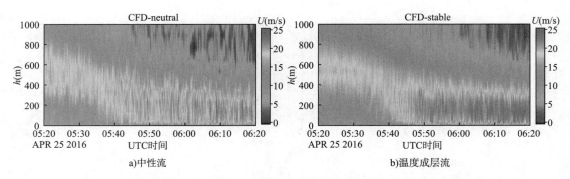

图 5-52　Tiksi 观测站处 WRF + LES 计算的非平稳风速剖面时间变化(彩图见书后彩插)

本章参考文献

[1] STULL R B. An introduction to boundary layer meteorology[M]. Dordrecht, Netherland: Kluwer Academic Publisher, 1988.

[2] United States Committee on Extension to the Standard Atmosphere. U. S. standard atmosphere, 1962: ICAO standard atmosphere to 20 kilometers, proposed ICAO extension to 32 kilometers, tables and data to 700 kilometers[R]. for sale by the Supt. of Docs. U. S. Govt. Print. Off., 1962.

[3] NEFF W D. Remote sensing of atmospheric processes over complex terrain[M]. Boston: American Meteorological Society, 1990.

[4] OHYA Y, UCHIDA T, NAGAI T. Near wake of a horizontal circular cylinder in stably stratified flows[J]. Open Journal of Fluid Dynamics, 2013, 3(4): 311-320.

[5] 项海帆. 现代桥梁抗风理论与实践[M]. 北京: 人民交通出版社, 2005.

[6] 葛耀君. 大跨度悬索桥抗风[M]. 北京: 人民交通出版社, 2011.

[7] 欧特尔, 等. 普朗特流体力学基础[M]. 朱自强, 钱翼稷, 李宗瑞, 译. 北京: 科学出版社, 2008.

[8] VINNICHENKO N K. The kinetic energy spectrum in the free atmosphere—1 second to 5 years[J]. Tellus, 1970, 22(2): 158-166.

[9] 寿绍文. 中尺度大气动力学[M]. 北京: 高等教育出版社, 2009.

[10] SKAMAROCK W C, KLEMP J B. A time-split nonhydrostatic atmospheric model for weather research and forecasting applications[J]. Journal of Computational Physics, 2008, 227(7): 3465-3485.

[11] TSE K T, LI S W, FUNG J C H. A comparative study of typhoon wind profiles derived from field measurements, meso-scale numerical simulations, and wind tunnel physical modeling[J]. Journal of Wind Engineering and Industrial Aerodynamics, 2014, 131: 46-58.

[12] 陶韬. 基于中尺度气象模式的强风特性跨尺度数值模拟研究[D]. 上海: 同济大学, 2015.

[13] RAI R K, BERG L K, KOSOVIĆ B, et al. Comparison of measured and numerically simulated

turbulence statistics in a convective boundary layer over complex terrain[J]. Boundary-layer Meteorology,2016,163(1):69-89.

[14] TAMURA T. Towards practical use of LES in wind engineering[J]. Journal of Wind Engineering and Lndustrial Aerodynamics,2008,96(10-11):1451-1471.

[15] CAO S,WANG T,GE Y. Numerical study on turbulent boundary layers over two-dimensional hills — effects of surface roughness and slope[J]. Journal of Wind Engineering and Industrial Aerodynamics,2012,104-106:342-349.

[16] GOLAZ J C,DOYLE J D,WANG S. One-way nested large-eddy simulation over the Askervein Hill[J]. Journal of Advances in Modeling Earth Systems,2009,1(3):6.

[17] NAKAYAMA H,TAKEMI T,NAGAI H. Large-eddy simulation of turbulent winds during the Fukushima Daiichi Nuclear Power Plant accident by coupling with a meso-scale meteorological simulation model[J]. Advances in Science and Research,2015,12(1):127-133.

[18] GOPALAN H,GUNDLING C,BROWN K,et al. A coupled mesoscale-microscale framework for wind resource estimation and farm aerodynamics[J]. Journal of Wind Engineering and Industrial Aerodynamics,2014,132(1):13-26.

[19] 董浩天. 复杂气象条件湍流大气边界层和结构风荷载多尺度数值模拟[D]. 上海:上海大学力学博士后流动站,2021.

[20] HANESIAK J,STEWART R,BARBER D,et al. Storm studies in the Arctic (STAR) [J]. Bulletin of the American Meteorological Society,2010,91(1):47-68.

[21] CASSANO J J,HIGGINS M E,SEEFELDT M W. Performance of the weather research and forecasting model for month-long pan-Arctic simulations[J]. Monthly Weather Review,2011, 139(11):3469-3488.

[22] MÖLDERS N,TRAN H N Q,QUINN P,et al. Assessment of WRF/Chem to simulate sub-Arctic boundary layer characteristics during low solar irradiation using radiosonde,SODAR,and surface data[J]. Atmospheric Pollution Research,2011,2(3):283-299.

[23] DONG H,CAO S,TAKEMI T,et al. WRF simulation of surface wind in high latitudes[J]. Journal of Wind Engineering and Industrial Aerodynamics,2018,179(1):287-296.

[24] 董浩天. 考虑流动温度效应复杂地形风场 WRF + LES 跨尺度数值模拟[D]. 上海:同济大学,2018.

[25] ROSHYDROMET,FMI,NOAA. Tiksi hydrometeorological observatory program of research first year projects and installations[R]. 2010.

[26] HONG S Y,LIM J O J. The WRF single-moment 6-Class microphysics scheme (WSM6)[J]. Asia-pacific Journal of Atmospheric Sciences,2006,42:129-151.

[27] CHEN F,DUDHIA J. Coupling an advanced land surface hydrology model with the Penn State NCAR MM5 modeling system. Part I:model implementation and sensitivity [J]. Monthly Weather Review,2001,129(4):569-585.

[28] JANJIĆ Z. The step-mountain eta coordinate model:further developments of the convection, viscous sublayer,and turbulence closure schemes[J]. Monthly Weather Review,1994,122

(5):927-945.

[29] DUDHIA J. Numerical study of convection observed during the winter monsoon experiment using a mesoscale two-dimensional model[J]. Journal of the Atmospheric Sciences, 1989, 46: 3077-3107.

[30] MLAWER E J, TAUBMAN S J, BROWN P D, et al. Radiative transfer for inhomogeneous atmospheres: RRTM, a validated correlated-k model for the longwave[J]. Journal of Geophysical research Atmospheres, 1997, 102(D14): 16663-16682.

[31] SHIN H H, HONG S Y, DUDHIA J. Impacts of the lowest model level height on the performance of planetary boundary layer parameterizations[J]. Monthly Weather Review, 2012, 140(2): 664-682.

[32] NORBERG C. Flow around rectangular cylinders: pressure forces and wake frequencies[J]. Journal of Wind Engineering and Industrial Aerodynamics. 1993, 49(1-3): 187-196.

[33] DONG H, CAO S, GE Y. Large-eddy simulation of stably stratified flow past a rectangular cylinder in a channel of finite depth[J]. Journal of Wind Engineering and Industrial Aerodynamics, 2017, 170: 214-225.

[34] OZONO S, AOTA N, OHYA Y. Stably stratified flow around a horizontal rectangular cylinder in a channel of finite depth[J]. Journal of Wind Engineering and Industrial Aerodynamics, 1997, 67-68(97): 103-116.

[35] LOFQUIST K E B, PURTELL L P. Drag on a sphere moving horizontally through a stratified liquid[J]. Journal of Fluid Mechanics, 1984, 148: 271-284.

[36] NAKAGUCHI H, HASHIMOTO K, MUTO S. An experimental study on aerodynamic drag of rectangular cylinders[J]. Journal of the Japan Society for Aeronautical and Space Sciences, 1968, 16(168): 1-5.

[37] LIN J T, PAO Y H. Wakes in stratified fluids[J]. Annual Review of Fluid Mechanics, 1979, 11(1): 317-338.

[38] HANAZAKI H. A numerical study of three-dimensional stratified flow past a sphere[J]. Journal of Fluid Mechanics, 1988, 192: 393-419.

[39] WANG T, DONG H, CAO S, et al. Stratification effects on wind characteristics over two-dimensional steep hills[C]. 9th Asia-pacific Conference on Wind Engineering, Auckland, 2017.

[40] TAMURA T, CAO S, OKUNO A. LES study of turbulent boundary layer over a smooth and a rough 2D hill model[J]. Flow, Turbulence and Combustion, 2007, 79(4): 405-432.

[41] SMIRNOV A, CELIK I, SHI S. Random flow generation technique for large eddy simulations and particle-dynamics modeling[J]. Journal of Fluids Engineering, 2001, 123(2): 359-371.

[42] KRAICHNAN R H. Diffusion by a random velocity field[J]. The Physics of Fluids, 1970, 13(1): 22-31.

[43] MOREL R, ALCARAZ E, AYRAULT M, et al. Effects of thermal stable stratification on turbulent boundary layer characteristics[J]. Atmospheric Environment. part A. General Topics, 1991, 25(7): 1263-1269.

[44] ZEGADI R, AYRAULT M, MEJEAN P. Effects of a two-dimensional low hill in a thermally neutral and stably stratified turbulent boundary layer[J]. Atmospheric Environment, 1994, 28(11):1871-1878.

[45] MOCHIDA A, IIZUKA S, TOMINAGA Y, et al. Up-scaling CWE models to include mesoscale meteorological influences[J]. Journal of Wind Engineering and Industrial Aerodynamics, 2011, 99(4):187-198.

[46] 董浩天,陶韬,杜晓庆.沿海复杂地形台风登陆过程风场多尺度数值模拟[J].空气动力学学报,2021,39(4):147-152.

第六章

梁式桥结构动力特性

梁式桥的结构动力特性是其在自由振动中表现出来的基本特征,包括固有振型、固有频率和结构阻尼,这些都是梁式桥的固有属性,一般与外荷载特性无关。桥梁在外部动力荷载作用下的动力响应除了与外荷载特性相关以外,很大程度上取决于结构固有的动力特性,因此,掌握结构动力特性是研究梁式桥各种动力行为的基础。梁式桥结构动力特性中的固有振型和固有频率可以通过理论分析、有限元分析或现场实测获取,而结构阻尼无法通过分析得到,只能由现场实测得到测试结果,并据此在理论分析中按经验取值。本章将介绍梁式桥固有振型和固有频率的理论分析和有限元分析方法。

第一节 竖向弯曲自由振动

在桥梁的四种基本类型中,梁式桥是构造最为简单的桥型。梁式桥是由连续分布的质量和连续分布的刚度所组成的连续体。由于确定连续体上无限多个质点的位置需要无限多个坐标,因此连续体是具有无限自由度的系统,其自由振动也包含无限多个主振型。从数学角度分析,连续体的振动要用同时具有时间和空间坐标的函数来描述,其基本运动方程必然是偏微分方程。

本节详细推导了梁弯曲振动的动力学偏微分方程,对简支梁桥的竖向弯曲自由振动进行了分析求解,得到了固有振型和固有频率的精确解,并介绍了连续梁桥的边界条件和结构动力特性近似求解方法,最后给出了梁桥竖向基频的经验公式,并与实测拟合结果进行了对比。

一、竖弯振动基本方程

如图 6-1 所示的变截面欧拉-伯努利梁,假定梁各截面的中心主惯性轴在同一竖直平面内,且梁在该平面内发生竖向振动。梁的抗弯刚度为 $EI(x)$,横截面面积为 $A(x)$,用函数 $y(x,t)$ 描述梁的竖向位移 y 随轴向位置 x 和时间 t 变化的规律。根据梁上任意微段的竖向动力平衡条件,可得:

$$\sum F_y = \Delta m a_y \tag{6-1}$$

式中，ΣF_y 为作用在微段上的竖向合力；Δm 为微段的质量；a_y 为微段的竖向加速度。

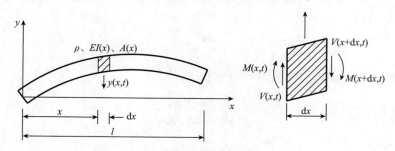

图 6-1 竖向弯曲振动的梁

取梁上任一位置 x 处的微段 dx 作为研究对象，基于式(6-1)，有：

$$V(x,t) - \left[V(x,t) + \frac{\partial V(x,t)}{\partial x}dx\right] = \rho A(x) dx \frac{\partial^2 y(x,t)}{\partial t^2} \tag{6-2}$$

等式两边同除以 dx 可得：

$$\frac{\partial V(x,t)}{\partial x} + \rho A(x)\frac{\partial^2 y(x,t)}{\partial t^2} = 0 \tag{6-3}$$

将剪力和弯矩之间的静力学关系式 $\frac{\partial M(x,t)}{\partial x} = V(x,t)$ 代入式(6-3)可得：

$$\frac{\partial^2 M(x,t)}{\partial x^2} + \rho A(x)\frac{\partial^2 y(x,t)}{\partial t^2} = 0 \tag{6-4}$$

引入梁的弯矩和曲率之间的基本关系式：$M(x,t) = EI(x)\frac{\partial^2 y(x,t)}{\partial x^2}$。方程(6-4)变成：

$$\frac{\partial^2}{\partial x^2}\left[EI(x)\frac{\partial^2 y(x,t)}{\partial x^2}\right] + \rho A(x)\frac{\partial^2 y(x,t)}{\partial t^2} = 0 \tag{6-5}$$

式(6-5)为梁弯曲振动的基本运动方程，方程的解必须满足梁的所有位移边界条件和力边界条件。

二、简支梁桥竖弯振动

为简化数学推导和表达，以下讨论将局限于沿长度方向截面特性不变的梁，其竖向弯曲振动的基本方程简化为：

$$EI\, y^{(4)} + m\ddot{y} = 0 \tag{6-6}$$

式中，m 为梁的均布质量；$y^{(4)}$ 表示竖向位移对时间的导数；$\ddot{y}$ 表示竖向位移对 x 的导数。对式(6-6)所示的常系数线性齐次偏微分方程，可用分离变量法进行求解。首先假定解具有以下形式：

$$y(x,t) = \phi(x) \cdot Y(t) \tag{6-7}$$

其中 $\phi(x)$ 是梁固有的与时间无关的形状函数。式(6-7)所描述的梁弯曲自由振动，是形状与 $\phi(x)$ 相似、幅值按 $Y(t)$ 随时间变化的运动。把式(6-7)代入方程(6-6)可得：

$$EI\phi^{(4)}(x) \cdot Y(t) + m\phi(x)\ddot{Y}(t) = 0 \tag{6-8}$$

分离变量后可得:

$$\frac{EI\phi^{(4)}(x)}{m\phi(x)} = -\frac{\ddot{Y}(t)}{Y(t)} = 常数 = \omega^2 \tag{6-9}$$

由此得到两个独立的线性齐次常微分方程:

$$\ddot{Y} + \omega^2 Y = 0 \tag{6-10}$$

$$EI\phi^{(4)} - m\omega^2\phi = 0 \tag{6-11}$$

解方程(6-10)可得:

$$Y(t) = A\sin(\omega t) + B\cos(\omega t) = a\sin(\omega t + \varphi) \tag{6-12}$$

这是一个简谐振动,频率为 ω,而振幅 a 和相位差 φ 可由梁的运动初始条件确定。

解方程(6-11)可得:

$$\phi(x) = A\cosh(kx) + B\sinh(kx) + C\cos(kx) + D\sin(kx) \tag{6-13}$$

式中,$k = \sqrt[4]{\dfrac{m\omega^2}{EI}}$,四个积分常数 A、B、C、D 由梁的边界条件确定。

对于长度为 l 的简支梁,有 $\phi(0) = \phi''(0) = 0$,代入方程易得 $A = C = 0$;$\phi(l) = \phi''(l) = 0$,代入方程得:

$$B\sinh(kl) + D\sin(kl) = 0$$
$$B\sinh(kl) - D\sin(kl) = 0$$

两式相加为 $2B\sinh(kl) = 0$,因此必须 $B = 0$;两式相减为 $2D\sin(kl) = 0$,若要剩下的唯一积分常数 D 不等于零,必须有 $\sin(kl) = 0$,即 $kl = n\pi(n = 1,2,3,\cdots)$,故满足简支梁边界条件的振型函数可写成:

$$\phi_n(x) = D_n\sin\left(\frac{n\pi x}{l}\right) \quad (n = 1,2,3,\cdots) \tag{6-14}$$

与 $\phi_n(x)$ 相对应的固有频率为:

$$\omega_n = \left(\frac{n\pi}{l}\right)^2\sqrt{\frac{EI}{m}} \tag{6-15}$$

固有振动方程的一般解为各振型的线性叠加,将式(6-12)、式(6-13)代入式(6-7),并把 D_n 归入常数 a 写成 a_n,则得:

$$y(x,t) = \sum_n a_n\sin\left(\frac{n\pi x}{l}\right) \cdot \sin(\omega_n t + \varphi_n) \tag{6-16}$$

前三阶振型曲线和相应的频率如图 6-2 所示。

在计算桁架梁桥的竖向弯曲频率时,可以用与桁架梁刚度相等的等截面实腹梁来替代,得到等效弯曲刚度 EI_{eq},从而按式(6-15)计算其竖弯频率。所求的等代梁的抗弯刚度 EI 由桁架梁与等代梁在跨中的挠度相等的条件来决定,即:

$$\frac{5}{384} \cdot \frac{ql^4}{EI} = \sum_i^n \frac{\overline{N_i}N_{qi}S_i}{EA_i} \tag{6-17}$$

式中,q 为桁梁自重集度;$\overline{N_i}$ 为单位荷载作用在跨中时桁架第 i 根杆件的轴力;N_{qi} 为在荷载自重下第 i 根杆件的轴力;S_i 为第 i 根杆件的长度。

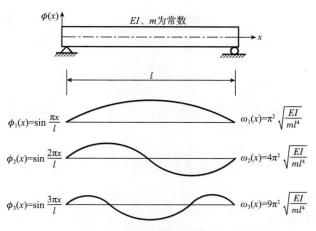

图 6-2 简支梁竖向弯曲振动的前三阶固有振型及频率

三、连续梁桥竖弯振动

对于等截面的连续梁桥,也可以采用式(6-13)表达的形状函数进行自由振动方程的求解。但与简支梁振型函数只包含形状函数中的一项不同,连续梁桥各跨的振型函数可能含有全部四项,需要通过边界条件确定各跨形状函数的系数 A_i、B_i、C_i 和 D_i。对于连续梁桥,一般在每一联的一个墩或台上设置一个固定支座,其他墩台均设置活动支座。如果在梁体横向布置有两个或多个支座,则根据需要布置固定支座、单向活动支座或多向活动支座,以满足结构纵横向变位的要求。图 6-3 是一种支座布置形式,在考虑梁桥竖向振动时,其纵向约束条件可以分为固定支座(图中 2 位置)和可动支座(图中其余位置)。设置板式橡胶的情况较为特殊,在结构动力特性分析时可按固定支座处理。对于连续梁两个端部的支座处,必有 $\phi(x)=\phi''(x)=0$。而对于中间支座位置,除需要满足 $\phi(x)=0$ 外,还需要满足受力连续条件 $M(x)=EI\phi''(x^-)=EI\phi''(x^+)$,$V(x^+)=EI\phi'''(x^+)$,$V(x^-)=EI\phi'''(x^-)$,将边界条件代入式(6-13)即可进行连续梁桥固有振型和固有频率的求解。

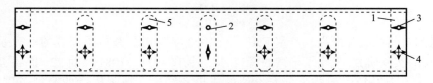

图 6-3 连续梁桥支座布置

可以预见的是,由于连续梁桥的边界条件复杂,采用上述直接积分法求解结构固有振型和频率比较困难,因此宜用下列各种近似方法:

(1)瑞雷法

当系统进行固有频率振动时,其动能和位能反复交换。根据能量守恒原理,对于保守系统有:

$$U + T = 常数 \tag{6-18}$$

式中,U 和 T 分别为系统的位能和动能。梁的固有振动形式如式(6-7)所示,则位能和动能可分别表示为：

$$U = \frac{1}{2}\int_0^l EI(x)(y'')^2 dx = \frac{1}{2}a^2\sin^2(\omega t+\varphi)\int_0^l EI(x)(\phi'')^2 dx \quad (6-19)$$

$$T = \frac{1}{2}\rho\int_0^l A(x)\dot{y}^2 dx = \frac{1}{2}\rho a^2\omega^2\cos^2(\omega t+\varphi)\int_0^l A(x)\phi^2(x) dx \quad (6-20)$$

U 和 T 的相位差为 $\pi/2$，当 $T=0$ 时，$U=U_{max}$；当 $U=0$ 时，$T=\omega^2 T_{max}$。由 $U+T=U_{max}+0=0+\omega^2 T_{max}=$ 常数，可得：

$$\omega^2 = \frac{U_{max}}{T_{max}} = \frac{\int_0^l EI(x)[\phi''(x)]^2 dx}{\int_0^l \rho A(x)[\phi(x)]^2 dx} \quad (6-21)$$

这就是瑞雷法的基本公式。只要能近似地写出对应于某一固有频率的振型函数 $\phi(x)$，则可以利用式(6-21)求得该固有频率的近似值。

（2）里兹法

与静力学的最小位能原理相仿，根据动力学中的哈密尔顿原理，在约束条件下实际可能的动力平衡的能量判别式为：

$$\delta I = \delta\int_0^l (T-U) dt = \delta\int_0^l \left\{\frac{EI(x)}{2}[\phi''(x)]^2 - \frac{\rho A(x)}{2}\omega^2\phi^2\right\} dx = 0 \quad (6-22)$$

若引入 n 个参数 a_n 组成的近似的振型函数 $\phi(x)=\sum_n a_n f_n(x)$，其中 $f_n(x)$ 为满足边界条件的任意已知函数，上述极值条件可化为微分式：

$$\frac{\partial}{\partial a_n}(U_{max}-\omega^2 T_{max})=0 \quad (n=1,2,3,\cdots) \quad (6-23)$$

这就是里兹法的基本公式，由此可写出 n 个联立的齐次方程式，由系数矩阵行列式等于零的条件即可得到频率方程，从而解得 n 个频率，其中每一个频率与一个振型相对应。

四、竖弯振动频率近似计算

梁式桥的竖弯基频可由经验公式进行估算：

$$f=\frac{100}{L} \quad (6-24)$$

瑞士联邦材料试验和研究实验室 EMPA 自 1922 年起对公路桥梁荷载的动力效应进行了长达 60 余年的实验研究，积累了丰富的资料，特别是在 1958—1981 年对 226 座各类公路梁式桥所进行的试验中得到了一些十分有价值的成果和结论。被测桥梁的跨径范围为 11.0～118.8m，平均跨径 39.5m，一般在简支梁桥的跨中或连续梁桥最长跨的跨中进行振动测量，从动力响应中获得桥梁的前几阶频率。

其中 224 座简支梁桥的一阶竖向弯曲固有频率的实测值 f 范围为 1.23～14.0Hz，平均值 $f_m=3.62$Hz，频率对于跨长的回归函数为：

$$f=95.4 L^{-0.933} \quad (\sigma_f=\pm 0.81\text{Hz}) \quad (6-25)$$

图 6-4 表示实测值和回归公式[式(6-25)]及经验公式[式(6-24)]之间的对比。如果从 224 个实测值中去掉一些特殊结构的点，从保留的 100 个数据中得到的回归函数为：

$$f=90.6 L^{-0.923} \quad (\sigma_f=\pm 0.61\text{Hz}) \quad (6-26)$$

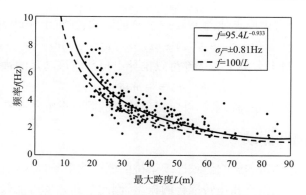

图6-4 简支梁桥实测竖弯频率回归公式与经验公式对比

第二节 侧向弯曲自由振动

一般梁式桥桥宽较大,侧弯刚度明显大于竖弯刚度,因此侧弯固有频率较高。但是随着跨度的增大及主梁断面的变化,侧弯基频也有可能在前面几阶出现。除主梁的侧向弯曲振动外,对于高墩桥梁还可能较早出现桥墩的横向弯曲振动。

一、侧弯振动基本方程

通常桥梁的侧弯振动不是单独发生的,它往往会与竖弯和扭转振动相互耦合在一起。如果只考虑微小幅度的振动而忽略耦合效应,则侧向弯曲自由振动可以作为一种单独的振动体系来处理,其基本运动方程的推导与竖向弯曲振动完全相同:

$$\frac{\partial}{\partial x^2}\left[EI_y(x)\frac{\partial^2 z(x,t)}{\partial x^2}\right]+\rho A(x)\frac{\partial^2 z(x,t)}{\partial t^2}=0 \quad (6\text{-}27)$$

式中,I_y 是主梁截面绕竖直轴的截面主惯性矩;$z(x,t)$ 为描述侧向位移随梁轴向位置 x 和时间 t 变化的函数。该方程可以通过直接分析计算,也可采用里兹法等近似计算,以获取梁侧向弯曲自由振动的固有振型及固有频率。

二、简支梁桥侧弯振动

对于横向单支座的简支梁桥,侧向约束可以简化为铰接,此时固有频率可按式(6-15)计算。对于一般桥面较宽的简支梁桥,侧弯刚度可能比竖弯刚度大一个数量级,侧弯基频可能比竖弯基频大很多。对于独柱墩简支梁桥,可以将主梁质量集中于桥墩之上,将桥墩简化为带刚性质量的悬臂梁模型分析桥墩横向振动,如图6-5所示。

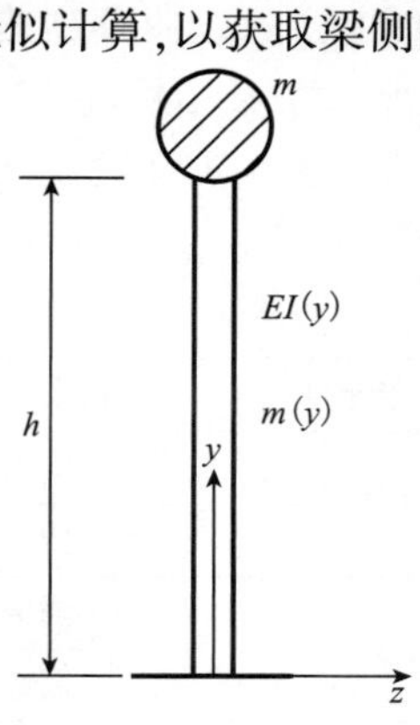

此时,固定端的约束条件为 $\phi(0)=0$ 和 $\phi'(0)=0$,桥墩上端

图6-5 桥墩自由振动分析模型

由于有主梁的存在,需要考虑质点惯性力 $m\ddot{z}(h,t)$ 的影响,在自由振动的情况下有:

$$\ddot{z}(h,t) = \phi(h)\ddot{z}(t) = -\omega^2\phi(h)z(t) \tag{6-28}$$

根据作用在刚体质量上力的平衡条件可以推导出顶部应该满足的边界条件为:

$$EI\phi'''(h) = -m\omega^2\phi(h) \tag{6-29}$$

将边界条件代入基本方程进行求解可以得出体系的固有振型和固有频率。

三、连续梁桥侧弯振动

与简支梁桥相比,相邻跨的影响导致连续梁桥的侧向约束条件加强,但由于跨度的增加及主梁形式的影响,可能出现侧弯和扭转耦合的振型,侧向弯曲频率可能较早出现。表 6-1 为跨径组合(88m + 156m + 88m)的七里河紫金大桥的结构动力特性,该桥为波形钢腹板变截面箱梁桥,中跨梁高 4.2~9m。紫金大桥第二阶频率即出现了横向弯曲伴随扭转振型,前十阶振型中包括四阶侧向弯曲和一阶扭转振型,原因是波形钢腹板梁桥的侧弯刚度比混凝土腹板梁桥低。

七里河紫金大桥振动频率 表 6-1

模态号	模态描述	频率(Hz)	模态号	模态描述	频率(Hz)
1	对称竖弯	0.7844	6	反对称竖弯	2.8250
2	对称侧弯	1.2266	7	侧弯	2.8940
3	反对称竖弯	1.5748	8	竖弯	3.2262
4	对称竖弯	2.1254	9	侧弯	3.6394
5	反对称侧弯	2.5274	10	对称扭转	4.0674

近年来,一些学者对波形钢腹板梁桥进行了一系列研究,并研究了横隔板对连续梁桥动力特性的影响,研究认为布置横隔板对波形钢腹板组合连续箱梁的竖向弯曲刚度影响较小,但能显著提高组合连续箱梁的侧向弯曲刚度和扭转刚度,其中端横隔板的改善效果优于中横隔板的改善效果,且在高跨比较小时,增加端横隔板的厚度能略微提高波形钢腹板组合连续箱梁的整体动力性能。另外,波形钢腹板厚度的增加,对波形钢腹板组合连续箱梁的各向刚度都有提高效果,其中侧向弯曲刚度提高效果最为明显。

文献[5]以曲港高速南水北调大桥为工程背景,研究摩擦摆式减隔震支座相较于普通固定支座对桥梁结构动力特性的影响,并对摩擦摆式减隔震支座进行影响参数分析,振动频率如表 6-2 所示。研究发现从第一阶模态到第十阶模态,采用摩擦摆式减隔震支座结构的固有频率始终小于对应的采用普通固定支座结构的固有频率,且相对差值最大可达到 24.59%。

曲港高速南水北调大桥振动频率 表 6-2

模态号	模态描述	摩擦摆式减隔震支座(Hz)	普通固定支座(Hz)	相对差值(%)
1	侧弯	0.8197	0.8860	7.48
2	侧弯	0.8251	0.9776	15.60
3	侧弯	0.9264	1.0334	10.35
4	侧弯	0.9971	1.2862	22.48
5	竖弯	1.2197	1.6175	24.59

续上表

模态号	模态描述	摩擦摆式减隔震支座(Hz)	普通固定支座(Hz)	相对差值(%)
6	竖弯	1.5774	1.8256	13.60
7	竖弯	1.6614	2.0626	19.45
8	侧弯	1.9710	2.3723	16.92
9	侧弯	1.9925	2.5061	20.49
10	侧弯	2.2488	2.8208	20.28

由于大跨度连续梁桥一般为变截面,主梁特性沿跨向变化明显,且需要考虑剪切效应的影响,通过理论公式计算很难得到理想的结果,必须借助有限元分析来计算连续梁桥的固有频率和固有振型。

第三节 扭转自由振动

梁的刚性扭转包括自由扭转和约束扭转两种形式,其中约束扭转是由约束条件或受力条件的限制产生的。在梁桥扭转自由振动分析中,一般假定结构处于自由扭转状态。本节以圆直杆为例,导出扭转自由振动基本方程,并对实际桥梁的边界条件进行讨论。

一、扭转自由振动基本方程

考虑一圆直杆,其受力情况如图 6-6 所示,以 $\theta(x,t)$ 表示 x 处横截面在 t 时刻的扭转位移,下面应用虚位移原理推导杆的扭转自由振动基本方程。

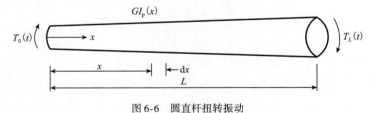

图 6-6 圆直杆扭转振动

杆截面上的剪应变为 $\gamma = r\dfrac{\partial \theta}{\partial x}$,其中 r 为截面上各点到圆心的距离,截面上各点的剪应力为 $\tau = G\gamma = Gr\dfrac{\partial \theta}{\partial x}$,于是杆的应变能为:

$$U = \frac{1}{2}\int_0^l \iint_A (\tau\gamma)\mathrm{d}A\mathrm{d}x = \frac{1}{2}\int_0^l GI_p(x)\left(\frac{\partial \theta}{\partial x}\right)^2 \mathrm{d}x \qquad (6-30)$$

式中,$I_p(x) = \iint_A r^2 \mathrm{d}A$ 为横截面的极惯性矩。

应变能的变分为:

$$\delta U = \delta \left[\frac{1}{2} \int_0^L GI_p(x) \left(\frac{\partial \theta}{\partial x}\right)^2 dx \right] = \int_0^L GI_p(x) \left(\frac{\partial \theta}{\partial x}\right) \frac{\partial}{\partial x}(\delta\theta) dx$$

$$= \left[GI_p(x) \left(\frac{\partial \theta}{\partial x}\right) \cdot \delta\theta \right]_0^L - \int_0^L \frac{\partial}{\partial x}\left[GI_p(x) \left(\frac{\partial \theta}{\partial x}\right) \right] \delta\theta dx \quad (6\text{-}31)$$

外力的虚功为：

$$\delta W = \int_0^L p(x,t)\delta\theta dx + \int_0^L \rho I_p(x) \frac{\partial^2 \theta}{\partial t^2}\delta\theta dx - T_0(t)\delta\theta(0,t) + T_L(t)\delta\theta(l,t) \quad (6\text{-}32)$$

由虚功原理 $\delta U = \delta W$ 可得：

$$\int_0^L \left\{ \rho I_p(x) \frac{\partial^2 \theta}{\partial t^2} - \frac{\partial}{\partial x}\left[GI_p(x) \frac{\partial \theta}{\partial x} \right] \right\} \delta\theta dx + \left\{ \left[-GI_p(x) \frac{\partial \theta}{\partial x} \right]_{x=0} + T_0(t) \right\} \delta\theta(0,t) +$$

$$\left\{ \left[GI_p(x) \frac{\partial \theta}{\partial x} \right]_{x=L} + T_L(t) \right\} \delta\theta(L,t) = 0 \quad (6\text{-}33)$$

由于位移变分 $\delta\theta$ 在弹性域内是任意的，边界的位移变分 $\delta\theta(0,t)$ 和 $\delta\theta(L,t)$ 对于给定位移的边界为零，而对于给定外力的边界为任意的。因此，式(6-33)化简得到圆直杆的扭转自由振动基本方程为：

$$\rho I_p(x)\frac{\partial^2 \theta}{\partial t^2} - \frac{\partial}{\partial x}\left[GI_p(x)\frac{\partial \theta}{\partial x} \right] = 0 \quad (6\text{-}34)$$

二、简支梁桥扭转自由振动

实际桥梁的扭转自由振动往往会和侧向弯曲振动耦合在一起，同时还伴随着微小的竖向弯曲振动。由于耦合项都是非线性的，如果只考虑微小的振动而忽略非线性项，则线性的扭转自由振动方程将解耦，即扭转自由振动可以作为一种独立的振动体系来处理。

对于等截面的整体式箱梁断面的简支梁桥，剪切模量 G 和极惯性矩 I_p 为常量，在扭转自由振动中可以简化为单梁模型并近似忽略其约束扭转刚度的影响，在求解扭转自由振动时，式(6-34)可简化为：

$$\frac{\partial^2 \theta}{\partial t^2} = \frac{G}{\rho} \frac{\partial^2 \theta}{\partial x^2} \quad (6\text{-}35)$$

对于横向多支座的简支梁桥，支座可以对桥梁提供抗扭支撑，此时引入边界条件 $\theta|_{x=0}=0$ 和 $\theta|_{x=L}=0$，并用分离变量法可求得简支梁扭转自由振动频率和振型分别为：

$$\omega_n = \frac{n\pi}{L}\sqrt{\frac{G}{\rho}} \quad (6\text{-}36)$$

$$\phi_n(x) = A\sin\left(\frac{n\pi}{l}x\right) \quad (6\text{-}37)$$

对于简支 T 形肋梁等多梁式简支梁桥，根据各主梁横向连接刚度的不同，分析扭转固有振动特性时需要采用不同的力学模式。对于横桥向联系较弱的情况，各主梁可能绕自身扭心发生振动，忽略这一影响而将各主梁看作整体会带来较大的误差，此时应建立考虑横向联系的精细化力学模型进行分析。而对于横向联系较强的多梁式断面窄桥，可以近似将其看作整体进行计算，但在计算时也应考虑约束扭转的影响。

梁桥的扭转振动公式是在理想简支条件下得到的，而桥梁结构的实际边界条件相当复杂，支承连接设施本身存在一定的摩阻力,并在外荷载下表现出弹性或非弹性的变形,与理想的"铰接""刚接"有一定的差异。而在运营中桥梁常出现支座破损、伸缩缝不同程度失去伸缩功能等病害,也会导致结构系统的整体约束加强,相当于对简支梁施加了轴向力。简支梁桥扭转固有振动特性对其边界条件的变异十分敏感,增加微小的扭转刚度时,固有频率将会明显增大,但随着扭转约束的增强,固有频率的增大速度不断降低。梁端的弹性扭转约束对阶次越低的固有频率影响越大,随着阶次的升高,影响减弱。

对于简支箱梁而言,剪力滞效应和剪切变形这两个因素对自振特性影响较大,考虑剪力滞效应之后结构固有频率明显减小,其减小数值随频率阶次的升高而增大,因而在动力分析的过程中需要考虑剪力滞效应和剪切变形带来的影响。文献[7]中给出了考虑约束扭转的扭转自振频率公式,并通过有限元分析和物理试验研究了横隔板数量和位置对波形钢腹板简支箱梁扭转动力特性的影响,总结出各阶扭转振动频率和结构振型的变化规律。研究认为,在靠近支座的两端适当设置横隔板可有效推迟扭转振型的出现,同时不宜在跨中位置放置过于密集的横隔板。因为这样不仅对于减小箱梁的扭转振动没有帮助,还将增加自重,影响结构的整体动力性能。

三、连续梁桥扭转振动

对于连续梁桥,需要根据支座条件确定扭转边界条件。不同于竖弯或侧弯方向,横向多支座可以对梁体提供抗扭约束,而点铰支座只能提供竖向约束和侧向约束,梁体在扭转方向是可以自由转动的。目前连续梁桥常用的支座布置体系包括在全桥各墩台上均设置抗扭支座的全抗扭支撑体系、只在梁桥两端布置抗扭支座而在中间布置点铰支座的两端抗扭-中间点铰支撑体系、混合型支撑体系三种。边界条件需要根据实际支座布置来确定,对于点铰支撑,可简化为杆端无扭矩作用的自由端,此时支座两侧的扭转角和扭矩相等,其边界条件为:

$$\theta_{L^+} = \theta_{L^-} \tag{6-38}$$

$$\left.\frac{\partial \theta}{\partial x}\right|_{x=L^+} = \left.\frac{\partial \theta}{\partial x}\right|_{x=L^-} \tag{6-39}$$

对于两侧或中间设置抗扭支座的情况,抗扭支座可以为梁体提供扭转约束,因此支座x_i处扭转位移为零,即$\theta(x_i,t)=0$;由于式(6-33)中$\delta\theta(0,t)$和$\delta\theta(L,t)$是任意的,故有:

$$\left.GI_\mathrm{p}(x)\frac{\partial \theta}{\partial x}\right|_{x=0} = T_0(t), \quad \left.GI_\mathrm{p}(x)\frac{\partial \theta}{\partial x}\right|_{x=L} = T_L(t) \tag{6-40}$$

将边界条件代入式(6-34)可以进行连续梁扭转固有振型和固有频率的求解。

第四节 有限元自由振动分析

实际桥梁结构最准确的力学模型,是质量和刚度均为连续分布的连续体,在求解动力响应时,将连续体的振动响应表达为具有时间和空间坐标的连续函数,其基本运动方程是偏微分方程。从结构自由振动的基本方程中可以看出,即使是等截面的连续梁桥,计算也已经比较复杂,而用振动方程积分的方法分析实际工程中的变截面梁桥及桁架梁桥几乎是不可能的,因此需要寻求数值解法,将桥梁结构离散为有限自由度振动体系。结构离散化的基本方法包括集中质量法和广义坐标法,二者各有优缺点。而把两种方法的优点结合在一起的正是有限单元法,这也是目前应用最多、最广泛的结构离散化方法,采用有限元分析方法可以很方便地考虑沿桥梁纵向截面参数的变化。

一、动力平衡方程

有限单元法,即用有限的离散节点位移坐标来表示结构总位移,此时节点位移成了特殊的广义坐标。根据节点间单元的插值函数,就可以从节点位移间接地确定单元中任意点的位移。由于单元很小,故其位移函数可以近似取为相同的,并且每个节点位移仅影响相邻的单元,使系数矩阵呈带状,从而大大简化了计算。因此,有限单元法提供了一条简化结构分析的最有效的离散化途径。

采用有限单元法可以对实际为连续体系的结构进行离散化,对离散为 n 个自由度的力学模型进行无阻尼自由振动分析,就能得到结构的前 n 阶固有振型及其对应的固有频率。此时,结构基本运动方程为:

$$M\ddot{v}(t) + Kv(t) = 0 \quad (6-41)$$

式中, $v(t)$ 和 $\ddot{v}(t)$ 分别为 n 维多自由度体系的位移和加速度矢量; M 为质量矩阵; K 为刚度矩阵。代入通解形式 $v(t) = \hat{v}\sin(\omega t + \theta)$ 后,即可得到特征方程:

$$(K - \omega^2 M)\hat{v} = 0 \quad (6-42)$$

方程有非零解的条件为系数行列式等于零,由此得到频率方程:

$$|K - \omega^2 M| = 0 \quad (6-43)$$

将频率方程中的行列式展开后即为 ω^2 的 n 次代数方程。对于正定系统,求解该代数方程就能得到 ω^2 的 n 个正实根,这样就求得结构的前 n 阶固有圆频率。然后将各阶固有圆频率代回到特征方程,即可求解各阶固有振型。

二、刚度矩阵和质量矩阵

用有限单元法来建立离散体系的运动方程,关键在于得到各单元的刚度矩阵 K_e 和质量矩阵 M_e,并由此集成结构的总刚度矩阵 K 和总质量矩阵 M。

(1)刚度矩阵

在式(6-42)中,刚度矩阵 K 中的元素 k_{ij} 称为刚度影响系数,其定义为:自由度 j 发生单位位移所引起的自由度 i 上的力,刚度影响系数反映了系统的静弹性性质,可以利用静力结构分析的方法来确定。刚度影响系数 k_{ij} 可以通过计算使自由度 j 产生单位位移,而其他自由度的位移为零时在各自由度方向需要施加的力来得到。刚度矩阵也可先通过在自由度 j 施加单位力,求得各自由度方向的位移值,得到柔度影响系数,构造出柔度矩阵,再对其求逆得到。

为构造标准单元形式,可采用广义坐标的插值函数来描述结构单元的变形形式。该方法将结构离散为有限个单元体系,通过节点进行连接,并通过节点位移和插值函数确定单元的变形特征。通过标准单元表达各节点特征并将其叠加,就可以很方便地得到整个结构的特征。

以图 6-7 所示的平面梁单元为例，此梁段的自由度为两端的平移和转动。该梁单元中任一点的位移可以用 4 个自由度表示为：

$$v(x) = \sum_{i=1}^{4} v_i \phi_i(x) \tag{6-44}$$

式中，$\phi_i(x)$ 为插值函数，定义为仅自由度 i 发生单位位移时单元任意点的位移。

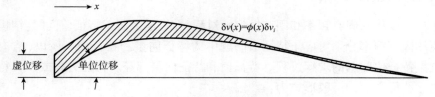

图 6-7 梁段示意图

当梁 j 自由度方向发生单位位移 $v_j = 1$ 时，给该点 i 自由度方向以虚位移 δv_i，并令外力做功 W_E 等于内力做功 W_I。此时单元 i 自由度方向的外力功为：

$$W_E = k_{ij} \delta v_i \tag{6-45}$$

内力功是梁 j 自由度方向发生单位位移 $v_j = 1$ 时相对应的内力在梁段全长虚曲率上所做的功，可表达为：

$$W_I = \delta v_i \int_0^L EI(x) \phi''_i(x) \phi''_j(x) \mathrm{d}x \tag{6-46}$$

由 $W_E = W_I$ 可得，k_{ij} 的计算公式为：

$$k_{ij} = \int_0^L EI(x) \phi''_i(x) \phi''_j(x) \mathrm{d}x \tag{6-47}$$

（2）质量矩阵

形成结构质量矩阵的方法通常有集中质量矩阵法和一致质量矩阵法。

假定结构每个单元的质量在节点处聚集成点质量，由静力学确定各节点所分配的质量，称为集中质量矩阵法。整个结构上任一节点聚集的总质量等于与该节点连接的各段分配到此节点的质量之和，如图 6-8 所示。

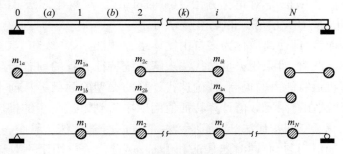

图 6-8 梁节点集中质量

当采用与计算刚度系数相同的插值函数来确定梁段任意点的运动特性时，利用虚功原理可以得到单元的质量矩阵，此时质量引起的动力效应与假定的变形完全一致，称为一致质量矩阵法。当梁 j 自由度方向受到单位加速度 $\ddot{v}_j = 1$ 时，梁段任意点的加速度分布可以用插值函数确定，即 $\ddot{v}(x) = \phi_j(x)$，根据虚功原理，可以得到质量影响系数为：

$$m_{ij} = \int_0^L m(x)\,\phi_i(x)\,\phi_j(x)\,\mathrm{d}x \tag{6-48}$$

三、特征方程求解

求解多自由度体系固有频率和固有振型的过程，在数学上属于特征值问题，结构的各阶振型及其对应的固有频率分别对应于特征值问题中的特征向量和特征值。所以，结构动力特性分析其实就是特征值问题的求解过程。特征值和特征向量都是从特征方程或广义特征方程中分析得到的。特征方程的一般形式为：

$$(A - \lambda I)q = 0 \tag{6-49}$$

在方程(6-42)两端乘 M^{-1} 可得：

$$(M^{-1}K - \omega^2 I)\hat{v} = 0 \tag{6-50}$$

对比式(6-49)和式(6-50)可知，对多自由度体系而言，特征方程中的矩阵 A 等于其质量矩阵的逆同刚度矩阵的乘积。设 A 为 n 阶方阵，如果有数 λ 和 n 维非零向量 q 使特征方程成立，那么数 λ 称为矩阵 A 的特征值，非零向量 q 称为矩阵 A 对应于特征值 λ 的特征向量。

前文将系数行列式展开成多项式并直接计算特征值和特征向量的方法称为特征方程法，是求解矩阵特征值最基本的方法。对于矩阵阶数较小的情况，特征方程法是可行的。但当矩阵阶数增大时，计算工作量将迅速上升，而且特征多项式系数出现微小误差就可能导致求出的根完全不正确。此外，特征值确定后求解特征矢量的过程同样很复杂。

所以，特征方程法不是一种求解矩阵特征值的一般方法，其仅适用于矩阵阶数小于或等于3的情况。对于绝大多数的特征值问题，需要寻求更有效的计算方法，如应用非常广泛的相似变换法。相似变换法的基本原理是对原 n 阶矩阵 A 同时左乘和右乘 n 阶非奇异矩阵，得到特征值保持不变而求解过程却更为容易的相似矩阵 $\overline{A}$。通常相似变换需要分多步逐次进行。最后一般会变换为对角阵、三对角阵或三角阵，以便于求解特征值。比较有代表性的相似变换法有 Jacobi 对角化方法、Givens 三对角化方法、Householder 三对角化方法、Hessenberg 上三角化方法、LR 变换法、QR 或 QL 变换法和 QZ 变换法等。

对于桥梁结构而言，即使离散化为多自由度体系，一般也不需要关注其所有阶固有振型及其对应的固有频率。此时，可采用矢量迭代法求解系统特征方程的前若干阶特征值和特征向量。随着电子计算机运算能力的提高，精确迭代计算的振型阶数已经从前十阶提高到两百阶以上，因此矢量迭代法在有限元数值计算特征值问题中得到了进一步的推广。有限元软件中常用的矢量迭代法有子空间迭代法、同时迭代法和 Lanczos 迭代法。其中，子空间迭代法适用于对称矩阵的实特征值问题，而同时迭代法和 Lanczos 迭代法可用于不对称矩阵的复特征值计算问题。

目前桥梁结构动力特性分析一般都采用有限元方法开展，因此桥梁设计和研究人员应用最多的固有振型和固有频率计算方法是矢量迭代法，其中最有代表性的就是子空间迭代法和 Lanczos 迭代法。

第五节 大跨度梁式桥结构动力特性

一、巴西里约热内卢桥

巴西的里约热内卢桥(Rio-Niterói Bridge)于 1974 年通车,横跨巴西里约热内卢的瓜纳巴拉湾,建成时为南美最长的跨海大桥、世界最大跨度的梁式桥。大桥全长约 13.7km,行车道宽 25.9m,双向六车道布置,其通航孔采用三跨连续钢箱梁桥,跨径布置为 200m + 300m + 200m,总体布置如图 6-9 所示。主梁为细长的双幅钢箱梁结构,中跨梁高 7.42 ~ 12.92m,顶板为正交异性桥面板并采用纵向槽形截面加强,两钢箱之间通过节点板与撑杆构成空间框架连接,具体构造如图 6-10 所示。

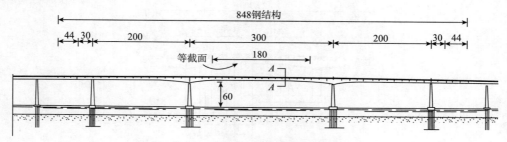

图 6-9 里约热内卢桥总体布置图(尺寸单位:m)

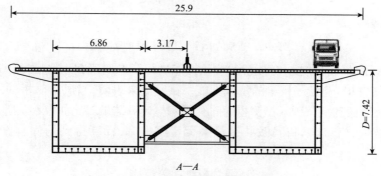

图 6-10 里约热内卢桥主梁断面图(尺寸单位:m)

里约热内卢桥前四阶固有振型的计算与实测结果对比如表 6-3 所示。

表 6-3 里约热内卢桥动力特性

阶数	计算值(Hz)	实测值(Hz)	误差(%)	振型描述
1	0.32	0.32	0	一阶竖弯
2	0.45	0.48	6.25	一阶侧弯
3	0.55	0.55	0	二阶竖弯
4	0.61	0.64	4.69	二阶侧弯

二、日本东京湾大桥

日本的东京湾大桥(Trans-Tokyo Bay Bridge)建于1997年,是横贯东京湾高速公路的一部分,为十跨一联的连续钢箱梁桥,中间最大的两跨为240m。此桥由四车道组成,总宽度为22.9m。箱梁采用变截面构造,主跨的桥墩处梁高10.5m,跨中梁高6m,其跨径布置和主梁结构如图6-11所示。

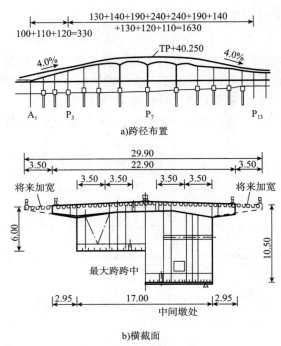

图6-11 东京湾大桥布置图(尺寸单位:m)

在东京湾大桥的设计阶段,对该桥的抗风性能进行了专题研究,通过二维节段模型和三维全桥气弹试验(1:170)验证了桥梁的抗风性能。试验结果表明,当风向与桥轴线垂直时,桥梁可能发生竖向涡激振动。气弹模型测得的固有频率与计算结果对比如表6-4所示,表中还列出了结构模态阻尼对数衰减率和涡激共振最大无量纲振幅,计算得到的固有振型图如图6-12所示。

东京湾大桥动力特性对比　　　　表6-4

阶数	计算频率(Hz)	模型频率(Hz)	对数衰减率	η/B
1	0.329	0.345	0.020	0.029
2	0.471	0.483	0.020	0.025
3	0.613	0.630	0.016	0.023
4	0.645	0.673	0.020	—
5	0.718	0.738	0.019	0.026

续上表

阶数	计算频率(Hz)	模型频率(Hz)	对数衰减率	η/B
6	0.805	0.828	0.024	0.023
7	0.865	0.889	0.023	0.022
8	1.073	1.104	0.018	0.016
9	1.134	1.166	0.025	0.014
10	—	1.189	0.016	0.018

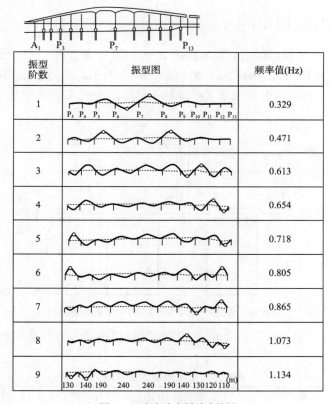

图6-12 东京湾大桥动力特性

三、俄罗斯伏尔加河桥

俄罗斯的伏尔加河桥于2009年建成,位于俄罗斯伏尔加格勒市,横跨伏尔加河,全长约7km。其中连续梁段为$(2 \times 86.6 + 3 \times 126 + 3 \times 155 + 126 + 69)$m 的钢箱梁结构。桥面采用正交各向异性钢桥面板,板宽度为17.38m,主梁高度为3.292m,如图6-13所示。2010年5月19日晚,伏尔加河桥在15~17m/s 的风速下发生了竖向涡激共振,振幅达0.4m,振动频率约0.4Hz。

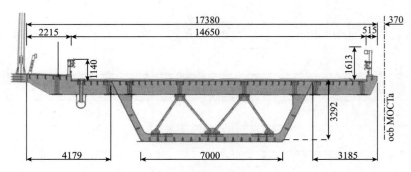

图 6-13　伏尔加河桥断面图(尺寸单位:mm)

四、日本名古屋矢田川桥

日本的名古屋矢田川桥(Nagoya Yadagawa Bridge)是一座二车道巴士专用线的三跨连续钢箱梁桥,跨径布置为 67.1m + 84.2m + 67.1m。桥宽 7.5m,梁高 2.2～3.2m,桥面部分由 17cm 厚的与钢梁结合的混凝土板和其上的 20cm 厚混凝土行车道板组成。断面具体结构如图 6-14 所示。

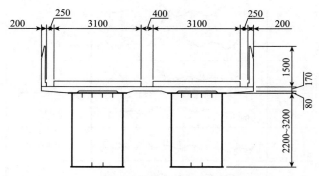

图 6-14　名古屋矢田川桥断面图(尺寸单位:mm)

文献[12]用空间梁单元建立三维有限元模型进行结构动力特性求解,前八阶固有振型及频率如表 6-5 所示。

名古屋矢田川桥动力特性对比　　　　　　　　　　　　　　　表 6-5

阶数	有限元频率(Hz)	实测频率(Hz)	误差(%)	振型
1	1.014	1.075	-5.7	一阶对称竖弯
2	1.580	1.675	-5.7	一阶反对称竖弯
3	1.855			一阶对称侧弯
4	2.083	2.200	-5.3	二阶对称竖弯
5	2.352			一阶反对称侧弯
6	2.859			二阶对称侧弯
7	3.904			二阶反对称竖弯
8	4.147			一阶对称扭转

五、崇启大桥

崇启大桥是连接上海市与江苏省的过江通道,位于长江入海口处,全长约52km,采用双向六车道高速公路标准建设。大桥跨江主桥采用102m+4×185m+102m的六跨钢箱连续梁桥,边中跨比约为0.55,如图6-15所示。主梁采用双幅变截面直腹板钢连续箱梁,顶板为正交异性板结构,全桥梁宽33.2m,钢箱梁边跨桥墩处梁高3.5m,主墩处根部梁高9.0m,中跨的跨中梁高4.8m,铅垂方向梁高按二次抛物线变化,根部梁高与中跨跨径比值为1/20.6,如图6-16所示。

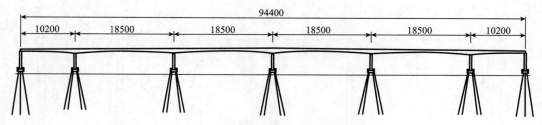

图6-15 崇启大桥跨径布置(尺寸单位:cm)

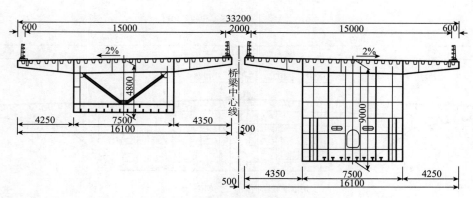

图6-16 崇启大桥断面(尺寸单位:mm)

崇启大桥动力特性如表6-6所示。

崇启大桥动力特性　　　　表6-6

阶数	频率(Hz)	振型
1	0.2945	纵飘
2	0.4991	反对称竖弯
3	0.6415	正对称竖弯
4	0.7746	反对称侧弯
5	0.8531	反对称竖弯
6	0.8534	正对称侧弯
7	0.9563	反对称侧弯
8	0.9989	正对称竖弯

续上表

阶数	频率(Hz)	振型
9	1.0885	正对称侧弯
10	1.3820	边墩横弯

六、港珠澳大桥深水区非通航孔桥

港珠澳大桥深水区非通航孔段采用连续钢箱梁桥,有 $6\times110m$、$5\times110m$、$4\times110m$ 三种不同跨径布置,其中 $6\times110m$ 为标准联。标准联的主梁为单箱双室整幅等高的钢箱梁,梁宽33.1m,高4.5m,具体结构如图6-17所示。

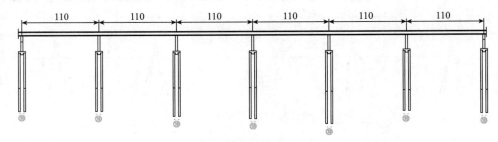

a)标准联跨径布置(尺寸单位:m)

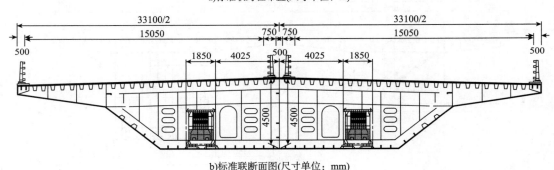

b)标准联断面图(尺寸单位:mm)

图6-17 港珠澳大桥深水区非通航孔桥布置图

采用有限元方法分析六跨连续梁桥的结构动力特性,主梁按照实桥空间位置离散为60个10m长的空间梁单元,采用质量点单元模拟二期恒载,得出前四阶固有频率。由于连续梁桥的刚度较高,前四阶模态均为竖弯振型,未出现侧弯或扭转振型,频率结果如表6-7所示。

港珠澳大桥深水区非通航孔桥动力特性　　　　表6-7

阶数	频率(Hz)	振型
1	0.806	反对称竖弯
2	0.868	对称竖弯
3	1.033	反对称竖弯
4	1.258	对称竖弯

七、深中通道非通航孔桥

深中通道是广东省境内连接深圳市和中山市的跨海通道,全长 24km。大桥泄洪区非通航孔段采用双幅钢箱梁连续梁桥,每 6 跨一联,每跨 110m,主梁横截面如图 6-18 所示。单幅钢箱梁宽 20m,梁高 3.785m,如图 6-18 所示。

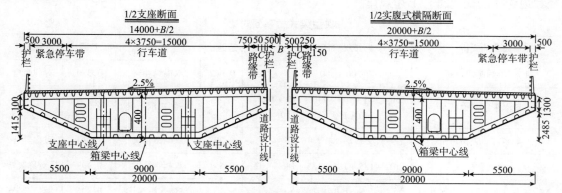

图 6-18　深中通道非通航孔桥布置(尺寸单位:mm)

结构动力特性的求解采用子空间迭代法,计算得到固有振型及固有频率如表 6-8 所示。

深中通道非通航孔桥动力特性　　　　表 6-8

阶数	频率(Hz)	振型描述
1	0.826	一阶反对称竖弯
2	0.894	一阶正对称竖弯
3	1.050	二阶反对称竖弯
4	1.268	二阶正对称竖弯
5	1.499	三阶反对称竖弯
6	1.685	三阶正对称竖弯
7	2.208	局部振动
8	2.745	一阶反对称侧弯
9	2.910	一阶正对称侧弯
10	3.097	四阶正对称竖弯

八、梁式桥基本动力特性

相比悬索桥和斜拉桥,梁式桥具有更大的结构刚度。大跨度的梁式桥,通常采用钢箱梁或变截面预应力混凝土箱梁。因为箱梁扭转刚度较大,通常其前几阶固有振型多为竖弯振型和侧弯振型,扭转基频一般较高。随着主跨的增大,梁桥的一阶频率呈降低趋势,不同的边跨比也会对桥梁基频产生影响,连续梁的一阶频率随着边中跨比的增大而减小。对于梁式桥,当桥墩采用高墩时,桥墩的刚度不能再假定为无穷大,此时结构边界条件发生改变,桥墩的刚度也会对梁桥的基频产生影响,甚至在较早阶次出现以桥墩振动为主的振型。表6-9为本章所列典型梁式桥的基频对比,所列梁式桥的基频振型都是竖弯振型。可以看出,对于对称布置的连续梁桥,奇数跨桥的一阶振型均为对称竖弯,偶数跨桥的一阶振型均为反对称竖弯,基频随跨径和边跨比的变化符合上述规律。

典型梁式桥基频对比　　　　　　　　　　表6-9

典型梁式桥	跨径布置(m)	边跨比	主梁	基频	振型
巴西里约热内卢桥	200+300+200	0.667	双幅钢箱梁	0.320	对称竖弯
日本东京湾大桥	130+140+190+240+240+190+140+130+120+110	—	整体式钢箱梁	0.345	—
日本名古屋矢田川桥	67.1+84.2+67.1	0.797	双幅钢箱梁	1.014	对称竖弯
崇启大桥	102+185+185+185+185+102	0.551	双幅钢箱梁	0.499	反对称竖弯
港珠澳大桥深水区非通航孔桥	6×110(标准联)	1	整体式钢箱梁	0.806	反对称竖弯
深中通道非通航孔桥	6×110	1	双幅钢箱梁	0.826	反对称竖弯

本章参考文献

[1] 李国豪.桥梁结构稳定与振动[M].北京:中国铁道出版社,1992.

[2] 刘效尧,徐岳.公路桥涵设计手册-梁桥[M].2版.北京:人民交通出版社,2011.

[3] 施洲,赵人达.桥梁结构边界条件变异对固有振动特性的影响分析[J].振动与冲击,2007,2:141-145.

[4] 张政韬.大跨径波形钢腹板连续梁桥车桥耦合振动响应分析[D].南昌:华东交通大学,2018.

[5] 郑涛.波形钢腹板PC组合连续梁桥动力特性与地震响应研究[D].南京:东南大学,2019.

[6] 刘章军,陈建兵.结构动力学[M].北京:中国水利水电出版社,2012.

[7] 林统励.波形钢腹板PC组合箱梁扭转和动力特性分析[D].兰州:兰州交通大学,2016.

[8] 同济大学等四校.高等桥梁结构动力学[M].北京:人民交通出版社股份有限公司,2020.

[9] BATTISTA R C,PFEIL M S. Reduction of vortex-induced oscillations of Rio-Niterói bridge by dynamic control devices[J]. Journal of Wind Engineering and Industrial Aerodynamics,2000,84(3):273-288.

[10] FUJINO Y,YOSHIDA Y. Wind-induced vibration and control of Trans-Tokyo Bay Crossing Bridge [J]. Journal of Structural Engineering,2002,128(8):1012-1025.

[11] MONTENEGRO P A,CALÇADA R,CARVALHO H, et al. Stability of a train running over the Volga River high-speed railway bridge during crosswinds[J]. Structure and Infrastructure

Engineering,2020,16(8):1121-1137.
[12] GE Y J,LIN Z X,CAO F C, et al. Investigation and prevention of deck galloping oscillation with computational and experimental techniques[J]. Journal of Wind Engineering and Industrial Aerodynamics,2002,90(12-15):2087-2098.
[13] 王琦. TMDI 对大跨钢箱连续梁桥涡激振动的控制研究[D]. 北京:北京交通大学,2021.

第七章

梁式桥抖振响应分析和风洞试验

梁式桥风致抖振是一种常见的风致振动现象,主要由自然风的紊流特性以及钝体绕流所产生的特征紊流引起,表现为一种随机强迫振动。梁式桥在随机风荷载作用下的抖振响应分析主要采用理论分析方法和风洞试验方法,其中,理论分析方法包括二维和三维频域分析法以及时域分析法,风洞试验方法包括节段模型和气弹模型风洞试验方法。鉴于梁式桥结构简单、刚度较大、非线性影响较小等特点,本章主要介绍梁式桥抖振响应频域分析理论及其二维两自由度体系抖振分析方法和三维多模态体系抖振分析方法,并且详细介绍准简支梁和T形刚构气弹模型抖振风洞试验及其影响因素分析。

第一节 抖振响应分析理论

梁式桥抖振响应分析主要针对主梁,涉及简支梁、悬臂梁和连续梁的主梁随机抖振,主要有主梁断面二维两自由度体系和全桥结构三维多模态体系抖振分析方法,并主要采用频域分析方法进行抖振响应计算。

一、二维两自由度体系抖振理论

Davenport 早在1961年就将概率统计的方法引入桥梁等细长结构的抖振响应分析中,应用随机振动理论来研究桥梁抖振响应的方法,开辟了桥梁气动弹性研究的方法。对于主梁断面二维两自由度体系抖振分析模型(图7-1),Davenport基于准定常理论提出的抖振升力和升力矩可表示为

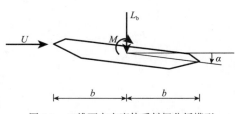

图 7-1 二维两自由度体系抖振分析模型
L_b-升力;b-桥宽的一半

$$L_b(t) = \frac{1}{2}\rho U^2 B \left[2C_L \frac{u(t)}{U} + (C'_L + C_D)\frac{w(t)}{U} \right] \quad (7\text{-}1a)$$

$$M_b(t) = \frac{1}{2}\rho U^2 B^2 \left[2C_M \frac{u(t)}{U} + C'_M \frac{w(t)}{U} \right] \quad (7\text{-}1b)$$

式中，$u(t)$ 和 $w(t)$ 分别为水平和竖向脉动风速；U 为平均风速；B 为桥面宽度；C_L、C_D、C_M 分别为以桥宽为基准的静风升力、阻力和扭矩系数，相应的上标"'"则为静风系数对攻角的导数；L_b、M_b 分别为体系单位长度的抖振气动升力和升力矩。针对自然风场的非定常特性，Davenport 提出了引入气动导纳的概念并将其非定常特性修正为准定常，相应的升力和升力矩表示为

$$L_b(t) = \frac{1}{2}\rho U^2 B \left[2C_L \chi_{Lu} \frac{u(t)}{U} + (C'_L + C_D) \chi_{Lw} \frac{w(t)}{U} \right] \tag{7-2a}$$

$$M_b(t) = \frac{1}{2}\rho U^2 B^2 \left[2C_M \chi_{Mu} \frac{u(t)}{U} + C'_M \chi_{Mw} \frac{w(t)}{U} \right] \tag{7-2b}$$

式中，χ_{Lu}、χ_{Lw}、χ_{Mu}、χ_{Mw} 为气动导纳函数，它们依赖于桥面的几何外形，且随着折减风速变化。

对于二维两自由度体系抖振分析模型（图 7-1），抖振力作用下的抖振运动方程为

$$m\ddot{h} + 2m\xi_h \omega_h \dot{h} + m\omega_h^2 h = L_b(t) \tag{7-3a}$$

$$I_m \ddot{\alpha} + 2I_m \xi_\alpha \omega_\alpha \dot{\alpha} + I_m \omega_\alpha^2 \alpha = M_b(t) \tag{7-3b}$$

式中，h 和 α 分别为结构竖弯和扭转位移；m 为单位长度质量；I_m 为单位长度质量惯性矩；ω_h、ω_α 分别为二维模型竖弯频率和扭转频率；ξ_h、ξ_α 分别为二维模型竖弯和扭转阻尼比。

根据随机振动理论，利用傅立叶变换，并忽略升力和升力矩的互功率谱，得到二维单自由度体系的抖振位移响应功率谱密度表达式

$$S_h(\omega) = \left(\frac{1}{2}\rho UB\right)^2 |H_h(\omega)|^2 [4C_L^2 |\chi_{Lu}|^2 S_{uu}(\omega) + (C'_L + C_D)^2 |\chi_{Lw}|^2 S_{ww}(\omega)]/m^2 \tag{7-4a}$$

$$S_\alpha(\omega) = \left(\frac{1}{2}\rho UB^2\right)^2 |H_\alpha(\omega)|^2 [4C_M^2 |\chi_{Mu}|^2 S_{uu}(\omega) + C'^2_M |\chi_{Mw}|^2 S_{ww}(\omega)]/I_m^2 \tag{7-4b}$$

其中传递函数为

$$|H_h(\omega)|^2 = \frac{1}{(\omega_h^2 - \omega^2)^2 + (2\xi_h \omega \omega_h)^2} \tag{7-5a}$$

$$|H_\alpha(\omega)|^2 = \frac{1}{(\omega_\alpha^2 - \omega^2)^2 + (2\xi_\alpha \omega \omega_\alpha)^2} \tag{7-5b}$$

将上述抖振响应功率谱进行积分，即可得到二维单自由度体系抖振响应根方差。

二、三维多模态体系抖振理论

对于全桥结构三维多模态体系抖振分析，主梁变形分量可以表示为广义坐标 $\xi_i(t)$，主梁断面宽度 B 和无量纲模态振型 $h_i(x)$、$\alpha_i(x)$、$p_i(x)$ 的函数，即：

竖向位移：
$$h(x,t) = \sum_i h_i(x) B \xi_i(t) \tag{7-6a}$$

扭转位移：
$$\alpha(x,t) = \sum_i \alpha_i(x) \xi_i(t) \tag{7-6b}$$

侧向位移：
$$p(x,t) = \sum_i p_i(x) B \xi_i(t) \tag{7-6c}$$

第 i 阶模态运动方程为：
$$I_i(\ddot{\xi}_i + 2\zeta_i\omega_i\dot{\xi}_i + \omega_i^2\xi_i) = q_i(t) \tag{7-7}$$

$$q_i(t) = \int_0^l (Lh_iB + Dp_iB + M\alpha_i)\,\mathrm{d}x \tag{7-8}$$

$$L = L_{se} + L_b, \quad D = D_{se} + D_b, \quad M = M_{se} + M_b$$

$$\begin{cases} L_{se} = \dfrac{1}{2}\rho U^2 B \left(KH_1^* \dfrac{\dot{h}}{U} + KH_2^* \dfrac{B\dot{\alpha}}{U} + K^2 H_3^* \alpha + K^2 H_4^* \dfrac{h}{B} + KH_5^* \dfrac{\dot{p}}{U} + K^2 H_6^* \dfrac{p}{B} \right) \\ D_{se} = \dfrac{1}{2}\rho U^2 B \left(KP_1^* \dfrac{\dot{p}}{U} + KP_2^* \dfrac{B\dot{\alpha}}{U} + K^2 P_3^* \alpha + K^2 P_4^* \dfrac{p}{B} + KP_5^* \dfrac{\dot{h}}{U} + K^2 P_6^* \dfrac{h}{B} \right) \\ M_{se} = \dfrac{1}{2}\rho U^2 B^2 \left(KA_1^* \dfrac{\dot{h}}{U} + KA_2^* \dfrac{B\dot{\alpha}}{U} + K^2 A_3^* \alpha + K^2 A_4^* \dfrac{h}{B} + KA_5^* \dfrac{\dot{p}}{U} + K^2 A_6^* \dfrac{p}{B} \right) \end{cases} \tag{7-9}$$

根据准定常理论，忽略气动导纳的来流紊流引起的抖振力可表示为：

$$\begin{cases} L_b = \dfrac{1}{2}\rho U^2 B \left[C_L\left(2\dfrac{u}{U}\right) + (C'_L + C_D)\dfrac{w}{U} \right] = \dfrac{1}{2}\rho U^2 B L_b(x,t) \\ D_b = \dfrac{1}{2}\rho U^2 B \left[C_D\left(2\dfrac{u}{U}\right) + C'_D \dfrac{w}{U} \right] = \dfrac{1}{2}\rho U^2 B D_b(x,t) \\ M_b = \dfrac{1}{2}\rho U^2 B \left[C_M\left(2\dfrac{u}{U}\right) + C'_M \dfrac{w}{U} \right] = \dfrac{1}{2}\rho U^2 B M_b(x,t) \end{cases} \tag{7-10}$$

式中，L_{se}、D_{se}、M_{se} 为自激气动力三个分量；L_b、D_b、M_b 为强迫或抖振气动力三个分量；A_i^*、H_j^*、P_i^* ($i=1,2,3,4,5,6$) 为颤振导数，是折减频率 K 的无量纲函数。

将自激气动力式(7-9)代入式(7-8)得：

$$Q_{sei} = \int_0^l (L_{se}h_iB + D_{se}p_iB + M_{se}\alpha_i)\,\mathrm{d}x$$

$$= \frac{1}{2}\rho U^2 B^2 \int_0^l \left(KH_1^* \dfrac{\dot{h}}{U} + KH_2^* \dfrac{B\dot{\alpha}}{U} + K^2 H_3^* \alpha + K^2 H_4^* \dfrac{h}{B} + KH_5^* \dfrac{\dot{p}}{U} + K^2 H_6^* \dfrac{p}{B} \right) h_i +$$

$$\left(KP_1^* \dfrac{\dot{p}}{U} + KP_2^* \dfrac{B\dot{\alpha}}{U} + K^2 P_3^* \alpha + K^2 P_4^* \dfrac{p}{B} + KP_5^* \dfrac{\dot{h}}{U} + K^2 P_6^* \dfrac{h}{B} \right) p_i +$$

$$\left(KA_1^* \frac{\dot{h}}{U} + KA_2^* \frac{B\dot{a}}{U} + K^2 A_3^* a + K^2 A_4^* \frac{h}{B} + KA_5^* \frac{\dot{P}}{U} + K^2 A_6^* \frac{p}{B} \right) \alpha_i \Big] dx$$

$$= \frac{1}{2} \rho U^2 B^2 \int_0^l \left(KH_1^* \frac{\dot{h}}{U} + KH_2^* \frac{B\dot{a}}{U} + KH_5^* \frac{\dot{P}}{U} \right) h_i + \left(KP_1^* \frac{\dot{P}}{U} + KP_2^* \frac{B\dot{a}}{U} + KP_5^* \frac{\dot{h}}{U} \right) p_i +$$

$$\left[\left(KA_1^* \frac{\dot{h}}{U} + KA_2^* \frac{B\dot{a}}{U} + KA_5^* \frac{\dot{p}}{U} \right) \alpha_i \right] dx +$$

$$\frac{1}{2} \rho U^2 B^2 \int_0^l \Big[\left(K^2 H_3^* a + K^2 H_4^* \frac{h}{B} + K^2 H_6^* \frac{p}{B} \right) \Big] h_i +$$

$$\left(K^2 P_3^* a + K^2 P_4^* \frac{p}{B} + K^2 P_6^* \frac{h}{B} \right) p_i +$$

$$\left(K^2 A_3^* a + K^2 A_4^* \frac{h}{B} + K^2 A_6^* \frac{p}{B} \right) \alpha_i \Big] dx$$

$$= \frac{1}{2} \rho U^2 B^2 \int_0^l \Bigg\{ \Bigg[KH_1^* \frac{\sum_i h_i B \dot{\xi}_i(t)}{U} + KH_2^* \frac{B \sum_i \alpha_i \dot{\xi}_i(t)}{U} + KH_5^* \frac{\sum_i p_i B \dot{\xi}_i(t)}{U} \Bigg] h_i +$$

$$\Bigg[KP_1^* \frac{\sum_i p_i B \dot{\xi}_i(t) \dot{p}}{U} + KP_2^* \frac{B \sum_i \alpha_i \dot{\xi}_i(t)}{U} + KP_5^* \frac{\sum_i h_i B \dot{\xi}_i(t)}{U} \Bigg] p_i +$$

$$\Bigg[KA_1^* \frac{\sum_i h_i B \dot{\xi}_i(t)}{U} + KA_2^* \frac{B \sum_i \alpha_i \dot{\xi}_i(t)}{U} + KA_5^* \frac{\sum_i p_i B \dot{\xi}_i(t) \dot{p}}{U} \Bigg] \alpha_i \Bigg\} dx +$$

$$\frac{1}{2} \rho U^2 B^2 \int_0^l \Big\{ \Big[K^2 H_3^* \sum_i \alpha_i \xi_i(t) + K^2 H_4^* \sum_i h_i \xi_i(t) + K^2 H_6^* \sum_i p_i \xi_i(t) \Big] h_i +$$

$$\Big[K^2 P_3^* \sum_i \alpha_i \xi_i(t) + K^2 P_4^* \sum_i p_i \xi_i(t) + K^2 P_6^* \sum_i h_i \xi_i(t) \Big] p_i +$$

$$\Big[K^2 A_3^* \sum_i \alpha_i \xi_i(t) + K^2 A_4^* \sum_i h_i \xi_i(t) + K^2 A_6^* \sum_i p_i \xi_i(t) \Big] \alpha_i \Big\} dx \tag{7-11}$$

将抖振气动力式(7-10)代入式(7-8)得:

$$Q_{bi}(t) = \int_0^l (L_b h_i B + D_b p_i B + M_b \alpha_i) dx$$

$$= \frac{1}{2} \rho U^2 B^2 \int_0^l [L_b(x,t) h_i + D_b(x,t) p_i + M_b(x,t) \alpha_i] dx \tag{7-12}$$

$$\overline{Q}_{bi}(K) = \int_0^l (L_b h_i B + D_b p_i B + M_b \alpha_i) dx$$

$$= \frac{1}{2} \rho U^2 B^2 \int_0^l [L_b(x,K) h_i + D_b(x,K) p_i + M_b(x,K) \alpha_i] dx \tag{7-13}$$

$s = \dfrac{Ut}{B}, \dot{\xi}_i(t) = \dot{\xi}_i(s)\dfrac{\mathrm{d}s}{\mathrm{d}t} = \dfrac{U}{B}\dot{\xi}_i(s), \ddot{\xi}_i(t) = \ddot{\xi}_i(s)\left(\dfrac{\mathrm{d}s}{\mathrm{d}t}\right)^2 = \dfrac{U^2}{B^2}\ddot{\xi}_i(s)$，代入式(7-7)得：

$$\dfrac{U^2}{B^2}\ddot{\xi}_i + 2\zeta_i\dfrac{U}{B}\omega_i\dot{\xi}_i + \omega_i^2\xi_i = q_i(t)/I_i \tag{7-14}$$

即：

$$\ddot{\xi}_i + 2\zeta_i\omega_i\dot{\xi}_i + \omega_i^2\xi_i = \dfrac{B^2}{U^2}q_i(t)/I_i \tag{7-15}$$

将模态自激气动力移到方程左端,右端则剩下模态抖振气动力,三维多模态体系抖振方程可表示为：

$$\boldsymbol{I}\ddot{\boldsymbol{\xi}} + \boldsymbol{A}\dot{\boldsymbol{\xi}} + \boldsymbol{B}\boldsymbol{\xi} = \boldsymbol{Q}_b \tag{7-16}$$

式中,$\boldsymbol{I}$ 为单位矩阵;矩阵 $\boldsymbol{A}$ 和 $\boldsymbol{B}$ 的一般项可表示为：

$$A_{ij}(K) = 2\zeta_i K_i \delta_{ij} - \dfrac{\rho B^4 lK}{2I_i}(H_1^* G_{h_i h_j} + H_2^* G_{h_i \alpha_j} + H_5^* G_{h_i p_j} + P_1^* G_{p_i p_j} +$$

$$P_2^* G_{p_i \alpha_j} + P_5^* G_{p_i h_j} + A_1^* G_{\alpha_i h_j} + A_2^* G_{\alpha_i \alpha_j} + A_5^* G_{\alpha_i p_j}) \tag{7-17}$$

$$B_{ij}(K) = K_i^2 \delta_{ij} - \dfrac{\rho B^4 lK^2}{2I_i}(H_3^* G_{h_i \alpha_j} + H_4^* G_{h_i h_j} + H_6^* G_{h_i p_j} + P_3^* G_{p_i \alpha_j} +$$

$$P_4^* G_{p_i p_j} + P_6^* G_{p_i h_j} + A_3^* G_{\alpha_i \alpha_j} + A_4^* G_{\alpha_i h_j} + A_6^* G_{\alpha_i p_j}) \tag{7-18}$$

其中,模态积分 $G_{r_i s_j}(r_i = h_i, p_i$ 或 $\alpha_i; s_i = h_i, p_i$ 或 $\alpha_i)$ 按下式计算：

$$G_{r_i s_j} = \int_0^l r_i(x) s_j(x) \dfrac{\mathrm{d}x}{l} \tag{7-19}$$

式(7-17)和式(7-18)中对角项($i=j$)表示了单自由度(及非耦合)运动方程,而非对角项则通过颤振导数考虑气动耦合,并通过互模态积分考虑机械耦合。

当考虑颤振导数沿桥跨方向随几何外形和风攻角变化时,式(7-17)和式(7-18)表示为：

$$A_{ij}(K) = 2\zeta_i K_i \delta_{ij} - \dfrac{\rho B^4 lK}{2I_i}(G_{h_i h_j}^{H_1^*} + G_{h_i \alpha_j}^{H_2^*} + G_{h_i p_j}^{H_5^*} + G_{p_i p_j}^{P_1^*} + G_{p_i \alpha_j}^{P_2^*} + G_{p_i h_j}^{P_5^*} + G_{\alpha_i h_j}^{A_1^*} + G_{\alpha_i \alpha_j}^{A_2^*} + G_{\alpha_i p_j}^{A_5^*}) \tag{7-20}$$

$$B_{ij}(K) = K_i^2 \delta_{ij} - \dfrac{\rho B^4 lK^2}{2I_i}(G_{h_i \alpha_j}^{H_3^*} + G_{h_i h_j}^{H_3^*} + G_{h_i p_j}^{H_6^*} + G_{p_i \alpha_j}^{P_3^*} + G_{p_i p_j}^{P_4^*} + G_{p_i h_j}^{P_6^*} + G_{\alpha_i \alpha_j}^{A_3^*} + G_{\alpha_i h_j}^{A_4^*} + G_{\alpha_i p_j}^{A_6^*}) \tag{7-21}$$

其中,模态积分 $G_{r_i s_j}^{T_m^*}$ ($T_m^* = H_m^*, P_m^*, A_m^*, m = 1, 2, \cdots, 6; r_i = h_i, p_i 或 \alpha_i; s_i = h_i, p_i 或 \alpha_i$) 按下式计算:

$$G_{r_i s_j}^{T_m^*} = \int_0^l T_m^*(x) r_i(x) s_j(x) \frac{\mathrm{d}x}{l} \tag{7-22}$$

式中,坐标 x 包含了不同的断面和攻角信息。

对式(7-16)进行傅立叶变换,可得频域内表达式:

$$\boldsymbol{E}\bar{\boldsymbol{\xi}} = \bar{\boldsymbol{Q}}_b \tag{7-23}$$

式中,$\bar{\boldsymbol{\xi}}$ 和 $\bar{\boldsymbol{Q}}_b$ 分别为矢量 $\boldsymbol{\xi}$ 和 $\boldsymbol{Q}_b$ 的傅立叶变换,阻抗矩阵 $\boldsymbol{E}$ 的一般项 E_{ij} 可表示为:

$$E_{ij} = -K^2 \delta_{ij} + \mathrm{i}K A_{ij}(K) + B_{ij}(K) \tag{7-24}$$

$$\bar{\boldsymbol{Q}}_b = \frac{\rho B^4 l}{2} \begin{bmatrix} \frac{1}{I_1} \int_0^l \bar{F}_{b1} \frac{\mathrm{d}x}{l} \\ \frac{1}{I_2} \int_0^l \bar{F}_{b2} \frac{\mathrm{d}x}{l} \\ \vdots \\ \frac{1}{I_n} \int_0^l \bar{F}_{bn} \frac{\mathrm{d}x}{l} \end{bmatrix} \tag{7-25}$$

$$\bar{F}_{bi}(x, K) = \bar{L}_b(x, K) h_i(x) + \bar{D}_b(x, K) p_i(x) + \bar{M}_b(x, K) \alpha_i(x)$$

$$= \frac{1}{U} \{ [2C_L h_i(x) + 2C_D p_i(x) + 2C_M \alpha_i(x)] \bar{u}(K) + [(C'_L + C_D) h_i(x) + C'_D p_i(x) + C'_M \alpha_i(x)] \bar{w}(K) \}$$

$$= \frac{1}{U} \{ q_i(x) \bar{u}(K) + r_i(x) \bar{w}(K) \} \tag{7-26}$$

其复共轭为:

$$\bar{F}_{bi}^*(x, K) = \frac{1}{U} \{ [2C_L h_i + 2C_D p_i + 2C_M \alpha_i] \bar{u}^*(K) + [(C'_L + C_D) h_i + C'_D p_i + C'_M \alpha_i] \bar{w}^*(K) \}$$

$$= \frac{1}{U} \{ q_i(x) \bar{u}^*(K) + r_i(x) \bar{w}^*(K) \} \tag{7-27}$$

利用式(7-26)和式(7-27),可得模态抖振力功率谱:

$$\overline{Q}_b \overline{Q}_b^* = \left(\frac{\rho B^4 l}{2U}\right)^2 \begin{bmatrix} \frac{1}{I_1 I_1} \int_0^l \int_0^l \overline{F}_{b1} \overline{F}_{b1}^* \frac{\mathrm{d}x_A}{l} \frac{\mathrm{d}x_B}{l} & \cdots & \frac{1}{I_1 I_n} \int_0^l \int_0^l \overline{F}_{b1} \overline{F}_{bn}^* \frac{\mathrm{d}x_A}{l} \frac{\mathrm{d}x_B}{l} \\ & \vdots & \vdots \\ \frac{1}{I_n I_1} \int_0^l \int_0^l \overline{F}_{bn} \overline{F}_{b1}^* \frac{\mathrm{d}x_A}{l} \frac{\mathrm{d}x_B}{l} & \cdots & \frac{1}{I_n I_n} \int_0^l \int_0^l \overline{F}_{bn} \overline{F}_{bn}^* \frac{\mathrm{d}x_A}{l} \frac{\mathrm{d}x_B}{l} \end{bmatrix} \quad (7\text{-}28)$$

矩阵的任意一项(ij)可表示为：

$$S_{\overline{Q}_{bi}\overline{Q}_{bj}^*}(K) = \left(\frac{\rho B^4 l}{2U}\right)^2 \frac{1}{I_i I_j} \int_0^l \int_0^l \{q_i(x_A) q_j(x_B) S_{uu}(x_A, x_B, K) +$$

$$r_i(x_A) r_j(x_B) S_{ww}(x_A, x_B, K) + [q_i(x_A) r_j(x_B) + r_i(x_A) q_j(x_B)] C_{uw}(x_A, x_B, K) +$$

$$i[q_i(x_A) r_j(x_B) - r_i(x_A) q_j(x_B)] Q_{uw}(x_A, x_B, K)\} \frac{\mathrm{d}x_A}{l} \frac{\mathrm{d}x_B}{l} \quad (7\text{-}29)$$

其中脉动风 u,w 的互谱为：

$$S_{uw}(x_A, x_B, K) = C_{uw}(x_A, x_B, K) + iQ_{uw}(x_A, x_B, K) \quad (7\text{-}30)$$

沿跨径方向脉动风量互谱密度的传统表达形式为：

$$S(x_A, x_B, K) = S(K) e^{-c|x_A - x_B|/l} \quad (7\text{-}31)$$

$S(K)$ 为来流脉动风的自功率谱，包括顺风向 $S_{uu}(K)$ 和竖向 $S_{ww}(K)$。利用式(7-19)即可得到广义位移 ξ 的功率谱密度矩阵：

$$S_{\xi\xi}(K) = E^{-1} S_{\overline{Q}_b \overline{Q}_b^*} [E^*]^{-1} \quad (7\text{-}32)$$

其中，E^* 为 E 的复共轭转置矩阵，再结合式(7-6)，可得响应功率谱：

$$S_{hh}(x_A, x_B, K) = \sum_i \sum_j B^2 h_i(x_A) h_j(x_B) S_{\xi_i \xi_j}(K) \quad (7\text{-}33a)$$

$$S_{pp}(x_A, x_B, K) = \sum_i \sum_j B^2 p_i(x_A) p_j(x_B) S_{\xi_i \xi_j}(K) \quad (7\text{-}33b)$$

$$S_{\alpha\alpha}(x_A, x_B, K) = \sum_i \sum_j B^2 \alpha_i(x_A) \alpha_j(x_B) S_{\xi_i \xi_j}(K) \quad (7\text{-}33c)$$

第二节　二维两自由度体系抖振响应分析

基于梁式桥抖振响应频域分析理论的二维两自由度体系分析方法，可以对影响梁式桥抖振的结构参数、风谱参数等进行敏感性和随机性分析。

一、二维两自由度体系抖振模型

假定二维两自由度体系各项参数如下：桥宽 $B=40\text{m}$，空气密度 $\rho=1.225\text{kg/m}^3$，单位长度质量 $m=20000\text{kg/m}$，单位长度质量惯性矩 $I_m=4.5\times10^6\text{kg}\cdot\text{m}^2/\text{m}$，竖弯频率 $f_h=0.1788\text{Hz}$，扭转频率 $f_\alpha=0.5028\text{Hz}$，阻尼比均为 0.5%。

简化起见，忽略自激气动力影响，根据式(7-4)描述的二维单自由度体系抖振位移响应功率谱密度表达式，取气动导纳为1，可得以下二维两自由度体系的抖振位移响应功率谱密度函数：

$$S_h(\omega)=\left(\frac{1}{2}\rho UB\right)^2|H_h(\omega)|^2[4C_L^2S_{uu}(\omega)+(C'_L+C_D)^2S_{ww}(\omega)]/m^2 \quad (7\text{-}34\text{a})$$

$$S_\alpha(\omega)=\left(\frac{1}{2}\rho UB^2\right)^2|H_\alpha(\omega)|^2[4C_M^2S_{uu}(\omega)+C'^2_MS_{ww}(\omega)]/I_m^2 \quad (7\text{-}34\text{b})$$

为了进行抖振响应分析，基本参数取值：$z_0=0.01\text{m}$，$C_D=0.115$，$C_L=-0.053$，$C_M=0.066$，$C'_L=9.3392$，$C'_M=1.2032$。计算高度 z 和平均风速 $U(z)$ 取两组工况：① $z=10\text{m}$ 和 $U(z)=10\text{m/s}$；② $z=50\text{m}$ 和 $U(z)=30\text{m/s}$。在抖振响应参数分析中，采用 Simiu 谱和 Panofsky 谱作为来流顺风向脉动风谱和竖向脉动风谱；在研究风谱的影响时，分别考虑不同顺风向脉动风谱和竖向脉动风谱的组合。常用脉动风谱表达式如下：

顺风向脉动风谱：

Simiu 谱：
$$\frac{nS_u(n,z)}{u_*^2}=\frac{200f_z}{(1+50f_z)^{5/3}},\quad f_z=\frac{nz}{U(z)} \quad (7\text{-}35)$$

Davenport 谱：
$$\frac{nS_u(n)}{u_*^2}=\frac{4.0x^2}{(1+x^2)^{4/3}},\quad x=\frac{1200n}{U(10)} \quad (7\text{-}36)$$

Harris 谱：
$$\frac{nS_u(n)}{u_*^2}=\frac{4.0x}{(2+x^2)^{5/6}},\quad x=\frac{1800n}{U(10)} \quad (7\text{-}37)$$

Kaimal 谱：
$$\frac{nS_u(n,z)}{u_*^2}=\frac{105f_z}{(1+33f_z)^{5/3}},\quad f_z=\frac{nz}{U(z)} \quad (7\text{-}38)$$

Von Karman 谱：
$$\frac{nS_u(n,z)}{u_*^2}=\frac{4\beta_u^2f_{Lu}}{(1+70.78f_{Lu}^2)^{5/6}},\quad f_{Lu}=\frac{nL_u^x(z)}{U(z)} \quad (7\text{-}39)$$

竖向脉动风谱：

Panofsky 谱：
$$\frac{nS_w(n,z)}{u_*^2}=\frac{6f_z}{(1+4f_z)^2},\quad f_z=\frac{nz}{U(z)} \quad (7\text{-}40)$$

Lumley 谱：$\quad \dfrac{nS_w(n,z)}{u_*^2} = \dfrac{3.36 f_z}{1+10 f_z^{5/3}}, \quad f_z = \dfrac{nz}{U(z)}$ (7-41)

Kaimal 谱：$\quad \dfrac{nS_w(n,z)}{u_*^2} = \dfrac{2 f_z}{(1+5.3 f_z^{5/3})}, \quad f_z = \dfrac{nz}{U(z)}$ (7-42)

Von Karman 谱：$\dfrac{nS_w(n,z)}{u_*^2} = \dfrac{4\beta_w^2 f_{Lw}(1+755.2 f_{Lw}^2)}{(1+283.2 f_{Lw}^2)^{11/6}}, \quad f_{Lw} = \dfrac{nL_w^x(z)}{U(z)}$ (7-43)

二、抖振响应结构参数影响分析

抖振响应结构参数数值分析中，主要考虑质量、刚度和阻尼参数的变化，并分别单独改变质量参数、刚度参数和阻尼参数。以质量为例，调整后的质量 $m_1 = \lambda m$，比例系数 $\lambda = 0.9 \sim 1.1$。值得注意的是，质量的变化会直接影响到系统频率 $[\omega = (K/m)^{0.5}]$，因而参数分析时式(7-4)中包含质量和频率两个变量；刚度的变化亦会引起系统频率的改变，但此时式(7-4)中仅有频率一个变量。对应两种风速下各工况抖振响应随结构参数变化的规律如图 7-2 所示。

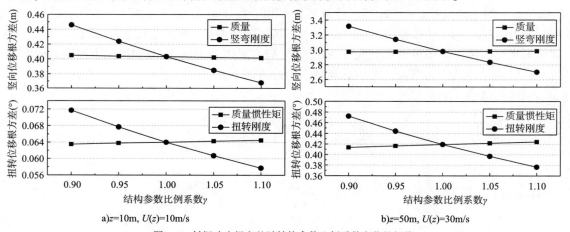

a) $z=10\mathrm{m}$, $U(z)=10\mathrm{m/s}$ b) $z=50\mathrm{m}$, $U(z)=30\mathrm{m/s}$

图 7-2 抖振响应根方差随结构参数比例系数变化的规律

从图 7-2a)中不难发现，随着质量的增加，竖向抖振响应单调下降，但质量从 $0.90m$ 变化至 $1.10m$，竖向位移最大变化幅度仅为 0.45%；随着质量惯性矩的增加，扭转抖振响应单调上升，扭转位移最大变化幅度仅为 0.8%。同样，可以发现刚度对抖振响应的影响，竖弯刚度从 $0.90K$ 变化至 $1.10K$，竖向位移变化幅度为 10.6%，扭转刚度对应的扭转位移变化幅度为 12.0%。此外，从图 7-2b)中可以发现，质量系数从 0.90 变化至 1.10，竖向和扭转抖振响应均略微上升，其中竖向位移变化幅度为 0.18%，扭转位移为 1.38%；刚度系数从 0.90 变化至 1.10，结构响应明显降低，竖向位移变化幅度为 11.36%，扭转位移变化幅度为 12.62%。两种结果在数值上基本一致。

比较图 7-2a)和图 7-2b)可以看出，抖振响应对质量参数的敏感性远低于刚度参数。在相同的来流条件下，质量参数对抖振响应的影响规律是确定的，而在不同的来流条件下，质量参数对抖振响应的影响是不确定的，但其影响幅度都很小，几乎可以忽略；刚度参数对抖振响应的影响则要明显得多,而且影响幅度较大。在有限元数值分析中,通常难以准确模拟的是结构刚度,因此,分析模型刚度误差导致的抖振响应误差是非常重要的。

阻尼参数对抖振响应的影响研究,主要通过分别调整竖弯和扭转自由度的阻尼比来实现。分别设定竖弯和扭转阻尼比在0.3%～1%之间变化,抖振响应随结构阻尼比的变化及相比于1%阻尼比工况的偏差如图7-3所示。

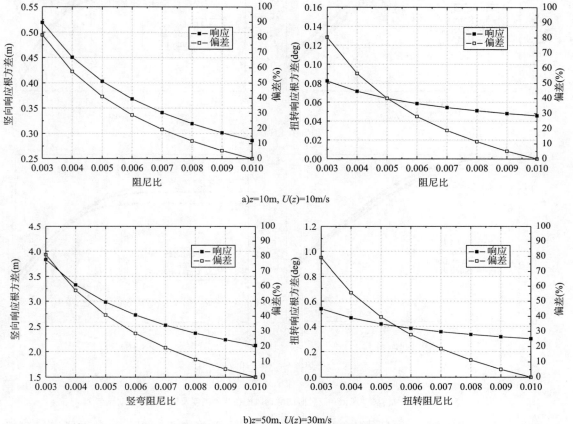

图7-3　抖振响应根方差随结构阻尼比的变化

从图7-3中可以看出,抖振响应与结构阻尼比近似成反比,这在式(7-5)中也能体现出来;此外,结构阻尼比对抖振响应的影响十分显著,图7-3中对应0.3%阻尼比和对应1%阻尼比时的抖振响应幅值相差了80%,因此,在梁式桥抗风设计中要充分考虑结构实际阻尼比不确定性导致的抖振响应误差。

三、抖振响应脉动风谱影响分析

进行抖振响应数值分析时,脉动风谱的选择通常是依据各国抗风设计规范的规定,不同脉动风谱的适用性都不是绝对的,因此,抖振响应对脉动风谱的影响对于合理地评价抖振分析结果具有重要的意义。为此,顺风向脉动风谱分别选取了Simiu谱、Kaimal谱、Davenport谱和Harris谱进行比较,竖向脉动风谱选取了Panofsky谱、Lumley谱和Kaimal谱进行比较。四种顺风向脉动风谱和三种竖向脉动风谱在两种高度及风速下的脉动风谱如图7-4所示。

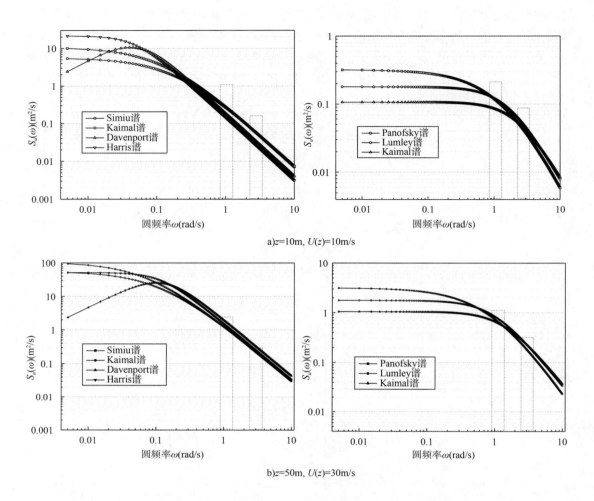

图 7-4 四种顺风向脉动风谱和三种竖向脉动风谱在两种高度及风速下的脉动风谱

顺风向和竖向脉动风谱不同组合对应的抖振响应根方差如表 7-1 所示,各种风谱组合相对于标准组合——Simiu 谱和 Panofsky 谱的抖振响应偏差如图 7-5 所示。

顺风向和竖向脉动风谱不同组合下抖振响应根方差　　　　表 7-1

风谱组合		$U(z)=10\text{m/s}$		$U(z)=30\text{m/s}$	
		竖向位移(m)	扭转位移(deg)	竖向位移(m)	扭转位移(deg)
不同顺风向风谱 + 竖向风谱	Simiu + Panofsky	0.4032	0.064	2.9790	0.4193
	Kaimal + Panofsky	0.4032	0.064	2.9790	0.4193
	Davenport + Panofsky	0.4032	0.0638	2.9792	0.4207
	Harris + Panofsky	0.4032	0.0638	2.9791	0.4197
顺风向风谱 + 不同竖向风谱	Simiu + Panofsky	0.4032	0.064	2.9790	0.4193
	Simiu + Lumley	0.4127	0.0703	2.9070	0.4204
	Simiu + Kaimal	0.3493	0.0676	2.6347	0.4238

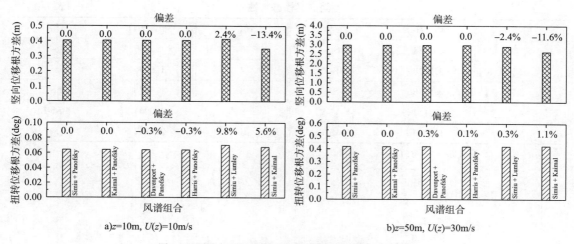

图7-5 顺风向和竖向脉动风谱不同组合下抖振响应偏差

从表7-1中可以看出,四种顺风向脉动风谱的抖振响应几乎是一样的,但是,三种竖向脉动风谱的抖振响应差别较大,竖向和扭转抖振位移分别达到13.4%和9.8%。如图7-4所示,在不同顺风向脉动风谱中,结构竖弯固有频率($\omega = 1.1234 \text{rad/s}$)和扭转固有频率($\omega = 3.1592 \text{rad/s}$)附近的脉动风谱值差别很小,而在竖向脉动风谱中,对应结构的竖弯和扭转固有频率的脉动风谱值差别较大,尤其是竖弯项。从另一个角度来说,当桥梁跨度趋于增大,结构基频低于 0.1Hz(圆频率 $\omega = 0.2\pi$ rad/s)时,固有频率附近的竖向脉动风谱值差别增大,导致抖振响应大小依赖于脉动风谱形式。

第三节 三维多模态体系抖振响应分析

基于梁式桥抖振响应频域分析理论的三维多模态体系分析方法,可以对影响梁式桥抖振的结构参数、风谱参数等进行敏感性和随机性分析。

一、三维多模态体系抖振模型

假定采用三维多模态体系模拟简支梁,两端的扭转自由度均被约束,各项参数如下:跨径 $L = 300$m,桥宽 $B = 40$m,空气密度 $\rho = 1.225 \text{kg/m}^3$,竖向弯曲刚度 $EI_z = 2.1 \times 10^6 \text{MPa} \cdot \text{m}^4$,横向弯曲刚度 $EI_y = 1.8 \times 10^7 \text{MPa} \cdot \text{m}^4$,扭转刚度 $EI_t = 4.1 \times 10^5 \text{MPa} \cdot \text{m}^4$,单位长度质量 $m = 20000 \text{kg/m}$,单位长度质量惯性矩 $I_m = 4.5 \times 10^6 \text{kg} \cdot \text{m}^2/\text{m}$,阻尼比 $\xi = 0.5\%$。

为了对三维多模态简支梁结构进行抖振响应数值分析,首先需要进行结构动力特性分析,选取前10阶模态特性,如表7-2所示,其中,一阶对称竖弯和一阶对称扭转振型如图7-6所示。

简支梁模态特性 表 7-2

阶次	频率(Hz)	振型	阶次	频率(Hz)	振型
1	0.1788	1-S-V	6	1.5030	2-S-T
2	0.5028	1-S-T	7	1.6096	2-S-V
3	0.5236	1-S-L	8	1.9976	2-AS-T
4	0.7154	1-AS-V	9	2.0944	1-AS-L
5	1.0043	1-AS-T	10	2.4867	3-S-T

注:S-对称,AS-反对称;V-竖弯,T-扭转,L-侧弯。

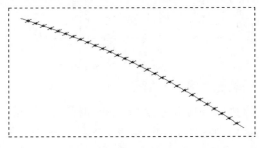
a) 1-S-V(f = 0.1788Hz)

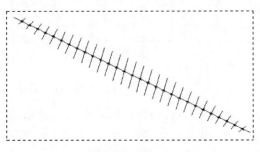
b) 1-S-T(f = 0.5028Hz)

图 7-6　简支梁一阶对称竖弯和一阶对称扭转模态

二、三维多模态抖振响应分析

三维多模态简支梁抖振响应分析计算参数如下:静力三分力系数 C_L = 0.128, C_D = 0.0697, C_M = -0.0074, C'_L = -5.5577, C'_D = 0, C'_M = 1.2662;简支梁离地面高度 z = 60m,地面粗糙高度 z_0 = 0.01m;顺风向脉动风谱和竖向脉动风谱分别为 Simiu 谱和 Lumley 谱,顺风向脉动风谱和竖向脉动风速的指数衰减系数分别为 16 和 8;计算风速 $U(z)$ = 40m/s。作用在简支梁主梁上的自激气动力采用 Theodorson 函数。采用前 10 阶模态进行抖振响应分析,频率积分区间为 0.1~2.5Hz,共 1000 个积分步。三维多模态简支梁竖弯、侧弯和扭转抖振响应根方差结果如图 7-7 所示,与文献[9]中的结果完全吻合,其中跨中抖振响应功率谱如图 7-8 所示。

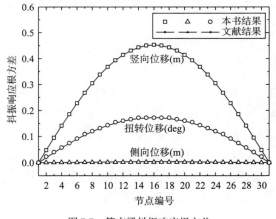

图 7-7　简支梁抖振响应根方差

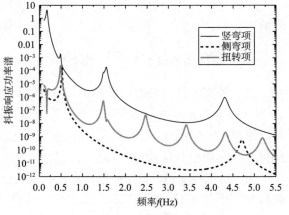

图 7-8　简支梁跨中抖振响应功率谱

第四节 简支梁抖振气动弹性模型风洞试验

梁式桥抖振响应除了采用二维两自由度和三维多模态体系理论分析之外,更加精确和可靠的方法是进行三维气动弹性模型风洞试验(简称气弹模型风洞试验)。简支梁抖振气弹模型风洞试验选用跨径300m、闭口箱梁断面,并在四分点或三分点设置弹性支承的准简支梁。

一、准简支梁抖振气弹模型

在三维多模态体系抖振响应分析中,采用的简支梁模型跨径为300m。目前世界上预应力混凝土简支梁的最大跨径为76m,超高性能混凝土简支梁的最大跨径为100m,钢结构简支梁的最大跨径为120m,与300m跨径相距甚远。如果采用120m跨径钢结构简支梁的箱梁断面,300m跨径简支梁在恒载作用下跨中会产生大于20m的竖向弯曲挠度,显然不适合设计成气弹模型进行风洞试验。为此,考虑在简支梁两个四分点或三分点处各设置一根垂直弹性支承索,以减小主梁恒载位移,如图7-9所示,并定义简支梁在两个四分点或三分点处设有弹性支承的桥梁结构为"准简支梁"。

准简支梁结构设计主要参数如下:竖弯惯性矩 $I_{zz}=2.0\text{m}^4$,侧弯惯性矩 $I_{yy}=95\text{m}^4$,自由扭转惯性矩 $I_{xx}=1.3\text{m}^4$;每延米质量 $m=20000\text{kg/m}$,每延米质量惯性矩 $I_m=1800000\text{kg}\cdot\text{m}^2/\text{m}$;四分点垂直弹性吊索刚度 $k=1008685\text{kg/m}$,恒载作用下单根吊索索力 $T=26526\text{kN}$;三分点垂直弹性吊索刚度 $k=564706\text{kg/m}$,恒载作用下单根吊索索力 $T=21647\text{kN}$。四分点支承准简支梁恒载作用下竖向位移如图7-10所示。

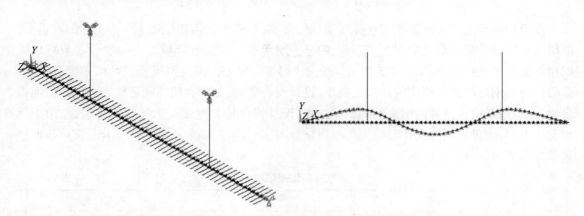

图7-9 准简支梁有限元模型　　　　图7-10 四分点准简支梁恒载位移(最大值为0.45m)

为了设计准简支梁气弹模型,首先需要进行准简支梁结构动力特性分析,四分点支承准简支梁和三分点支承准简支梁前10阶模态特性如表7-3所示。从表7-3可以看出,两种准简支梁具有相同的一阶竖弯及一阶扭转频率,除了与高阶竖弯相关的频率外,两种结构其余振型对应的频率也十分接近。两种方案准简支梁结构一阶对称竖弯模态和一阶对称扭转模态的比较如图7-11所示,可以看出两种结构对应的竖弯振型有较大差别,而扭转振型几乎完全相同。

准简支梁固有频率和振型　　　　　　　　　　　表7-3

四分点支承准简支梁			三分点支承准简支梁		
阶次	频率(Hz)	振型	阶次	频率(Hz)	振型
1	0.2737	1-S-V	1	0.2737	1-S-V
2	0.4025	1-S-T	2	0.4024	1-S-T
3	0.5152	1-AS-V	3	0.4111	1-AS-V
4	0.5538	1-S-L	4	0.5543	1-S-L
5	0.7819	2-S-V	5	0.7198	2-S-V
6	0.8047	1-AS-T	6	0.8036	1-AS-T
7	1.2064	2-S-T	7	1.2027	2-S-T
8	1.2797	2-AS-V	8	1.3079	2-AS-V
9	1.6072	2-AS-T	9	1.5984	2-AS-T
10	2.0069	3-S-T	10	1.9898	3-S-T

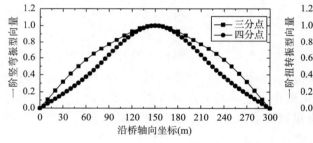 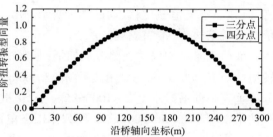

图7-11　四分点支承准简支梁和三分点支承准简支梁模态

基于相似理论的实际桥梁与气弹模型相似要求,在确定几何相似比 $\lambda_L = 1:100$ 的前提下,准简支梁气弹模型相似比如表7-4所示,四分点支承准简支梁气弹模型主要设计参数可以根据相似比要求进行确定,如表7-5所示。准简支梁气弹模型的刚度由模型钢骨架芯梁提供,主梁根据弯曲刚度和扭转刚度的相似比要求,设计符合竖弯、侧弯和扭转刚度要求的槽形截面钢骨架芯梁,吊索则根据轴向刚度的相似比要求,设计符合轴向刚度要求的拉伸弹簧,悬吊于风洞洞顶上,并通过轴向刚度相对较大的细康铜丝与主梁连接,四分点支承和三分点支承拉伸弹簧参数及规格如表7-6所示。

气弹模型相似比　　　　　　　　　　　表7-4

参数	符号	单位	相似比	相似要求
长度	L	m	$\lambda_L = 1:100$	几何相似比
速度	U, u, w	m/s	$\lambda_v = 1/\sqrt{\lambda_L} = 1:10$	Froude 数
重力加速度	g	m/s²	$\lambda_g = 1$	不变

续上表

参数	符号	单位	相似比	相似要求
频率	f	Hz	$\lambda_f = \lambda_v / \lambda_g = 10:1$	Strouhal 数
密度	ρ	kg/m³	$\lambda_\rho = 1$	不变
单位长度质量	m	kg/m	$\lambda_m = \lambda_\rho \cdot \lambda_L^2 = \lambda_L^2 = 1:100^2$	量纲
单位长度质量惯性矩	I_m	kg·m²/m	$\lambda_j = \lambda_\rho \cdot \lambda_L^4 = \lambda_L^4 = 1:100^4$	量纲
弯曲刚度	EI	N·m²	$\lambda_{EI} = \lambda_E \cdot \lambda_L^4 = \lambda_L^5 = 1:100^5$	量纲
扭转刚度	GJ_d	N·m²	$\lambda_{GJ} = \lambda_G \cdot \lambda_L^4 = \lambda_L^5 = 1:100^5$	量纲
轴向刚度	EA	N	$\lambda_{EA} = \lambda_E \cdot \lambda_L^2 = \lambda_L^3 = 1:100^3$	量纲
阻尼比	ξ	—	$\lambda_\xi = 1$	不变

四分点支承准简支梁气弹模型主要设计参数　　　表 7-5

参数	符号	单位	实桥值	相似比	模型值
长度	L	m	300	$\lambda_L = 1:100$	3.000
宽度	B	m	36.3	$\lambda_B = 1:100$	0.363
高度	H	m	3.0	$\lambda_H = 1:100$	0.03
单位长度质量	m	kg/m	20000	$\lambda_m = 1:100^2$	2.0
单位长度质量惯性矩	I_m	kg·m²/m	1800000	$\lambda_I = 1:100^4$	0.018
一阶对称竖弯振动频率	f	Hz	0.2727	$\lambda_f = 10:1$	2.727
一阶对称扭转振动频率	f	Hz	0.4024	$\lambda_f = 10:1$	4.024
一阶对称侧弯振动频率	f	Hz	0.5538	$\lambda_f = 10:1$	5.538

准简支梁气弹模型拉伸弹簧参数　　　表 7-6

准简支梁	弹簧刚度(kg/cm)	弹簧恒载力(kg)	弹簧钢丝直径 d(mm)	弹簧钢丝圈直径 D(mm)	弹簧原始状态长度 L(mm)	弹簧最大拉伸力 P_{max}(kg)
四分点方案	1.0087	2.7040	1.2	8	300	4.8
三分点方案	0.5647	2.2066	1.2	8	300	4.8

按照几何相似比的要求,采用高密度泡沫板外衣模拟主梁外形。为了避免外衣刚度与芯梁刚度一起参与受力,将外衣按 30cm 一段的间隔分段,段与段之间留有 1mm 空隙。主梁外衣和芯梁设计图及成型图分别如图 7-12 和图 7-13 所示。芯梁截面如图 7-14 所示,芯梁与外衣之间通过 $8 \times 3 \times 320 (\text{mm}^3)$ 的铝制刚臂形成紧密的连接,如图 7-15 所示。准简支梁 1:100 气弹模型如图 7-16 所示。

除满足弹性刚度和几何外形的相似性要求之外,准简支梁气弹模型还需要模拟质量系统,以确保结构动力特性的相似性。准简支梁根据质量系统相似比的要求,扣除钢骨架芯梁和高密度泡沫板外衣所提供的实际质量和质量惯性矩,采用铜块为配重来补充不足部分的质量,铜块对称粘贴在外衣的内侧,并通过调整横向位置来满足质量惯性矩模拟要求。

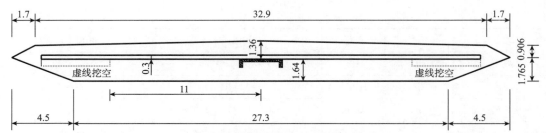

图 7-12 主梁外衣和芯梁设计图(尺寸单位:cm)

图 7-13 主梁外衣和芯梁成型图

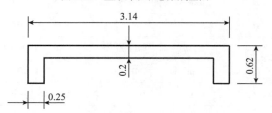

图 7-14 芯梁截面(尺寸单位:cm)

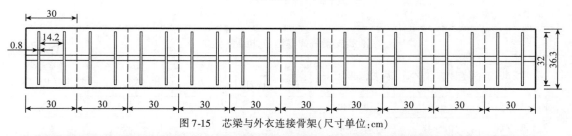

图 7-15 芯梁与外衣连接骨架(尺寸单位:cm)

图 7-16 准简支梁 1:100 气弹模型

二、准简支梁气弹模型检验

准简支梁气弹模型安装完毕之后必须进行气弹模型检验,特别是动力特性测试,以确认气弹模型动力特性满足设计要求。气弹模型检验主要包括质量检验、频率检验、刚度检验、振型检验等。

由于模型存在加工误差,气弹模型刚度参数与实际结构或多或少会存在偏差,为了得到气弹模型的真实结构参数,这里首先对结构质量参数进行尽可能准确的计算。首先严格按照原型参数缩尺后得到的结构质量进行配重设计;为了得到理论的结构质量惯性矩,利用精度为0.5g 的电子秤对已知外形尺寸的外衣材料进行称重,反推得到外衣的密度;再根据缩尺得到的理论质量惯性矩,扣除外衣、芯梁、刚臂分担的质量惯性矩,反推得到配重铁块分担的质量惯性矩。四分点支承准简支梁气弹模型各部件质量参数检验要求如表 7-7 所示。

四分点支承准简支梁气弹模型质量和质量惯性矩检验要求 表 7-7

分项	每延米质量	每延米质量惯性矩
总重	2.0kg/m	0.018kg·m²/m
芯梁	0.6578kg/m	0.00008kg·m²/m
外衣 + 刚臂	125/0.3kg/m	0.00365kg·m²/m
附加质量块	0.9255kg/m	0.01428kg·m²/m
节段理论配重(30cm)	277.66g	0.004283kg·m²
大铁块(2 块)	216g	—
小铁块(2 块)	61.2g	—
节段实际配重(30cm)	277.2g	—

根据配重铁块分配的质量惯性矩,按照下式求得铁块中心线至桥轴的距离:

$$r = \sqrt{\frac{\Delta I_m}{2m} - \frac{h^2}{12}} \tag{7-44}$$

式中,r 为配重铁块中心线至桥轴的距离;ΔI_m 为每个节段(30cm)理论总质量惯性矩扣除外衣、芯梁和刚臂分担的质量惯性矩后的余值;h 为单侧配重铁块在与桥轴垂直方向的尺寸;m 为单侧配重铁块的质量。

基于表 7-7 和式(7-44)求得 $r = 12.4$cm,将配重按理论计算位置进行布置,采用位移计识别气弹模型在初始激励下的自由衰减振动位移时程曲线,利用傅立叶变换识别结构频率,其中采样频率为 200Hz,采样时长为 56s,频率分辨率为 1/56Hz。由于准简支梁模态分布较为稀疏,因此只需要测试气弹模型的竖弯、侧弯和扭转基频。此外,基于动力特性测试的位移信号,分析了一阶竖弯和一阶扭转模态对应的阻尼比。四分点支承准简支梁和三分点支承准简支梁的基频检验结果分别如表 7-8 和表 7-9 所示。

四分点支承准简支梁气弹模型频率检验结果 表7-8

振型序号	期望值(Hz)	实测值(Hz)	误差(%)	阻尼比(%)	振型
1	2.737	2.610	-4.6	0.5	一阶对称竖弯
2	4.024	4.492	11.6	0.7	一阶对称扭转
4	5.538	5.586	0.9	0.9	一阶对称侧弯

三分点支承准简支梁气弹模型频率检验结果 表7-9

振型序号	期望值(Hz)	实测值(Hz)	误差(%)	阻尼比(%)	振型
1	2.737	2.628	-4.0	0.5	一阶对称竖弯
2	4.024	4.492	11.6	0.7	一阶对称扭转
4	5.543	5.592	0.9	0.9	一阶对称侧弯

从表7-8和表7-9可以看出,气弹模型动力特性与实桥存在较大差异,尤其是扭转频率。扭转频率存在较大差异的原因,一方面可能是芯梁加工误差,另一方面可能是在芯梁在设计过程中,是以芯梁断面的自由扭转刚度满足实际结构自由扭转刚度缩尺后的理论值为依据的,忽略了实际芯梁断面约束扭转刚度的贡献。竖弯频率偏低的原因可能是悬吊弹簧的拉伸刚度或(和)芯梁的竖弯刚度模拟不准确。

为了分析芯梁实际扭转刚度,基于加工误差不大的假定,对气弹模型芯梁分别采用单主梁、三主梁和考虑截面翘曲的BEAM188单元(来自ANSYS单元库)进行有限元模拟,对四分点支承准简支梁进行动力特性分析对比。对于三主梁模型,芯梁断面的翘曲常数J_w = 30305 mm^4,边梁至中梁的距离为1.5cm,由此可以推算边梁竖向弯曲刚度为67.344 mm^4,中梁竖向弯曲刚度为65.311 mm^4。采用不同主梁模型的结构有限元动力特性分析结果如表7-10所示。

不同主梁模型四分点支承准简支梁基频 表7-10

振型序号	振型	单主梁(Hz)	三主梁(Hz)	BEAM188(Hz)	模型实测值(Hz)
1	一阶对称竖弯	2.743	2.743	2.742	2.610
2	一阶对称扭转	3.964	3.965	4.014	4.590
4	一阶对称侧弯	5.554	5.554	5.555	5.586

需要说明的是,表7-10中单主梁对应频率和表7-8中期望值之间存在微小差异,是因为芯梁的实际断面常数与理论值之间存在微小差异。

表7-10的比较结果表明,对于槽形芯梁气弹模型,采用不同的主梁模型对结构动力特性的影响很小,即约束扭转刚度对总的扭转刚度的贡献比例很小,尽管类似Π型芯梁断面,但由于其自由扭转刚度较大(与竖弯刚度相同数量级),与实际的Π型断面桥梁(自由扭转刚度约为竖弯刚度的1/100)仍有较大区别,采用单主梁有限元模型来模拟是足够精确的。

通过以上分析可以得出两个结论:①气弹模型频率实测值与期望值的区别并非芯梁约束扭转刚度贡献导致的,因此可以认为是加工误差;②基于已验证准确性的单主梁模型,可根据实测频率逐步试算反推芯梁的自由扭转刚度,直到模型的实测频率等于或十分接近期望值。通过试算,得出实际芯梁的自由扭转刚度为164mm⁴,此时模型扭转频率实测值和理论值的对比如表7-11所示。

四分点支承准简支梁气弹模型一阶扭转频率比较 表7-11

配重位置 r (cm)	每延米质量惯性矩 (kg·m²/m)	实测值 (Hz)	理论值 (Hz)	偏差 (%)
12.4	0.018	4.492	4.521	-0.6
11.6	0.01623	4.776	4.761	0.3

为了确保上述扭转刚度的准确性,排除模型质量惯性矩计算方面可能存在的较大误差,将配重质量块往内侧移动0.8cm,即$r=11.6$cm,利用式(7-44)反算ΔI_m,进而求得总的质量惯性矩为0.01623kg·m²。基于这些结构参数进行有限元动力特性求解,并与相应实测频率进行比较,结果如表7-11所示,可以看出实测频率和理论值吻合较好,这充分说明了模型自由扭转刚度和质量惯性矩计算的准确性。

竖弯刚度的反推难度相对较大,因为其为弹簧和芯梁的共同贡献。通过实测四分点准支承简支梁气弹模型的一阶对称竖弯和一阶反对称竖弯模态频率,不断调整弹簧刚度和芯梁刚度,使有限元分析值和实测值基本吻合,在不同芯梁竖弯刚度和弹簧刚度的组合下,四分点支承准简支梁一阶对称竖弯和一阶反对称竖弯模态频率计算值和实测值对比如表7-12所示。

四分点支承准简支梁气弹模型不同刚度组合下竖弯频率 表7-12

组合	芯梁竖弯刚度 (mm⁴)	弹簧刚度 (kg/cm)	$m=2.0$kg/m		$m=2.204$kg/m	$m=1.796$kg/m
			1-S-V	1-AS-V	1-S-V	1-S-V
1	200	0.8881	2.611	4.963	2.487	2.756
2	190	0.9062	2.614	4.957	2.490	2.758
3	180	0.9244	2.614	4.914	2.490	2.758
4	170	0.9425	2.611	4.889	2.488	2.756
5	160	0.9697	2.615	4.877	2.491	2.760
6	150	0.9969	2.615	4.865	2.491	2.759
频率实测值(Hz)			2.610	4.865	2.504	2.752

理论上,基于芯梁刚度沿桥跨不变的假定,此时得到唯一的一组解能同时满足一阶对称竖弯和一阶反对称竖弯振型频率,然而,实际芯梁的加工不能保证上述假定,因此在满足频率吻合的前提下还需要检验结构振型。将表7-12中6组刚度组合工况下对应的一阶对称竖弯振型曲线与实测振型对比,如图7-17所示。从该图中可以看出,随着芯梁刚度的下降、弹簧刚度的上升,桥跨四分点附近的振型向量逐渐变小,结合表7-12,尽管组合6对应的频率与实测值十分吻合,但振型曲线差别较为明显,而组合3对应的振型曲线与实测结果较为吻合,相应的一阶对称竖弯和一阶反对称竖弯频率也与实测值十分吻合(误差分别为0.2%和1.0%),因此最终芯梁竖弯刚度和弹簧刚度以组合3为准。

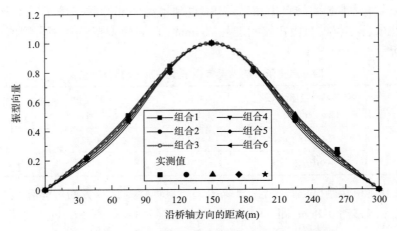

图 7-17 四分点支承准简支梁气弹模型一阶对称竖弯振型

利用上述四分点支承准简支梁气弹模型反推得到的芯梁竖弯刚度及附加方案的实测频率,可以反推得到附加方案准简支梁的弹簧刚度为 0.5212kg/cm,基于修正后的有限元模型得到的一阶对称竖弯频率计算值与实测值的对比如表 7-13 所示。为了确保三分点支承准简支梁气弹模型竖弯刚度的准确模拟,对气弹模型进行振型测试,测点布置与标准方案相同,计算振型和实测振型的对比如图 7-18 所示,从图中可以看出,计算振型和实测振型吻合较好,验证了修正后的有限元模型。

三分点支承准简支梁气弹模型一阶对称竖弯频率　　　　　　　　表 7-13

振型描述	计算值(Hz)	实测值(Hz)	偏差(%)
一阶对称竖弯	2.626	2.628	0.07

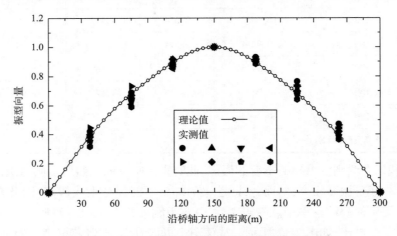

图 7-18 三分点支承准简支梁气弹模型一阶对称竖弯振型

为了检验振型,选取气弹模型的一阶对称竖弯和一阶对称扭转振型进行测试,在桥轴的各个八分点均布置一个位移计测试竖弯振型,扭转振型仅在跨中、四分点和八分之三点布置了测点,每个断面各布置两个位移计。四分点支承准简支梁和三分点支承准简支梁气弹模型一阶对称竖弯振型检验分别如图7-17和图7-18所示。这里仅介绍一阶对称扭转振型的检验,基于反推得到的自由扭转刚度,提取结构一阶扭转模态,与实测振型对比,四分点支承准简支梁和三分点支承准简支梁气弹模型一阶对称扭转振型分别如图7-19和图7-20所示,可以看出两者均吻合较好,这也间接证明了刚度修正后的气弹模型有限元模型的准确性。

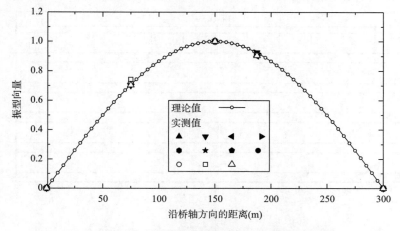

图7-19　四分点支承准简支梁气弹模型一阶对称扭转振型

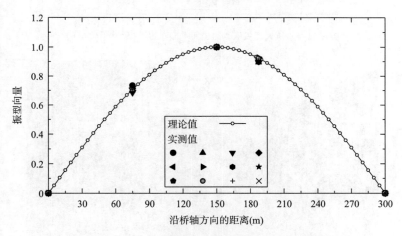

图7-20　三分点支承准简支梁气弹模型一阶对称扭转振型

三、准简支梁气弹模型抖振试验

准简支梁气弹模型风洞试验在同济大学TJ-3边界层风洞进行,试验流场包括均匀流场和紊流风场。

一般说来,风洞中的均匀流场是指风洞中没有任何障碍物时的空风洞流场。受风机和环境等多方面影响,实际风洞中的均匀流场不可避免地包含一定的紊流成分,因此衡量风洞流场品质的一项重要指标就是均匀流场中的紊流强度。采用十字探头 Dantec 热线风速仪和皮托管风压计对空风洞均匀流场进行了测试,风速不均匀性小于1%,而准简支梁气弹模型桥面高度处的紊流强度$I_u<1\%$。

紊流风场采用常用的尖塔+粗糙元方法来实现。尖塔高度为1.8m,共有11个,以1.2m的等间距排列,尖塔底边为0.295m,下游分流板底边为0.40m;粗糙元高0.074m、宽0.058m、厚0.043m,间距0.5m,分10行排列。TJ-3边界层风洞中尖塔、粗糙元和模型相对平面位置如图7-21所示,图7-22为置于紊流风场中的准简支梁气弹模型。

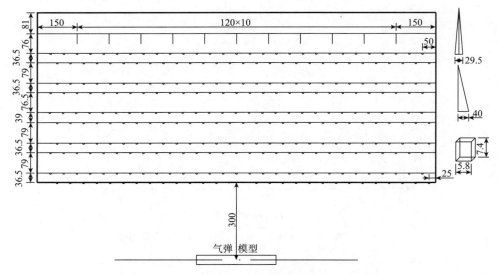

图7-21 紊流风场尖塔+粗糙元平面布置图(尺寸单位:cm)

图7-22 紊流风场中的准简支梁气弹模型

利用眼镜蛇探头对紊流风场的特性进行测试,在桥面迎风侧一端上游30cm的桥面高度处布置了4个眼镜蛇探头。各测点对应不同来流平均风速下的紊流强度如表7-14所示。其中U_m为平均风速(m/s),I_u、I_v、I_w分别为顺风向、横风向和竖向紊流强度。从表7-14中可以看出,同一测点在不同平均风速下的紊流强度略有变化,但总体上波动幅度不是很大。

紊流风场中紊流强度实测值 表 7-14

U_m	I_u	I_v	I_w	U_m	I_u	I_v	I_w
1 号测点				3 号测点			
2.7545	0.1294	0.1027	0.0956	3.3272	0.1006	0.0793	0.0739
3.6153	0.1187	0.0969	0.0900	4.3187	0.0984	0.0723	0.0696
4.4250	0.1175	0.1041	0.0919	4.8914	0.1057	0.0833	0.0792
5.0660	0.1230	0.1064	0.0936	5.5920	0.1150	0.0902	0.0816
5.7552	0.1246	0.1042	0.0951	6.2314	0.1261	0.0946	0.0884
U_m	I_u	I_v	I_w	U_m	I_u	I_v	I_w
2 号测点				4 号测点			
2.3631	0.1697	0.1004	0.1175	2.9275	0.0989	0.0958	0.0716
3.1200	0.1569	0.0944	0.1117	3.8056	0.0955	0.0947	0.0698
3.7800	0.1593	0.0967	0.1012	4.5629	0.1015	0.0995	0.0776
4.4981	0.1460	0.0919	0.0968	5.2154	0.1051	0.1052	0.0795
5.2860	0.1489	0.0915	0.1001	5.8744	0.1138	0.1083	0.0869

为了研究结构质量和振型的不确定性对抖振性能的影响,四分点支承准简支梁气弹模型设置了标准质量和质量惯性矩、±10% 质量且保持质量惯性矩不变、±20% 质量惯性矩且保持质量不变等试验工况,分别进行均匀流场和紊流风场的抖振试验;此外,对三分点支承准简支梁气弹模型也进行了类似的均匀流场和紊流风场的相关试验,并与前者进行比较,研究振型等参数对结构响应的影响。具体抖振试验工况如表 7-15 所示。

准简支梁气弹模型抖振风洞试验工况 表 7-15

工况	流场	攻角 (°)	每延米质量 m (kg/m)	质量惯性矩 I_m (kg·m²/m)
ST-1	均匀流场	0	2.0*	0.0180*
ST-4	紊流风场	0		
ST-5	均匀流场	0	2.0	0.01989
ST-8	紊流风场	0		
ST-9	均匀流场	0	2.0	0.01623
ST-12	紊流风场	0		
ST-13	均匀流场	0	2.0	0.02165
ST-16	紊流风场	0		
ST-17	均匀流场	0	2.0	0.01437
ST-20	紊流风场	0		
ST-21	均匀流场	0	2.204	0.018
ST-24	紊流风场	0		

续上表

工况	流场	攻角(°)	每延米质量 m (kg/m)	质量惯性矩 I_m (kg·m²/m)
ST-25	均匀流场	0	1.796	0.018
ST-28	紊流风场	0		
AD-1	均匀流场	0	2.0	0.0180
AD-4	紊流风场	0		

注：ST 表示四分点支承，AD 表示三分点支承；* 表示标准质量或标准质量惯性矩。

四、抖振响应质量参数影响试验

采用准简支梁气弹模型风洞试验研究结构质量对抖振响应的影响，分别模拟了 0°攻角下质量±10%的工况，测得了均匀流场和紊流风场中的抖振响应，其中采样频率为 200Hz，采样时长为 60s。紊流风场下质量影响工况的跨中扭转和竖弯抖振响应根方差随风速变化曲线如图 7-23 所示，抖振响应整体上对质量参数不是十分敏感；相应的抖振响应与标准质量结果的偏差随风速变化如图 7-24 所示，在某些风速下竖弯和扭转响应最大偏差分别达到 27.9% 和 24.0%，质量参数对抖振响应的影响具有不确定性。

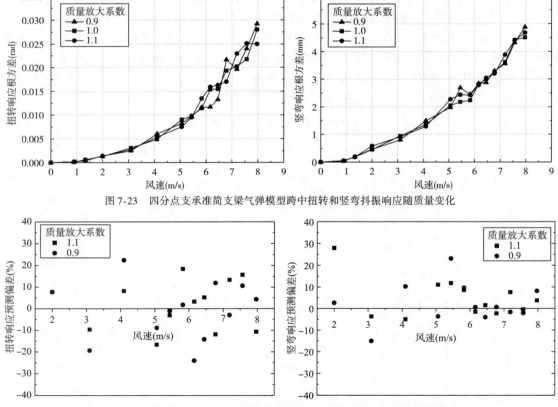

图 7-23　四分点支承准简支梁气弹模型跨中扭转和竖弯抖振响应随质量变化

图 7-24　四分点支承准简支梁气弹模型跨中扭转和竖弯抖振响应质量偏差影响

采用准简支梁气弹模型风洞试验研究结构质量惯性矩误差对抖振响应的影响，分别模拟了0°攻角下质量惯性矩±10%和±20%的工况，测得了均匀流场和紊流风场中的抖振响应。紊流风场下质量惯性矩影响工况的跨中扭转和竖弯抖振响应根方差随风速变化曲线如图7-25所示，整体上抖振扭转响应对结构质量惯性矩的敏感性略高于对结构质量的敏感性，而竖弯响应对质量惯性矩和质量的敏感程度相当；相应的抖振响应与标准质量惯性矩结果的偏差随风速变化如图7-26所示，在某些试验风速下对应10%的质量惯性矩偏差，竖弯和扭转响应最大偏差分别达到17.4%和37.6%，质量惯性矩对抖振响应的影响具有不确定性。

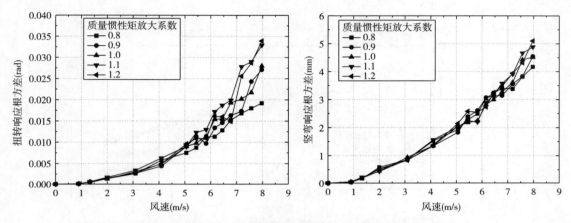

图7-25 四分点支承准简支梁气弹模型跨中扭转和竖弯抖振响应随质量惯性矩变化

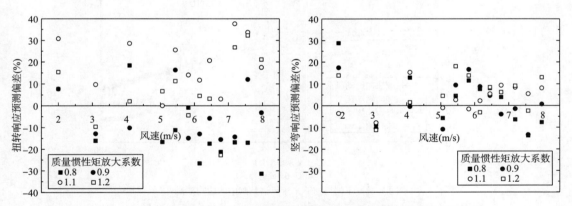

图7-26 四分点支承准简支梁气弹模型跨中扭转和竖弯抖振响应质量惯性矩偏差影响

由于抖振响应与结构自振频率及来流风谱相关，特别是主要参与模态频率附近的风谱曲线形状，因此，有必要研究准简支梁抖振对主要参与模态的贡献。以标准质量和质量惯性矩工况为准，图7-27所示为平均风速分别为$U=4.1 \text{m/s}$，$U=5.1 \text{m/s}$和$U=6.8 \text{m/s}$时跨中抖振响应功率谱与相应风谱曲线的对比（图中扭转响应功率谱密度为实际值乘桥宽的平方）。从图7-27中可以看出，准简支梁跨中抖振竖弯和扭转响应的主要参与模态均为一阶对称模态，而且随着风速的增加，由于气动刚度的存在，扭转抖振响应主要参与模态频率趋于下降。

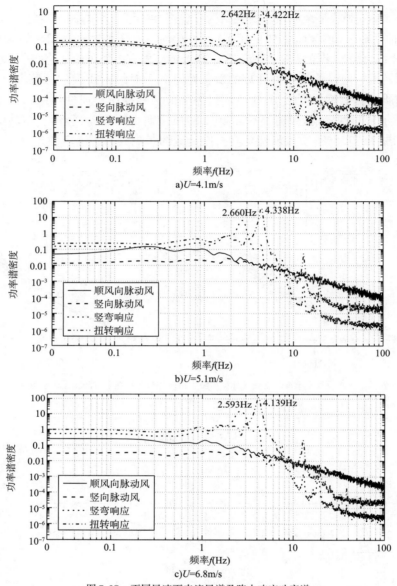

图 7-27 不同风速下来流风谱及跨中响应功率谱

五、抖振响应三大影响因素分析

上述质量参数影响风洞试验结果表明,质量和质量惯性矩对抖振响应的影响会随着试验风速的变化而变化,甚至产生完全相反的作用。抖振响应的影响因素主要包括三个方面,即来流风谱特性、结构自振特性和结构气弹效应。为此,采用准简支梁气弹模型风洞试验方法研究三大影响因素对抖振响应的影响规律及其原因。

首先,对于来流风谱特性,风洞试验中对同一测点在相同风速下进行 3 次脉动风速的重复采样,通过风谱比较来研究紊流风场的稳定性,以平均风速分别为 $U=4.1 \mathrm{m/s}$, $U=5.1 \mathrm{m/s}$ 和 $U=6.8 \mathrm{m/s}$ 时的风谱为例,3 次重复采集的脉动风谱对比如图 7-28 所示。从图 7-28 中可以看出,

3次重复采样测得的脉动风谱在低频处差别较大;此外,在包含抖振主要参与模态的频率范围(2~6Hz)内,脉动风谱波动也比较大,尤其是竖向脉动风谱。上述研究结果表明,抖振响应对竖向脉动风谱比较敏感,因此,不同质量参数下的抖振响应相对标准状况的偏差中,很可能包含了风谱试验模拟误差,即抖振响应采样时段对应的风谱不一致,甚至在重要区段产生较为明显的偏差。

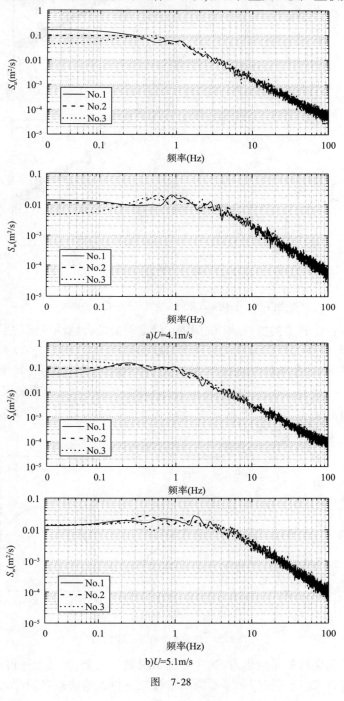

图 7-28

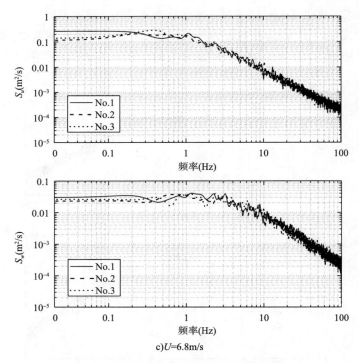

图 7-28 相同测点相同平均风速下脉动风谱比较

对于结构自振特性和结构气弹效应的影响,仍然需要结合脉动风谱的形状进行深入研究。若排除风谱不稳定性影响,即假设风谱在任何时段都保持不变,图 7-28 表明在不同风速下,结构一阶扭转模态频率不同。以质量惯性矩增加为例,不同风速下的扭转频率均下降,然而由于脉动风谱的形状细节影响,如图 7-29 所示,同样下降的扭转频率,对应的风谱值可能下降,如频率区间 4.6~4.8Hz;也可能增加,如频率区间 4.4~4.6Hz,这可能会导致不同风速下质量参数对抖振响应产生不同的影响。

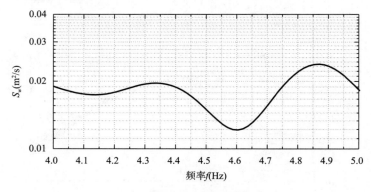

图 7-29 竖向脉动风谱局部变化

以上探讨均是从定性的角度出发的,实际的情况更为复杂,但是上述讨论对于理解风洞试验结果具有一定的意义,进一步展示了不同质量参数下抖振响应差异的原因。

六、抖振响应关键模态影响分析

准简支梁关键模态对抖振响应的影响不容忽视,主要包括关键模态的频率和振型两个方面。四分点支承准简支梁和三分点支承准简支梁具有相同的竖弯基频和各阶扭转频率,如表7-3所示,但三分点支承准简支梁的高阶竖弯频率均低于四分点支承准简支梁,这种情形可能体现了气弹模型中不同组成部件(芯梁和外衣等)的刚度模拟误差,但是保证了结构基频满足理论值的要求。此外,两种支承的一阶竖弯振型向量差别较为明显,利用风洞试验比较可以研究振型模拟误差对抖振响应的影响。两种支承方案的抖振响应根方差随平均风速变化曲线如图7-30所示。

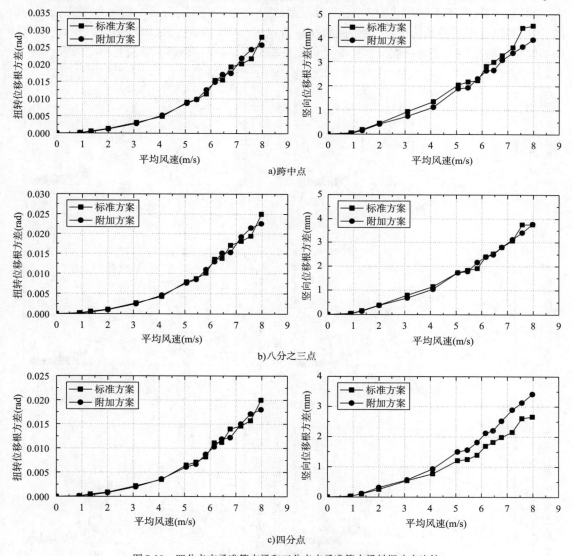

图7-30 四分点支承准简支梁和三分点支承准简支梁抖振响应比较

从图7-30可以看出,在准简支梁的不同位置,两种支承方案的扭转响应曲线均几乎完全重合,这是因为两种支承方案的扭转频率和振型均相同。对于竖弯抖振响应,随着结构位置的变化,两种支承方案竖弯响应的大小关系呈规律性变化,由跨中逐渐向四分点移动,三分点支承方案的响应先小于四分点支承方案(跨中),然后几乎相等(八分之三点),最后大于四分点支承方案(四分点)。尽管三分点支承方案的高阶频率较低,但对于不同的位置,其对抖振响应的作用并非统一放大。

为了探讨上述现象的内在原因,这里从抖振响应功率谱的角度进行分析,图 7-31 为来流平均风速 $U=4.1\text{m/s}$ 时两种支承方案的跨中点、八分之三点和四分点抖振响应功率谱密度对比。从图 7-31 中可以看出,随着向四分点靠近,一阶反对称竖弯振型贡献逐渐加强,三分点支承方案较低的反对称竖弯频率使得其共振响应明显增大,这是导致两种支承方案之间偏差发生逆转的主要原因;另外,对于不同的结构位置,高阶振型的影响也不一致。分析一阶对称竖弯振型的贡献,可以看出在不同的结构位置,两条曲线在一阶对称竖弯频率附近区域均吻合得较好,说明结构一阶竖弯振型的改变对该振型抖振响应贡献影响很小,频率才是抖振响应的决定因素。

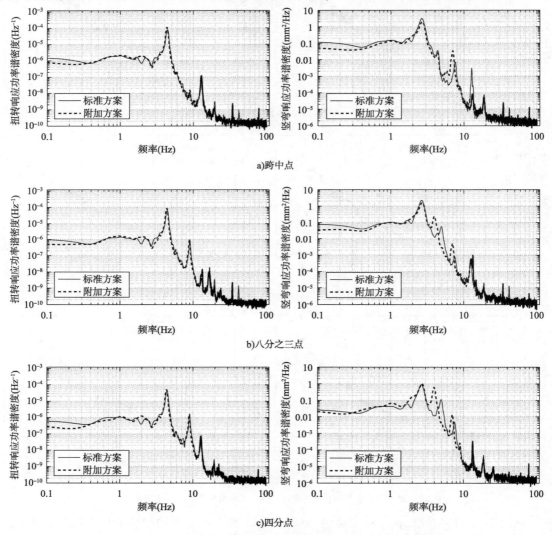

图 7-31　四分点支承准简支梁和三分点支承准简支梁抖振响应功率谱比较($U=4.1\text{m/s}$)

第五节　T形刚构抖振气弹模型风洞试验

T形刚构以内蒙古柳林滩黄河公路大桥为工程背景,主桥为7跨一联连续梁和连续刚构组合桥梁,跨径布置为76.8m+5×140m+76.8m。主桥施工采用墩顶双悬臂施工方法,施工过程中形成6个T形刚构,选取最高墩最大双悬臂施工状态的T形刚构作为气弹模型模拟和试验状态,采用均匀流场和边界层流场风洞试验进行抖振响应分析。

一、T形刚构抖振气弹模型

T形刚构墩高80m,单侧悬臂长度69m,悬臂主梁全宽27.75m,分为左、右两幅桥,其中,左幅桥宽度12.5m,右幅桥宽度14.25m,两幅桥中间净距1.0m,如图7-32所示。

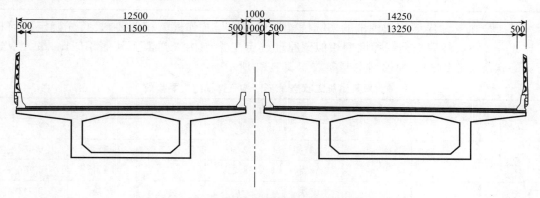

图7-32　T形刚构双幅桥主梁断面布置图(尺寸单位:mm)

为了设计最大双悬臂施工状态T形刚构的气弹模型,采用ANSYS结构分析软件,分析了左、右两幅T形刚构的动力特性,前15阶自振频率和振型如表7-16所示。由于左、右两幅T形刚构的宽度不同,所以自振频率略有差别,但振型次序基本没有变化。

最大双悬臂施工状态T形刚构动力特性分析结果　　　　表7-16

阶数	T形刚构左幅频率(Hz)	T形刚构右幅频率(Hz)	振型描述
1	0.318	0.321	一阶桥墩侧弯主梁侧弯
2	0.323	0.341	一阶主梁刚体转动
3	0.369	0.359	一阶桥墩顺桥向弯曲
4	1.172	1.158	主梁一阶反对称竖弯
5	1.460	1.467	主梁一阶正对称竖弯
6	1.919	2.286	主梁一阶正对称侧弯

续上表

阶数	T形刚构左幅频率（Hz）	T形刚构右幅频率（Hz）	振型描述
7	3.119	3.397	二阶桥墩侧弯主梁扭转
8	3.816	3.814	主梁二阶反对称竖弯
9	5.131	5.205	主梁一阶反对称侧弯
10	5.220	6.026	主梁二阶正对称竖弯
11	6.230	6.236	主梁三阶反对称竖弯
12	7.202	7.080	主梁一阶正对称扭转
13	7.949	7.520	主梁一阶反对称扭转
14	8.313	8.677	主梁二阶正对称侧弯
15	8.867	9.268	主梁三阶正对称竖弯

基于全桥气弹模型相似理论的实际桥梁T形刚构与气弹模型相似要求，首先确定几何相似比 $\lambda_L = 1:81$，然后根据气弹模型相似比原理确定T形刚构气弹模型其他相似比，最大双悬臂施工状态T形刚构气弹模型主要参数如表7-17所示。

最大双悬臂施工状态T形刚构气弹模型主要参数 表7-17

参数	符号	单位	实桥值		相似比	模型要求值	
长度	L	m	138		$\lambda_L = 1:81$	1.704	
宽度	B	m	上行桥	12.50	$\lambda_L = 1:81$	上行桥	0.154
			下行桥	14.25		下行桥	0.176
高度	H	m	0#块	9	$\lambda_L = 1:81$	0#块	0.111
			端部	3		端部	0.037
上行桥侧弯刚度	EI_y	N·m²	0#块	9.20×10^{12}	$\lambda_{EI} = 1:81^5$	0#块	2640
			端部	4.29×10^{12}		端部	1231
下行桥侧弯刚度	EI_y	N·m²	0#块	1.76×10^{13}	$\lambda_{EI} = 1:81^5$	0#块	5055
			端部	7.58×10^{12}		端部	2175
上行桥竖弯刚度	EI_z	N·m²	0#块	1.56×10^{13}	$\lambda_{EI} = 1:81^5$	0#块	4476
			端部	6.23×10^{11}		端部	178.6
下行桥竖弯刚度	EI_z	N·m²	0#块	1.94×10^{13}	$\lambda_{EI} = 1:81^5$	0#块	5563
			端部	7.60×10^{11}		端部	217.9
上行桥扭转刚度	GJ_d	N·m²	0#块	1.63×10^{13}	$\lambda_{EI} = 1:81^5$	0#块	4679
			端部	1.44×10^{12}		端部	412.2
下行桥扭转刚度	GJ_d	N·m²	0#块	2.76×10^{13}	$\lambda_{EI} = 1:81^5$	0#块	7903
			端部	1.97×10^{12}		端部	565.1

T形刚构气弹模型的刚度完全由模型钢骨架芯梁提供,其中,主梁根据弯曲刚度和扭转刚度的相似比要求,设计符合竖弯、侧弯和扭转刚度要求的单主梁矩形截面钢骨架芯梁,其轴线与实际左、右幅箱梁的形心轴线一致;桥墩根据弯曲刚度和轴向刚度的相似比要求,设计符合竖弯、侧弯和轴向刚度要求的矩形截面钢骨架芯梁,其轴线与实际桥墩轴线一致。T形刚构气弹模型钢骨架芯梁如图7-33所示。

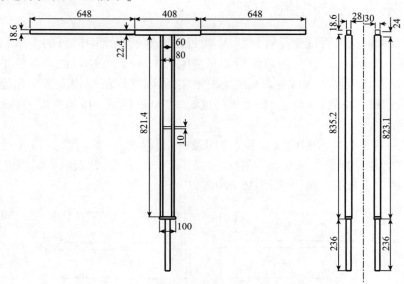

图7-33　T形刚构气弹模型钢骨架芯梁(尺寸单位:mm)

按照几何相似比的要求,采用ABS板材经电脑雕刻后黏结而成的外衣模拟主梁外形。为了避免外衣刚度与芯梁刚度一起参与受力,外衣按一定间隔分段,段与段之间留有1mm空隙。T形刚构气弹模型ABS板材外衣如图7-34所示。

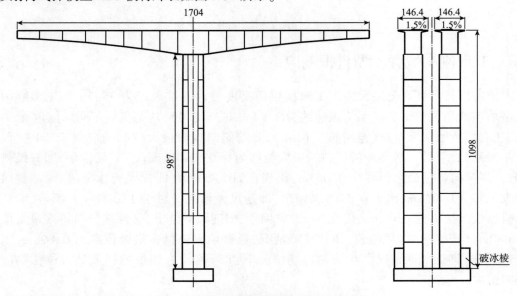

图7-34　T形刚构气弹模型ABS板材外衣(尺寸单位:mm)

除满足刚度和几何外形的相似性要求之外，T形刚构气弹模型还需要模拟质量系统，以确保结构动力特性的相似性。T形刚构根据质量系统相似比的要求，扣除钢骨架芯梁和ABS板材外衣所提供的质量和质量惯性矩，采用铅块为配重来补充不足部分的质量，铅块对称粘贴在外衣的内侧，并通过调整横向位置来满足质量惯性矩模拟要求。

二、T形刚构气弹模型风洞试验

T形刚构气弹模型风洞试验是在同济大学TJ-3边界层风洞中进行的。风洞试验流场包括均匀流场和紊流风场。其中，均匀流场是在空风洞中进行的，空风洞中风速不均匀性小于1%，桥面高度处紊流强度$I_u < 1\%$；紊流风场根据实际桥位情况，采用尖塔+粗糙元方法模拟A类场地，地表粗糙度系数$\alpha = 0.12$，梯度风高度$z_G = 300m$，风洞中模拟高度3.7m，超出了TJ-3边界层风洞高度2m。

为了研究风偏角对T形刚构气弹模型抖振的不利影响，在均匀流场和A类边界层风场中，都考虑了T形刚构风偏角从0°变化到180°，间隔为5°，其中，0°表示右幅桥位于来流上游，180°表示左幅桥位于来流上游，如图7-35所示。

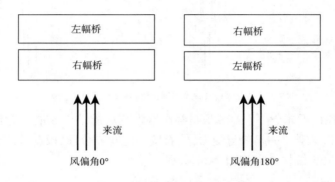

图7-35　T形刚构气弹模型风洞试验风偏角

三、T形刚构气弹模型抖振响应

内蒙古柳林滩黄河公路大桥施工阶段桥面高度设计基准风速为35.5m/s，T形刚构气弹模型均匀流场风洞试验时平均风速约为3.94m/s(35.5/9)，均匀流场不同风偏角下，T形刚构左、右幅桥墩顶顺桥向、悬臂端竖向和悬臂端侧向抖振最大位移响应如表7-18所示。对于T形刚构左幅桥，墩顶顺桥向抖振最大位移为0.035m，出现在75°风偏角，即背风侧情况；悬臂端竖向抖振最大位移为0.053m，出现在60°风偏角，即背风侧情况；悬臂端侧向抖振最大位移为0.041m，出现在170°风偏角，即迎风侧情况。对于T形刚构右幅桥，墩顶顺桥向抖振最大位移为0.085m，出现在80°风偏角，即迎风侧情况；悬臂端竖向抖振最大位移为0.080m，出现在120°风偏角，即背风侧情况；悬臂端侧向抖振最大位移为0.098m，出现在0°风偏角，即迎风侧情况。在均匀流场情况下，T形刚构右幅桥的抖振最大位移响应都比左幅桥大。

最大双悬臂施工状态 T 形刚构抖振最大位移响应（均匀流场） 表 7-18

风偏角(°)		抖振最大位移响应(m)					
		墩顶顺桥向		悬臂端竖向		悬臂端侧向	
		左幅桥	右幅桥	左幅桥	右幅桥	左幅桥	右幅桥
右幅桥位于上游	0	0.0254	0.0606	0.0314	0.0782	0.0248	**0.0982**
	5	0.0282	0.0614	0.0234	0.0566	0.0356	0.0712
	10	0.0276	0.0660	0.0269	0.0616	0.0331	0.0769
	15	0.0203	0.0636	0.0311	0.0522	0.0268	0.0671
	30	0.0263	0.0683	0.0355	0.0556	0.0332	0.0663
	45	0.0313	0.0802	0.0307	0.0693	0.0258	0.0690
	60	0.0319	0.0788	**0.0532**	0.0687	0.0376	0.0657
	75	**0.0350**	0.0786	0.0393	0.0705	0.0238	0.0615
	80	0.0316	**0.0846**	0.0405	0.0795	0.0283	0.0693
	85	0.0326	0.0783	0.0334	0.0701	0.0259	0.0629
	90	0.0307	0.0740	0.0350	0.0675	0.0314	0.0610
右幅桥位于下游	95	0.0281	0.0860	0.0386	0.0788	0.0245	0.0742
	100	0.0284	0.0755	0.0602	0.0673	0.0294	0.0616
	105	0.0315	0.0701	0.0389	0.0708	0.0216	0.0577
	120	0.0321	0.0853	0.0380	**0.0799**	0.0258	0.0710
	135	0.0312	0.0756	0.0371	0.0689	0.0308	0.0679
	150	0.0294	0.0723	0.0254	0.0661	0.0335	0.0702
	165	0.0189	0.0693	0.0408	0.0585	0.0401	0.0677
	170	0.0137	0.0673	0.0507	0.0554	**0.0405**	0.0631
	175	0.0106	0.0683	0.0345	0.0637	0.0358	0.0657
	180	0.0123	0.0708	0.0412	0.0607	0.0475	0.0750

T 形刚构气弹模型紊流风场风洞试验时平均风速约为 3.94m/s(35.5/9)，紊流风场不同风偏角下，T 形刚构左、右幅桥墩顶顺桥向、悬臂端竖向和悬臂端侧向抖振最大位移响应如表 7-19 所示。对于 T 形刚构左幅桥，墩顶顺桥向抖振最大位移为 0.077m，出现在 5°风偏角，即背风侧情况；悬臂端竖向抖振最大位移为 0.220m，出现在 100°风偏角，即迎风侧情况；悬臂端侧向抖振最大位移为 0.119m，出现在 175°风偏角，即迎风侧情况。对于 T 形刚构右幅桥，墩顶顺桥向抖振最大位移为 0.060m，出现在 165°风偏角，即背风侧情况；悬臂端竖向抖振最大位移为 0.054m，出现在 5°风偏角，即迎风侧情况；悬臂端侧向抖振最大位移为 0.128m，出现在 180°风偏角，即背风侧情况。在紊流风场情况下，T 形刚构左幅桥的墩顶顺桥向和悬臂端竖向抖振最大位移响应比右幅桥大，但是，左幅桥的悬臂端侧向抖振最大位移响应比右幅桥小。

最大双悬臂施工状态 T 形刚构抖振最大位移响应（紊流风场） 表 7-19

风偏角(°)		抖振最大位移响应(m)					
		墩顶顺桥向		悬臂端竖向		悬臂端侧向	
		左幅桥	右幅桥	左幅桥	右幅桥	左幅桥	右幅桥
右幅桥位于上游	0	0.0350	0.0450	0.1299	0.0311	0.0933	0.0879
	5	**0.0768**	0.0505	0.1489	**0.0543**	0.1070	0.1076
	10	0.0485	0.0489	0.1355	0.0425	0.1152	0.1012
	15	0.0379	0.0514	0.1205	0.0358	0.0922	0.0858
	30	0.0432	0.0545	0.1547	0.0409	0.0561	0.0702
	45	0.0406	0.0556	0.1338	0.0403	0.0859	0.0619
	60	0.0395	0.0516	0.1567	0.0357	0.0420	0.0573
	75	0.0403	0.0508	0.1472	0.0361	0.0790	0.0538
	80	0.0379	0.0487	0.1463	0.0327	0.0456	0.0506
	85	0.0393	0.0550	0.1850	0.0311	0.0745	0.0454
	90	0.0346	0.0483	0.1966	0.0294	0.0392	0.0427
右幅桥位于下游	95	0.0378	0.0485	0.2092	0.0509	0.0207	0.0519
	100	0.0361	0.0521	**0.2198**	0.0372	0.0191	0.0476
	105	0.0411	0.0495	0.1685	0.0418	0.0201	0.0392
	120	0.0369	0.0475	0.0411	0.0291	0.0259	0.0418
	135	0.0324	0.0532	0.0373	0.0280	0.0307	0.0626
	150	0.0435	0.0482	0.0402	0.0452	0.0696	0.0890
	165	0.0395	**0.0597**	0.0485	0.0496	0.1084	0.0826
	170	0.0421	0.0544	0.0423	0.0446	0.0839	0.0796
	175	0.0354	0.0508	0.0405	0.0541	**0.1192**	0.0650
	180	0.0421	0.0544	0.0423	0.0446	0.1179	**0.1279**

综合均匀流场和紊流风场中最大双悬臂施工状态 T 形刚构气弹模型抖振响应风洞试验结果，对于 T 形刚构悬臂端竖向最大位移，左幅桥为 0.220m 或 1/314 悬臂长度，右幅桥为 0.080m 或 1/863 悬臂长度；对于 T 形刚构悬臂端侧向最大位移，左幅桥为 0.119m 或 1/580 悬臂长度，右幅桥为 0.128m 或 1/539 悬臂长度。

根据两组最大悬臂端抖振位移响应，采用位移等效的方法可以计算抖振等效静阵风荷载作用下的 T 形刚构截面内力。根据左、右幅桥分别位于迎风侧和背风侧、最大双悬臂单侧加载和双侧加载 4 种计算工况，可以分别计算出 T 形刚构主梁控制截面的最大轴力、最大剪力和最大弯矩，如表 7-20 所示。

最大双悬臂施工状态 T 形刚构等效静阵风荷载作用最大截面内力（包含恒载内力） 表7-20

T形刚构	工况	纵向轴力 $N_X(\text{N})$	竖向剪力 $Q_Y(\text{N})$	侧向剪力 $Q_Z(\text{N})$	纵向弯矩 $M_X(\text{N}\cdot\text{m})$	竖向弯矩 $M_Y(\text{N}\cdot\text{m})$	侧向弯矩 $M_Z(\text{N}\cdot\text{m})$
左幅桥	1	-1.22×10^8	1.49×10^8	-8.84×10^6	-2.05×10^5	-2.40×10^7	7.89×10^8
	2	-1.22×10^8	1.17×10^8	-2.17×10^7	1.32×10^7	-2.40×10^7	7.89×10^8
	3	-1.24×10^8	3.08×10^7	-1.02×10^7	3.99×10^6	6.45×10^5	8.17×10^8
	4	-1.24×10^8	3.08×10^7	-7.71×10^6	3.99×10^6	4.88×10^5	8.17×10^8
右幅桥	1	-1.42×10^8	3.61×10^7	-1.23×10^7	3.40×10^6	-8.79×10^5	9.47×10^8
	2	-1.42×10^8	3.61×10^7	-8.16×10^6	3.40×10^6	-8.79×10^5	9.47×10^8
	3	-1.40×10^8	-1.69×10^8	-1.14×10^7	-1.02×10^7	2.37×10^7	9.18×10^8
	4	-1.40×10^8	-1.36×10^8	-2.24×10^7	-1.31×10^7	2.37×10^7	9.18×10^8

第六节　梁式桥抖振响应分析结论

（1）随着来流风速的改变，抖振响应对质量参数不是十分敏感，但在某些风速下，竖弯和扭转响应最大偏差分别达到 27.9% 和 24%，质量对抖振响应的影响会随着试验风速的变化而变化，甚至产生完全相反的作用。抖振扭转响应对质量惯性矩的敏感性高于对结构质量的敏感性，而竖弯响应对质量惯性矩和质量的敏感程度相当，质量惯性矩偏大总体上会导致扭转响应增大，而对竖弯响应的影响没有明确的方向性。

（2）来流脉动风谱的形状会对抖振响应产生较大影响，影响大小受结构参数控制。

（3）通过四分点支承准简支梁和三分点支承准简支梁的比较试验发现，对于相同质量分布、相同基频但刚度分布不同的结构，高阶振型对结构不同位置点的抖振响应影响不同，并非高阶频率越低，抖振响应统一越大；此外，结构模态形状的局部改变对相应振型的抖振响应贡献影响很小，频率才是抖振响应的决定因素。

（4）通过连续梁最大双悬臂施工阶段 T 形刚构气弹模型抖振响应风洞试验发现，紊流风场的抖振响应一般大于均匀流场，双幅桥的干扰效应十分明显，悬臂端抖振位移响应较大，按照抖振位移等效计算的静阵风荷载，引起了主梁截面较大的内力。

（5）总体上，由于梁式桥跨径有限、刚度较大，故主梁成桥状态的抖振响应较小，但悬臂施工阶段，特别是合龙前最大双悬臂和最大单悬臂状态的抖振位移和内力，需要进行刚度和强度检验。

本章参考文献

[1] DAVENPORT A G. The application of statistical concepts to the wind loading of structures[J]. Proceedings of Institution of Civil Engineers,1961,19(4):449-472.

[2] DAVENPORT A G. Buffeting of a suspension bridge by storm winds[J]. Journal of the Structural Division,1962,88(3):233-270.

[3] SCANLAN R H. The action of flexible bridges under wind, II: buffeting theory [J]. Journal of Sound and Vibration,1978,60(2):201-211.

[4] SIMIU E,SCANLAN R H. Wind effects on structures[M]. 3rd ed. New York:John Wiley,1996.

[5] JAIN A,JONES N P,SCANLAN R H. Coupled flutter and buffeting analysis of long-span bridges [J]. Journal of Structural Engineering,1996,122(7):716-725.

[6] KATSUCHI H,JONES N P,SCANLAN R H. Multimode coupled flutter and buffeting analysis of the Akashi-Kaikyo Bridge[J]. Journal of Structural Engineering,1999,125:60-70.

[7] CHEN X Z,MATSUMOTO M,KAREEM A. Aerodynamic coupling effects on flutter and buffeting of bridges[J]. Journal of Engineering Mechanics,2000,126:17-26.

[8] GUO Z W,GE Y J,ZHAO L,et al. Linear regression analysis of buffeting response under skew wind [J]. Wind and Structures,2013,16(3):279-300.

[9] 丁泉顺. 大跨度桥梁耦合颤抖振响应的精细化分析[D]. 上海:同济大学,2001.

[10] 项海帆. 现代桥梁抗风理论与实践[M]. 北京:人民交通出版社,2005.

[11] 郭增伟,赵林,葛耀君,等. 复杂来流桥梁抖振内力多维线性回归算法[J]. 哈尔滨工业大学学报,2012,44(8):83-90.

[12] 马婷婷. 大跨度桥梁结构动力与气动弹性特性风洞试验模拟[D]. 上海:同济大学,2014.

[13] 周志勇,等. 内蒙古柳林滩黄河公路大桥主桥结构抗风专题研究报告[R]. 上海:同济大学土木工程防灾国家重点实验室,2020.

第八章

梁式桥颤振稳定分析和风洞试验

梁式桥颤振是一种空气动力失稳现象,主要是由于气流流经一般为非流线型断面的桥梁结构时,激发出大幅结构振动,并且振动系统所吸收的能量大于结构阻尼耗能能量,造成系统振动发散,表现为一种自激振动。梁式桥自激气动力作用下的颤振稳定分析主要采用理论分析和风洞试验,其中,理论分析方法包括二维和三维频域分析法以及时域分析法,风洞试验方法包括节段模型和气弹模型风洞试验方法。鉴于梁式桥结构简单、刚度较大、非线性影响较小等,本章主要介绍颤振稳定分析理论及二维两自由度体系和三维全模态体系颤振稳定分析方法,并且详细介绍了准简支梁颤振气弹模型风洞试验及颤振影响因素。

第一节 颤振稳定分析理论

梁式桥颤振稳定分析主要针对主梁,涉及简支梁、悬臂梁或连续梁的主梁颤振稳定分析,主要有二维两自由度体系和三维多模态与全模态体系颤振稳定分析方法,并主要采用频域分析方法进行颤振稳定计算。

一、二维两自由度体系颤振理论

Scanlan 早在 1967 年就将机翼颤振理论引入桥梁断面的颤振稳定分析中,应用机翼颤振理论来进行桥梁颤振分析,开辟了桥梁颤振气动弹性研究的新方法。对于二维两自由度体系颤振分析模型如图 8-1 所示。

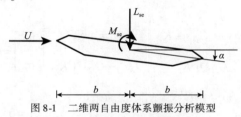

图 8-1 二维两自由度体系颤振分析模型

Scanlan 基于非定常理论提出了二维两自由度体系颤振控制方程为

$$\begin{cases} m\ddot{h} + c_h\dot{h} + k_h h = L_{se} \\ I_\alpha\ddot{\alpha} + c_\alpha\dot{\alpha} + k_\alpha\alpha = M_{se} \end{cases} \quad (8\text{-}1)$$

式中，m 和 I_α 分别为体系每延米质量和质量惯性矩；k_h 和 k_α 分别为体系竖弯和扭转刚度；c_h 和 c_α 分别为竖弯和扭转黏滞阻尼系数；h 为系统竖弯振动时程；α 为系统扭转振动时程；L_{se} 和 M_{se} 分别为体系单位长度的自激气动升力和升力矩。颤振控制方程[式(8-1)]描述了经典弯扭耦合颤振，竖弯和扭转自由度之间的耦合是由方程右端自激气动力项引起的，即非定常自激气动力导致了两自由度耦合振动。

对于非流线型的桥梁断面，L_{se} 和 M_{se} 无法从基本的流体动力学原理推导得出，然而，对于小幅振动，Scanlan 提出自激气动升力和升力矩可以表示为体系位移及其一阶导数的线性函数，相应的自激气动力系数可以通过风洞试验获得，自激气动力系数为折减频率 K 的函数

$$\begin{cases} L_{se} = \rho U^2 B\left[KH_1^*(K)\dfrac{\dot{h}}{U} + KH_2^*(K)\dfrac{B\dot{\alpha}}{U} + K^2 H_3^*(K)\alpha + K^2 H_4^*(K)\dfrac{h}{B}\right] \\ M_{se} = \rho U^2 B^2\left[KA_1^*(K)\dfrac{\dot{h}}{U} + KA_2^*(K)\dfrac{B\dot{\alpha}}{U} + K^2 A_3^*(K)\alpha + K^2 A_4^*(K)\dfrac{h}{B}\right] \end{cases} \quad (8\text{-}2)$$

式中，ρ 为空气密度；U 为来流平均风速；B 为桥面宽度；K 为折减频率，且 $K = B\omega/U$，ω 为系统振动圆频率；H_i^* 和 A_i^* ($i = 1, 2, 3, 4$) 为折减频率 K 的无量纲函数，称为颤振导数，可采用节段模型风洞试验方法识别。

将式(8-2)代入式(8-1)，并将等式右端自激气动力项移至等式左端，可得

$$M\ddot{q} + C\dot{q} + Kq = 0 \quad (8\text{-}3)$$

其中：

$$M = \begin{bmatrix} m & 0 \\ 0 & I_\alpha \end{bmatrix}, \quad q = \begin{bmatrix} h \\ \alpha \end{bmatrix} = \begin{bmatrix} h_0 \\ \alpha_0 \end{bmatrix}e^{st} \quad (8\text{-}4)$$

$$C = \begin{bmatrix} 2m\xi_h\omega_h - \rho UBKH_1^* & -\rho UB^2 KH_2^* \\ -\rho UB^2 KA_1^* & 2I_\alpha\xi_\alpha\omega_\alpha - \rho UB^3 KA_2^* \end{bmatrix} \quad (8\text{-}5)$$

$$K = \begin{bmatrix} m\omega_h^2 - \rho U^2 K^2 H_4^* & -\rho U^2 BK^2 H_3^* \\ -\rho U^2 BK^2 A_4^* & I_\alpha\omega_\alpha^2 - \rho U^2 B^2 K^2 A_3^* \end{bmatrix} \quad (8\text{-}6)$$

将式(8-4) ~ 式(8-6)代入式(8-3)，将二维两自由度体系颤振方程求解问题转化为二维复特征值求解问题

$$\begin{bmatrix} ms^2 + C_{11}s + K_{11} & C_{12}s + K_{12} \\ C_{21}s + K_{21} & I_\alpha s^2 + C_{22}s + K_{22} \end{bmatrix}\begin{bmatrix} h_0 \\ \alpha_0 \end{bmatrix} = 0 \quad (8\text{-}7)$$

$$\begin{vmatrix} ms^2 + C_{11}s + K_{11} & C_{12}s + K_{12} \\ C_{21}s + K_{21} & I_\alpha s^2 + C_{22}s + K_{22} \end{vmatrix} = 0 \quad (8\text{-}8)$$

Theodorson 推导了弹性支承薄平板非定常自激气动力的理论表达式,自激气动升力和升力矩分别为 h 和 α 及其一阶和二阶导数的线性函数

$$\begin{cases} L_{\mathrm{se}} = -\pi\rho\, b^2 (\ddot{h} + U\dot{\alpha}) - 2\pi\rho U b C(k)\left(\dot{h} + U\alpha + \dfrac{b}{2}\dot{\alpha}\right) \\ M_{\mathrm{se}} = \pi\rho\, b^3 \left(-\dfrac{U}{2}\dot{\alpha} - \dfrac{b}{8}\ddot{\alpha}\right) + \pi\rho U\, b^2 C(k)\left(\dot{h} + U\alpha + \dfrac{b}{2}\dot{\alpha}\right) \end{cases} \quad (8\text{-}9)$$

式中,b 为薄平板半宽;$C(k)$ 为 Theodorson 循环函数,当用 Bessel 函数表示时,可写成 $C(k) = F(k) + \mathrm{i}G(k)$;$k = b\omega/U$。将式(8-9)与式(8-2)联列,以自激气动升力为例

$$-\pi\rho b^2(\ddot{h} + U\dot{\alpha}) - 2\pi\rho U b C(k)\left(\dot{h} + U\alpha + \dfrac{b}{2}\dot{\alpha}\right)$$

$$= \rho U^2 B \left[K H_1^*(K)\dfrac{\dot{h}}{U} + K H_2^*(K)\dfrac{B\dot{\alpha}}{U} + K^2 H_3^*(K)\alpha + K^2 H_4^*(K)\dfrac{h}{B} \right] \quad (8\text{-}10)$$

对于扭角 α,$\dot{\alpha} = \mathrm{i}\omega\alpha$,代入式(8-10)得

$$-\pi\rho b^2 U(\mathrm{i}\omega\alpha) - 2\pi\rho U b C(k)\left[U\alpha + \dfrac{b}{2}(\mathrm{i}\omega\alpha)\right] = \rho U^2 B\left[K H_2^*\dfrac{B}{U}(\mathrm{i}\omega\alpha) + K^2 H_3^* \alpha\right] \quad (8\text{-}11)$$

再将 $C(k) = F(k) + \mathrm{i}G(k)$ 和 $k = b\omega/U$ 代入式(8-11)得

$$[8k^2 H_3^* + 2\pi F(k) - \pi G(k)k] + \mathrm{i}[\pi k + 2\pi G(k) + \pi k F(k) + 8k^2 H_2^*] = 0 \quad (8\text{-}12)$$

要使式(8-12)恒成立,则方程左边实部和虚部均为零,于是得到 H_2^* 和 H_3^*,利用相同原理可得其余项颤振导数,薄平板颤振导数 H_i^* 和 A_i^* ($i = 1,2,3,4$) 如下

$$H_1^* = -\dfrac{\pi}{2k}F, \quad H_2^* = -\dfrac{\pi}{8k}\left(1 + F + \dfrac{2G}{k}\right) \quad (8\text{-}13)$$

$$H_3^* = -\dfrac{2\pi}{8k^2}\left(F - \dfrac{kG}{2}\right), \quad H_4^* = \dfrac{\pi}{2}\left(\dfrac{1}{2} + \dfrac{G}{k}\right) \quad (8\text{-}14)$$

$$A_1^* = \dfrac{\pi F}{8k}, \quad A_2^* = \dfrac{\pi}{32k}\left(-1 + F + \dfrac{2G}{k}\right) \quad (8\text{-}15)$$

$$A_3^* = \dfrac{\pi}{16k^2}\left(F - \dfrac{kG}{2} + \dfrac{k^2}{8}\right), \quad A_4^* = -\dfrac{\pi G}{8k} \quad (8\text{-}16)$$

由于颤振控制方程[式(8-1)]右端项自激气动力与结构振动频率相关,因此,颤振临界风速求解必须采用迭代方法。在每一级风速下复频率的求解采用多次迭代的方法,当某阶模态的阻尼比为零时,颤振发生。如果颤振风速搜索采用二分法,即设定一个风速上、下限以及一个初始风速,当跟踪模态阻尼比大于零时,则认为收敛,令当前风速等于新的风速上、下限的中点值,重新进行特征值迭代求解,直到两级风速差小于容许值。值得注意的是,这里会涉及初始跟踪频率的选择问题,一般分别选取与初始扭转频率和竖弯频率接近的初始跟踪频率,最后颤振临界风速取两者的低值。颤振临界风速求解的算法如图8-2所示。

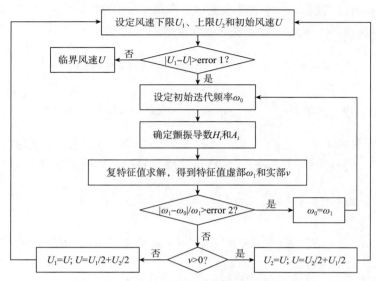

图 8-2 二维两自由度体系颤振临界风速求解的算法

二、三维多模态和全模态体系颤振理论

梁式桥三维颤振分析一般可以通过两种途径实现。一种是将频域或时域内的非定常气动力直接施加到结构三维有限元模型中,称为直接方法;另一种则是把结构响应看作分散在各阶模态上的影响并进行叠加,称为模态叠加法。大多数三维颤振分析在频域内进行,并基于模态叠加原理。Agar 将系统颤振运动方程转化为一种不对称实矩阵的特征值求解问题,提出一种模态技术求解线性化的二次特征值问题;Tanaka 等则直接使用行列式搜索方法求解复特征值。基于模态叠加法的三维颤振频域分析又包含多模态颤振分析和全模态颤振分析。在多模态颤振分析中存在两个问题,即如何选择参与模态及计算精度如何。对于第一个问题,一般依靠经验来解决;至于第二个问题,只能通过全桥气弹模型风洞试验来验证。葛耀君等提出的全模态分析方法,可以避免上述两个问题,直接求解 n 个自由度系统的颤振特征值,但是只能求解与颤振临界风速最相关的前几阶特征频率。

对于离散为 n 个自由度的梁式桥颤振控制方程,可表达为惯性力、阻尼力、弹性力和外加荷载的平衡。令 n 个自由度体系的位移矢量为 $\boldsymbol{\delta}$,则体系运动控制方程可用矩阵表示为

$$\boldsymbol{M}_s \ddot{\boldsymbol{\delta}} + \boldsymbol{C}_s \dot{\boldsymbol{\delta}} + \boldsymbol{K}_s \boldsymbol{\delta} = \boldsymbol{F} \tag{8-17}$$

式中,$\boldsymbol{F}$ 为自激气动力;$\boldsymbol{M}_s$ 为结构质量矩阵;$\boldsymbol{K}_s$ 为结构刚度矩阵,包括弹性刚度矩阵 $\boldsymbol{K}_e$ 和几何刚度矩阵 $\boldsymbol{K}_g$ 两部分;$\boldsymbol{C}_s$ 为结构阻尼矩阵,通常定义为结构质量矩阵 $\boldsymbol{M}_s$ 和结构刚度矩阵 $\boldsymbol{K}_s$ 的线性叠加

$$\boldsymbol{C}_s = \alpha_0 \boldsymbol{M}_s + \alpha_1 \boldsymbol{K}_s \tag{8-18}$$

式中,α_0 和 α_1 为实常数。

在梁式桥颤振频域分析中,外加荷载只考虑自激气动力,即颤振力

$$\boldsymbol{F} = \boldsymbol{F}_d + \boldsymbol{F}_s = \boldsymbol{A}_d \dot{\boldsymbol{\delta}} + \boldsymbol{A}_s \boldsymbol{\delta} \tag{8-19}$$

式中，A_d 和 A_s 分别为由理论方法或试验方式获得的颤振导数形成的气动阻尼矩阵和气动刚度矩阵。

将式(8-19)代入式(8-17)，合并同类项，得到系统颤振控制方程为

$$M\ddot{\delta} + C\dot{\delta} + K\delta = 0 \tag{8-20}$$

式中，$M = M_s$ 为系统质量矩阵；$K = K_s - A_s$ 为系统刚度矩阵；$C = C_s - A_d$ 为系统阻尼矩阵。结构运动方程形式类似于有阻尼自由振动方程。

由于自激气动力 F_s 和 F_d 是非保守力，所以气动刚度矩阵 A_s 和气动阻尼矩阵 A_d，系统刚度矩阵 K 和系统阻尼矩阵 C 均为非对称矩阵。这些非对称矩阵使得梁式桥颤振响应存在模态间耦合。

按照 Scanlan 的建议，梁式桥主梁单位长度所受的自激力可表示为

$$\begin{cases} L_{se} = \rho U^2 B \left(K H_1^* \dfrac{\dot{h}}{U} + K H_2^* \dfrac{B\dot{\alpha}}{U} + K^2 H_3^* \alpha + K^2 H_4^* \dfrac{h}{B} + K H_5^* \dfrac{\dot{p}}{U} + K^2 H_6^* \dfrac{p}{B} \right) \\ D_{se} = \rho U^2 B \left(K P_1^* \dfrac{\dot{p}}{U} + K P_2^* \dfrac{B\dot{\alpha}}{U} + K^2 P_3^* \alpha + K^2 P_4^* \dfrac{p}{B} + K P_5^* \dfrac{\dot{h}}{U} + K^2 P_6^* \dfrac{h}{B} \right) \\ M_{se} = \rho U^2 B^2 \left(K A_1^* \dfrac{\dot{h}}{U} + K A_2^* \dfrac{B\dot{\alpha}}{U} + K^2 A_3^* \alpha + K^2 A_4^* \dfrac{h}{B} + K A_5^* \dfrac{\dot{p}}{U} + K^2 A_6^* \dfrac{p}{B} \right) \end{cases} \tag{8-21}$$

式中，H_i^*、P_i^* 和 A_i^*（$i = 1 \sim 6$）为折减频率 K 的无量纲函数。

对于非流线型的桥梁断面，上述颤振导数可通过试验测定。通过具有竖弯和扭转两自由度的桥梁节段模型可识别出颤振导数 H_i^* 和 A_i^*（$i = 1 \sim 4$）。自激气动阻力和与横向振动相关的颤振导数一般被忽略。在无风洞试验结果的情况下，可根据拟静力理论推算剩余几项颤振导数

$$P_1^* = -\dfrac{1}{K} C_D, \quad P_2^* = \dfrac{1}{2K} C_D', \quad P_3^* = \dfrac{1}{2K^2} C_D' \tag{8-22}$$

$$P_5^* = \dfrac{1}{2K} C_D', \quad H_5^* = \dfrac{1}{K} C_L, \quad A_5^* = -\dfrac{1}{K} C_M \tag{8-23}$$

$$P_4^* = P_6^* = H_6^* = A_6^* \tag{8-24}$$

在求解系统颤振控制方程[式(8-20)]时，假定颤振发生时结构振幅足够小。根据结构动力学微分方程求解原理，结构位移矢量可表示为随时间指数变化的形式，即：

$$\delta = \varphi e^{\lambda t} \tag{8-25}$$

式中，λ 为颤振系统的特征值；φ 为相应的特征向量。将式(8-25)代入式(8-20)，可得

$$(\lambda^2 M + \lambda C + K)\varphi = 0 \tag{8-26}$$

只有当方程左端的矩阵奇异时，才能获得 φ 的非平凡解，这就是通常所说的二次特征值问题，可以得到 $2n$ 个特征值及特征向量。方程式(8-26)的解可表示为 $2n$ 个解的叠加形式

$$\delta = \sum_{i=1}^{2n} \alpha_i \varphi_i e^{\lambda_i t} \tag{8-27}$$

式中，α_i 为任意常数。

上述 $2n$ 个特征值包含 n 对复特征值，$\lambda_j = \mu_j + i\nu_j$，$\overline{\lambda}_j = \mu_j - i\nu_j$，相应特征向量也互为共轭，即 $\varphi_j = \xi_j + i\zeta_j$，$\overline{\varphi}_j = \xi_j - i\zeta_j$，对应 λ_j 和 $\overline{\lambda}_j$ 的结构响应分量为

$$\delta = (\alpha_j + i\beta_j) e^{(\mu_j + i\nu_j)t} (\xi_j + i\zeta_j) + (\alpha_j - i\beta_j) e^{(\mu_j - i\nu_j)t} (\xi_j - i\zeta_j) \tag{8-28}$$

由于气动力矩阵与结构振动频率 ω 有关,方程需迭代搜索特征值,对于 $\nu_j = \omega$,当 $\mu_j > 0$ 时,振动发散;当 $\mu_j < 0$ 时,振动收敛;当 $\mu_j = 0$ 时,处于颤振临界状态。

将二次特征值问题转化为线性形式,这样便于应用无阻尼结构特征值求解方法。为了获得线性形式,引入附加方程:

$$M\dot{\delta} - M\dot{\delta} = 0 \tag{8-29}$$

方程式(8-20)和方程式(8-29)可以合并成以下矩阵形式:

$$\begin{bmatrix} 0 & M \\ M & C \end{bmatrix} \begin{Bmatrix} \ddot{\delta} \\ \dot{\delta} \end{Bmatrix} + \begin{bmatrix} -M & 0 \\ 0 & K \end{bmatrix} \begin{Bmatrix} \dot{\delta} \\ \delta \end{Bmatrix} = 0 \tag{8-30}$$

$$A\dot{y} = By \tag{8-31}$$

其中:

$$A = \begin{bmatrix} 0 & -M \\ -M & -C \end{bmatrix}, \quad B = \begin{bmatrix} -M & 0 \\ 0 & K \end{bmatrix} \tag{8-32}$$

$$y = \begin{Bmatrix} \dot{\delta} \\ \delta \end{Bmatrix} = \begin{Bmatrix} \lambda\varphi \\ \varphi \end{Bmatrix} e^{\lambda t}, \quad \dot{y} = \begin{Bmatrix} \ddot{\delta} \\ \dot{\delta} \end{Bmatrix} = \lambda y \tag{8-33}$$

令 $x = \begin{Bmatrix} \lambda\varphi \\ \varphi \end{Bmatrix}$,可得到总的特征方程为

$$Bx = \lambda Ax \tag{8-34}$$

由式(8-34)可得到正向和逆向形式的归一化特征值方程:

$$Dx = \lambda x \quad (正向) \tag{8-35}$$

$$Ex = \gamma x \quad (逆向) \tag{8-36}$$

其中:

$$D = A^{-1}B = \begin{bmatrix} -M^{-1}C & -M^{-1}K \\ I & 0 \end{bmatrix} \tag{8-37}$$

$$E = B^{-1}A = \begin{bmatrix} 0 & I \\ -K^{-1}M & -K^{-1}C \end{bmatrix} \tag{8-38}$$

$$\gamma = \frac{1}{\lambda} \tag{8-39}$$

模态叠加法常用于线弹性结构系统运动方程的求解,其优势在于将高阶自由度(n 自由度)的矩阵折减为 m 自由度($m \ll n$)的矩阵,m 为选择进行模态叠加的模态阶数。设选择 m 阶模态进行叠加,结构响应可表示为:

$$\delta = \sum_{i=1}^{m} \phi_i q_i(t) = [\phi_1 \quad \phi_2 \quad \cdots \quad \phi_3][q_1 \quad q_2 \quad \cdots \quad q_3]^T = Zq \tag{8-40}$$

将式(8-40)代入式(8-20),并左乘矩阵 Z^T,得到以下新的等式形式

$$Z^T MZ \ddot{q} + Z^T CZ \dot{q} + Z^T KZq = 0 \tag{8-41}$$

利用振型的正交性,并用结构质量矩阵对振型进行归一化处理,则 $Z^T MZ = I$,令 $Z^T CZ = C^*$,$Z^T KZ = K^*$,则式(8-41)可简化表达为

$$I\ddot{q} + C^*\dot{q} + K^*q = 0 \tag{8-42}$$

根据式(8-37)中动态矩阵 D 的推导原理,可得对应式(8-42)的 $2m$ 阶正向标准特征值方程为

$$D^* x = \lambda x \tag{8-43}$$

对比式(8-20)和式(8-42),将式(8-37)中动态矩阵 D 内的 M 用 I 替代,用 C^* 代替 C,用 K^* 代替 K,则可方便得到 D^*

$$D^* = A^{*-1} B^* = \begin{bmatrix} -C^* & -K^* \\ I & 0 \end{bmatrix} \tag{8-44}$$

利用双重 QR 变换方法进行特征值迭代求解,颤振临界状态为与特征频率对应的特征值实部变为零。多模态颤振分析流程可参见相关参考文献。

葛耀君等提出的全模态颤振分析方法将桥梁结构与绕流气体作为一个相互作用的整体,在系统非对称实数矩阵的复特征值求解中采用矢量迭代和 QR 矩阵转换法,直接循环求解部分广义特征值。

另一种全模态颤振分析方法则是基于 ANSYS 的 Matrix 27 单元,利用 Matrix 27 单元来模拟桥面受到的自激气动力。该方法为本书颤振稳定性参数分析采用的方法。

式(8-21)所示为桥面单位长度所受的自激气动力,将这些分布荷载转化为作用于单元两节点的集中荷载。作用于单元 e 两节点的等效自激力可以表示为

$$F_{se} = K_{se}^e X^e + C_{se}^e \dot{X}^e \tag{8-45}$$

式中,X^e 和 $\dot{X}^e$ 分别为单元 e 的节点位移和节点速度向量;K_{se}^e 和 C_{se}^e 分别为单元 e 的节点气动刚度矩阵和气动阻尼矩阵。将运动方程自激力项移到左边,并考虑有限元模型中坐标轴正方向的规定(图 8-3)和一般导数识别正方向定义的差别,利用矩阵单元施加的对应单元 e 节点气动刚度矩阵 K_{M27} 和气动阻尼矩阵 C_{M27} 可表示为

$$K_{M27} = a \begin{bmatrix} 0 & 0 & 0 & 0 & 0 & 0 \\ 0 & -H_4^* & H_6^* & B H_3^* & 0 & 0 \\ 0 & P_6^* & -P_4^* & -B P_3^* & 0 & 0 \\ 0 & B A_4^* & -B A_6^* & -B^2 A_3^* & 0 & 0 \\ 0 & 0 & 0 & 0 & 0 & 0 \\ 0 & 0 & 0 & 0 & 0 & 0 \end{bmatrix}, \quad a = \rho U^2 K^2 L_e / 2 \tag{8-46}$$

$$C_{M27} = b \begin{bmatrix} 0 & 0 & 0 & 0 & 0 & 0 \\ 0 & -H_1^* & H_5^* & B H_2^* & 0 & 0 \\ 0 & P_5^* & -P_1^* & -B P_2^* & 0 & 0 \\ 0 & B A_1^* & -B A_5^* & -B^2 A_2^* & 0 & 0 \\ 0 & 0 & 0 & 0 & 0 & 0 \\ 0 & 0 & 0 & 0 & 0 & 0 \end{bmatrix}, \quad b = \rho U B K L_e / 2 \tag{8-47}$$

式中,L_e 为单元 e 的长度,气动刚度矩阵和气动阻尼矩阵中对应的节点自由度依次为 $x, y, z, Rotx, Roty, Rotz$。需要注意的是,对于同一个节点,气动刚度和气动阻尼需包含相交于该节

点的各个单元的贡献。基于以上矩阵单元的刚度矩阵和阻尼矩阵,利用求解器进行阻尼特征值分析,可以逐模态跟踪求解颤振风速,具体数值求解步骤见相关参考文献。

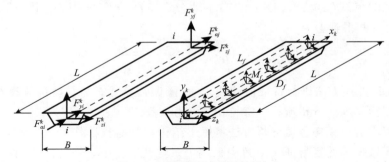

图 8-3 有限元模型中坐标轴正方向

这里需要特别指出的是,模态跟踪过程中的模态配对问题,即利用模态相似性来寻找跟踪模态:遍历阻尼特征值分析结果中的所有模态,与跟踪模态初始形状相似系数最大的模态可确定为跟踪模态,相似性系数可表示为

$$C_{ji} = \frac{|\boldsymbol{\delta}_j^T \boldsymbol{\theta}_i|^2}{|\boldsymbol{\delta}_j^T \boldsymbol{\delta}_i| |\boldsymbol{\theta}_j^T \boldsymbol{\theta}_i|} \tag{8-48}$$

$$\boldsymbol{\delta}_j = \boldsymbol{\xi}_j + \mathrm{i}\boldsymbol{\zeta}_j \tag{8-49}$$

式中,$\boldsymbol{\delta}_j$ 为复模态分析所得的第 j 阶振型向量;$\boldsymbol{\theta}_i$ 为第 i 阶被跟踪模态的振型向量。为了便于跟踪不同振型模态,且考虑耦合模态存在的情况,这里的振型向量均包含 6 个自由度方向的数值。

使用有限元方法进行模态求解得到的振型向量可对质量矩阵进行归一化,或直接进行单位化处理,无论采用何种方式,都需要将扭转项振型向量数值乘一个长度量,与竖弯及侧弯项保持相同的量纲,否则容易发生错误跟踪,即跟踪到竖弯或侧弯模态上。以对振型向量进行单位化处理为例,有限元软件默认将竖弯振型幅值设置为 1,而扭转振型幅值为 $1/R$,R 为有限元模型中主梁横向横臂外侧端点与主梁中心的距离($R \geq 1\mathrm{m}$),一般为有限元模型主梁上的刚臂长度,因此须将振型向量中的扭转项乘 R。若对质量矩阵归一化,则 R 为主梁惯性半径。

第二节　二维两自由度体系颤振稳定分析

基于梁式桥颤振频域分析理论的二维两自由度体系颤振分析模型,可以对影响梁式桥颤振的结构参数、风谱参数等进行敏感性和随机性分析。

一、二维两自由度薄平板颤振分析

首先利用以下经典算例来验证上述二维两自由度体系颤振分析方法的准确性。假定均匀流场中薄平板宽度 $B=0.45\mathrm{m}$,单位长度质量 $m=11.25\mathrm{kg/m}$,质量惯性矩 $I_m=0.2828\mathrm{kg \cdot m^2/m}$,竖弯圆

频率 $\omega_h = 12.11\text{rad/s}$，扭转圆频率 $\omega_\alpha = 19.0\text{rad/s}$，竖弯阻尼比 $\xi_h = 0.05$，扭转阻尼比 $\xi_\alpha = 0.008$。利用本书程序，采用 Theodorson 颤振导数，如图 8-4 所示，其中，函数 $F(k)$ 和 $G(k)$ 采用 Jones 的近似表达式

$$F(k) = 1 - \frac{0.165}{1 + \left(\frac{0.0455}{k}\right)^2} - \frac{0.335}{1 + \left(\frac{0.3}{k}\right)^2} \tag{8-50}$$

$$G(k) = -\frac{0.165 \times 0.0455/k}{1 + \left(\frac{0.0455}{k}\right)^2} - \frac{0.335 \times 0.3/k}{1 + \left(\frac{0.3}{k}\right)^2} \tag{8-51}$$

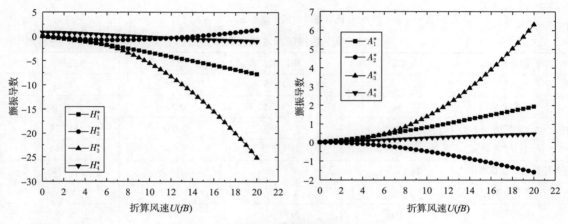

图 8-4 薄平板颤振导数

采用二维两自由度体系颤振频域分析迭代步骤，可以求得薄平板颤振临界风速和颤振圆频率计算结果 1，与已有文献结果对比如表 8-1 所示，计算结果 1 的颤振临界风速和颤振圆频率与参考文献[19]的结果十分接近，但颤振临界风速略低。为了分析可能的误差原因，将函数 $F(k)$ 和 $G(k)$ 用第一类和第二类 Bessel 函数表示

$$F(k) = \frac{J_1(k)[J_1(k) + Y_0(k)] + Y_1(k)[Y_1(k) - J_0(k)]}{[J_1(k) + Y_0(k)]^2 + [Y_1(k) - J_0(k)]^2} \tag{8-52}$$

$$G(k) = \frac{Y_1(k)Y_0(k) + J_1(k)J_0(k)}{[J_1(k) + Y_0(k)]^2 + [Y_1(k) - J_0(k)]^2} \tag{8-53}$$

采用式(8-52)和式(8-53)函数值进行颤振分析，可得计算结果 2，如表 8-1 所示，由此可得与参考文献[19]结果几乎完全相同的颤振临界风速，颤振圆频率略低。

二维两自由度薄平板颤振频域分析结果　　　　　表 8-1

结果对比	颤振临界风速(m/s)	颤振圆频率(rad/s)
计算结果 1	16.76	15.054
计算结果 2	16.96	15.019
参考文献[19]	16.91	15.082

二、二维两自由度闭口箱梁颤振分析

闭口箱梁节段模型断面如图 8-5 所示,节段模型标准状态设计参数如表 8-2 所示,节段模型风洞试验识别的 8 个颤振导数 H_i^* 和 A_i^* ($i=1,2,3,4$) 如图 8-6 所示。

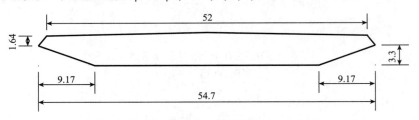

图 8-5 闭口箱梁节段模型断面(单位:cm)

闭口箱梁节段模型标准状态设计参数 表 8-2

参数名称	单位	相似比	模型理论值	模型实测值
长度 L	m	$\lambda_L = 1:55$	1.74	1.74
宽度 B	m	$\lambda_B = 1:55$	0.55	0.55
高度 H	m	$\lambda_H = 1:55$	0.051	0.051
单位长度质量 m	kg/m	$\lambda_m = 1:55^2$	5.744	5.744
单位长度质量惯性矩 I_m	kg·m²/m	$\lambda_J = 1:55^4$	0.1546	0.1546
竖弯频率 f_h	Hz	5.5:1	1.563	1.538
扭转频率 f_α	Hz	5.5:1	3.613	3.557
扭弯频率比	—	1	2.312	2.313
风速 U	m/s	$\lambda_v = 1:10$	—	—
竖弯阻尼比 ξ_h	%	$\lambda_\xi = 1$	1	1.21
扭转阻尼比 ξ_α	%	$\lambda_\xi = 1$	1	0.49

(1)质量参数影响分析

桥梁节段模型质量参数的不确定性源于两个方面,一是有限元模型和实桥之间的差别,即建模误差;二是节段模型和有限元模型之间的误差,即加工误差或设计误差。其中建模误差往往是不确定和难以预知的,而节段模型加工误差则可以在模型动力特性测试中准确计算。

一般情况下,当节段模型本身的质量惯性矩设计得足够小时,由于节段模型系统的质量可以精确测量和控制,系统质量惯性矩可以通过动力特性测试结果反推,因此可以容易地得到合理的质量分布以满足质量惯性矩的要求,即几乎不存在设计误差。然而,实际节段模型设计中,模型的质量惯性矩很难预先准确计算,尤其在开口断面设计中,由于对模型自身刚度的要求,系统质量惯性矩容易超出理论值。当系统质量惯性矩超出理论值时,往往利用增加系统质量来实现相同的扭弯频率比,此时便产生加工误差或设计误差,这种情况下系统质量和质量惯性矩同时增加相同的百分量。建模误差和设计误差对结构颤振稳定性的影响在概念上有所区别,本书分别研究了以上两种模拟误差对颤振临界风速预测值的影响。

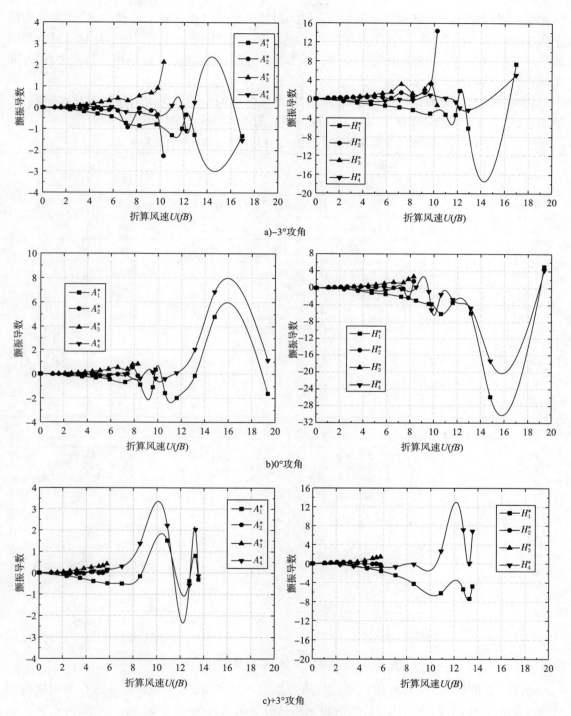

图 8-6 闭口箱梁颤振导数

对于建模误差,分别单独改变系统质量或质量惯性矩,系统质量 m 分别做 ±5% 和 ±10% 的调幅($\lambda_m = \pm 5\%$,±10%),系统质量惯性矩 I_m 亦做 ±5% 和 ±10% 的调幅($\lambda_{I_m} = \pm 5\%$,

±10%），此时系统的振动圆频率依据 $\omega=(K/m)^{0.5}$ 做相应变化。对于建模误差，无须改变模型风速比。下面质量参数分析工况中阻尼比均为各攻角对应标准工况下的阻尼比。试验颤振临界风速的判断以系统阻尼比等于 0 为标准工况，并假定颤振导数不随结构参数变化，用标准工况下模型的颤振导数。

建模误差对应的颤振临界风速及其相对标准工况的偏差随系统质量参数的变化如表 8-3 所示，图 8-7 为不同质量工况下颤振临界风速预测偏差和系统频率模拟误差的对比。

闭口箱梁质量和质量惯性矩独立变化对颤振临界风速的影响　　　　表 8-3

工况概况	数值分析结果			偏差（%）		
	-3°	0°	+3°	-3°	0°	+3°
$0.90m$	13.706	10.887	7.443	0.45	0.23	0.00
$0.95m$	13.656	10.866	7.449	0.08	0.04	0.08
标准工况	13.645	10.862	7.443	0.00	0.00	0.00
$1.05m$	13.623	10.858	7.454	-0.16	-0.04	0.15
$1.10m$	13.609	10.859	7.457	-0.26	-0.03	0.19
$0.90I_m$	14.167	11.286	7.774	3.83	3.90	4.45
$0.95I_m$	13.900	11.065	7.601	1.87	1.87	2.12
标准工况	13.645	10.862	7.443	0.00	0.00	0.00
$1.05I_m$	13.402	10.669	7.290	-1.78	-1.78	-2.06
$1.10I_m$	13.278	10.581	7.223	-2.69	-2.59	-2.96

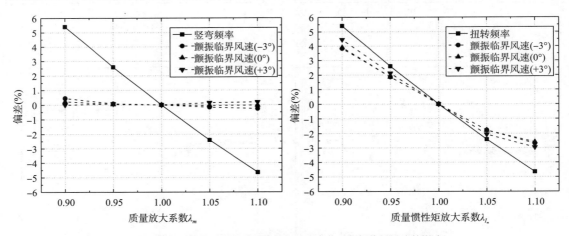

图 8-7　闭口箱梁质量和质量惯性矩独立变化对颤振临界风速的影响

从表 8-3 和图 8-7 可以看出，一方面，随着系统质量的增加，颤振临界风速在不同攻角下呈现不同的变化趋势，说明质量参数的影响不具有方向性；在质量调幅 10% 的前提下，颤振临界风速最大变化幅度仅为 0.45%，说明在有限元建模中质量参数的小幅随机变动对节段模型颤振临界风速的影响可以忽略。另一方面，颤振临界风速对系统质量惯性矩的敏感性更强，质量惯性矩调幅 10% 的前提下，颤振临界风速最大变化幅度为 4.45%，远大于对质量的敏感性；

质量惯性矩越大,颤振临界风速越小,即若在有限元模型中高估质量惯性矩,则会低估颤振临界风速,偏保守,反之亦然。此外,图8-7表明颤振临界风速预测偏差小于相应的系统频率模拟误差。

针对设计误差,扭弯频率比保持不变,根据相似理论,风速缩尺比 λ_v 满足:$\lambda_v = \lambda_f \lambda_L$,其中几何缩尺比 λ_L 保持不变,频率缩尺比 λ_f 随着系统质量和质量惯性矩的增加而减小,进而导致风速缩尺比 λ_v 减小。现将质量惯性矩增加5%、10%、15%和20%,0°攻角下颤振临界风速的偏差如表8-4所示。

闭口箱梁质量和质量惯性矩同步变化对颤振临界风速的影响(0°攻角)　　表8-4

计算工况	λ_f	λ_v	颤振临界风速(m/s)	偏差1(%)	实桥风速(m/s)	偏差2(%)
标准工况	5.5:1	1:10	10.862	0.00	108.62	0.00
$m,1.05I_m$	5.3675:1	1:10.2470	10.685	-1.63	109.49	0.80
$m,1.10I_m$	5.2440:1	1:10.4881	10.518	-3.17	110.32	1.56
$m,1.15I_m$	5.1288:1	1:10.7238	10.359	-4.63	111.09	2.27
$m,1.20I_m$	5.0208:1	1:10.9545	10.208	-6.02	111.82	2.95

表8-4的结果表明,当模型设计中质量惯性矩超出理论值时,通过同步增加质量,确保相同的扭弯频率比,此时颤振临界风速变化幅度很小;随着质量和质量惯性矩超出幅度的增加,颤振临界风速被高估,且比例增大,在颤振临界风速较低的桥梁中要充分注意修正被高估的部分。

对于建模误差,结构质量和频率同时变化,而对于模型设计加工误差,通过风速缩尺比的调整,仅改变了结构质量,而频率项没有变化,这两种误差对颤振临界风速的影响可以依据表8-4所示的偏差1和偏差2直接对比,可以看出建模误差的影响更明显,而且两种误差对应的影响是反向的,这也从侧面反映了相比质量因素频率因素更占主导。

(2)刚度参数影响分析

类似于质量参数的敏感性分析,系统刚度模拟误差亦来源于建模误差和加工误差。节段模型的刚度由弹簧刚度来模拟,实际情况中,当弹簧刚度无法实现理论值时,由于系统的扭弯频率比不改变,可以通过调整风速比进行等效处理,因此这里不考虑刚度的加工误差,认为误差来源于有限元建模。竖弯刚度 K_h 和扭转刚度 K_α 对应的建模误差被认为是互相独立的,因此分别将系统竖弯刚度和扭转刚度在标准工况下调幅±5%和±10%,相当于调整扭弯频率比。各工况颤振临界风速及其相对标准工况的偏差如表8-5所示,图8-8所示为不同刚度工况下颤振临界风速预测偏差和系统频率模拟误差的对比。

闭口箱梁竖弯刚度和扭转刚度独立变化对颤振临界风速的影响　　表8-5

工况概况	数值分析结果(m/s)			偏差(%)		
	-3°	0°	+3°	-3°	0°	+3°
$0.90K_h$	13.641	10.870	7.447	-0.03	0.07	0.05
$0.95K_h$	13.643	10.865	7.445	-0.01	0.03	0.03
K_h	13.645	10.862	7.443	0.00	0.00	0.00

续上表

工况概况	数值分析结果(m/s)			偏差(%)		
	-3°	0°	+3°	-3°	0°	+3°
$1.05K_h$	13.647	10.857	7.441	0.01	-0.05	-0.03
$1.10K_h$	13.650	10.853	7.439	0.04	-0.08	-0.05
$0.90K_\alpha$	12.948	10.295	7.063	-5.11	-5.22	-5.11
$0.95K_\alpha$	13.301	10.582	7.253	-2.52	-2.58	-2.55
K_α	13.645	10.862	7.443	0.00	0.00	0.00
$1.05K_\alpha$	13.980	11.140	7.630	2.46	2.56	2.51
$1.10K_\alpha$	14.309	11.404	7.813	4.87	4.99	4.97

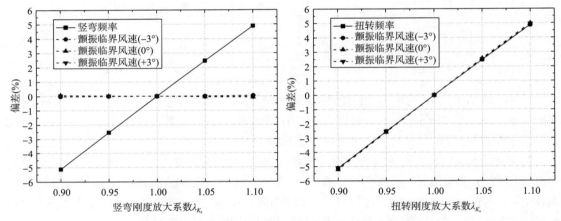

图8-8 闭口箱梁竖弯刚度和扭转刚度独立变化对颤振临界风速的影响

结合表8-5和图8-8可以看出,一方面,随着系统竖向刚度的增加,在相同攻角下,颤振临界风速呈现单调的增加或降低趋势,但在不同攻角下竖向刚度的影响不具有方向性;在调幅10%的前提下,颤振临界风速最大变化幅度仅为0.08%,因此可以忽略这部分影响;另一方面,颤振临界风速对系统扭转刚度的敏感性更强,扭转刚度调幅10%对应的颤振临界风速最大变化幅度为5.22%,远大于对竖弯刚度的敏感性。此外,在不同攻角下,扭转刚度越大,颤振临界风速均越高,在刚度10%的调幅内几乎呈线性关系。从图8-8中还可以看出,颤振临界风速预测偏差远小于相应的竖弯频率模拟误差,但与扭转频率模拟误差在量值上很一致。

(3)结构阻尼比影响分析

结构阻尼比往往需要通过现场实测来获得,而即使是实测值,结构阻尼比给出的通常也是一个波动范围,且波动幅度很大,而且不同识别方法的可靠性仍值得研究;在风洞试验中一般控制结构阻尼比不超出相关规范规定值,即实际结构不同模态的阻尼比难以确定。因此,研究结构风致稳定性对结构阻尼比的敏感性对于大跨度桥梁抗风设计具有重要意义。本书针对闭口箱梁二维节段模型研究不同竖弯阻尼比和扭转阻尼比组合下颤振临界风速的变化规律,如表8-6和图8-9所示。

闭口箱梁阻尼参数变化对颤振临界风速的影响 表 8-6

结构阻尼比(%)		数值分析结果(m/s)			偏差(%)		
ξ_h	ξ_α	$-3°$	$0°$	$+3°$	$-3°$	$0°$	$+3°$
1.21	0.49	13.644	10.862	7.440	0.03	0.04	0.01
1.0	0.49	13.643	10.861	7.439	0.02	0.03	0.00
0.8	0.49	13.642	10.860	7.439	0.01	0.02	0.00
0.6	0.49	13.641	10.859	7.439	0.01	0.01	0.00
0.4	0.49	13.640	10.858	7.439	0.00	0.00	0.00
1.21	0.3	13.638	10.832	7.376	0.00	0.00	0.00
1.21	0.5	13.644	10.863	7.443	0.04	0.29	0.91
1.21	0.7	13.651	10.894	7.509	0.10	0.57	1.80
1.21	0.9	13.657	10.925	7.576	0.14	0.86	2.71
1.21	1.0	13.660	10.940	7.609	0.16	1.00	3.16

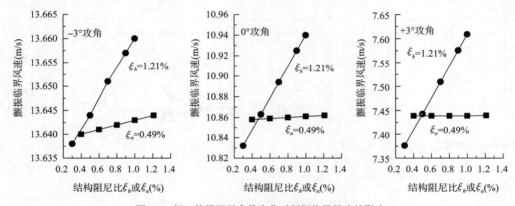

图 8-9 闭口箱梁阻尼参数变化对颤振临界风速的影响

从图 8-9 可以明显看出,系统颤振临界风速随结构阻尼比几乎呈线性递增趋势,而且颤振临界风速对结构扭转阻尼比的敏感性明显高于结构竖弯阻尼比。此外,结合表 8-6 可知,颤振临界风速最大偏差出现在 +3°攻角下结构扭转阻尼比分别为 0.3% 和 1.0% 两个工况之间,为 3.16%。由此可见,闭口箱梁结构初始阻尼比对颤振临界风速影响较小,尤其是竖弯阻尼比。

三、二维两自由度开口断面颤振分析

开口断面节段模型如图 8-10 所示,节段模型标准状态设计参数如表 8-7 所示,节段模型风洞试验识别的 8 个颤振导数 H_i^* 和 A_i^*($i=1,2,3,4$)如图 8-11 所示。

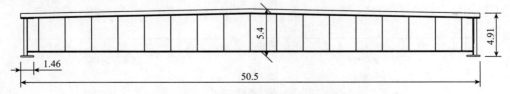

图 8-10 开口断面节段模型(尺寸单位:cm)

开口断面节段模型标准状态设计参数   表 8-7

参数名称	单位	相似比	模型理论值	模型实测值
长度 L	m	$\lambda_L = 1:55$	1.74	1.74
宽度 B	m	$\lambda_B = 1:55$	0.51	0.51
高度 H	m	$\lambda_H = 1:55$	0.05	0.05
单位长度质量 m	kg/m	$\lambda_m = 1:55^2$	12.44	12.44
单位长度质量惯性矩 I_m	kg·m²/m	$\lambda_J = 1:55^4$	0.2787	0.2787
竖弯频率 f_h	Hz	10.68:1	2.197	2.202
扭转频率 f_t	Hz	10.68:1	5.762	5.771
扭弯频率比	—	1	2.623	2.620
风速 U	m/s	$\lambda_v = 1:5.15$	—	—
竖弯阻尼比 ξ_h	%	$\lambda_\xi = 1$	1	0.45
扭转阻尼比 ξ_α	%	$\lambda_\xi = 1$	1	0.31

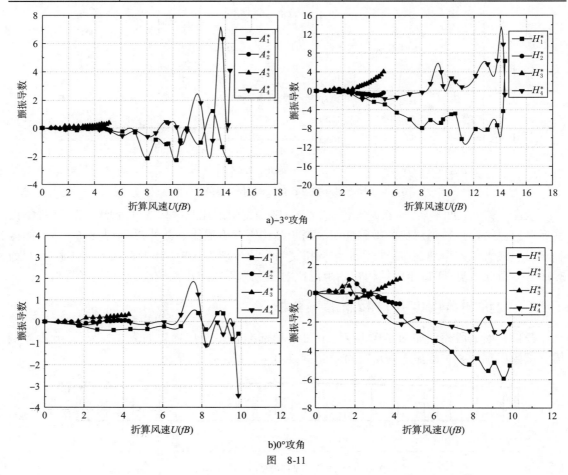

a) -3°攻角

b) 0°攻角

图 8-11

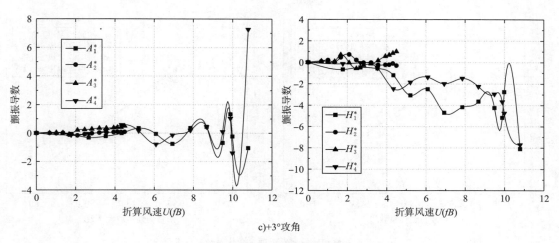

c) +3°攻角

图 8-11 开口断面颤振导数

(1) 质量参数的影响

质量参数影响分析计算工况参照闭口断面,同样分为建模误差和设计加工误差两类进行研究。其中试验颤振临界风速的判断仍以系统阻尼比等于 0 为标准工况,并假定颤振导数不随结构参数变化,用标准工况下模型的颤振导数。

建模误差对应的颤振临界风速及其相对标准状态的偏差随系统质量参数的变化如表 8-8 所示,图 8-12 所示为不同质量工况下颤振临界风速预测偏差和系统频率模拟误差的对比。

开口断面质量和质量刚度独立变化对颤振临界风速的影响　　表 8-8

工况概况	数值分析结果(m/s)			偏差(%)		
	-3°	0°	+3°	-3°	0°	+3°
0.90m	13.313	8.616	9.243	0.05	-0.02	0.03
0.95m	13.294	8.622	9.228	-0.09	0.05	-0.13
标准工况	13.306	8.618	9.240	0.00	0.00	0.00
1.05m	13.228	8.568	9.165	-0.59	-0.58	-0.81
1.10m	13.183	8.556	9.141	-0.92	-0.72	-1.07
$0.90I_m$	13.951	8.972	9.580	4.85	4.11	3.68
$0.95I_m$	13.629	8.765	9.401	2.43	1.71	1.74
标准工况	13.306	8.618	9.240	0.00	0.00	0.00
$1.05I_m$	13.030	8.460	9.091	-2.07	-1.83	-1.61
$1.10I_m$	12.835	8.373	8.952	-3.54	-2.84	-3.12

结合表 8-8 和图 8-12 可以得出和闭口断面类似的结论,即一方面,随着系统质量的增加,颤振临界风速并未呈现单调的增加或降低趋势,说明质量的影响不具有方向性;在质量调幅 10% 的前提下,颤振临界风速最大变化幅度仅为 1.07%,说明在有限元建模中质量的小幅随机变动对节段模型颤振临界风速的影响可以忽略。另一方面,颤振临界风速对系统质量惯性矩的敏感性更强,在质量惯性矩调幅 10% 的前提下,颤振临界风速最大变化幅度为 4.85%,远大于对质量的敏感性,和闭口断面结果在量值上也很接近;质量惯性矩越大,颤振临界风速越低,即若在有限元模型中高估质量惯性矩,则会低估颤振临界风速,偏保守,反之亦然。此外,图 8-12 表明颤振临界风速预测偏差小于系统频率模拟误差,与闭口断面结论一致。

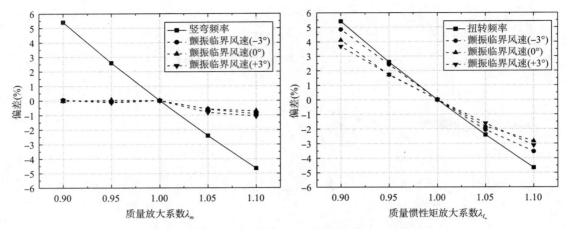

图 8-12 开口断面质量和质量惯性矩独立变化对颤振临界风速的影响

质量和质量惯性矩同步变化对颤振临界风速的影响分析结果如表 8-9 所示。

开口断面质量和质量惯性矩同步变化对颤振临界风速的影响(0°攻角)　　　表 8-9

计算工况	λ_f	λ_v	颤振临界风速(m/s)	偏差1(%)	实桥风速(m/s)	偏差2(%)
标准工况	10.6800	1:5.1500	8.618	0.00	44.38	0.00
$m, 1.05 I_m$	10.4226	1:5.2770	8.465	-1.78	44.67	0.65
$m, 1.10 I_m$	10.1830	1:5.4012	8.324	-3.41	44.96	1.30
$m, 1.15 I_m$	9.9592	1:5.5226	8.192	-4.94	45.24	1.94
$m, 1.20 I_m$	9.7495	1:5.6413	8.069	-6.37	45.52	2.57

表 8-9 的结果亦类似于闭口断面,当模型设计中质量惯性矩超出了理论值时,通过同步增加质量,确保相同的扭弯频率比,此时颤振临界风速变化幅度很小;随着质量和质量惯性矩超出幅度地增加,颤振临界风速被高估,且比例增大,对于颤振临界风速较低的桥梁,要充分注意修正被高估的部分。

建模误差和设计加工误差对颤振临界风速的影响依据表 8-9 中的偏差 1 和偏差 2 的对比,可以看出建模误差的影响更明显,而且两种误差对应的影响是反向的,这从侧面反映了频率因素相比质量因素更占主导,这和闭口断面相应结论是完全一致的。

(2) 刚度参数的影响

开口断面刚度参数的影响分析参照闭口断面,各工况颤振临界风速及其相对标准工况的偏差如表 8-10 所示,图 8-13 所示为不同刚度工况下颤振临界风速预测偏差和系统频率模拟误差的对比。

开口断面竖弯刚度和扭转刚度独立变化对颤振临界风速的影响　　　表 8-10

工况概况	数值分析结果			偏差(%)		
	-3°	0°	+3°	-3°	0°	+3°
$0.90 K_h$	13.308	8.620	9.240	0.01	0.02	0.00
$0.95 K_h$	13.307	8.619	9.240	0.01	0.01	0.00

续上表

工况概况	数值分析结果			偏差(%)		
	−3°	0°	+3°	−3°	0°	+3°
K_h	13.306	8.618	9.240	0.00	0.00	0.00
$1.05K_h$	13.305	8.617	9.240	−0.01	−0.01	0.00
$1.10K_h$	13.304	8.616	9.240	−0.02	−0.02	0.00
$0.90K_\alpha$	12.633	8.174	8.770	−5.06	−5.15	−5.09
$0.95K_\alpha$	12.984	8.399	9.007	−2.42	−2.54	−2.52
K_α	13.306	8.618	9.240	0.00	0.00	0.00
$1.05K_\alpha$	13.645	8.827	9.467	2.55	2.43	2.46
$1.10K_\alpha$	13.957	9.040	9.695	4.89	4.90	4.92

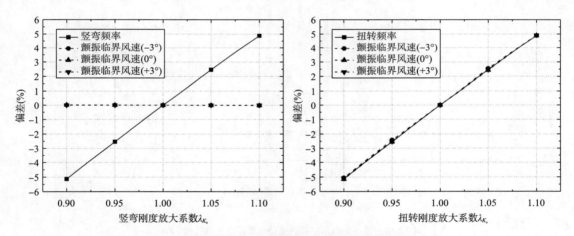

图 8-13　开口断面竖弯刚度和扭转刚度独立变化对颤振临界风速的影响

结合表 8-10 和图 8-13 可以看出，一方面，随着系统竖向刚度的增加，在相同攻角下，颤振临界风速呈现单调的降低或不变，和闭口断面结论略有区别，这也说明竖弯刚度对临界风速的贡献是不确定的，然而，在调幅 10% 的前提下，相同攻角下颤振临界风速最大变化幅度仅为 0.02%，因此完全可以忽略这部分影响。另一方面，颤振临界风速对系统扭转刚度的敏感性更强，扭转刚度调幅 10% 对应的颤振临界风速最大变化幅度为 5.15%，在量值上和闭口断面一致，远高于对竖弯刚度的敏感性；此外，在不同攻角下，扭转刚度越大，颤振临界风速均越高，在刚度 10% 的调幅内几乎呈线性关系。此外，从图 8-13 可以看出，颤振临界风速预测偏差远小于相应的竖弯频率模拟误差，但与扭转频率模拟误差在量值上一致，结论和闭口断面几乎完全相同。

(3) 结构阻尼比的影响

类似于闭口断面，开口断面阻尼参数分析工况及结果如表 8-11 和图 8-14 所示。

开口断面阻尼参数变化对颤振临界风速的影响　　　　表 8-11

结构阻尼比(%)		数值分析结果(m/s)			偏差(%)		
ξ_h	ξ_α	$-3°$	$0°$	$+3°$	$-3°$	$0°$	$+3°$
0.45	0.31	13.284	8.618	8.960	0.00	0.00	0.00
0.3	0.31	13.284	8.618	8.960	0.00	0.00	0.00
0.6	0.31	13.284	8.618	8.960	0.00	0.00	0.00
0.8	0.31	13.284	8.618	8.960	0.00	0.00	0.00
1.0	0.31	13.284	8.618	8.960	0.00	0.00	0.00
0.45	0.4	13.324	8.853	9.160	0.00	0.00	0.00
0.45	0.5	13.371	9.593	9.426	0.35	8.36	2.90
0.45	0.6	13.420	9.804	9.690	0.72	10.74	5.79
0.45	0.8	13.520	10.249	10.332	1.47	15.77	12.79
0.45	1.0	13.619	11.400	11.064	2.21	28.77	20.79

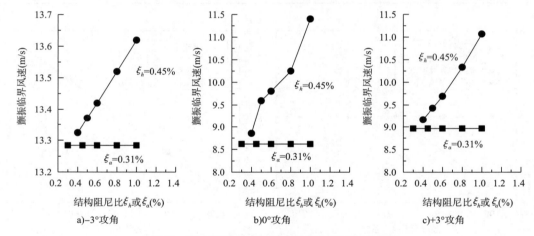

图 8-14　开口断面阻尼参数变化对颤振临界风速的影响

从图 8-14 可以看出,一方面,系统颤振临界风速随结构阻尼比总体上呈线性递增趋势,而且颤振临界风速对结构扭转阻尼比的敏感性远高于结构竖弯阻尼比。此外,结合表 8-11 可知,竖弯阻尼比对颤振临界风速几乎没有影响,与闭口断面结论一致;而对于扭转阻尼比,表中颤振临界风速最大偏差出现在 0°攻角下扭转阻尼比分别为 0.4% 和 1.0% 两个工况之间,为 28.77%,由此可见,对于开口断面,结构初始扭转阻尼比对颤振临界风速影响很大,选用大于实际结构阻尼比会导致颤振临界风速的过分高估,导致不安全。

另一方面,对比闭口箱梁和开口断面阻尼参数分析结果,可以看出对于不同桥梁断面,颤振临界风速对结构扭转模态阻尼比的敏感性相差很大,这可以通过断面节段试验实测的风速-阻尼比曲线形状进行解释,如图 8-15 所示,可以看出在临近颤振临界风速区段,闭口箱梁结构扭转阻尼比下降十分剧烈,而开口断面则相对较缓,类似的试验结果也出现在其他闭口和开口断面节段试验中,这直观解释了这两种断面对结构初始扭转阻尼比敏感性差别较大的现象。

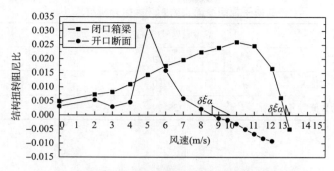

图 8-15 闭口箱梁和开口断面扭转阻尼比随风速变化曲线

第三节 三维全模态体系颤振稳定分析

相较于二维两自由度体系颤振分析,实际梁式桥颤振通常需要考虑三维多模态甚至全模态参与,三维全模态体系颤振分析可以体现结构响应全部三维效应;相较于二维刚体节段模型风洞试验,三维气弹模型风洞试验同样可以体现结构响应三维效应及气动力的展向相关性。

假定采用三维全模态体系模拟简支梁,两端的扭转自由度均被约束,跨径 $L=300$m,桥宽 $B=40$m,空气密度 $\rho=1.225$kg/m³,竖向弯曲刚度 $EI_z=2.1\times10^6$MPa·m⁴,横向弯曲刚度 $EI_y=1.8\times10^7$MPa·m⁴,扭转刚度 $EI_t=4.1\times10^5$MPa·m⁴,单位长度质量 $m=20000$kg/m,单位长度质量惯性矩 $I_m=4.5\times10^6$kg·m²/m。该简支梁前 10 阶结构自振频率及振型如表 7-2 所示。

简支梁颤振稳定分析采用基于 ANSYS 中 Matrix27 单元的全模态颤振方法,颤振导数采用图 8-4 所示的薄平板颤振导数,结构阻尼比设为 0,频率迭代容许误差为 0.0005Hz,风速迭代容许误差为 0.01m/s。图 8-16 所示为跟踪前两阶扭转模态所得到的频率和阻尼比随风速变化的曲线。

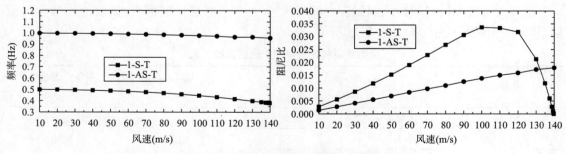

图 8-16 简支梁前两阶扭转模态频率和阻尼比随风速变化曲线

简支梁三维全模态体系颤振分析结果与参考文献[18]、[21]结果的比较如表 8-12 所示,颤振临界风速和颤振频率与理论解十分接近,实际上,三维全模态体系颤振分析方法是一种准精确方法。

薄平板断面简支梁频域颤振分析结果　　　　　　　　　表8-12

分析方法	颤振临界风速(m/s)	颤振频率(Hz)
本书三维全模态方法	139.79	0.3800
参考文献[18]的理论解	139.90	0.3801
参考文献[21]的数值解	139.79	0.3800

第四节　简支梁颤振气弹模型风洞试验

梁式桥颤振稳定性分析除了采用二维两自由度体系和三维多模态体系颤振理论分析之外，还可以采用更加可靠的三维全桥气弹模型风洞试验方法。

一、准简支梁颤振气弹模型

三维全模态颤振气弹模型仍然考虑在简支梁两个四分点或三分点处各设置一根垂直弹性支承索，以减小主梁恒载位移，形成准简支梁，如图7-9所示。准简支梁竖弯惯性矩 $I_{zz}=2.0\mathrm{m}^4$，侧弯惯性矩 $I_{yy}=95\mathrm{m}^4$，自由扭转惯性矩 $I_{xx}=1.3\mathrm{m}^4$，每延米质量 $m=20000\mathrm{kg/m}$，每延米质量惯性矩 $I_m=1800000\mathrm{kg\cdot m^2/m}$，四分点垂直弹性吊索刚度 $k=1008685\mathrm{kg/m}$，恒载作用下单根吊索索力 $T=26526\mathrm{kN}$，三分点垂直弹性吊索刚度 $k=564706\mathrm{kg/m}$，恒载作用下单根吊索索力 $T=21647\mathrm{kN}$。四分点支承和三分点支承准简支梁前10阶模态特性如表7-3所示。

基于相似理论的实际桥梁与气弹模型相似要求，在确定几何相似比 $\lambda_L=1:100$ 的前提下，准简支梁气弹模型相似比如表7-4所示，四分点支承准简支梁气弹模型主要设计参数可以根据相似比要求进行确定，如表7-5所示，四分点支承和三分点支承拉伸弹簧参数及规格则如表7-6所示，由此得到的准简支梁气弹模型与第7章一致。

准简支梁气弹模型颤振风洞试验在同济大学TJ-3边界层风洞进行，试验流场为均匀流场，具体颤振风洞试验工况如表8-13所示。

准简支梁气弹模型颤振风洞试验工况　　　　　　　　　表8-13

工况	流场	攻角(°)	质量 m (kg/m)	质量惯性矩 I_m (kg·m²/m)
ST_1	均匀流场	0	2.0*	0.0180*
ST_2	均匀流场	+3		
ST_3	均匀流场	-3		
ST_5	均匀流场	0	2.0	0.01989
ST_6	均匀流场	+3		
ST_7	均匀流场	-3		

续上表

工况	流场	攻角(°)	质量 m（kg/m）	质量惯性矩 I_m（kg·m²/m）
ST_9	均匀流场	0	2.0	0.01623
ST_10	均匀流场	+3		
ST_11	均匀流场	-3		
ST_13	均匀流场	0	2.0	0.02165
ST_14	均匀流场	+3		
ST_15	均匀流场	-3		
ST_17	均匀流场	0	2.0	0.01437
ST_18	均匀流场	+3		
ST_19	均匀流场	-3		
ST_21	均匀流场	0	2.204	0.018
ST_22	均匀流场	+3		
ST_23	均匀流场	-3		
ST_25	均匀流场	0	1.796	0.018
ST_26	均匀流场	+3		
ST_27	均匀流场	-3		
AD_1	均匀流场	0	2.0	0.0180
AD_2	均匀流场	+3		
AD_3	均匀流场	-3		

注：*表示标准工况。

二、颤振稳定质量参数影响试验研究

颤振临界风速判断以明显观测到颤振发散现象为标准，风洞试验中颤振临界风速判断精度对应风机电压为 0.05V，换算为风洞风速则小于 0.1m/s。标准质量参数 0°攻角下准简支梁跨中风振响应根方差随来流风速的变化如图 8-17 所示，达到颤振临界风速时跨中风振响应时程曲线及对应功率谱密度曲线如图 8-18 所示。

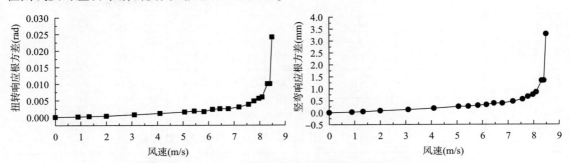

图 8-17 标准质量参数 0°攻角下准简支梁跨中风振响应根方差随来流风速变化曲线

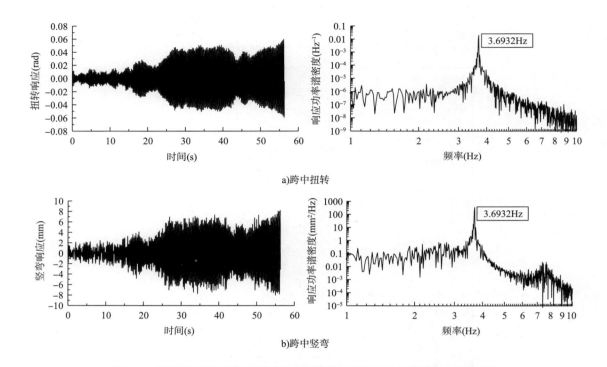

图 8-18　标准质量参数准简支梁颤振临界状态跨中风振响应时程曲线与功率谱密度

不同质量参数试验工况下准简支梁颤振临界风速和颤振频率试验结果如表 8-14 所示。

质量参数对准简支梁颤振临界风速和颤振频率的影响　　　　表 8-14

工况	-3°攻角		0°攻角		+3°攻角	
	颤振临界风速（m/s）	颤振频率（Hz）	颤振临界风速（m/s）	颤振频率（Hz）	颤振临界风速（m/s）	颤振频率（Hz）
$0.9m$	7.78	3.729	8.31	3.729	7.87	3.782
$1.0m$	8.10	3.551	8.49	3.693	8.03	3.711
$1.1m$	8.31	3.516	8.94	3.551	8.31	3.516
$0.8I_m$	9.01	3.782	9.39	3.853	8.40	3.853
$0.9I_m$	8.20	3.640	8.94	3.729	8.31	3.871
$1.0I_m$	8.10	3.551	8.49	3.693	8.03	3.711
$1.1I_m$	7.78	3.516	7.78	3.533	7.67	3.604
$1.2I_m$	7.57	3.445	7.78	3.480	7.47	3.533

不同攻角下准简支梁气弹模型基频和颤振临界风速相对标准工况的偏差随质量放大系数或质量惯性矩放大系数的变化对比如图 8-19 所示。

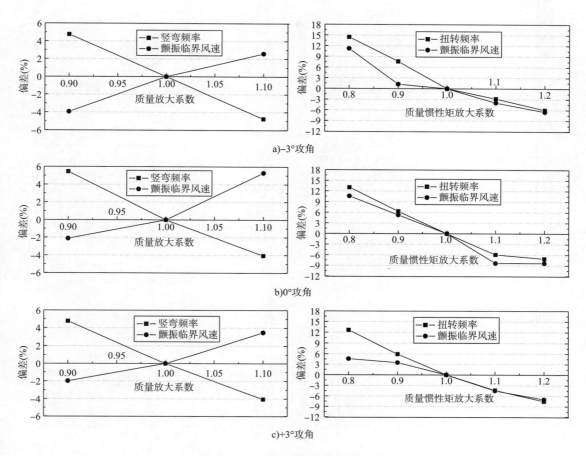

图 8-19 准简支梁气弹模型基频和颤振临界风速预测误差

从图 8-19 可以看出，颤振临界风速在各攻角下均随主梁质量的增加而增加，在质量调幅 10% 的前提下，颤振临界风速最大变化幅度为 5.3%，且总体上颤振临界风速预测误差小于质量参数模拟误差导致的竖弯频率误差。此外，颤振临界风速在各攻角下均随着质量惯性矩的增加而降低，在质量惯性矩调幅 10% 和 20% 的前提下，颤振临界风速最大变化幅度分别为 5.3% 和 11.2%。总体上，在扭转频率偏高时，颤振临界风速预测误差小于质量惯性矩模拟误差导致的扭转频率误差；在扭转频率偏低时，颤振临界风速预测误差总体上略大于扭转频率模拟误差。

三、气弹模型试验结果与三维全模态分析结果

针对三维全模态颤振稳定分析方法对准简支梁气弹模型 0°攻角下的各颤振试验工况进行数值分析，为了与风洞试验结果具有可比性，结构阻尼比采用风洞试验实测值，即竖弯模态阻尼比为 0.5%，扭转模态阻尼比为 0.7%。各质量工况下跟踪颤振发散模态（一阶对称扭转模态）所得的频率和模态阻尼比随风速变化曲线如图 8-20 所示。

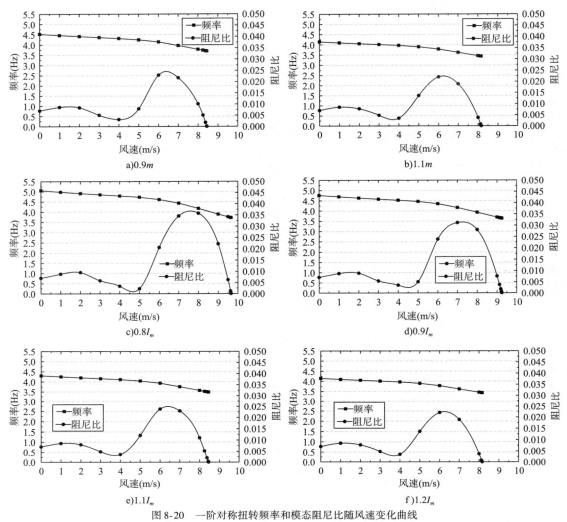

图 8-20 一阶对称扭转频率和模态阻尼比随风速变化曲线

将颤振临界风速数值分析结果和风洞试验结果对比列于表 8-15，图 8-21 为在不同质量工况下，分别采用三维全模态颤振数值分析和风洞试验方法获得的颤振临界风速预测值与标准工况的偏差。

颤振临界风速数值分析结果和风洞试验结果比较（0°攻角）　　表 8-15

工况	数值分析结果		风洞试验结果		偏差 =（试验值/分析值 -1）（%）	
	颤振临界风速（m/s）	颤振频率（Hz）	颤振临界风速（m/s）	颤振频率（Hz）	颤振临界风速	颤振频率
$0.9m$	8.441	3.699	8.31	3.729	-1.55	0.81
$1.0m$	8.850	3.566	8.49	3.693	-4.07	3.56
$1.1m$	9.197	3.438	8.94	3.551	-2.79	3.29
$0.8I_m$	9.652	3.720	9.39	3.853	-2.71	3.58
$0.9I_m$	9.242	3.640	8.94	3.729	-3.27	2.45

续上表

工况	数值分析结果		风洞试验结果		偏差=（试验值/分析值－1）（%）	
	颤振临界风速（m/s）	颤振频率（Hz）	颤振临界风速（m/s）	颤振频率（Hz）	颤振临界风速	颤振频率
$1.0I_m$	8.850	3.566	8.49	3.693	－4.07	3.56
$1.1I_m$	8.453	3.491	7.78	3.533	－7.96	1.20
$1.2I_m$	8.156	3.435	7.78	3.480	－4.61	1.31

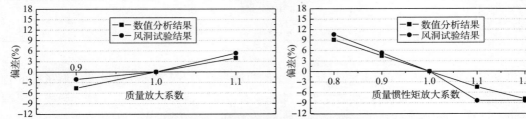

图 8-21　颤振临界风速数值分析结果和风洞试验结果与标准工况的偏差

从表 8-15 可以看出，三维全模态颤振数值分析结果与风洞试验结果较为接近，总体上略小于风洞试验结果。图 8-21 表明，随着质量或质量惯性矩的增加，数值分析结果和风洞试验结果呈现出相同的变化规律，颤振临界风速预测误差总体上也较为接近，即质量参数的模拟误差对颤振临界风速预测值的影响类似。总体上，数值分析结果和风洞试验结果吻合较好，对于图 8-21 中 $1.1I_m$ 工况下较大的颤振临界风速差别主要是因为气弹模型扭转频率相比于理论值偏低较多（1.7%）导致的，因此，该工况结果可做特殊考虑。

无论是气弹模型风洞试验结果还是三维全模态数值分析结果均表明，对于准简支梁，质量和质量惯性矩对颤振临界风速的影响幅度相当。

四、准简支梁颤振三维效应分析

准简支梁颤振的三维效应包括结构响应、气动力和振动模态三个方面。为此，基于准简支梁分析这三种三维效应对颤振临界风速的影响。

（1）结构响应三维效应

基于二维两自由度体系颤振分析结果和三维全模态体系颤振分析结果，对比 0°攻角下各质量工况对应的颤振临界风速计算结果，如表 8-16 中所示。为了与风洞试验结果更好地对比，一阶对称竖弯模态阻尼比设为 0.5%，一阶对称扭转模态阻尼比为 0.7%。由表 8-16 中比较可以看出，三维分析结果略大于二维，但差别很小。

二维两自由度体系和三维全模态体系颤振分析比较（0°攻角）　　表 8-16

工况	二维两自由度		三维全模态		偏差（%）	
	颤振临界风速（m/s）	颤振频率（Hz）	颤振临界风速（m/s）	颤振频率（Hz）	颤振临界风速	颤振频率
$0.9m$	8.374	3.717	8.441	3.699	0.80	－0.48
$1.0m$	8.774	3.584	8.850	3.566	0.87	－0.50
$1.1m$	9.130	3.458	9.197	3.438	0.73	－0.58

续上表

工况	二维两自由度		三维全模态		偏差(%)	
	颤振临界风速(m/s)	颤振频率(Hz)	颤振临界风速(m/s)	颤振频率(Hz)	颤振临界风速	颤振频率
$0.8I_m$	9.587	3.745	9.652	3.720	0.68	-0.67
$0.9I_m$	9.162	3.661	9.242	3.640	0.87	-0.57
$1.0I_m$	8.774	3.584	8.850	3.566	0.87	-0.50
$1.1I_m$	8.379	3.507	8.453	3.491	0.88	-0.46
$1.2I_m$	8.084	3.450	8.156	3.435	0.89	-0.43

(2) 气动力三维效应

三维全模态颤振数值分析采用的气动力是二维自激气动力,而实际气弹模型风洞试验的自激气动力存在三维效应,通过对比准简支梁三维全模态颤振数值分析结果与三维气弹模型风洞试验结果,可以反映可能的气动力三维效应。然而,在判断是否为气动力三维效应之前需要排除其他一些可能导致两种结果误差的因素,例如雷诺数效应以及结构高阶阻尼特性的模拟误差。

在排除了雷诺数效应和结构高阶阻尼特性影响之后,可以认为三维全模态颤振数值分析结果和风洞试验结果差别的主要原因是气动力三维效应,二维两自由度和三维全模态颤振数值分析结果比较如表8-16所示,气动力三维效应使得颤振临界风速下降,下降幅度在1.5%~4.6%之间。

(3) 振动模态三维效应

针对四分点支承和三分点支承两种方案,依次采用二维两自由度体系颤振分析、三维全模态体系颤振分析与气弹模型风洞试验结果比较,研究振动模态三维效应对颤振临界风速的影响。各种情形下颤振临界风速比较如表8-17所示。

振动模态三维效应对颤振临界风速和颤振频率的影响(0°攻角) 表8-17

方案	二维结果		三维结果		风洞试验结果	
	颤振临界风速(m/s)	颤振频率(Hz)	颤振临界风速(m/s)	颤振频率(Hz)	颤振临界风速(m/s)	颤振频率(Hz)
四分点支承	8.774	3.584	8.850	3.566	8.49	3.693
三分点支承	8.755	3.590	8.754	3.590	8.40	3.658
偏差(%)	-0.22	0.17	-1.1	0.67	-1.1	-0.95

四分点支承和三分点支承的二维两自由度体系数值分析结果有微小差异,这是由一阶对称竖弯频率的微小差异导致的,几乎可以忽略;对于基频振型的影响则须对比两种方案的三维全模态体系分析结果,包括三维全模态颤振数值分析结果和气弹模型风洞试验结果,由表8-17可以看出,两种方案对应的高阶竖弯频率存在明显差异,因此将两种方案的三维数值分析结果直接进行比较无法直接体现一阶振型偏差的影响。

基于上述讨论,首先将两种支承方案各自对应的二维结果与三维结果进行对比,研究高阶振型的影响,结果表明二者差异十分微小,说明结构高阶振型的参与或影响很小,因此,可以直接比较四分点支承和三分点支承的三维颤振结果。表8-17显示,无论是三维全模态颤振数值分析结果还是气弹模型风洞试验结果,三分点支承准简支梁的颤振临界风速均比四分点支承低,只是因为三分点支承的一阶竖弯振型和扭转振型十分接近,而四分点支承相差较远,因此,可以认为当颤振重要参与模态的振型比较相似时,颤振更容易发生。然而,1.1%的微小差异也说明在颤振参与振型的对称性保持较好的前提下,振型形状的局部改变没有对颤振临界风速产生较大影响。

第五节　梁式桥颤振稳定分析结论

（1）对于准简支梁结构,颤振临界风速在各攻角下均随主梁质量的增加而增加,在质量调幅10%的前提下,颤振临界风速最大变化幅度为5.3%,且总体上颤振临界风速预测误差小于质量参数模拟误差导致的竖弯频率误差。颤振临界风速在各攻角下均随着质量惯性矩的增加而减小,在质量惯性矩调幅10%和20%的前提下,颤振临界风速最大变化幅度分别为5.3%和11.2%,总体上,在扭转频率偏高时,颤振临界风速预测误差小于质量惯性矩模拟误差导致的扭转频率误差;在扭转频率偏低时,颤振临界风速预测误差总体上略大于扭频模拟误差。

（2）关于质量参数对颤振临界风速的影响,三维全模态颤振数值分析结果与气弹模型风洞试验结果较为接近,总体上略小于风洞试验结果。无论是气弹模型风洞试验结果还是三维全模态颤振数值分析结果均表明,对于准简支梁,质量和质量惯性矩对颤振临界风速的影响幅度相当。

（3）对于准简支梁结构,几乎可以忽略结构响应三维效应的影响,气动力三维效应使得颤振临界风速下降,下降幅度在1.5%~4.6%之间,振动模态中一阶竖弯和扭转振型越相似,颤振临界风速越低,但模态形状的局部改变不会影响颤振临界风速。

（4）总体上,由于梁式桥跨径有限、刚度较大,主梁颤振临界风速很高,一般不会出现低于颤振检验风速的安全问题,但是颤振自激力对其他风致振动的影响不能忽略。

本章参考文献

[1] THEODORSEN T,GARRICK I E. Mechanism of flutter:a theoretical and experimental investigation of the flutter problem[R]. N. A. C. A. Report 685,1940.

[2] JONES R T. The unsteady lift on a wing of finite aspect ratio[R]. 1940.

[3] SCANLAN R H,SABZEVARI A. Suspension bridge flutter revised[C]. Presented at the May 1967 ASCE Structural Engineering Conference,Held in Seattle,WA (preprint 468).

[4] SCANLAN R H,TOMKO J J. Airfoil and bridge deck flutter derivatives[J]. Journal of the Engineering Mechanics Division,1971,97(6):1717-1737.

[5] XIE J M,XIANG H F. State-space method for 3-D flutter analysis of bridge structures[C]. Proc. Asia pacific Symposium on Wind Engineering,1985.

[6] AGAR T J A. Aerodynamic flutter analysis of suspension bridges by a modal technique[J]. Engi-

neering Structures,1989,11(2):75-82.

[7] NAMIMI A,ALBRECHT A,BOSCH H. Finite element-based flutter analysis of cable-suspended bridges[J]. Journal of Structural Engineering,1992,118(6):1509-1526.

[8] TANAKA H,YAMAMURA N,TATSUMI M. Coupled mode flutter analysis using flutter derivatives[J]. Journal of Wind Engineering and Industrial Aerodynamics,1992,42(1-3):1279-1290.

[9] MIYATA T,TADA K,HIKAMI Y. New findings of coupled-flutter in full model wind tunnel tests on the Akashi Kaikyo bridge[C]. Proc. Symp. on Cable-Stayed and Suspension Bridges,Deauville,France,1994.

[10] CHEN Z Q. The three dimensional analysis of behavior investigation on the critical flutter state of bridges[C]. Proc. of the International Symposium on Cable-Stayed Bridges,Shanghai,China,1994.

[11] WILDE K,FUJINO Y,MASUKAWA J. Time domain modeling of bridge deck flutter[J]. Structural Engineering/Earthquake Engineering,1996,13(2):93-104.

[12] SIMIU E,SCANLAN R H. Wind effects on structures[M]. 3rd ed. New York:John Wiley,1996.

[13] GE Y J,TANAKA H. Aerodynamic flutter analysis of cable-supported bridges by multi-mode and full-mode approaches[J]. Journal of Wind Engineering and Industrial Aerodynamics,2000,86(2-3):123-153.

[14] CHEN X Z,MATSUMOTO M,KAREEM A. Aerodynamic coupling effects on flutter and buffeting of bridges[J]. Journal of Engineering Mechanics,2000,126(1):17-26.

[15] KATSUCHI H,YAMADA H,HATA K,et al. Full-scale monitoring of Akashi-Kaikyo Bridge[C]. Proc. the 3rd China-Japan-US Symposium on Health Monitoring and Control of Structures,Dalian,China,2004.

[16] KATSUCHI H,YAMADA H,KUSUHARA S. Modal-damping Identification of Akashi Kaikyo Bridge by wavelet screening[C]. Proceeding of 4th China-Japan-US Symposium on Structural Control and Monitoring,Hangzhou,China,2006.

[17] HUA X G,CHEN Z Q,NI Y Q,et al. Flutter analysis of long-span bridges using ANSYS[J]. Wind and Structures,2007,10(1):61-82.

[18] 张新军. 大跨度桥梁三维非线性颤振分析[D]. 上海:同济大学,2000.

[19] 许福友,陈艾荣,梁艳. 平板的颤振参数研究[J]. 同济大学学报(自然科学版),2004,32(10):1365-1370.

[20] 项海帆,葛耀君,朱乐东. 现代桥梁抗风理论与实践[M]. 北京:人民交通出版社,2005.

[21] 张文明. 多主跨悬索桥抗风性能及风致灾变全过程研究[D]. 上海:同济大学,2011.

[22] 杨咏昕. 大跨度桥梁二维颤振机理及其应用研究[D]. 上海:同济大学,2002.

[23] 马婷婷. 大跨度桥梁结构动力与气动弹性的精细化数值和物理模拟[D]. 上海:同济大学,2014.

第九章

梁式桥涡振响应分析及气动控制

梁式桥涡振是由自然风绕过一般为非流线型主梁断面后,气流出现分离,并在尾迹中形成有规律的旋涡,伴有旋涡交替脱落的分离流动导致主梁表面的风压变化,在一定条件下激发出主梁共振现象——涡激共振(简称涡振)。涡振因规律性的旋涡脱落而产生,而振动的结构反过来又影响旋涡的形成和脱落,因此涡振同时具有自激振动和强迫振动的性质,是一种自限幅风致振动。梁式桥涡振响应分析主要采用理论分析方法和风洞试验方法,其中,理论分析方法包括结构涡振响应分析频域分析法和时域分析法,风洞试验方法主要有节段模型和气动弹性模型风洞试验方法。鉴于梁式桥涡振是风致振动中最重要的振动形式,本章着重介绍固体结构涡振响应频域分析的线性方法、非线性气动刚度方法和非线性气动阻尼方法以及流固耦合涡振响应分析的非线性分析方法,并且详细介绍节段模型特别是大尺度节段模型涡振的风洞试验及其气动控制。

第一节 固体结构涡振响应分析

传统的梁式桥涡振响应分析方法,一般只考虑固体结构的涡振响应频域分析方法,主要有 Scanlan 线性涡振响应分析模型、Scanlan 非线性涡振响应分析模型、Larsen 广义非线性涡振响应分析模型和非线性气动阻尼涡振响应分析模型等,主要采用频域分析方法进行涡振响应分析。

一、Scanlan 线性涡振响应分析

1981 年,Scanlan 提出了考虑线性气动阻尼和气动刚度的涡振响应分析线性模型,即固体结构涡振振动方程

$$m(\ddot{y} + 2\xi_n\omega_n\dot{y} + \omega_n^2 y) = \frac{1}{2}\rho U^2 D \left[KH_1^* \frac{\dot{y}}{U} + K^2 H_4^* \frac{y}{D} + C_L \sin(\omega t) \right] \tag{9-1}$$

式中,m 为结构质量;y 为结构运动位移;ξ_n 为结构阻尼比;ω_n 为结构特征圆频率;ρ 为空气

密度;U 为平均风速;D 为结构直径或高度;$K=\omega_n D/U$ 为无量纲结构振动频率;H_1^* 和 H_4^* 为与气动阻尼和气动刚度相关的颤振导数;C_L 为升力系数;ω 为涡振自激力圆频率。

引入无量纲时间 $s=\dfrac{Ut}{D}$ 和无量纲位移 $Y=\dfrac{y}{D}$,并忽略与气动刚度相关的颤振导数 H_4^*,方程式(9-1)变为

$$Y''+2\xi KY'+K^2Y=\frac{\rho D^2}{2m}\left[KH_1^*Y'+C_L\sin(Ks)\right] \quad (9-2)$$

式中,$K=\omega_n D/U$ 为无量纲结构振动频率。

Scanlan 最早提出利用涡振响应曲线的"半功率带宽法"识别上述模型中的参数,然后又在 1998 年提出利用衰减-共振瞬变段的振动位移进行参数识别的方法,该方法假定结构运动方程为

$$Y(s)=\left[(A_0-A_s)e^{-\gamma Ks}+A_s\right]\cos(Ks+\theta) \quad (9-3)$$

式中,A_0 为结构初始振幅;A_s 为结构振动稳定阶段的振幅;γ 为系统总体阻尼比,可利用初始振幅 A_0 与 n 个振动周期后的振幅 A_n 按下式计算

$$\gamma=\frac{1}{2n\pi}\ln\frac{A_0}{A_n} \quad (9-4)$$

根据得到的系统总体阻尼比,可进一步得到线性涡振分析模型参数

$$H_1^*=\frac{4m}{\rho D^2}(\xi-\gamma);\quad C_L=\frac{4m\gamma K^2 A_s}{\rho D^2} \quad (9-5)$$

为了利用上述参数识别方法,对工况 1($\xi_n\approx 0.004$)条件下最不利风速处 $\left(\dfrac{U}{f_n D}=20.92\right)$ 的经验线性模型参数进行了识别。衰减-共振过程中系统总体阻尼比的识别可以取振幅衰减至初始振幅约 53% 时所需的循环周期数来进行计算。其中,$A_0=0.2065$,$A_n=0.111$,$n=16$,计算得到的系统总体阻尼比 $\gamma=0.62\%$。利用上述结果可计算得到经验线性模型参数

$$H_1^*=\frac{4m}{\rho D^2}(\xi-\gamma)=\frac{4\times 11.361}{1.225\times 0.055^2}\times(0.004-0.0062)=-26.98 \quad (9\text{-}6\text{a})$$

$$C_L=\frac{4m\gamma K^2 A_s}{\rho D^2}=\frac{4\times 11.361\times 0.0062\times 0.3^2\times 0.0895}{1.225\times 0.055^2}=0.613 \quad (9\text{-}6\text{b})$$

根据 Scanlan 线性涡振响应分析模型和参数识别方法,采用如图 9-1 所示开口断面主梁的风洞试验结果,对涡振位移时程进行了计算,并与试验结果进行了比较,如图 9-2 所示。可以看到,线性涡振模型计算得到的结构稳态涡振振幅与试验结果比较接近,然而,计算得到的衰减-共振过程瞬变段与试验结果存在显著差别。试验过程中结构由某一较大初始位置缓慢衰减至稳定振动状态,而计算结果由某一较大初始位置先衰减至某一较小幅值,然后又逐渐增加至稳定振动阶段。出现这种结果的原因,是线性涡振模型采用谐振响应对涡激力的作用进行模拟,认为涡振是具有线性附加气动阻尼和气动刚度的强迫振动过程。由于真实涡振过程中

系统非线性特性十分明显,当把涡振过程看作具有线性附加气动效应的强迫振动过程时,势必会造成结构运动瞬变段的模拟失真。

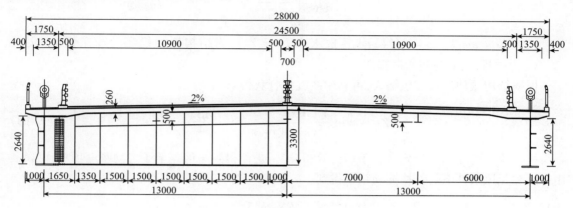

图9-1 主梁开口断面尺寸图(尺寸单位:mm)

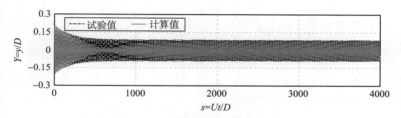

图9-2 线性涡振分析模型计算位移与试验结果比较

总而言之,线性涡振响应分析模型无法准确模拟结构涡振过程中的自限幅振动特性。这是因为线性涡振响应分析模型气动刚度和气动阻尼均为常数,而实际结构气动刚度和气动阻尼具有非线性特性,线性涡振响应分析模型无法准确模拟涡振过程的非线性气动特性。

二、Scanlan 非线性涡振响应分析

为了模拟涡振过程中的自限幅振动现象,Scanlan 等又提出了基于 Van der Pol 振子的非线性涡振响应分析模型,用位移二次方表达了气动刚度非线性

$$m(\ddot{y}+2\xi\omega_n\dot{y}+\omega_n^2 y)$$
$$=\frac{1}{2}\rho U^2(2D)\left[Y_1(K)\left(1-\varepsilon\frac{y^2}{D^2}\right)\frac{\dot{y}}{U}+Y_2(K)\frac{y}{D}+\frac{1}{2}\widetilde{C}_L(K)\sin(\omega t+\theta)\right] \tag{9-7}$$

同样引入无量纲时间 $s=\dfrac{Ut}{D}$,无量纲位移 $Y=\dfrac{y}{D}$,并忽略强迫项,方程式(9-7)变为

$$Y''+2\xi K_n Y'+K_n^2 Y=\frac{\rho D^2}{m}\left[Y_1(K)(1-\varepsilon Y^2)Y'+Y_2(K)Y\right] \tag{9-8}$$

式中,ε 为气动阻尼项中的非线性成分。

Scanlan 等采用"平均法"获得了结构振动位移包络的表达式

$$A(s) = \frac{\beta}{\sqrt{1 - \left(\frac{A_0^2 - \beta^2}{A_0^2}\right) e^{-(\alpha\beta^2/4)s}}} \tag{9-9}$$

式中，$\alpha = \varepsilon m_r Y_1$；$\beta = \sqrt{(4 m_r Y_1 - 8\xi K_n)/(\varepsilon m_r Y_1)}$，为结构振动稳定阶段振幅值；$m_r = \rho D^2/m$，为质量比；$A_0$为初始振幅值。

根据结构振动位移的包络线，可利用线性拟合获得 α 值。

$$Z(s) = \ln \frac{A_0^2 [A^2(s) - \beta^2]}{A^2(s)(A_0^2 - \beta^2)} = -\frac{\alpha\beta^2}{4} s \tag{9-10}$$

根据获得的 α 值和给定的 β 值可计算得到 Y_1，进而得到 ε 值。至于气动刚度项 Y_2，可以利用有风和无风条件下的结构振动频率得到

$$Y_2 = \frac{K_n^2 - K^2}{m_r} \tag{9-11}$$

根据 Scanlan 非线性涡振响应分析模型和参数识别方法，采用如图 9-1 所示开口断面主梁风洞试验结果，对工况 1（$\xi_n \approx 0.004$）条件下最不利风速处 $\left(\frac{U}{f_n D} = 20.92\right)$ 的衰减-共振位移时程进行了参数识别，结果如图 9-3 所示。可以看到，利用识别得到的参数，非线性涡振响应分析模型能够较好地模拟结构自限幅振动特性。

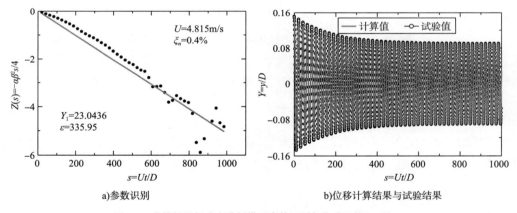

a) 参数识别　　　　　　　　　　　b) 位移计算结果与试验结果

图 9-3　非线性涡振响应分析模型参数识别与位移比较（工况 1）

为了验证非线性涡振响应分析模型对涡振过程中结构所受气动效应的模拟效果，将与结构速度相关的阻尼表达式转换成结构振幅的函数，式（9-8）可以改写为

$$Y'' + 2\gamma K Y' + K^2 Y = 0 \tag{9-12}$$

其中：

$$\gamma = \xi \frac{K_n}{K} - \frac{1}{2} m_r Y_1 (1 - \varepsilon Y^2) \frac{1}{K} \tag{9-13}$$

$$K = \sqrt{K_n^2 - m_r Y_2} \tag{9-14}$$

利用 Harmonic balance 方法，令 $Y(s) = A\sin(Ks)$，$Y'(s) = KA\cos(Ks)$，系统总体阻尼比可以表示为

$$f(Y') = \left\{ \xi \frac{K_n}{K} - \frac{1}{2} m_r Y_1 [1 - \varepsilon A^2 \sin^2(Ks)] \frac{1}{K} \right\} KA\cos(Ks) \tag{9-15}$$

傅立叶级数前三项系数为

$$a_0 = 0 \tag{9-16a}$$

$$b_1 = 0 \tag{9-16b}$$

$$a_1 = \frac{1}{8} A [8K_n \xi + (A^2 \varepsilon - 4) K m_r Y_1] \tag{9-16c}$$

随振幅变化的系统阻尼比可表达为

$$\bar{\gamma}(A) KA\cos(Ks) = \frac{1}{8} A [8K_n \xi + (A^2 \varepsilon - 4) K m_r Y_1] \cos(Ks) \tag{9-17a}$$

$$\Rightarrow \bar{\gamma}(A) = \xi \frac{K_n}{K} + \frac{A^2 \varepsilon - 4}{8} m_r Y_1 \tag{9-17b}$$

在 $\bar{\gamma}(A)$ 中扣除无风条件下获得的模型悬挂系统阻尼比 ξ 的影响，便可获得气动阻尼随结构振幅变化的规律

$$\bar{\gamma}_a(A) = \bar{\gamma}(A) - \xi \tag{9-18}$$

图 9-4 给出了非线性涡振分析模型模拟的涡振系统总体阻尼随结构振幅的变化规律以及扣除悬挂系统影响后的气动阻尼随结构振幅的变化规律。其中，悬挂系统阻尼比采用图 9-5 所示四次多项式拟合结果，以充分考虑悬挂弹簧及主梁周围空气扰动带来的影响。可以看到，非线性涡振分析模型模拟的气动阻尼随结构振幅呈现类似于 e 指数形式的增长规律，这与试验识别的气动阻尼随结构振幅呈反向 e 指数形式的增长规律明显不同。可以认为，非线性涡振分析模型没有准确捕捉到涡振过程中附加气动阻尼随结构振幅的变化规律。这或许是非线性涡振分析模型无法对其他质量-阻尼系数工况下结构振动特性进行准确预测的原因。

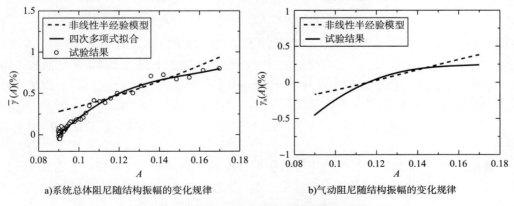

a) 系统总体阻尼随结构振幅的变化规律　　b) 气动阻尼随结构振幅的变化规律

图 9-4　非线性涡振分析模型模拟结果与试验结果比较

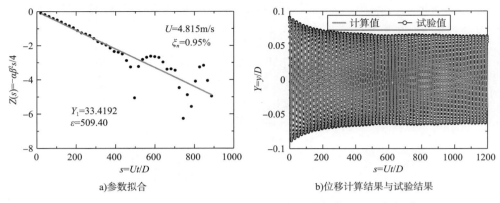

a) 参数拟合　　　　　　　　　　　b) 位移计算结果与试验结果

图 9-5　非线性涡振分析模型参数拟合与位移结果(工况 2)

为了验证上述结论,采用工况 2($\xi_n \approx 0.0095$)条件下最不利风速处的衰减-共振位移时程重新识别了模型参数。识别过程及反算结果如图 9-6 所示。可以看到,工况 2($\xi_n \approx 0.0095$)条件下的识别结果与工况 1($\xi_n \approx 0.004$)条件下的识别结果有较大差别。这正是由于非线性涡振分析模型没有准确捕捉到涡振过程中附加气动阻尼随结构振幅的变化规律,因此,基于最小二乘法的参数识别结果表现出典型质量-阻尼系数相关性,即不同质量-阻尼系数条件下的识别参数有明显差别。

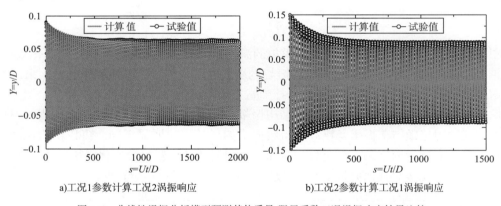

a) 工况1参数计算工况2涡振响应　　　　b) 工况2参数计算工况1涡振响应

图 9-6　非线性涡振分析模型预测其他质量-阻尼系数工况涡振响应结果比较

图 9-6a)给出了工况 1 参数对工况 2 条件下结构涡振响应的计算结果,并与工况 2 条件下的试验结果进行了比较。可以看到,计算得到的工况 2 条件下结构稳定涡振振幅为 0.0575,而试验获得的稳定振幅为 0.065,两者相差约 12%。图 9-6b)为工况 2 参数对工况 1 条件下结构涡振响应的计算结果以及工况 1 条件下的试验结果。可以看到,计算得到的工况 2 条件下结构稳定涡振振幅为 0.0782,而试验获得的稳定振幅为 0.09,两者相差约 13%。

上述结果表明,非线性涡振气动刚度分析模型无法准确捕捉系统非线性特性随结构振幅的变化规律,即使扣除了无风条件下悬挂系统本身非线性效应的影响,得到的气动阻尼特性与试验结果仍存在较大偏差。由于该模型没有准确模拟附加气动阻尼随结构振幅的变化规律,因此模型参数表现出典型质量-阻尼系数相关性。当采用某一质量-阻尼系数下的参数对其他质量-阻尼系数下结构涡振响应进行预测时,计算结果与实际结果有较大差异,这种差异在10%以上。

三、Larsen 广义非线性涡振响应分析

为了更好地模拟结构涡振振幅随 Scruton 数(质量-阻尼系数)的变化规律,Larsen 拓展了 Ehsan 和 Scanlan 的思路,提出了一种更具广义代表性的非线性涡振响应分析模型,其无量纲形式如下所示

$$Y''(s) + 2\xi K Y'(s) + K^2 Y(s) = m_r Y_1(K)[1 - \varepsilon |Y(s)|^{2v}] Y'(s) \quad (9\text{-}19)$$

其中,$m_r = \rho D^2/m$;Y_1、ε 和 v 为模型参数。

假设 $Y(s) = A\cos[Ks + \varphi(s)]$,$Y'(s) = -KA\sin[Ks + \varphi(s)]$,利用非线性微分方程近似解析法可以得到结构运动包络的近似表达式

$$A(s) = \frac{A_s}{\left\{1 - \left[1 - \left(\frac{A_s}{A_0}\right)^{2v}\right]\exp[-v(m_r Y_1 - 2K\xi)s]\right\}^{\frac{1}{2v}}} \quad (9\text{-}20)$$

式中,$A(s)$ 为结构振动位移的包络线;A_s 为振动稳定阶段的振幅;A_0 为初始振幅值。该模型通过在气动非线性项上引入变量 v 来考虑不同阶数的非线性振子对结构运动特性的模拟。利用"衰减-共振"过渡段的结构位移包络线结合最小二乘法可拟合得到模型参数 Y_1 和 v。另外一个模型参数 ε 则需要在获得 Y_1 和 v 的基础上通过下式得到

$$A_s = \left(\frac{Y_1 - 2\xi K/m_r}{Y_1 \varepsilon I_m}\right)^{\frac{1}{2v}}; \quad I_m = \frac{K}{\pi}\int_0^{2\pi/K} |\cos(Ks)|^{2v} \cdot \sin^2(Ks) ds \quad (9\text{-}21)$$

根据 Larsen 广义非线性涡振分析模型和参数识别方法,采用工况 1($\xi_n \approx 0.004$)条件下最不利风速处$\left(\frac{U}{f_n D} = 20.92\right)$的衰减-共振位移时程,对广义非线性涡振分析模型中的参数进行了识别,结果如图 9-7 所示。可以看到,利用识别得到的参数,广义非线性涡振分析模型同样能够较好地模拟结构自限幅振动特性。

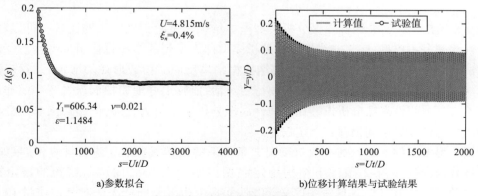

a) 参数拟合   b) 位移计算结果与试验结果

图 9-7 广义非线性涡振分析模型参数识别与位移计算

将广义非线性涡振分析模型中与结构速度有关的阻尼表达式转换为结构振幅的函数,其运动方程可以改写为

$$Y'' + 2\gamma KY' + K^2 Y = 0 \tag{9-22}$$

其中:

$$\gamma = \xi - \frac{1}{2}m_r Y_1 (1 - \varepsilon |Y|^{2v})\frac{1}{K} \tag{9-23}$$

利用 Harmonic balance 方法,令 $Y(s) = A\sin(Ks)$,$Y'(s) = KA\cos(Ks)$,则系统总体阻尼比可以表示为

$$f(Y') = \left[\xi - \frac{1}{2}m_r Y_1 (1 - \varepsilon |A\sin(Ks)|^{2v})\frac{1}{K}\right]KA\cos(Ks) \tag{9-24}$$

由于式(9-24)含有绝对值的 $2v$ 次项,较难直接推导获得其积分的解析表达式。可将结构参数及气动参数代入式(9-24)后,通过符号运算软件 Mathematica 并结合傅立叶级数系数计算公式,得到含有结构振幅的表达式

$$a_0 = 0 \tag{9-25a}$$

$$b_1 = 0 \tag{9-25b}$$

$$a_1 = -0.0977A + 0.10817A^{1.042} \tag{9-25c}$$

进一步推导可得

$$\bar{\gamma}(A) \times 0.3 \times A \times \cos(Ks) = (-0.0977A + 0.10817A^{1.042})\cos(Ks) \tag{9-26a}$$

$$\Rightarrow \bar{\gamma}(A) = -0.3256 + 0.36036A^{0.042} \tag{9-26b}$$

在 $\bar{\gamma}(A)$ 中扣除无风条件下获得的悬挂系统阻尼比 ξ 的影响,便可获得气动阻尼随结构振幅变化的规律如式(9-18)所示。

$$\bar{\gamma}_a(A) = \bar{\gamma}(A) - \xi$$

图 9-8 给出了广义非线性涡振分析模型模拟结果与试验识别结果的比较。可以看到,相比非线性涡振分析模型,广义非线性涡振分析模型计算得到的系统总体阻尼特性及气动阻尼特性与试验结果具有更为一致的规律(随结构振幅呈反向 e 指数形式的增长)。这表明广义非线性涡振分析模型比非线性涡振分析模型更灵活,能够更好地模拟涡振过程中的非线性性质。虽然广义非线性涡振分析模型比非线性涡振分析模型更为合理,但是广义非线性涡振分析模型结果与试验结果间仍存在一定偏差。

利用工况 1 条件下的识别参数对工况 2 条件下的结构涡振响应进行计算,结果如图 9-9 所示。计算得到的工况 2 条件下结构稳定涡振振幅为 0.058,而试验获得的稳定振幅为 0.065,两者相差约 10.8%。这表明广义非线性涡振分析模型同样无法对其他质量-阻尼系数下的结构涡振响应进行准确预测。

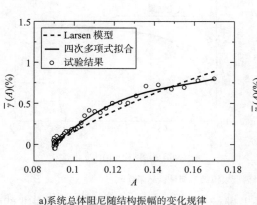
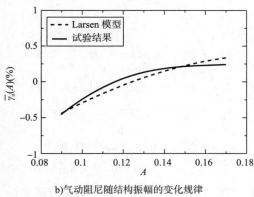

a)系统总体阻尼随结构振幅的变化规律　　　　　b)气动阻尼随结构振幅的变化规律

图 9-8　广义非线性涡振分析模型模拟结果与试验结果

导致上述差别的原因,一方面是广义非线性涡振分析模型没有准确模拟参数识别过程中气动阻尼随结构振幅的变化规律,另一方面是工况 2 条件下结构振幅的变化范围超过了参数识别过程的振幅变化范围(参数识别过程中结构无量纲振幅的变化范围为 0.09~0.2,而工况 2 条件下结构稳定振幅约为 0.06),而基于识别参数的广义非线性涡振分析模型对超出范围的系统非线性特性模拟结果与试验结果间存在较大偏差。

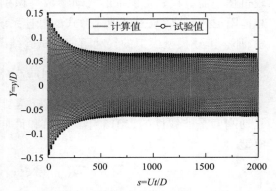

图 9-9　工况 1 参数计算工况 2 涡振响应

为了验证上述推论,利用工况 1 最不利风速处的衰减-共振和增长-共振两条位移时程曲线识别了系统阻尼随结构振幅的变化规律,并在此基础上通过扣除悬挂系统本身非线性特性的影响,得到了整个振幅范围内的附加气动阻尼特性。图 9-10 给出了试验结果与广义非线性涡振分析模型结果的比较。可以看到,在参数识别的振幅范围内,虽然广义非线性涡振分析模型没有准确反映系统阻尼随结构振幅的变化规律,但是由于采用了最小二乘法,广义非线性涡振分析模型计算结果与试验结果在数值上仍处在一定偏差范围之内。在参数识别振幅范围之外,由于广义非线性涡振分析模型没有准确反映系统非线性特性随振幅的变化趋势,其计算结果与试验结果间出现了较大偏差,从而导致图 9-9 中利用工况 1 参数对工况 2 条件下的结构涡振进行计算时,计算结果与试验结果间出现了明显差别。

上述结果表明,无论是非线性涡振分析模型还是广义非线性涡振分析模型,均无法准确捕捉涡振过程中系统阻尼随结构振幅的变化规律。这是因为上述模型均通过直接拟合结构自限幅振动瞬变段的振幅包络线来进行参数识别,由于模型的非线性形式被提前固定,通过调节模型参数难以做到准确拟合瞬变段振幅包络曲线。振幅包络曲线与系统阻尼比呈 e 指数关系,因此振幅包络线的微小偏差均会导致识别结果产生较大差别。

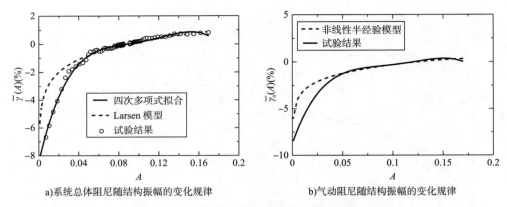

图 9-10 广义非线性涡振分析模型模拟结果与试验结果比较

在利用现有主梁涡激力模型结果与试验结果进行比较时,考虑了悬挂系统本身非线性特性的影响。由于传统主梁涡激力模型参数识别过程中给定的结构机械阻尼比为常数,因此比较过程中需要首先将识别的气动参数与识别过程中给定的机械阻尼比(常数)叠加获得系统总体阻尼比,然后减去多项式形式的悬挂系统阻尼比表达式。如果直接采用识别参数进行比较,那么上述模型模拟的气动阻尼与试验结果间将存在更大偏差。

四、非线性气动阻尼涡振响应分析

由于 Scanlan 非线性涡振响应分析模型和 Larsen 广义非线性涡振响应分析模型都假定气动刚度是非线性的,2015 年葛耀君和许坤提出了假定气动阻尼为非线性的涡振响应分析模型

$$m(\ddot{y} + 2\xi_n\omega_n\dot{y} + \omega_n^2 y) = Q_{se} + Q_b \tag{9-27}$$

式中,Q_{se} 与 Q_b 分别表示气动力中的结构运动状态相关项——自激气动力和结构运动状态无关项——强迫气动力。涡振发生时,旋涡脱落作用会被结构运动锁定,从而背离斯特罗哈规律变成结构运动状态相关项,可将涡振近似为纯自激振动,即 $Q_b = 0$。因此,只需考虑气动力中的结构运动状态相关项——自激气动力,并假定气动阻尼是非线性的(振幅相关),气动刚度是线性的(振幅无关),自激气动力可表示为

$$Q_{se} = \frac{1}{2}\rho U^2 D[f(\dot{y}) + K_{aero}y] \tag{9-28}$$

式中,$f(\dot{y})$ 为非线性气动阻尼;K_{aero} 为线性气动刚度。

根据周期等效的概念,我们可以引入一个新的表达式

$$Q_{se} = \frac{1}{2}\rho U^2 D\left[KH_1^*(\bar{A})\frac{\dot{y}}{U} + K^2 H_4^* \frac{y}{D}\right] \tag{9-29}$$

式中,与结构运动速度相关的阻尼表达式 $f(\dot{y})$ 被替换成了与结构运动幅值相关的等效阻尼形式。该表达式与传统自激力表达式具有类似形式,但是式中气动阻尼参数 $H_1^*(\bar{A})$ 为系统振幅 $\bar{A}$ 的函数;H_4^* 为常数,用来表示与结构振幅无关的线性气动刚度。

引入无量纲时间 $s = \dfrac{Ut}{D}$，无量纲位移 $Y = \dfrac{y}{D}$，结构运动方程可转化为如下形式

$$Y'' + 2\xi_n K_n Y' + K_n^2 Y = \dfrac{\rho D^2}{2m}\left[KH_1^*\left(\dfrac{\bar{A}}{D}\right)Y' + K^2 H_4^* Y\right] \tag{9-30}$$

式中，$\dfrac{\bar{A}}{D}$ 为约化振幅；$K_n = \dfrac{\omega_n D}{U}$ 为无量纲的系统特征频率；$K = \dfrac{\omega D}{U}$ 为无量纲的系统实际振动频率；ω 为涡振系统实际振动圆频率。

将式(9-30)右端项移至左边，可得到如下形式的结构运动方程

$$Y'' + \left[2\xi_n K_n - \dfrac{\rho D^2}{2m}KH_1^*\left(\dfrac{\bar{A}}{D}\right)\right]Y' + \left(K_n^2 - \dfrac{\rho D^2}{2m}K^2 H_4^*\right)Y = 0 \tag{9-31}$$

式(9-31)还可以进一步写成如下简化形式

$$Y'' + 2\gamma K Y' + K^2 Y = 0 \tag{9-32}$$

其中：

$$\gamma = \xi_n \dfrac{K_n}{K} - \dfrac{\rho D^2}{4m} H_1^*\left(\dfrac{\bar{A}}{D}\right); \quad K^2 = \dfrac{K_n^2}{1 + \dfrac{\rho D^2}{2m}H_4^*} \tag{9-33}$$

式中，γ 为涡振系统总体阻尼比；$H_1^*\left(\dfrac{\bar{A}}{D}\right)$ 和 H_4^* 为表征气动阻尼效应和气动刚度效应的气动参数。式(9-32)可看作气动非线性涡激力模型的一般形式，该模型通过引入一个与系统振幅相关的气动阻尼参数 $H_1^*\left(\dfrac{\bar{A}}{D}\right)$ 来考虑涡振过程中的非线性气动阻尼效应。

通过系统非线性特性识别方法获取系统气动阻尼随结构振幅的变化规律后，可采用某一数学模型模拟该规律，从而得到 $H_1^*\left(\dfrac{\bar{A}}{D}\right)$ 的表达式。上述模型形式简单，由于气动阻尼参数 $H_1^*\left(\dfrac{\bar{A}}{D}\right)$ 是结构振幅的函数，而试验获得的涡激力展向相干性也与结构振幅有关，因此该模型可较为方便地考虑涡激力展向相干性的影响。

涡振中的流固耦合系统属于非线性系统，其典型特点是自激气动力中的倍频现象，这种类型的非线性系统较适用于采用形式简单的多项式模型进行模拟，所谓多项式形式的气动阻尼模型，即采用多项式拟合识别得到的系统气动阻尼随系统振幅的变化规律。以四次多项式模型为例，首先基于系统特性识别方法获取系统总体阻尼随系统振幅的变化规律 $\gamma\left(\dfrac{\bar{A}}{D}\right)$，然后利用四次多项式对识别结果进行拟合，得到如下形式的表达式

$$\gamma\left(\dfrac{\bar{A}}{D}\right) = a_5\left(\dfrac{\bar{A}}{D}\right)^4 + a_4\left(\dfrac{\bar{A}}{D}\right)^3 + a_3\left(\dfrac{\bar{A}}{D}\right)^2 + a_2\left(\dfrac{\bar{A}}{D}\right) + a_1 \tag{9-34}$$

上述表达式为系统总体阻尼随结构振幅的变化规律，为了获得模型中的非线性气动阻尼参数 $H_1^*\left(\dfrac{\bar{A}}{D}\right)$，需结合式(9-33)，得到如下方程

$$H_1^*\left(\frac{\bar{A}}{D}\right) = \frac{4m}{\rho D^2}\left(\frac{K_n}{K}\xi_n - \gamma\right) = b_5\left(\frac{\bar{A}}{D}\right)^4 + b_4\left(\frac{\bar{A}}{D}\right)^3 + b_3\left(\frac{\bar{A}}{D}\right)^2 + b_2\left(\frac{\bar{A}}{D}\right) + b_1 \quad (9\text{-}35)$$

其中:

$$b_{i(i=2\sim5)} = -\frac{4m}{\rho D^2}a_i; \quad b_1 = -\frac{4m}{\rho D^2}\left(a_1 - \frac{K_n}{K}\xi_n\right) \quad (9\text{-}36)$$

式中,ξ_n为理想情况下节段模型悬挂系统本身机械阻尼比,其值为常数。

实际风洞试验过程中,悬挂系统本身非线性特性的影响不可忽略,此时须首先在无风条件下获得悬挂系统本身阻尼比随结构振幅的变化规律

$$\xi_n = a_{05}\left(\frac{\bar{A}}{D}\right)^4 + a_{04}\left(\frac{\bar{A}}{D}\right)^3 + a_{03}\left(\frac{\bar{A}}{D}\right)^2 + a_{02}\left(\frac{\bar{A}}{D}\right) + a_{01} \quad (9\text{-}37)$$

然后,在有风条件下获得的系统总体阻尼特性中扣除上述悬挂系统阻尼的影响,即得到非线性气动阻尼参数

$$H_1^*\left(\frac{\bar{A}}{D}\right) = b_5\left(\frac{\bar{A}}{D}\right)^4 + b_4\left(\frac{\bar{A}}{D}\right)^3 + b_3\left(\frac{\bar{A}}{D}\right)^2 + b_2\left(\frac{\bar{A}}{D}\right) + b_1 \quad (9\text{-}38)$$

其中:

$$b_{i(i=1\sim5)} = \frac{4m}{\rho D^2}\left(\frac{K_n}{K}a_{0i} - a_i\right) \quad (9\text{-}39)$$

式中,a_{0i}为拟合悬挂系统阻尼特性时得到的多项式系数;a_i为拟合涡振系统总体阻尼特性时得到的多项式系数。

对于气动刚度参数H_4^*,可基于式(9-33)得到如下方程

$$H_4^* = \frac{2m}{\rho D^2}\left(\frac{K_n^2}{K^2} - 1\right) = \frac{2m}{\rho D^2}\left(\frac{\omega_n^2}{\omega^2} - 1\right) \quad (9\text{-}40)$$

以开口断面风洞试验结果为例,采用四次多项式模型对识别获得的系统阻尼特性进行拟合,然后利用上述参数识别方法得到系统气动阻尼参数H_1^*及气动刚度参数H_4^*,结果如图9-11所示。图中H_1^*曲面是利用实际试验风速条件下得到的有限条$H_1^*\left(\frac{\bar{A}}{D}\right)$曲线在约化风速方向上通过空间插值方法获得的。

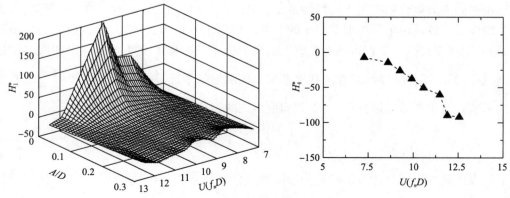

图9-11 开口断面颤振导数值

含有气动阻尼参数 $H_1^*\left(\dfrac{\overline{A}}{D}\right)$ 的表达式可用来计算结构振动稳定阶段涡振振幅,然而由于参数 $H_1^*\left(\dfrac{\overline{A}}{D}\right)$ 为结构约化振幅的函数,故该表达式无法直接用来计算结构自限幅振动位移时程。如果要计算涡振过程中的自限幅振动位移时程,则需要利用 Harmonic balance 方法,在含有气动阻尼参数 $H_1^*\left(\dfrac{\overline{A}}{D}\right)$ 表达式的基础上进一步变换得到与结构运动速度相关的非线性气动阻尼表达式 $f(Y',K)$。

对于多项式形式的非线性系统而言,与结构运动速度相关的非线性气动阻尼可用如下无量纲形式的多项式模型统一表述

$$f(Y',K) = \sum_{i=1}^{m} \frac{A_i}{K^{i-1}}(Y')^i + \sum_{j=2}^{n} \frac{A_j}{K^{j-1}}|Y'|^{j-1}Y' \tag{9-41}$$

式中,K 为结构实际约化振动频率;i 和 j 分别为奇次非线性项和偶次非线性项;A_i 和 A_j 分别为奇次项和偶次项的系数。

对于式(9-41)所示模型,需要在式(9-35)或式(9-38)所示 $H_1^*\left(\dfrac{\overline{A}}{D}\right)$ 表达式的基础上,利用 Harmonic balance 方法来得到模型参数 A_i 和 A_j。下面仍然以四次多项式模型为例,当 $H_1^*\left(\dfrac{\overline{A}}{D}\right)$ 采用四次多项式模型拟合时,式(9-41)中对应的最高次数应该为 5,此时模型具有如下形式

$$f(Y',K) = \frac{A_5}{K^4}(Y')^5 + \frac{A_4}{K^3}|Y'|^3 Y' + \frac{A_3}{K^2}(Y')^3 + \frac{A_2}{K}|Y'|Y' + A_1 Y' \tag{9-42}$$

利用 Harmonic balance 方法对上述非线性气动阻尼方程进行谐波平衡,并保留第一阶谐波项(first order harmonic balance),可得

$$f(Y',K) = H_1^*\left(\frac{\overline{A}}{D}\right)Y' = a_0 + a_1\cos(Ks) + b_1\sin(Ks) \tag{9-43}$$

其中:

$$a_0 = b_1 = 0 \tag{9-44a}$$

$$a_1 = \frac{5A_5}{8}K\left(\frac{\overline{A}}{D}\right)^5 + \frac{32A_4}{15\pi}K\left(\frac{\overline{A}}{D}\right)^4 + \frac{3A_3}{4}K\left(\frac{\overline{A}}{D}\right)^3 + \frac{8A_2}{3\pi}K\left(\frac{\overline{A}}{D}\right)^2 + A_1 K\left(\frac{\overline{A}}{D}\right) \tag{9-44b}$$

结合以下方程

$$Y(s) = \frac{\overline{A}}{D}\sin(Ks); \quad Y'(s) = K\frac{\overline{A}}{D}\cos(Ks) \tag{9-45}$$

可得

$$H_1^*\left(\frac{\overline{A}}{D}\right)K\frac{\overline{A}}{D}\cos(Ks) = a_1\cos(Ks) \tag{9-46}$$

根据系数 a_1 以及 $H_1^*\left(\frac{\overline{A}}{D}\right)$ 的表达式,可以得到 $f(Y',K)$ 中系数 $A_{i(i=1\sim5)}$ 与 $H_1^*\left(\frac{\overline{A}}{D}\right)$ 中系数 $b_{i(i=1\sim5)}$ 的对应关系

$$A_5 = \frac{8}{5}b_5;\quad A_4 = \frac{15\pi}{32}b_4;\quad A_3 = \frac{4}{3}b_3;\quad A_2 = \frac{3\pi}{8}b_2;\quad A_1 = b_1 \tag{9-47}$$

利用上述转换得到的系数 $A_{i(i=1\sim5)}$ 可得到用于计算结构自限幅振动位移的多项式气动阻尼模型 $f(Y',K)$,从而得到如下运动方程

$$Y'' + 2\left\{\xi_n\frac{K_n}{K} - \frac{\rho D^2}{4m}\left[\frac{A_5}{K^4}(Y')^4 + \frac{A_4}{K^3}|Y'|^3 + \frac{A_3}{K^2}(Y')^2 + \frac{A_2}{K}|Y'| + A_1\right]\right\}KY' + K^2Y = 0 \tag{9-48}$$

其中:

$$K = \frac{K_n}{\sqrt{1 + \frac{\rho D^2}{2m}H_4^*}} \tag{9-49}$$

求解上述运动方程即可获得涡振系统自限幅振动位移时程。

某些情况下,用于系统非线性阻尼特性拟合的多项式次数可能大于4,为此表9-1给出了 $H_1^*\left(\frac{\overline{A}}{D}\right)$ 与 $f(Y',K)$ 之间 $6\sim10$ 次多项式系数的转换关系,以便于使用。更高次(大于10次)多项式系数间的转换关系,可基于 Harmonic balance 方法并按照前述步骤计算得到。

$H_1^*\left(\frac{\overline{A}}{D}\right)$ 和 $f(Y',K)$ 之间多项式系数转换关系　　　　表9-1

A_6	A_7	A_8	A_9	A_{10}
$\frac{35\pi}{64}b_6$	$\frac{64}{35}b_7$	$\frac{315\pi}{512}b_8$	$\frac{128}{63}b_9$	$\frac{693\pi}{1024}b_{10}$

结构出现涡激振动的主要原因是随振幅变化的非线性气动阻尼效应,为此,引入了非线性气动阻尼涡振分析模型,期望通过联立该数学模型与结构运动方程来计算不同质量-阻尼系数下的结构涡振响应,以突破现有涡振分析模型受结构质量-阻尼系数影响这一限制。为了检验上述思路的可行性,采用开口断面风洞试验数据对非线性气动阻尼涡振分析模型进行验证和应用。

(1)模型参数识别

在涡振锁定风速区间内,当采用衰减-共振位移时程识别系统特性时,无法获得振幅小于稳定涡振振幅情况下的系统特性,而采用增长-共振位移时程识别系统特性时,无法获得振幅大于稳定涡振振幅情况下的系统特性。因此,锁定风速区间系统特性识别需结合增长-共振和

衰减-共振位移时程,以获得完整振幅范围内的系统特性。在工况1($\gamma=0.3\%\sim0.5\%$)条件下获得系统自限幅振动位移时程,然后利用系统特性识别方法对系统总体阻尼比进行识别,结果如图9-12所示,其中图9-12c)~g)位于锁定风速区间内,系统特性识别结合了增长-共振和衰减-共振位移时程。

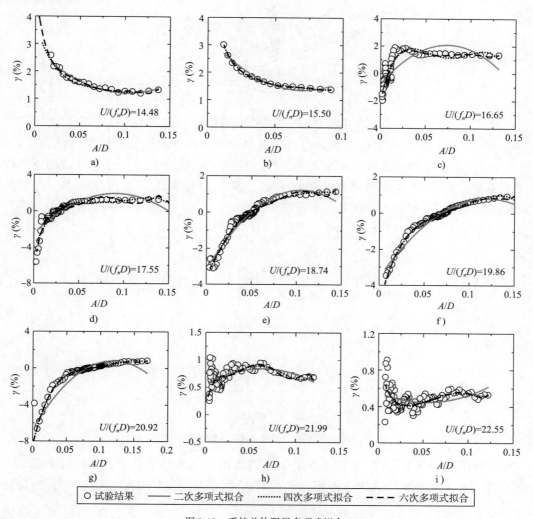

图9-12 系统总体阻尼多项式拟合

图9-12中的圆圈表示识别获得的系统周期平均阻尼比,其对应的横坐标为系统周期平均振幅;不同的曲线表示不同阶次多项式拟合结果。结果表明,多项式最高阶次取4时就能很好地拟合试验结果,采用更高阶次多项式(6次)后,拟合效果并没有明显变化,因此,用于拟合系统非线性气动阻尼的多项式模型取四次多项式为宜。

基于系统总体阻尼特性和悬挂系统机械阻尼特性获得的非线性气动阻尼参数$H_1^*\left(\overline{\dfrac{A}{D}}\right)$如图9-13所示,图中红色实线为试验风速条件下得到的结果,曲面为基于上述实线结果在约化风速方向上空间插值所得。

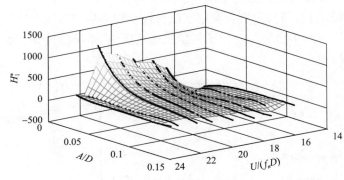

图9-13 非线性气动阻尼参数拟合

对于气动刚度参数,可基于试验获得的有风和无风条件下系统振动频率,利用式(9-40)计算得到。不同约速风速条件下识别得到的气动刚度参数如图9-14所示。从该图中可以看到,在跨越锁定区时,气动刚度值由正值变为负值,表明在跨越锁定区的过程中,作用于结构的气动效应与结构运动状态之间的相位差发生了改变。

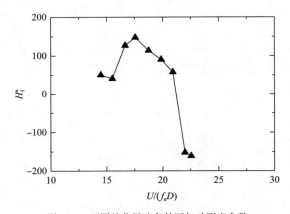

图9-14 不同约化风速条件下气动刚度参数

为了验证不同质量-阻尼系数条件下识别得到的气动参数是否一致,利用工况2($\gamma = 0.8\% \sim 1.0\%$)条件下的结构自限幅振动位移时程,对该质量-阻尼系数条件下的系统气动参数进行识别。将识别得到的气动阻尼参数$H_1^*\left(\dfrac{\overline{A}}{D}\right)$与工况1条件下得到的气动阻尼参数$H_1^*\left(\dfrac{\overline{A}}{D}\right)$进行比较,结果如图9-15所示,两种质量-阻尼系数条件下识别得到的气动阻尼参数$H_1^*\left(\dfrac{\overline{A}}{D}\right)$是一致的,可以认为识别得到的气动阻尼参数不受模型质量-阻尼系数影响。

同样,将工况2条件下识别得到的气动刚度参数H_4^*与工况1条件下的识别结果进行比较,如图9-16所示。结果表明,两种质量-阻尼系数条件下识别得到的气动刚度参数H_4^*也是基本一致的,可以认为识别得到的气动刚度参数同样不受模型质量-阻尼系数影响。

第九章 梁式桥涡振响应分析及气动控制

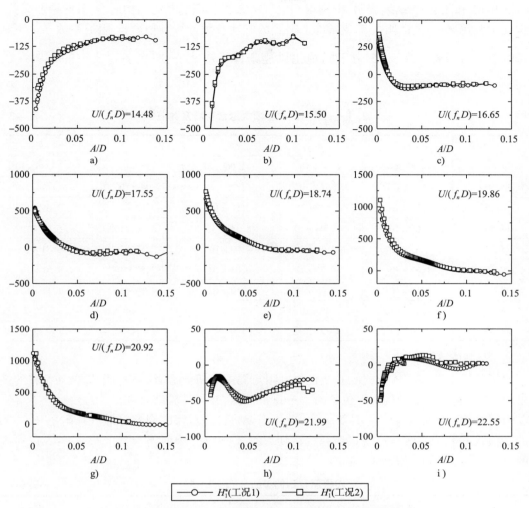

图 9-15 不同质量-阻尼系数条件下拟合得到的气动阻尼参数

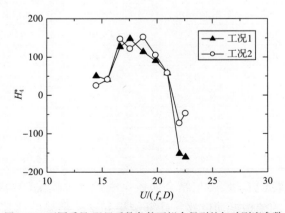

图 9-16 不同质量-阻尼系数条件下拟合得到的气动刚度参数

图 9-15 和图 9-16 结果表明,识别得到的气动参数与识别时的结构质量-阻尼系数无关,从而保证了利用某一质量-阻尼系数条件下得到的气动参数计算其他质量-阻尼系数条件下结构涡振响应的可行性。图 9-15 中不同约化风速条件下 $H_1^*\left(\dfrac{\overline{A}}{D}\right)$ 四次多项式中的各项系数如表 9-2 所示。

$H_1^*\left(\dfrac{\overline{A}}{D}\right)$ 采用四次多项式拟合各项系数值   表 9-2

$U/(f_nD)$	b_5	b_4	b_3	b_2	b_1
14.48	-4.57×10^6	1.54×10^6	-1.96×10^5	1.18×10^4	-3.86×10^2
15.50	-6.13×10^7	1.52×10^7	-1.33×10^6	4.94×10^4	-7.94×10^2
16.65	1.78×10^7	-5.79×10^6	6.52×10^5	-2.92×10^4	3.08×10^2
17.55	1.08×10^7	-4.00×10^6	5.33×10^5	-3.06×10^4	5.80×10^2
18.74	9.33×10^6	-3.19×10^6	4.09×10^5	-2.55×10^4	6.54×10^2
19.86	1.61×10^7	-5.53×10^6	6.83×10^5	-3.87×10^4	9.51×10^2
20.92	1.14×10^7	-4.55×10^6	6.50×10^5	-4.16×10^4	1.11×10^3
21.99	-5.44×10^6	1.28×10^6	-8.80×10^4	1.51×10^3	-28.7
22.55	-3.05×10^6	9.79×10^5	-1.07×10^5	4.40×10^3	-50.2

(2) 涡振位移计算

为了验证上述多项式形式的非线性气动阻尼涡振分析模型对结构自限幅振动位移的模拟效果,对各风速条件下结构涡振位移时程进行了计算,并与试验结果进行了比较。

根据结构自限幅振动位移计算方法,首先需要将试验获得的周期等效气动阻尼 $H_1^*(\overline{A}/D)$ 中的多项式系数按式(9-47)转换至系统运动方程式(9-48)中所需参数 $A_i(i=1\sim5)$,转换得到的参数 $A_i(i=1\sim5)$ 如表 9-3 所示。

转换后得到的参数 $A_i(i=1\sim5)$ 表 9-3

$U/(f_nD)$	A_5	A_4	A_3	A_2	A_1
14.48	-7.31×10^6	2.27×10^6	-2.61×10^5	1.39×10^4	-3.86×10^2
15.50	-9.81×10^7	2.24×10^7	-1.77×10^6	5.82×10^4	-7.94×10^2
16.65	2.85×10^7	-8.53×10^6	8.69×10^5	-3.44×10^4	3.08×10^2
17.55	1.73×10^7	-5.89×10^6	7.11×10^5	-3.60×10^4	5.80×10^2
18.74	1.49×10^7	-4.70×10^6	5.45×10^5	-3.00×10^4	6.54×10^2
19.86	2.58×10^7	-8.14×10^6	9.11×10^5	-4.56×10^4	9.51×10^2
20.92	1.82×10^7	-6.70×10^6	8.67×10^5	-4.90×10^4	1.11×10^3
21.99	-8.70×10^6	1.88×10^6	-1.17×10^5	1.78×10^3	-28.7
22.55	-4.88×10^6	1.44×10^6	-1.43×10^5	5.18×10^3	-50.2

根据表 9-3 中的参数 $A_i(i=1\sim5)$,结合涡振系统运动方程式(9-48)和式(9-49),可以计算得到不同风速条件下的结构振动位移。计算结果和试验结果的比较如图 9-17~图 9-25 所示。其中,灰色实线为计算结果,黑色实线为试验测得的自限幅振动位移时程。从这些图中可

以看到,两条曲线能很好地吻合,这表明通过直接拟合试验获得的系统气动效应特性,单自由度气动非线性涡激力模型能够较好地再现系统自限幅振动特性。

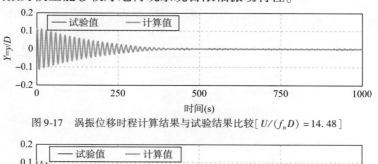

图 9-17 涡振位移时程计算结果与试验结果比较[$U/(f_n D) = 14.48$]

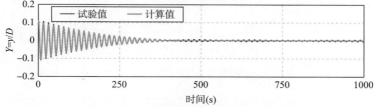

图 9-18 涡振位移时程计算结果与试验结果比较[$U/(f_n D) = 15.50$]

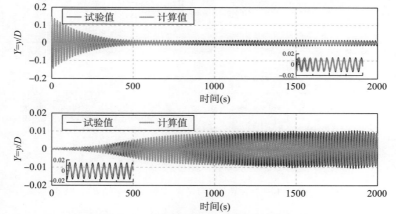

图 9-19 涡振位移时程计算结果与试验结果比较[$U/(f_n D) = 16.65$]

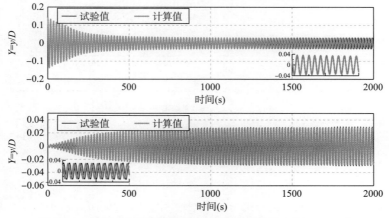

图 9-20 涡振位移时程计算结果与试验结果比较[$U/(f_n D) = 17.55$]

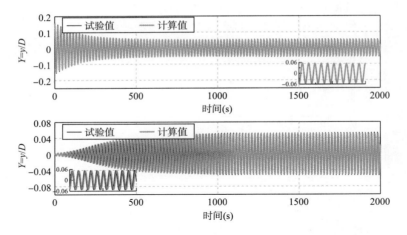

图 9-21 涡振位移时程计算结果与试验结果比较 [$U/(f_n D) = 18.74$]

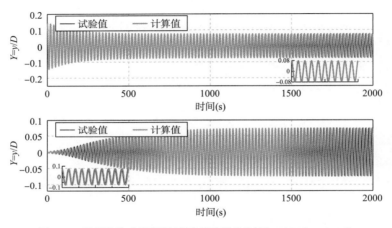

图 9-22 涡振位移时程计算结果与试验结果比较 [$U/(f_n D) = 19.86$]

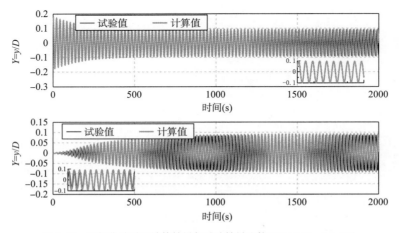

图 9-23 涡振位移时程计算结果与试验结果比较 [$U/(f_n D) = 20.92$]

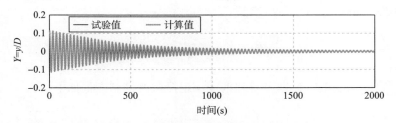

图 9-24　涡振振动位移时程计算结果与试验结果比较 $[U/(f_nD)=21.99]$

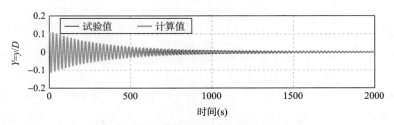

图 9-25　涡振位移时程计算结果与试验结果比较 $[U/(f_nD)=22.55]$

（3）涡振稳定振幅

在结构涡振性能的初步判定中,我们一般只关心涡振发生的风速范围(锁定区的大小)以及稳定振动状态下的涡振振幅。为此,采用非线性气动阻尼涡振分析模型计算结构涡振稳定振幅,然后利用非线性气动阻尼涡振分析模型对不同 Scruton 数(质量-阻尼系数)条件下的结构涡振响应进行计算,并与相同条件下的试验结果进行比较。

经历稳定振动状态的涡振系统,每一个振动周期内的系统能量守恒,即每一个振动周期内,气动阻尼做功与系统机械阻尼做功相互抵消(系统总体阻尼在一个周期内做功为零)。对于系统运动方程,在稳定振动状态下,将系统总体阻尼乘系统运动速度可得到系统总体阻尼力的功率,在一个振动周期内积分并令其等于零,可得到如下关系

$$\xi_n \frac{K_n}{K} - \frac{\rho D^2}{4m} H_1^* = 0 \tag{9-50}$$

式中,ξ_n 为系统机械阻尼比。

求解式(9-50)可得到

$$H_1^* = \frac{4m\xi_n}{\rho D^2} \frac{K_n}{K} \tag{9-51}$$

引入 Scruton 数的定义:$S_C = \dfrac{2m\,\xi_n}{\rho D^2}$,式(9-51)可转化为

$$H_1^* = 2S_C \frac{K_n}{K} \tag{9-52}$$

可以得到另外一组关系

$$\frac{K_n}{K} = \sqrt{1 + \frac{\rho D^2}{2m} H_4^*} \tag{9-53}$$

结合式(9-52)和式(9-53),可以得到:

$$H_1^* = 2S_C \sqrt{\frac{\rho D^2}{2m} H_4^* + 1} \tag{9-54}$$

将式(9-38)代入式(9-54),即可得到涡振稳定振幅的控制方程如下:

$$b_5 \left(\frac{A_s}{D}\right)^4 + b_4 \left(\frac{A_s}{D}\right)^3 + b_3 \left(\frac{A_s}{D}\right)^2 + b_2 \left(\frac{A_s}{D}\right) + \left(b_1 - 2S_C \sqrt{\frac{\rho D^2}{2m} H_4^* + 1}\right) = 0 \tag{9-55}$$

式中,$\frac{A_s}{D}$为稳定约化振幅。式(9-55)表明:系统涡振稳定振幅与结构参数S_C有关,它体现了结构质量和系统机械阻尼比对系统涡振振幅的影响,将不同约化风速条件下的参数b_i($i = 1 \sim 5$)代入式(9-55),求解上述方程,即可计算得到该风速条件下的涡振稳定振幅值。

方程(9-55)为一元四次方程,可以采用求根公式,也可以采用数值方法计算。首先求得四次多项式方程中的全部四个解,其中满足要求的解为合理范围内的正实根(小于某一合理值,此处取0.15),当不存在满足要求的解时,可以认为该风速条件下不存在稳定涡振状态,令该风速条件下的解等于零。

根据上述过程计算得到的不同质量-阻尼系数条件下系统涡振稳定振幅计算结果与试验结果的比较如图9-26所示。

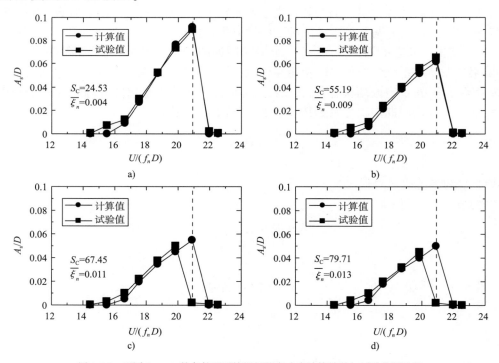

图9-26 不同Scruton数条件下系统涡振稳定响应计算结果与试验结果比较

图9-26中系统机械阻尼比$\bar{\xi}_n$取常数,可以看到,对于图9-26a)和b)所示质量-阻尼系数工况而言,非线性气动阻尼涡振分析模型计算得到的系统涡振响应曲线与试验结果能较好吻合;

而对于图 9-26c) 和 d) 所示质量-阻尼系数工况而言，非线性气动阻尼涡振响应分析模型在大部分风速条件下的计算结果也能与试验结果较好吻合，但是在 $U/(f_nD) = 20.92$ 时，计算结果与试验结果出现了偏差。实际试验过程中在该风速条件下并未观测到涡振现象，而非线性气动阻尼涡振响应分析模型在该风速条件下计算得到了一个较大振幅的涡振响应。这是因为随着质量-阻尼系数的改变，结构涡振锁定区间发生了变化，原本处于涡振锁定区的某些风速在高质量-阻尼系数工况下成为锁定区外风速。

上述结果表明，尽管非线性气动阻尼涡振响应分析模型能够反映质量-阻尼系数对结构涡振幅值的影响，但是无法反映涡振锁定区间随结构质量-阻尼系数变化这一规律。从这个角度而言，非线性气动阻尼涡振响应分析模型并不能完全摆脱参数识别时结构质量-阻尼系数的影响，它可以用来计算试验模拟质量-阻尼系数附近一定范围的结构涡振特性，但是当结构质量-阻尼系数的改变引起结构涡振锁定区间变化时，非线性气动阻尼涡振响应分析模型在锁定区间发生改变的风速下，其计算结果与实际结果有较大差别。

第二节　流固耦合涡振响应分析

梁式桥涡振响应频域分析模型仅仅考虑结构平衡方程是不够的，即使采用了非线性气动阻尼涡振响应分析模型，也无法达到准确计算涡振稳定振幅的目的。为此，必须引入流体平衡方程，即采用结构和流体两个平衡方程建立流固耦合涡振响应分析模型，采用频域分析方法进行涡振响应计算。

一、流固耦合涡振响应模型

图 9-27 所示为结构竖向运动示意图。

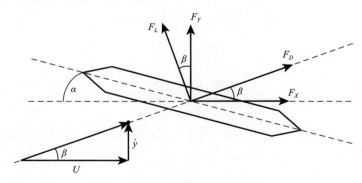

图 9-27　结构竖向运动示意图

结构竖向涡振方程的右端项假设为一非线性振子，其竖向力可以表示为

$$F_Y = \frac{1}{2}\rho(U^2 + \dot{y}^2)DC_D(\alpha+\beta)\sin\beta + \frac{1}{2}\rho(U^2 + \dot{y}^2)DC_L(\alpha+\beta)\cos\beta \quad (9\text{-}56)$$

式中，α 为平均风与主梁轴线间的夹角；$\beta = \arctan(\dot{y}/U)$，为结构运动速度 $\dot{y}$ 引起的风攻角瞬时变化量。

对阻力和升力系数在静风攻角 α 附近进行泰勒级数展开，并忽略高阶项，然后将 β 代入式(9-56)，并关于 $\dot{y}$ 进行泰勒级数展开，可得到如下形式的竖向力表达式

$$F_Y = \frac{1}{2}\rho U^2 D C_L(\alpha) + \frac{1}{2}\rho U^2 D [C_D(\alpha) + C_L'(\alpha)]\frac{\dot{y}}{U} + O[\dot{y}]^2 \tag{9-57}$$

式中，C_L' 为升力系数 C_L 关于风攻角的导数。

作用于结构表面的气动力可以分为平均项和脉动项，因此，式(9-57)可以写成

$$F_Y = \frac{1}{2}\rho U^2 D\, \overline{C}_L(\alpha) + \frac{1}{2}\rho U^2 D\, \widetilde{C}_L(\alpha) + \frac{1}{2}\rho U^2 D [\overline{C}_D(\alpha) + \widetilde{C}_D(\alpha) + \overline{C}_L'(\alpha) + \widetilde{C}_L'(\alpha)]\frac{\dot{y}}{U}$$

$$+ O[\dot{y}]^2 \tag{9-58}$$

式中，$\overline{C}_L$、$\overline{C}_D$ 和 $\widetilde{C}_L$、$\widetilde{C}_D$ 分别为气动力中的平均项和脉动项。

以静力平衡位置为原点，作用在结构上的气动力只需考虑脉动项，即

$$\widetilde{F}_Y = \frac{1}{2}\rho U^2 D\widetilde{C}_L(\alpha) + \frac{1}{2}\rho U^2 D [\overline{C}_D(\alpha) + \widetilde{C}_D(\alpha) + \overline{C}_L'(\alpha) + \widetilde{C}_L'(\alpha)]\frac{\dot{y}}{U} + O[\dot{y}]^2$$

$$\tag{9-59}$$

对于某些钝体断面如桥梁断面而言，一般需考虑流场的非定常效应，忽略高阶项后，式(9-59)可表示为

$$\widetilde{F}_Y = \frac{1}{2}\rho U^2 D\, \widetilde{C}_L + \frac{1}{2}\rho U^2 D H_1^* \frac{\dot{y}}{U} \tag{9-60}$$

由此可得结构运动方程为

$$m(\ddot{y} + 2\xi_n\omega_n\dot{y} + \omega_n^2 y) = \frac{1}{2}\rho U^2 D\left(\widetilde{C}_L + H_1^* \frac{\dot{y}}{U}\right) \tag{9-61}$$

式中，H_1^* 项为待确定参数，表示流场"拖曳(stall)"效应，在整个锁定区内假设为常数。

流体方程一般采用传统 Van der Pol 形式

$$\ddot{\widetilde{C}}_L - \omega_s G \widetilde{C}_{L0}^2 \dot{\widetilde{C}}_L + 4\omega_s G \widetilde{C}_L^2\, \dot{\widetilde{C}}_L + \omega_s^2 \widetilde{C}_L = f(y,\dot{y},\ddot{y}) \tag{9-62}$$

式中，$\omega_s = 2\pi S_t U/D$ 为斯特罗哈频率，S_t 为断面斯特罗哈数；$\widetilde{C}_{L0}$ 为结构静止时所受升力系数中脉动部分的幅值；G 为待确定参数；$f(y,\dot{y},\ddot{y})$ 为结构运动状态对周围流场的影响，可以表

示为 Ay、$A\dot{y}$ 和 $A\ddot{y}$ 或它们的组合（A 为某一参数，Ay、$A\dot{y}$ 和 $A\ddot{y}$ 分别为位移耦合、速度耦合和加速度耦合）。

Facchinetti 等研究表明，位移耦合既无法模拟高质量-阻尼系数条件下结构涡振特性，也无法模拟低质量-阻尼系数条件下结构涡振特性；速度耦合只能模拟高质量-阻尼系数条件下结构涡振特性；而加速度耦合能同时模拟高、低质量-阻尼系数条件下结构涡振特性。然而，对于加速度耦合形式，无论结构质量-阻尼系数如何变化，模型模拟的最大涡振振幅均位于风速变量 $\delta = \omega_s/\omega_n = 1$ 处，这与风洞试验获得的结构涡振起始风速接近 $\delta = \omega_s/\omega_n = 1$ 而最大涡振振幅对应的风速随质量-阻尼系数变化的现象不符。风洞试验获得的结构涡振振幅分支形状与速度耦合形式模型模拟结果更为接近。考虑浸入空气的模型质量-阻尼系数远大于浸入水中的模型质量-阻尼系数，对于浸入空气的桥梁断面而言，采用速度耦合形式相较位移或加速度耦合形式更为合理。

引入无量纲位移 $Y = y/D$ 及无量纲时间 $\tau = \omega_n t$，联合结构运动方程和流体方程，可获得描述结构涡振的流固耦合非线性无量纲运动方程

$$Y'' + 2\xi_n Y' + Y = \frac{\rho U^2}{2m\omega_n^2}\left(\widetilde{C}_L + \frac{D\omega_n H_1^*}{U}Y'\right) \quad (9\text{-}63\text{a})$$

$$\widetilde{C}_L'' - \delta G\,\widetilde{C}_{L0}^2\widetilde{C}_L' + 4\delta G\,\widetilde{C}_L^2\widetilde{C}_L' + \delta^2\widetilde{C}_L = PY' \quad (9\text{-}63\text{b})$$

式中，$\delta = \omega_s/\omega_n = S_t \cdot U_*$ 为斯特罗哈频率与结构特征频率之比；$U_* = U/(f_n \cdot D)$ 为折算风速。由于结构斯特罗哈数为常数，因此，δ 与折算风速 U_* 成正比，可将其看作与来流风速有关的变量。模型参数 H_1^*、G 和 P 需要通过试验确定。

式（9-63）可进一步简化为

$$Y'' + 2\xi_n Y' + Y = M\delta^2 \widetilde{C}_L + 2\pi M\delta S_t H_1^* Y' \quad (9\text{-}64\text{a})$$

$$\widetilde{C}_L'' - \delta G\,\widetilde{C}_{L0}^2\widetilde{C}_L' + 4\delta G\,\widetilde{C}_L^2\widetilde{C}_L' + \delta^2\widetilde{C}_L = PY' \quad (9\text{-}64\text{b})$$

式中，$M = \rho D^2/(8\pi^2 m S_t^2)$。

二、模型参数识别方法

传统尾流振子模型参数识别需要借助非线性微分方程近似解析法求解方程式（9-64），然后基于复杂强迫振动试验工况拟合获得。参数识别过程的复杂性限制了尾流振子模型在实际结构涡振模拟中的应用。针对尾流振子模型参数识别问题，葛耀君和许坤提出了基于节段模型弹性悬挂体系的模型参数识别方法，可通过节段模型测振数据获得尾流振子模型参数，从而极大地简化了模型参数识别过程。

为了进行参数识别，有必要对尾流振子模型各参数对模型动力行为的影响进行研究。对此，采用数值方法对不同模型参数（H_1^*、G 和 P）条件下的方程式（9-64）进行求解。为使求解

过程更符合实际情况,求解过程中方程式(9-64)中的结构参数 M 以及 ξ_n 根据 NAVSEA 的试验值确定(其中 $M=0.002$,$\xi_n=0.0015$),断面斯特罗哈数 S_t 及结构静止时作用于结构的脉动升力幅值 $\widetilde{C}_{L0}$ 采用 Facchinetti 论文中的结果($S_t=0.2$,$\widetilde{C}_{L0}=0.3$)。求解过程中,分别使风速变量 δ 从 0.8 逐渐增加至 1.8(增量 $\Delta\delta=0.005$)以及使其从 1.8 逐渐减少至 0.8(减量 $\Delta\delta=-0.005$)来获得随风速增加和降低的两条振幅分支。在每一个风速变量 δ_i 的条件下,采用四阶龙格-库塔方法计算方程式(9-64)以获得结构响应时程,计算的初始条件为:$Y_0=A(\delta_{i-1})$,$Y'_0=0$,$\widetilde{C}_{L0}=0.3$,$\widetilde{C}'_{L0}=0$,其中 $A(\delta_{i-1})$ 为上一风速变量 δ_i 条件下计算得到的结构涡振稳定振幅值,计算时长为无量纲时间 $\tau=10000$,以使涡振充分发展至稳定振动阶段,时间步长 $\Delta\tau=0.01$。不同参数条件下计算得到的结构涡振响应如图 9-28 所示。

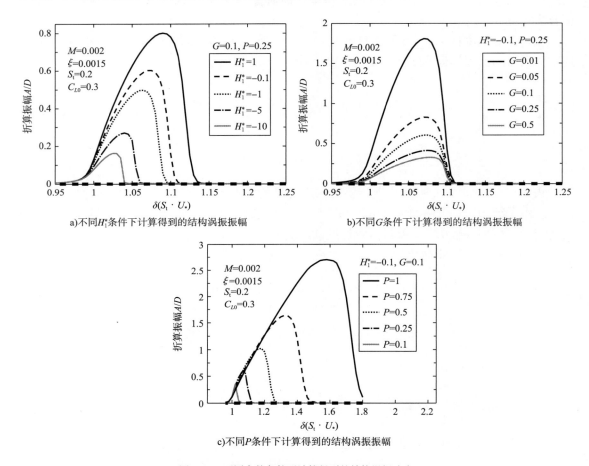

图 9-28　不同参数条件下计算得到的结构涡振响应

图 9-28 为不同参数条件下通过求解方程式(9-64)获得的结构涡振稳定振幅。在风速逐渐增加的过程中计算得到了一条十分明显的大振幅分支(图中实线为初始振幅分支),在风速逐渐降低的过程中计算得到了一条接近零的小振幅分支(图中虚线为低振幅分支),尾流振子模型所描述的结构涡振特性取决于初始振幅分支。

图 9-28a)为参数 G 和 P 不变而参数 H_1^* 变化得到的计算结果,可以看到随着参数 H_1^* 的改变,结构涡振锁定区的宽度及涡振最大振幅在锁定区的相对位置都发生了变化;图 9-28b)为参数 H_1^* 和 P 不变而参数 G 变化得到的计算结果,可以看到随着参数 G 的改变,结构涡振振幅的大小发生变化,而结构涡振锁定区的宽度以及涡振最大振幅在锁定区的相对位置均未发生改变;图 9-28c)为参数 H_1^* 和 G 不变而参数 P 变化得到的计算结果,可以看到随着参数 P 的改变,结构涡振锁定区的宽度发生变化,而结构初始振幅分支的斜率以及涡振最大振幅在锁定区的相对位置均未发生改变。

上述结果表明,尾流振子模型的三个参数对模型模拟的结构涡振振幅分支有各自不同的影响,通过调节上述参数可利用尾流振子模型模拟不同特性的结构涡振现象(结构涡振锁定区宽度、结构初始振幅分支斜率、结构涡振振幅大小等)。因此,可以利用尾流振子模型模拟的结构振幅分支来近似试验获得某一桥梁断面涡振振幅分支,以得到描述该断面涡振现象的尾流振子模型参数。

三、振幅分支求解方法

模型参数识别结果表明,通过调节尾流振子模型参数可使尾流振子模型模拟实验获得不同断面涡振振幅分支,前文提到的三个尾流振子参数即为用于描述该断面涡振现象的尾流振子模型参数。为了获得某一组参数条件下尾流振子模型模拟的振幅分支,可以采用四阶龙格-库塔方法求解方程式(9-64),以得到每一个风速条件下的结构涡振稳定振幅,从而获得结构涡振振幅分支。然而利用数值方法求解方程式(9-64),需要在每一个风速变量条件下计算很长时间,以使结构涡振充分发展至稳定振动阶段。而且不同风速条件和模型参数条件下结构发展至稳定振动阶段的时间并不一致,在实际参数识别时,如果采用数值方法求解方程式(9-64),则需要消耗大量的计算时间且不利于编程实现。为了简化上述过程,基于非线性微分方程近似解析法和数值延拓算法,提出了给定参数条件下获取尾流振子模型振幅分支的简化方法。

对于涡振这一单自由度的弱非线性系统而言,可以基于 Harmonic balance 方法将方程式(9-64)的解假设为如下形式

$$\begin{cases} Y(\tau) = A(\tau)\cos[\omega\tau + \theta_1(\tau)] \\ \widetilde{C}_L(\tau) = B(\tau)\cos[\omega\tau + \theta_2(\tau)] \end{cases}; \quad \begin{cases} Y'(\tau) = -\omega A(\tau)\sin[\omega\tau + \theta_1(\tau)] \\ \widetilde{C}_L'(\tau) = -\omega B(\tau)\sin[\omega\tau + \theta_2(\tau)] \end{cases} \quad (9-65)$$

式中,$A(\tau)$ 和 $B(\tau)$ 分别为结构位移及涡脱力的幅值,它们随时间缓慢变化;ω 为结构实际振动频率;$\theta_1(\tau)$ 和 $\theta_2(\tau)$ 分别为结构位移及涡脱力的相位,它们也随时间缓慢变化。

如果式(9-65)假设成立,那么必须满足如下条件

$$\begin{cases} A'\cos(\omega\tau + \theta_1) - A\sin(\omega\tau + \theta_1)\theta'_1 = 0 \\ B'\cos(\omega\tau + \theta_2) - B\sin(\omega\tau + \theta_2)\theta'_2 = 0 \end{cases} \quad (9-66)$$

式(9-66)通过对式(9-65)中 $Y(\tau)$ 和 $\widetilde{C}_L(\tau)$ 关于无量纲时间 τ 求导并分别令其等于式(9-65)中的 $Y'(\tau)$ 和 $\widetilde{C}_L'$ 获得。式(9-66)为方程式(9-64)的一组控制方程,为了简化,式(9-66)

中关于无量纲时间 τ 的函数 $A(\tau)$、$B(\tau)$ 以及 $\theta_1(\tau)$、$\theta_2(\tau)$ 被分别表示为 A、B 以及 θ_1、θ_2。

将式(9-65)代入方程式(9-64)，关于无量纲时间 τ 求导，并结合式(9-66)，可得到方程式(9-64)的另外一组控制方程

$$A'\sin(\omega\tau+\theta_1)\omega + A\cos(\omega\tau+\theta_1)\omega^2 + A\cos(\omega\tau+\theta_1)\theta'_1\omega +$$
$$(2\xi_n - 2\pi M\delta S_t H_1^*)A\sin(\omega\tau+\theta_1)\omega - A\cos(\omega\tau+\theta_1) + M\delta^2 B\cos(\omega\tau+\theta_2) = 0 \quad (9\text{-}67\mathrm{a})$$

$$B'\sin(\omega\tau+\theta_2)\omega + B\cos(\omega\tau+\theta_2)\omega^2 + B\cos(\omega\tau+\theta_2)\theta'_2\omega -$$
$$\delta^2 B\cos(\omega\tau+\theta_2) - \delta G\widetilde{C}_{L0}^2 B\sin(\omega\tau+\theta_2)\omega +$$
$$4\delta GB^3\cos^2(\omega\tau+\theta_2)\sin(\omega\tau+\theta_2)\omega - P\omega A\sin(\omega\tau+\theta_1) = 0 \quad (9\text{-}67\mathrm{b})$$

结合式(9-66)和式(9-67)，分离变量后可以得到尾流振子模型[式(9-64)]的控制方程

$$A' = -\left\{\begin{array}{l} A\cos(\omega\tau+\theta_1)\omega + 2\xi_n A\sin(\omega\tau+\theta_1) - \dfrac{A\cos(\omega\tau+\theta_1)}{\omega} - \\ 2\pi M\delta S_t H_1^* A\sin(\omega\tau+\theta_1) + \dfrac{M\delta^2 B\cos(\omega\tau+\theta_2)}{\omega} \end{array}\right\}\cdot\sin(\omega\tau+\theta_1) \quad (9\text{-}68\mathrm{a})$$

$$A\theta'_1 = -\left\{\begin{array}{l} A\cos(\omega\tau+\theta_1)\omega + 2\xi_n A\sin(\omega\tau+\theta_1) - \dfrac{A\cos(\omega\tau+\theta_1)}{\omega} - \\ 2\pi M\delta S_t H_1^* A\sin(\omega\tau+\theta_1) + \dfrac{M\delta^2 B\cos(\omega\tau+\theta_2)}{\omega} \end{array}\right\}\cdot\cos(\omega\tau+\theta_1) \quad (9\text{-}68\mathrm{b})$$

$$B' = \left\{\begin{array}{l} B\cos(\omega\tau+\theta_2)\omega - \dfrac{\delta^2 B(\omega\tau+\theta_2)}{\omega} - PA\sin(\omega\tau+\theta_1) - \\ \delta G\widetilde{C}_{L0}^2 B\sin(\omega\tau+\theta_2) + 4\delta GB^3\cos^2(\omega\tau+\theta_2)\sin(\omega\tau+\theta_2) \end{array}\right\}\cdot\sin(\omega\tau+\theta_2) \quad (9\text{-}68\mathrm{c})$$

$$B\theta'_2 = -\left\{\begin{array}{l} B\cos(\omega\tau+\theta_2)\omega - \dfrac{\delta^2 B\cos(\omega\tau+\theta_2)}{\omega} - PA\sin(\omega\tau+\theta_1) - \\ \delta G\widetilde{C}_{L0}^2 B\sin(\omega\tau+\theta_2) + 4\delta GB^3\cos^2(\omega\tau+\theta_2)\sin(\omega\tau+\theta_2) \end{array}\right\}\cdot\cos(\omega\tau+\theta_2) \quad (9\text{-}68\mathrm{d})$$

基于 Harmonic balance 的理念，弱非线性系统的幅值在每一个运动周期内可以看作常数，并用其周期平均值代替。对式(9-68)在一个运动周期 $T=\dfrac{2\pi}{\omega}$ 内取平均，可以得到如下方程

$$A' = \frac{(2\pi M\delta S_t H_1^*)A}{2\omega} - \frac{\xi_n A}{\omega} - \frac{M\delta^2}{2\omega^2}B\sin\phi \quad (9\text{-}69\mathrm{a})$$

$$A\theta'_1 = \frac{A}{2\omega^2} - \frac{A}{2} - \frac{M\delta^2}{2\omega^2}B\cos\phi \quad (9\text{-}69\mathrm{b})$$

$$B' = \frac{PA}{2\omega}\cos\phi + \frac{\delta G\widetilde{C}_{L0}^2 B}{2\omega} - \frac{\delta G}{2\omega}B^3 \quad (9\text{-}69\mathrm{c})$$

$$B\theta'_2 = \frac{\delta^2 B}{2\omega^2} + \frac{PA}{2\omega}\sin\phi - \frac{B}{2} \quad (9\text{-}69\mathrm{d})$$

式中，$\phi = \theta_1 - \theta_2$，为结构位移与涡脱力之间的相位差。在稳定振动阶段，结构振动幅值、涡脱力幅值以及它们之间的相位差可以认为不随时间变化，因此方程式(9-69)的左端项等于零。引入三角函数关系 $\sin^2\phi + \cos^2\phi = 1$，并结合方程式(9-69)可以得到结构振动幅值、涡脱

力幅值以及它们之间相位差的控制方程

$$\frac{(2\pi M\delta S_t H_1^*)A}{2\omega} - \frac{\xi_n A}{\omega} - \frac{M\delta^2}{2\omega^2}B\sin\phi = 0 \tag{9-70a}$$

$$\frac{A}{2\omega^2} - \frac{A}{2} - \frac{M\delta^2}{2\omega^2}B\cos\phi = 0 \tag{9-70b}$$

$$\frac{PA}{2\omega}\cos\phi + \frac{\delta G \widetilde{C}_{L0}^2 B}{2\omega} - \frac{\delta G}{2\omega}B^3 = 0 \tag{9-70c}$$

$$\frac{\delta^2 B}{2\omega^2} + \frac{PA}{2\omega}\sin\phi - \frac{B}{2} = 0 \tag{9-70d}$$

$$\sin^2\phi + \cos^2\phi - 1 = 0 \tag{9-70e}$$

上述方程即稳定振动阶段涡振系统控制方程,求解该控制方程即可获得 A、B、ω、$\sin\phi$ 以及 $\cos\phi$ 在给定风速变量条件下的值。值得注意的是,令方程式(9-69)左端项等于零的操作建立在稳定振动阶段结构位移及涡脱力的变化量相对其幅值而言可以忽略的基础之上。在涡振锁定区的外围,由于结构涡振无法充分发展,结构振动形式表现为"拍现象"(beat phenomenon),此时结构振幅的变化量相对结构振幅而言无法忽略。然而由于锁定区外围出现"拍现象"时结构振动幅值相对锁定区结构涡振振幅而言十分微小,在风洞试验过程中一般不将其看作涡振现象。因此,利用方程式(9-70)求解结构涡振振幅分支时只考虑涡振振幅而将锁定区外结构振幅近似为零是合理的。

方程式(9-70)的求解过程很难通过解析方法实现,因此引入数值延拓算法来对其进行求解。方程式(9-70)可以写成向量场形式

$$\dot{\boldsymbol{p}} = \boldsymbol{F}(\boldsymbol{p}, \delta) = 0 \tag{9-71}$$

式中,向量 $\boldsymbol{p} = [A, B, \omega, \sin\phi, \cos\phi]^T$;$\delta$ 为方程的控制变量;函数 $\boldsymbol{F}$ 表示式(9-70)所示系统控制方程。方程式(9-71)的解满足如下形式

$$\boldsymbol{p}(\delta) = [A(\delta), B(\delta), \omega(\delta), \sin\phi(\delta), \cos\phi(\delta)]^T \tag{9-72}$$

数值延拓算法采用预估校正格式,基于某一给定的方程解 $\boldsymbol{p}(\delta_0)$,通过逐渐增加或减小变量 δ 的方式获得满足函数 $\boldsymbol{F}$ 要求的随 δ 变化的解集 $\boldsymbol{p}(\delta)$。数值延拓算法示意图如图9-29所示。

对于方程式(9-69)所示的控制方程,给定方程某一分支的初始值 $\boldsymbol{p}(\delta_0)$,通过逐渐增加和逐渐减小风速变量 δ 即可获得随风速增加和降低的两条分支。值得注意的是,采用数值延拓算法计算方程某一分支时需特别注意某些奇异点,在这些奇异点附近系统分支的稳定特性可能发生变化。系统分支稳定性判断可以通过某些"测试函数"实

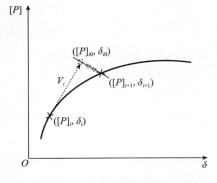

图 9-29 数值延拓算法示意图

现,如方程式(9-69)雅克比矩阵的行列式即最简单的"测试函数"。

数值延拓算法采用 MATLAB 开源工具包 CL_MATCONT 实现。采用数值延拓算法计算得到的尾流振子模型振幅分支与图 9-28 采用四阶龙格-库塔方法得到的模型振幅分支间的比较如图 9-30 所示。

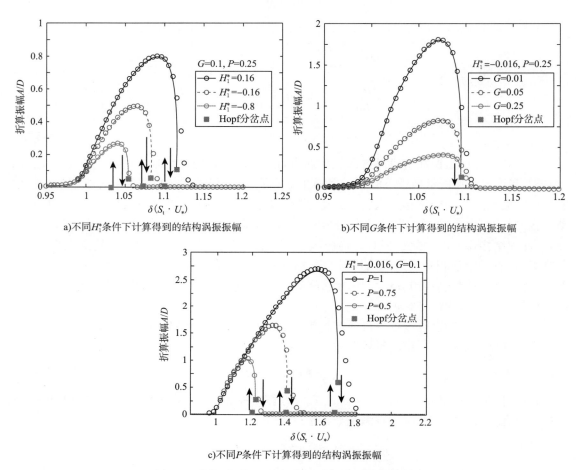

图 9-30 数值延拓算法与四阶龙格-库塔方法计算结果比较

图 9-30 中实线为采用数值延拓算法计算得到的初始振幅分支(风速变量 δ 从 0.5 增加至 2.5),虚线为采用数值延拓算法计算得到的低振幅分支(风速变量 δ 从 2.5 减小至 0.5),圆圈为四阶龙格-库塔方法计算结果,矩形为计算得到的 Hopf 分岔点,表明此时系统分支的稳定性发生了改变。数值延拓算法的初始条件 $p(\delta_0)$ 通过将起始风速变量 δ_0($\delta_0=0.5$ 或 $\delta_0=2.5$)代入方程式(9-69)并采用数值方法求解代数方程组获得。

图 9-30 结果表明,采用非线性微分方程近似解析法结合数值延拓算法得到的尾流振子模型振幅分支与采用四阶龙格-库塔方法得到的振幅分支能很好地吻合,并且在计算过程中可以对各风速变量 δ 条件下的系统稳定特性进行判定,从而获得随风速变量变化的涡振稳定振幅分支。

第三节　涡振风洞试验及其气动控制

梁式桥涡振响应除了采用固体结构涡振响应分析和流固耦合涡振响应分析之外，更加精确和可靠的方法是进行节段模型和气弹模型风洞试验，由于雷诺数效应和细部尺寸模拟相似要求，节段模型试验更加适合涡振响应分析，特别是大尺度节段模型风洞试验。为此，本节选择开口断面、闭口断面、带悬臂箱梁和双幅箱梁等典型主梁断面开展节段模型涡振风洞试验。

一、典型开口断面涡振及验证

（1）典型开口断面节段模型

典型开口断面是如图 9-1 所示的混凝土桥面板和工字形钢箱梁组成的结合梁断面，实际主梁断面梁高 3.30m、宽 28m。节段模型风洞试验在同济大学 TJ-1 号风洞中进行，节段模型缩尺比为 1∶60，节段模型参数见表 9-4。

表 9-4　典型开口断面主梁节段模型参数

高度 D (mm)	宽度 B (mm)	长度 L (mm)	质量 (kg/m)	质量惯性矩 (kg·m²/m)	竖向频率 f_v (Hz)	扭转频率 f_t (Hz)
55	466.7	1740	11.361	0.448	4.185	8.95

（2）涡振响应质量和阻尼影响

风洞试验模拟了四种机械阻尼比工况，模拟得到的四种机械阻尼比特性如图 9-31 所示。图中阻尼比特性通过系统非线性特性识别方法获得，其中实心圆形和空心圆形分别表示不同工况识别得到的结果，实线为四次多项式拟合结果。

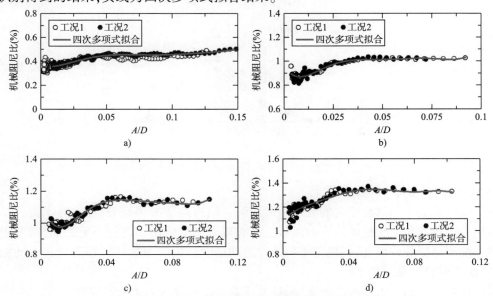

图 9-31　典型开口断面节段模型风洞试验模拟的四种机械阻尼比

从图 9-31 中可以看到，各工况下识别得到的系统机械阻尼比并不是常数，而是随结构振幅在一定范围内缓慢变化。产生上述非线性现象的原因包括悬挂弹簧的非线性阻尼特性、附加阻尼线圈的非线性影响、主梁在风洞内部振动过程中由于周围空气扰动而产生的附加气动非线性效应。这部分零风速条件下的非线性效应应该在涡振气动效应特性识别过程中被扣除。用于悬挂体系阻尼比拟合的四次多项式各项系数如表 9-5 所示。

典型开口断面节段模型悬挂体系阻尼比拟合的四次多项式各项系数值　　表 9-5

工况	a_4	a_3	a_2	a_1	a_0
1	2.2628	1.2305	−0.4553	0.0457	0.0030
2	202.6980	−32.3753	1.0513	0.0405	0.0084
3	189.0117	−46.0085	3.5934	−0.0851	0.0110
4	191.7635	−37.4336	1.8602	0.0129	0.0116

节段模型风洞试验中，通过增加风速和降低风速分别测量了不同风速条件下的结构涡振响应，在每一个风速条件下，通过衰减-共振和增长-共振方式获得了两条自限幅振动位移时程曲线。四种工况下结构涡振稳定振幅如图 9-32 所示。从图中可以看到，较低质量-阻尼系数条件下结构涡振响应幅值较大，随着质量-阻尼系数的增加，结构涡振响应幅值明显变小。此外，随着结构质量-阻尼系数的增加（工况 3 和工况 4），结构涡振锁定风速区间的范围也会变窄。这表明结构涡振特性受质量-阻尼系数影响明显，不同质量-阻尼系数条件下的结构涡振响应幅值及涡振锁定区风速范围均会不同。

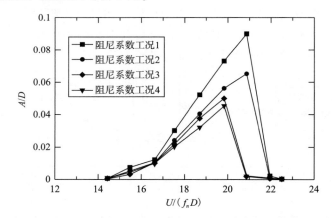

图 9-32　典型开口断面节段模型不同质量-阻尼系数条件下结构涡振响应

（3）非线性周期等效刚度和阻尼

由于节段模型风洞试验获得的气动阻尼效应与结构运动振幅有关，而现有涡振分析模型气动阻尼表达式均是结构运动速度的函数。在对现有模型适用性进行判定之前，需要先引入非线性系统周期等效的概念，将模型中与结构运动速度有关的表达式转换为结构运动振幅的函数，以便与试验结果进行比较。

对于任意一个单自由度非线性系统，系统运动方程可统一表述为如下形式

$$m\ddot{y} + f(\dot{y}) + k(y) = 0 \tag{9-73}$$

式中，$f(\dot{y})$ 为系统阻尼表达式，它是结构运动速度的函数；$k(y)$ 为系统刚度表达式，它是结构运动位移的函数。为了描述非线性问题，我们需要选择合适的 $f(\dot{y})$ 或 $k(y)$ 表达式，并通过试验方式识别系统特性，以获得表达式中的某些关键参数。

当基于实际试验结果识别系统非线性特性时，获得的系统特性一般与结构振幅有关，为系统振幅的函数。为了利用试验结果获得系统阻尼(或刚度)表达式中的关键参数，需要引入周期等效阻尼(或刚度)的概念，将速度相关的阻尼表达式 $f(\dot{y})$ 或位移相关的刚度表达式 $k(y)$ 转换为系统振幅的函数。

涡振系统属于缓慢变化的弱非线性系统，对于这类系统而言，每一个振动周期内的系统振幅对于系统相位而言是一个时间缓变量。因此，每一个振动周期内的系统阻尼或系统刚度可以用如下形式的周期等效形式代替

$$f(\dot{y}) = \bar{\xi}_{\text{equal}}(\bar{A})\dot{y} \tag{9-74}$$

或

$$k(y) = \bar{k}(\bar{A})y \tag{9-75}$$

式中，$\bar{\xi}_{\text{equal}}(\bar{A})$ 和 $\bar{k}(\bar{A})$ 分别为周期等效阻尼和周期等效刚度，它们是周期平均振幅 $\bar{A}$ 的函数，可通过系统非线性特性识别方法获得。周期等效阻尼和周期等效刚度的理论意义是，通过上述一个类似于线性阻尼和线性刚度的形式，在一个振动周期内对原始非线性系统近似，使该等效形式与原始非线性形式在一个振动周期内对系统的贡献(做功)等效。

对于单自由度的弱非线性系统，每一个振动周期内的结构运动位移和结构运动速度可以用该振动周期的周期平均振幅 $\bar{A}$ 以及周期平均振动频率 $\bar{\omega}$ 表示：

$$y(t) = \bar{A}\sin(\bar{\omega}t); \quad \dot{y}(t) = \bar{\omega}\bar{A}\cos(\bar{\omega}t) \tag{9-76}$$

此时，系统非线性阻尼项 $f(\dot{y})$ 可展开为傅立叶级数的形式

$$f(\dot{y}) = a_0 + \sum_{n=1}^{\infty} a_n \cos(n\bar{\omega}t) + \sum_{n=1}^{\infty} b_n \sin(n\bar{\omega}t) \tag{9-77}$$

其中：

$$a_0 = \frac{\bar{\omega}}{2\pi} \int_0^{2\pi/\bar{\omega}} f(\dot{y})\,dt \tag{9-78a}$$

$$a_n = \frac{\bar{\omega}}{\pi} \int_0^{2\pi/\bar{\omega}} f(\dot{y})\cos(n\bar{\omega}t)\,dt \tag{9-78b}$$

$$b_n = \frac{\bar{\omega}}{\pi} \int_0^{2\pi/\bar{\omega}} f(\dot{y})\sin(n\bar{\omega}t)\,dt \tag{9-78c}$$

同样，系统的非线性刚度项 $k(y)$ 也可以展开成傅立叶级数的形式

$$k(y) = a_0 + \sum_{n=1}^{\infty} a_n \cos(n\bar{\omega}t) + \sum_{n=1}^{\infty} b_n \sin(n\bar{\omega}t) \tag{9-79}$$

其中：

$$a_0 = \frac{\overline{\omega}}{2\pi} \int_0^{2\pi/\overline{\omega}} k(y) \, \mathrm{d}t \qquad (9\text{-}80\mathrm{a})$$

$$a_n = \frac{\overline{\omega}}{\pi} \int_0^{2\pi/\overline{\omega}} k(y) \cos(n\overline{\omega}t) \, \mathrm{d}t \qquad (9\text{-}80\mathrm{b})$$

$$b_n = \frac{\overline{\omega}}{\pi} \int_0^{2\pi/\overline{\omega}} k(y) \sin(n\overline{\omega}t) \, \mathrm{d}t \qquad (9\text{-}80\mathrm{c})$$

结构涡振的位移时程为窄带信号，周期等效阻尼或周期等效刚度一般可取傅立叶展开后的第一阶谐波项，即

$$\overline{\xi}_{\mathrm{equal}}(\overline{A}) \dot{y} = a_0 + a_1 \cos(\overline{\omega}t) + b_1 \sin(\overline{\omega}t) \qquad (9\text{-}81)$$

或

$$\overline{k}(\overline{A}) y = a_0 + a_1 \cos(\overline{\omega}t) + b_1 \sin(\overline{\omega}t) \qquad (9\text{-}82)$$

利用式(9-78)或式(9-80)可得到 a_0、a_1 和 b_1 的表达式，代入方程式(9-81)或式(9-82)即将原来速度相关的 $f(\dot{y})$ 表达式或位移相关的 $k(y)$ 表达式转换为振幅相关的函数形式，从而建立系统非线性表达式与实际试验结果间的联系。

(4) 结构涡振分析模型验证

典型开口断面节段模型风洞试验可以识别尾流振子模型参数。在每一个风速条件下对结构稳定涡振位移时程进行了测量，并通过数据处理方法使每条位移时程均由振幅最大点起始，以使风洞试验数据符合式(9-79)的形式。

为了获得断面斯特罗哈数，在不同风速条件下对断面静力三分力进行了测量，0°攻角条件下断面升力的幅值谱如图9-33所示。可以看到风速为8.5m/s时断面升力的卓越频率在9.5Hz附近，而风速为13m/s时断面升力的卓越频率在14.2Hz附近，可以认为该卓越频率即断面横风向斯特罗哈频率，根据该斯特罗哈频率可以计算得到断面斯特罗哈数 $S_{\mathrm{t}} = \dfrac{f_v D}{U} \approx 0.061$，其中 $D = 0.55\mathrm{m}$ 为断面高度。

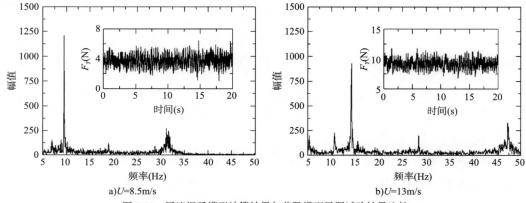

图9-33 尾流振子模型计算结果与节段模型风洞试验结果比较

为了得到断面静止时升力系数脉动部分的幅值,按照式(9-82)的近似计算方法,计算了 8.5m/s 和 13m/s 风速条件下升力系数的均方根值以及平均值,每个风速条件下测量两组样本,每个样本采样时长为 20s,采样频率为 300Hz。将四次多项式计算结果取平均后,计算得到的升力系数均方根值 $C_L^{RMS}=1.552$,升力系数的平均值 $C_{L0}=1.524$(以断面高度 D 为参考长度)。根据式(9-82)可以得到:

$$\widetilde{C}_{L0} \approx \sqrt{2}\, \widetilde{C}_{L0}^{RMS} = \sqrt{2} \times \sqrt{1.552^2 - 1.524^2} = 0.415 \tag{9-83}$$

根据开口断面参数计算得到的尾流振子模型中结构约化质量 $M = \rho D^2/(8\pi^2 m S_t^2) = 0.00111$。采用遗传算法对开口断面尾流振子模型参数进行识别。识别过程中同样采用 100 个族群(模型参数样本)进行计算,每一个族群的初始值在 $[-1,1]$ 范围内随机产生,计算过程中总体优化目标(适应值)随遗传代数(优化次数)的变化如图 9-34 所示。

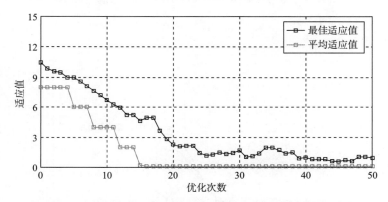

图 9-34 典型开口断面参数识别过程中总体优化目标随遗传代数变化规律

可以看到,随着优化次数的增加,优化目标很快收敛至接近于零。识别得到的最优参数为 $H_1^* = -14.78$、$G = 0.4$ 和 $P = 6.73$。基于上述优化参数计算得到的结果与风洞试验结果的比较如图 9-35 所示,可以看到,尾流振子模型能较好地模拟开口断面风洞试验结果。

根据获得的上述参数($H_1^* = -14.78$、$G = 0.4$ 和 $P = 6.73$),利用尾流振子模型对开口断面不同质量-阻尼系数条件下的结构涡振响应进行计算,并与风洞试验结果进行比较,如图 9-36 所示。

图 9-36 结果表明,当采用质量-阻尼系数 $S_c = 18.15$ 条件下风洞试验数据拟合得到的参数时($H_1^* = -14.78$、$G = 0.4$ 和 $P = 6.73$),尾流振子模型无法准确模拟其他质量-阻尼系数条件下的结构涡振特性。这说明尾流振子模型的参数受结构质量-阻尼系数的影响明显,尾流振子模型作为一种经验模型,虽然可以用一组参数描述结构整个涡振锁定区域的特性,然而计算结果只适用于参数识别时的某一特殊质量-阻尼系数工况。

为了将尾流振子模型用于不同质量-阻尼系数条件下结构涡振计算,采用开口断面在其他三种质量-阻尼系数条件下的试验结果对尾流振子模型参数进行识别。不同质量-阻尼系数条件下尾流振子模型参数汇总如表 9-6 所示。

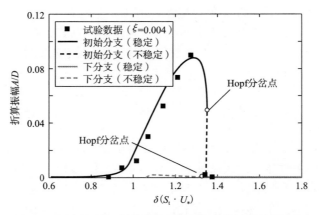

图 9-35　尾流振子模型计算结果与节段模型风洞试验结果比较

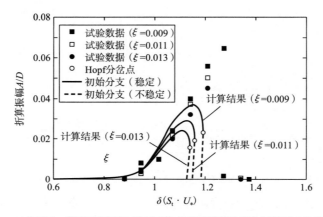

图 9-36　典型开口断面不同质量-阻尼系数条件下计算结果与风洞试验结果比较

典型开口断面不同质量-阻尼系数条件下尾流振子模型参数　　表 9-6

$S_c = 4\pi m\xi_n/(\rho BD)$	H_1^*	G	P
18.15	−14.780	0.400	6.730
40.84	−18.952	0.199	11.895
49.92	−22.299	0.170	12.244
58.99	−26.290	0.155	14.245

根据表 9-6 中尾流振子模型参数,可以采用某一数学模型建立模型参数与结构质量-阻尼系数之间的关系,进而计算其他质量-阻尼系数条件下的尾流振子模型参数。图 9-37 给出了利用上述四种工况条件下的识别结果拟合得到的模型参数随结构质量-阻尼系数的变化规律,可以看到,采用线性回归模型能很好地模拟模型参数随结构质量-阻尼系数的变化趋势。

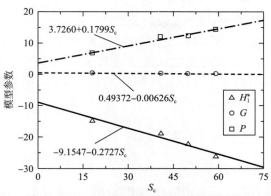

图 9-37 典型开口断面不同质量-阻尼系数条件下尾流振子模型参数拟合

利用图 9-37 中线性回归模型重新计算了四类质量-阻尼系数工况下的尾流振子模型参数。图 9-38 给出了采用上述参数计算得到的结构涡振响应与试验结果的比较。可以看到,计算结果不仅较好地反映了结构涡振振幅随质量-阻尼系数的变化规律,还较好地反映了涡振锁定风速区间随结构质量-阻尼系数的变化规律。

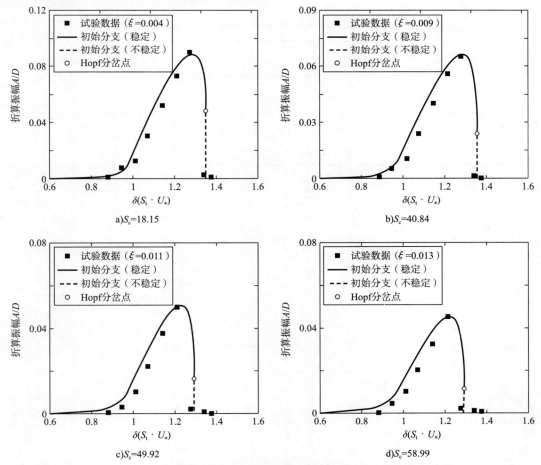

图 9-38 典型开口断面不同质量-阻尼系数条件下计算结果与试验结果比较

上述结果表明,基于线性回归模型参数拟合的尾流振子模型能够较好地模拟结构涡振特性(稳定涡振振幅及锁定风速区间)随结构质量-阻尼系数的变化规律。由于图 9-37 中用于线性回归的质量-阻尼系数具有较大的变化范围,基本覆盖了实桥各模态对应的质量-阻尼系数,因此用该线性回归模型可获得用于实桥各模态涡振计算的尾流振子模型参数,从而对实桥涡振性能进行计算。

二、典型闭口断面涡振及控制

(1) 典型闭口断面节段模型

典型闭口断面选自丹麦大带东桥的闭口钢箱梁,其悬索桥主桥和连续梁引桥都曾观测到涡振,风洞试验也曾预测到涡振。典型闭口断面节段模型风洞试验在同济大学 TJ-1 号风洞中进行,节段模型缩尺比为 1∶50,节段模型断面如图 9-39 所示,节段模型参数见表 9-7。

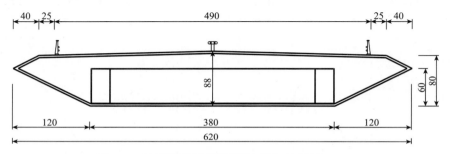

图 9-39 典型闭口断面节段模型尺寸图(尺寸单位:mm)

典型闭口断面主梁节段模型参数　　　　表 9-7

参数名称		符号	单位	实桥值	相似比	模型值
几何参数	长度	L	m	87.5	1∶50	1.750
	宽度	B	m	31	1∶50	0.620
	高度	H	m	4.4	1∶50	0.088
质量参数	质量	m	kg/m	22740	$1∶50^2$	9.096
	质量惯性矩	I_m	kg·m²/m	2470000	$1∶50^4$	0.395
风速参数	竖弯风速比	—	—	—	1∶0.8	—
	扭转风速比	—	—	—	1∶1.5	—
频率参数	对称竖弯振动频率	f_h	Hz	0.1	62.500∶1	6.250
	对称扭转振动频率	f_α	Hz	0.278	33.333∶1	9.267
阻尼参数	竖弯阻尼比	ξ_h	%	0.5	—	0.4
	扭转阻尼比	ξ_α	%	0.5	—	0.3

(2) 施工阶段涡振响应

实桥施工阶段节段模型涡振试验是将典型闭口断面中的栏杆等桥面附属设施去掉,仅保留钢箱梁安装时的外形断面。施工阶段涡振响应节段模型风洞试验模拟了 0°、±3°和 ±5°共计 5 种攻角,竖弯涡振响应与主梁高度之比和扭转涡振响应如图 9-40 所示。

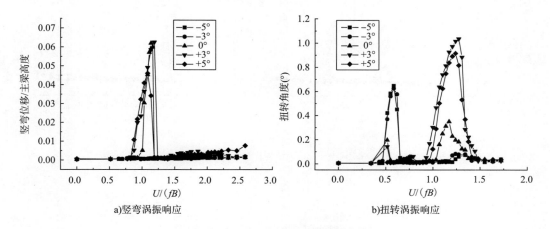

图 9-40 典型闭口断面施工阶段涡振响应

图 9-40a)所示竖弯涡振响应表明,在 0°、+3°和 +5°攻角下都出现了振幅较大的竖弯涡振,涡振锁定折算风速 $U/(fB)$ 在 0.80 ~ 1.25 之间,其中,在 0°和 +3°攻角下,涡振最大振幅发生在 $U/(fB) \approx 1.25$ 时,换算到实桥的涡振最大振幅为 0.273m,与实桥观测值比较如表 9-8 所示,风洞试验结果很好地再现了实桥的涡振现象。图 9-40b)所示扭转涡振响应表明,在全部 5 种攻角下都出现了振幅较大的扭转涡振,而且有两个扭转涡振区间对应两个 S_t 数。对于第一个扭转涡振区,涡振锁定折算风速在 0.4 ~ 0.7 之间,振幅相对较小,攻角越小,振幅越大,+5°攻角时并没有发生扭转涡振;对于第二个扭转涡振区,涡振锁定折算风速在 1.0 ~ 1.5 之间,涡振最大振幅与第一个扭转涡振区变化趋势相反,攻角越大,振幅越大,在 +3°和 +5°攻角下,涡振最大振幅发生在 $U/(fB) \approx 1.25$ 时,涡振最大振幅为 1.2°。

典型闭口断面施工阶段竖弯涡振实桥观测值与风洞试验值　　　　表 9-8

结构振型	频率(Hz)	实桥观测值		风洞试验值	
		最大振幅(m)	折算风速 $U/(fB)$	最大振幅(m)	折算风速 $U/(fB)$
二阶对称竖弯	0.132	0.26 ~ 0.32	1.2 ~ 1.5	0.273	1.25
三阶对称竖弯	0.209	0.14 ~ 0.30	1.0 ~ 1.4		
四阶对称竖弯	0.242	0.19 ~ 0.22	1.0 ~ 1.2		

(3) 成桥状态涡振响应

实桥成桥状态节段模型涡振试验是将栏杆等桥面附属设施附加到典型闭口断面上。成桥状态涡振响应节段模型风洞试验模拟了 0°、±3°和 ±5°共计 5 种攻角,竖弯涡振响应与主梁高度之比和扭转涡振响应如图 9-41 ~ 图 9-45 所示,同时比较了施工阶段涡振情况。

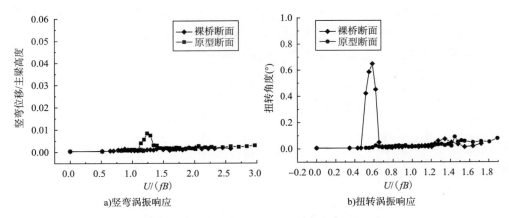

图9-41　典型闭口断面成桥状态-5°攻角涡振响应

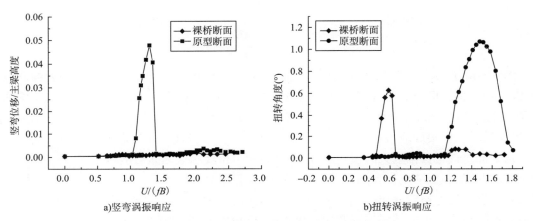

图9-42　典型闭口断面成桥状态-3°攻角涡振响应

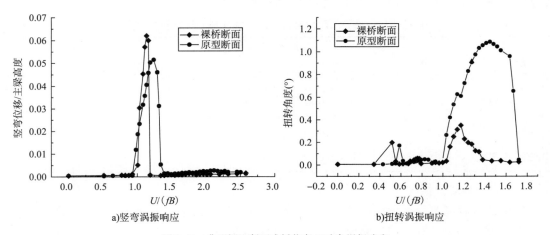

图9-43　典型闭口断面成桥状态0°攻角涡振响应

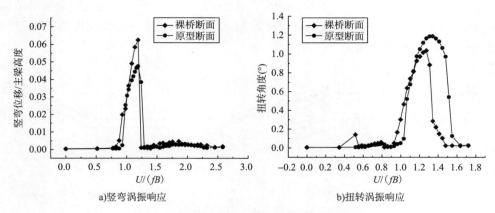

图 9-44　典型闭口断面成桥状态 +3°攻角涡振响应

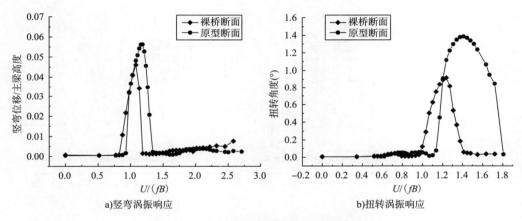

图 9-45　典型闭口断面成桥状态 +5°攻角涡振响应

在 -5°攻角下,竖弯涡振振幅很小,涡振锁定折算风速在 1.1 ~ 1.4 之间,这是在成桥状态增加栏杆后出现的;扭转涡振振幅较小,涡振锁定折算风速在 0.5 ~ 0.7 之间。在 -3°攻角下,竖弯涡振最大振幅为 0.210m,涡振锁定折算风速 $U/(fB) \approx 1.25$,这也是在成桥状态增加栏杆后出现的;扭转涡振最大振幅分别为 0.65°和 1.1°,扭转涡振锁定折算风速分别是 $U/(fB) \approx 0.6$ 和 $U/(fB) \approx 1.5$,这也是成桥状态增加栏杆后出现的。在 0°攻角下,竖弯涡振最大振幅为 0.227m,涡振锁定折算风速 $U/(fB) \approx 1.25$;扭转涡振最大振幅分别为 0.2°和 1.1°,锁定折算风速分别是 $U/(fB) \approx 0.5$ 和 $U/(fB) \approx 1.45$。在 +3°攻角下,竖弯涡振最大振幅为 0.210m,涡振锁定折算风速 $U/(fB) \approx 1.2$;扭转涡振最大振幅为 1.2°,扭转涡振锁定折算风速 $U/(fB) \approx 1.35$。在 +5°攻角下,竖弯涡振最大振幅为 0.248m,涡振锁定折算风速 $U/(fB) \approx 1.2$;扭转涡振最大振幅为 1.4°,扭转涡振锁定折算风速 $U/(fB) \approx 1.4$。

(4)导流板涡振控制

典型闭口断面涡振控制首先采用了导流板气动控制措施,实桥断面导流板和节段模型导流板如图 9-46 所示。节段模型导流板由两段 20mm 长的导流折板组成,分别与闭口断面底板和斜腹板平行,为了比较导流板与梁底间隙的影响,比较了 9mm(实桥 450mm)、12mm(实桥

600m）和15mm（实桥750mm）三种不同间隙。三种不同间隙导流板涡振控制效果节段模型风洞试验，同样模拟了0°、±3°和±5°共计5种攻角，竖弯涡振响应与主梁高度之比和扭转涡振响应如图9-47～图9-51所示。

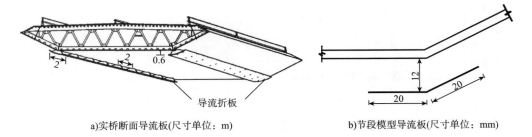

图9-46 典型闭口断面涡振控制导流板

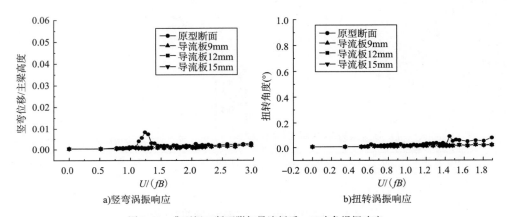

图9-47 典型闭口断面附加导流板后-5°攻角涡振响应

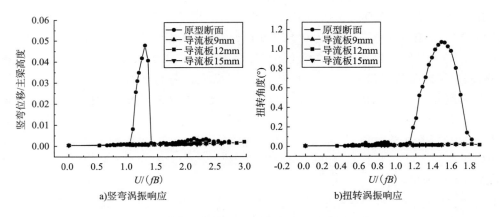

图9-48 典型闭口断面附加导流板后-3°攻角涡振响应

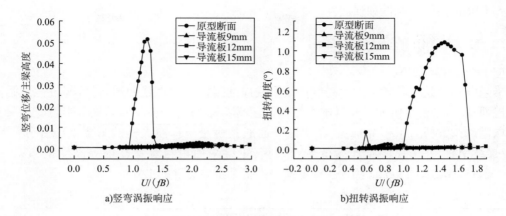

图 9-49 典型闭口断面附加导流板后 0°攻角涡振响应

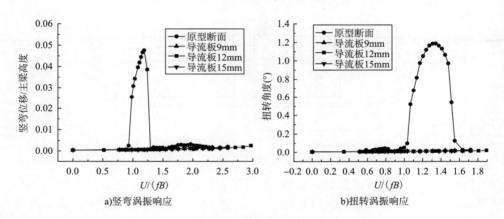

图 9-50 典型闭口断面附加导流板后 +3°攻角涡振响应

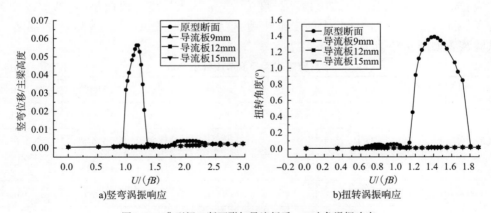

图 9-51 典型闭口断面附加导流板后 +5°攻角涡振响应

从图 9-47~图 9-51 的风洞试验结果中可以看出，在 5 种攻角下，三种间隙的导流板都可以有效抑制竖弯涡振和扭转涡振，即使在最小间隙 9mm 的情况下也没有出现因为尺寸效应导致的导流板抑振失效，这说明对于典型闭口断面，导流板气动控制措施所表现出来的涡振控制效果具有非常高的可靠性和强健性。

三、带悬臂箱梁涡振及控制

(1) 带悬臂箱梁节段模型

带悬臂箱梁是一种常用的大跨度连续梁或连续刚构桥的横截面形式,曾经发生过强烈涡振的巴西里约-尼泰罗伊大桥和日本东京湾大桥等都采用了这种断面形式。带悬臂箱梁节段模型以港珠澳大桥为工程背景,其深水区非通航孔桥是港珠澳大桥的重要组成部分,为 6×110m 连续梁桥,并采用等宽连续带悬臂钢箱,主梁采用单箱双室整幅等高度钢箱梁,梁高 4.5m、宽33.1m,如图 9-52 所示,悬臂宽度约占整个主梁宽度的 1/6。

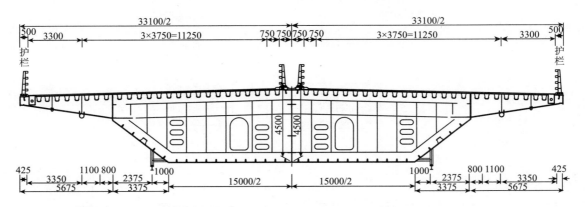

图 9-52 带悬臂箱梁断面实际尺寸图(尺寸单位:mm)

为了提高节段模型风洞试验的雷诺数,采用了大尺度刚体节段模型,在同济大学 TJ-3 边界层风洞中进行风洞试验。该风洞试验段长 15m、宽 14m、高 2m,空风洞试验风速范围为 0~17m/s,连续可调,均匀流场紊流度小于或等于 2%。考虑风洞高度的限制条件,为了避免风洞阻塞效应,选用几何缩尺比为 1:20、模型长度为 3.6m 的大尺度节段模型,其参数如表 9-9 所示。为了保证节段模型风洞试验中的二维流动,模型两端设置了高 2m、长 8m 的端墙。节段模型试验装置如图 9-53 所示。

带悬臂箱梁大尺度节段模型参数 表 9-9

	参数名称	单位	实桥值	相似比	模型值	模型实测值
几何尺寸	长度 L	m	72.0	1:20	3.6	3.6
	宽度 B	m	33.1	1:20	1.655	1.655
	高度 H	m	4.5	1:20	0.225	0.225
成桥状态	等效质量 单位长度质量 m	kg/m	27000	1:20	67.5	65.4
	频率 竖弯振动频率 f_h	Hz	0.806	5:1	4.03	4.101
	风速 竖弯风速 U	m/s	—	1:4	—	—
	阻尼比 竖弯阻尼比 ξ_h	%	0.5	—	0.5	0.25~0.27

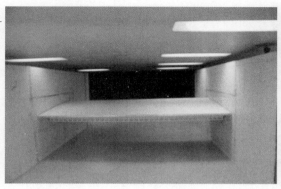 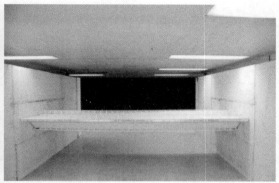

图 9-53　带悬臂箱梁大尺度节段模型试验装置

(2) 施工阶段涡振响应

施工阶段节段模型涡振试验是将带悬臂箱梁断面中的栏杆等桥面附属设施去掉，仅保留钢箱梁安装时的外形断面。施工阶段涡振响应节段模型风洞试验模拟了 0°、±3°和 ±5°共计 5 种攻角，没有发现扭转涡振，竖弯涡振响应如图 9-54 所示。

图 9-54 试验结果表明，只有 +5°攻角出现了竖弯涡振响应，为此，图 9-55 比较了施工阶段和成桥状态 +5°攻角下的竖弯涡振振幅。施工阶段第一个涡振锁定风速出现在 23m/s，但涡振振幅不大，约 18mm；施工阶段第二个涡振锁定风速出现在 40m/s 之后，远远高于桥面行车最大风速 25m/s，即使成桥状态出现类似涡振，由于桥上交通已经停止，涡振也不会带来行车舒适度和行人安全问题，所以可以不采取涡振控制措施。

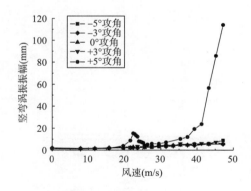 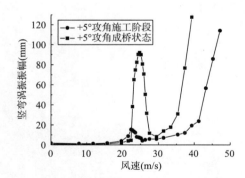

图 9-54　带悬臂箱梁施工阶段涡振响应　　图 9-55　带悬臂箱梁 +5°攻角涡振响应

(3) 成桥状态涡振响应

成桥状态下的带悬臂箱梁已经安装了防撞栏杆和中央分隔带栏杆等桥面附属设施，整个断面的气动外形已经发生了变化。这些细部构件会增加箱梁的钝体特征，使得气流分离的可能性大为增加，从而改变断面的涡振性能。成桥状态涡振响应节段模型风洞试验模拟了 0°、±3°和 ±5°共计 5 种攻角，没有发现扭转涡振响应，竖弯涡振响应如图 9-56 所示。

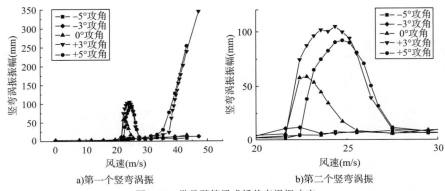

图 9-56 带悬臂箱梁成桥状态涡振响应

图 9-56 试验结果表明,0°、+3°和+5°攻角出现了竖弯涡振,其中+3°和+5°攻角还出现了较高风速的第二个竖弯涡振区。成桥状态第一个竖弯涡振锁定风速区间为 21.6 ~ 27.5m/s,涡振最大振幅为 59 ~ 105mm,需要进行涡振控制;成桥状态第二个竖弯涡振起振风速为 31.4 ~ 35.4m/s,由于风速超过 25m/s,可以不予控制。带悬臂箱梁成桥状态涡振响应特性如表 9-10 所示。

带悬臂箱梁成桥状态涡振响应特性　　　表 9-10

攻角	锁定风速(m/s)	峰值风速(m/s)	涡振振幅(mm)	S_t 数	涡振起振风速(m/s)	S_t 数
0°	21.6 ~ 25.5	22.8	59	0.1708	无明显涡振	—
+3°	21.6 ~ 27.5	24.3	105	0.1708	35.4	0.1043
+5°	22.4 ~ 27.5	24.8	92	0.1647	31.4	0.1175

(4) 栏杆倒角涡振控制

风洞试验之前进行 CFD 数值模拟计算,发现成桥状态防撞栏杆是引起该断面涡振的关键因素,为此进行了防撞栏杆气动外形优化,其中有效的竖弯涡振控制措施是在防撞栏杆四根横杆迎风侧设置倒角,如图 9-57 所示,CFD 数值模拟分析表明该措施可以改善防撞栏杆绕流流态,并达到控制竖弯涡振的目的。

 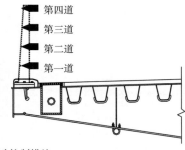

图 9-57 防撞栏杆倒角气动控制措施

防撞栏杆有时对主梁断面的气动外形特别是涡振性能的影响非常大,对防撞栏杆断面外形的优化可以显著改善主梁断面的气动性能,特别是涡振性能。防撞栏杆倒角涡振气动控制效果如图 9-58 所示,由于 -5°和 -3°攻角下没有出现竖弯涡振,所以只给出了 0°、+3°和+5°攻角下竖弯涡振的控制效果。实施了防撞栏杆倒角的气动控制措施后,第一个涡振锁定风速区间的竖弯涡振已经被完全抑制了,而第二个涡振锁定风速区间的竖弯涡振,也只有+5°攻角才出现。因此,防撞栏杆倒角气动控制措施可以有效消除成桥状态的竖弯涡振,不失为一种实桥涡振气动控制措施。

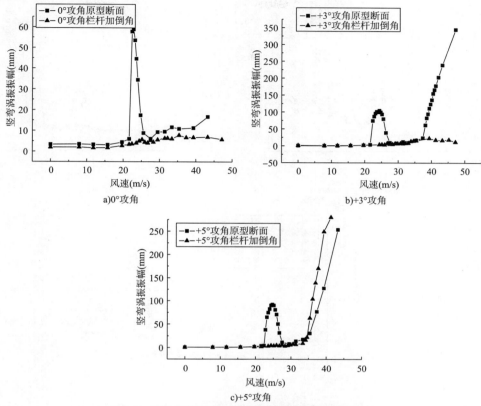

图9-58 带悬臂箱梁成桥状态防撞栏杆倒角涡振控制效果

上述四道防撞栏杆全部加倒角后,可以有效抑制竖弯涡振,那么,是否可以只加一道或者两道防撞栏杆的倒角以达到涡振控制的效果呢?为此,首先考虑只加一道防撞栏杆倒角的四种情况,即倒角分别施加在第一道、第二道、第三道和第四道防撞栏杆上,其竖弯涡振控制效果如图9-59所示。由图9-59可知,0°攻角时,倒角需要施加在第三道或第四道防撞栏杆上才有效;+3°攻角时,倒角需要施加在第二道栏杆上才有效;+5°攻角时,倒角施加在任何一道栏杆上均有效。因此,倒角施加在一根栏杆上无法同时抑制三种攻角下的所有涡振,必须探索两根栏杆施加倒角的气动控制措施。

在上述一道栏杆加倒角涡振控制效果风洞试验中发现,+3°攻角下倒角的要求最为特殊,必须在第二道栏杆上施加倒角才有效,为此,着重针对+3°攻角,开展了两道栏杆倒角和三道栏杆倒角的全排列组合风洞试验,图9-60a)给出了两道栏杆施加倒角的试验结果,图9-60b)给出了三道栏杆施加倒角的试验结果。图9-60a)显示,在两道栏杆倒角的排列组合中,倒角加在第二道和第三道、第三道和第四道栏杆这两种情况都能够有效抑制第一个涡振区间的竖弯涡振,前一种情况还可以提高第二个涡振区间的起振风速;图9-60b)显示,四种三道栏杆施加倒角都能够有效抑制第一个涡振区间的竖弯涡振,其中,第一、二、三道栏杆施加倒角还可以完全抑制第二个涡振区间的竖弯涡振,第二、三、四道栏杆施加倒角可以显著减小第二个涡振区间的竖弯涡振振幅。

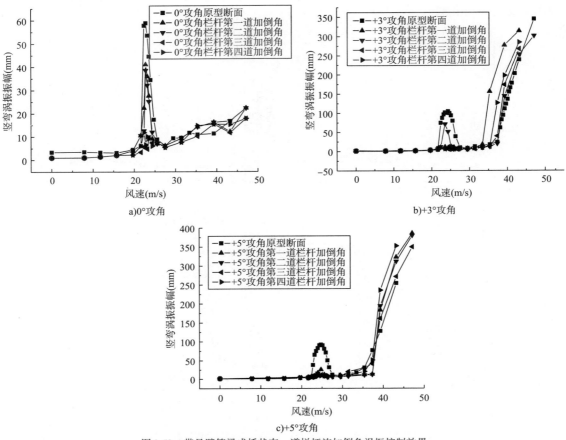

图 9-59 带悬臂箱梁成桥状态一道栏杆施加倒角涡振控制效果

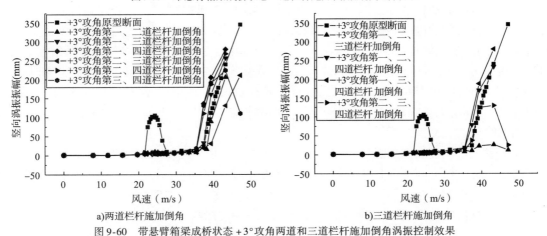

图 9-60 带悬臂箱梁成桥状态 +3°攻角两道和三道栏杆施加倒角涡振控制效果

(5) 边缘风嘴涡振控制

除了防撞栏杆施加倒角可以改善带悬臂箱梁气动外形和涡振性能之外,CFD 数值模拟分析表明,在防撞栏杆基座与悬臂端外侧增设风嘴(图 9-61)或者在悬臂端外侧增设风嘴(图 9-62)也可以改善断面绕流流态并抑制竖弯涡振,分别考虑了大、中、小三种不同长度的风嘴。

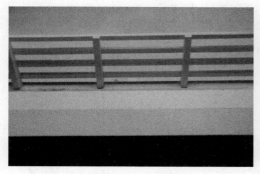

图 9-61　防撞栏杆基座与悬臂端外侧增设风嘴

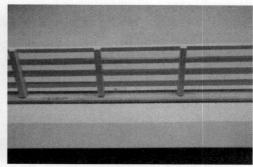

图 9-62　悬臂端外侧增设风嘴

防撞栏杆基座与悬臂端外侧增设风嘴涡振控制效果如图 9-63 所示。0°攻角下,小风嘴并没有完全抑制竖弯涡振,但竖弯涡振振幅有所减小,而中风嘴和大风嘴都可以消除竖弯涡振;+3°攻角下,三种风嘴都不能消除竖弯涡振,但竖弯涡振振幅均有所减小,其中小风嘴反而抑制效果最好,涡振振幅减小了一半;+5°攻角下,三种风嘴还是都不能消除竖弯涡振,相比之下大风嘴和小风嘴减振的效果要好于中风嘴。

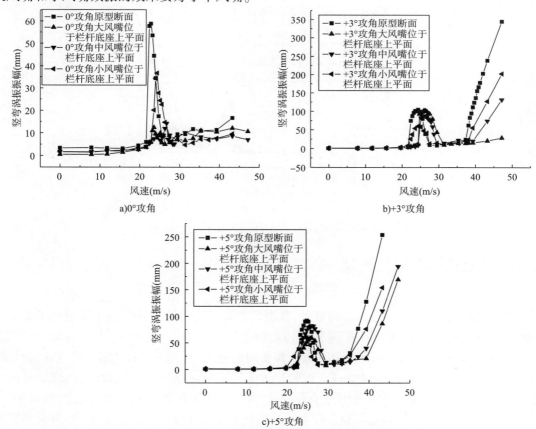

图 9-63　带悬臂箱梁成桥状态防撞栏杆基座与悬臂端外侧增设风嘴涡振控制效果

悬臂端外侧增设风嘴涡振控制效果如图9-64所示。0°攻角下,小风嘴可以减小竖弯涡振振幅50%,中风嘴可以减小竖弯涡振振幅75%,大风嘴可以基本消除竖弯涡振;+3°攻角下,小风嘴可以减小竖弯涡振振幅,中风嘴和大风嘴都可以消除竖弯涡振;+5°攻角下,三种风嘴均不能消除竖弯涡振,其中中风嘴减振效果最好。

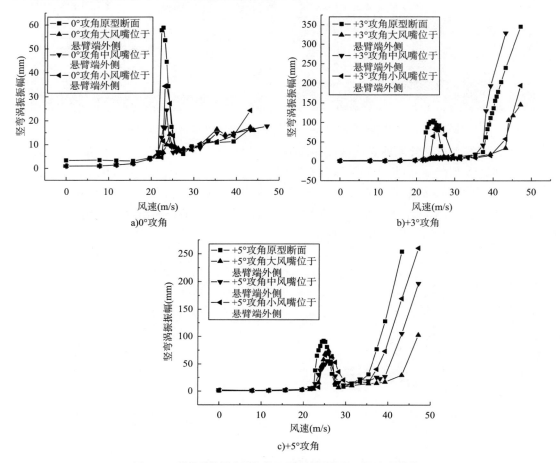

图9-64 带悬臂箱梁成桥状态悬臂端外侧增设风嘴涡振控制效果

四、双幅箱梁涡振及控制

(1)双幅箱梁节段模型

双幅箱梁断面以深中通道为工程背景,泄洪区非通航孔钢箱梁桥是深中通道的重要组成部分,标准联为6×110m连续梁桥,采用六边形箱梁截面,如图9-65所示。实际单幅主梁断面梁高4.00m、宽20m,标准段间距为0.5m,双幅桥间距在0.5m与6.7m之间连续变化,分别取0.5m、2.9m、6m和6.7m四种间距进行试验。为了提高节段模型风洞试验的雷诺数,采用大尺度刚体节段模型,节段模型风洞试验在同济大学TJ-3号风洞中进行,模型缩尺比为1:30,节段模型参数见表9-11。每幅箱梁独立设置弹簧悬挂系统以保证两幅桥独立振动,节段模型试验装置如图9-66所示。

第九章 梁式桥涡振响应分析及气动控制

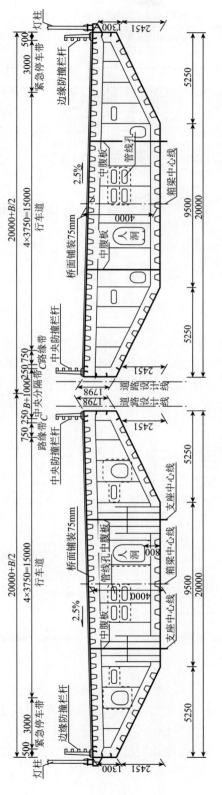

图 9-65 双幅箱梁断面实际尺寸图(尺寸单位：mm)

双幅箱梁大尺度节段模型参数 表9-11

高度 D(mm)	宽度 B(mm)	长度 L(mm)	质量(kg/m)	质量惯性矩(kg·m²/m)	竖向频率 f_v(Hz)	竖弯阻尼比 ξ_h(%)
133.3	666.7	3.6	22.22	0.4944	5.250	0.3

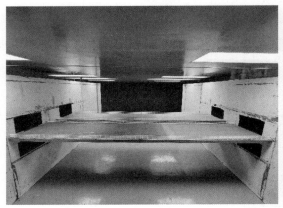

图9-66 双幅箱梁大尺度节段模型试验装置

(2) 成桥状态涡振响应

成桥状态下的双幅桥是在六边形钢箱梁的基础上,进一步安装中央和边缘防撞护栏等桥面附属设施。这些附属设施会增强箱梁的钝体特性,使得气流分离的可能性大为增加,从而改变断面的涡振性能。成桥阶段涡振响应阶段模型风洞试验模拟了 $-3°$、$0°$、$+3°$ 共 3 种攻角,其中,$-3°$ 攻角没有发现竖弯涡振,$0°$ 和 $+3°$ 攻角竖弯涡振响应分别如图9-67和图9-68所示。

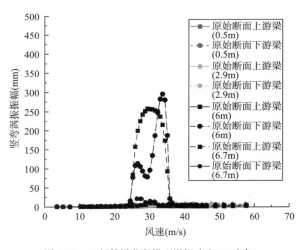
图9-67 双幅箱梁节段模型涡振响应(0°攻角)

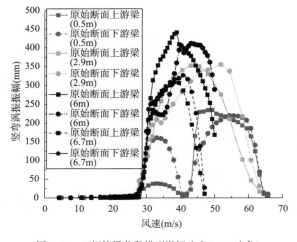
图9-68 双幅箱梁节段模型涡振响应(+3°攻角)

大尺度节段模型风洞试验结果表明,双幅箱梁桥在不同间距下呈现出不同的涡振特性。$+3°$ 攻角下,不同间距均出现了竖弯涡振,其中,0.5m 间距存在两个竖弯涡振锁定风速区间,随着间距增大,起振风速基本不变,整体锁定区间缩短,涡振响应特性如表9-12所示;$0°$ 攻角下,仅在间距为 6m 时,才出现竖弯涡振。

双幅箱梁节段模型涡振响应特性（+3°攻角） 表 9-12

实桥间距(m)	起振风速(m/s)	结束风速(m/s)	上游梁峰值风速(m/s)	上游梁涡振振幅(mm)	下游梁峰值风速(m/s)	下游梁涡振振幅(mm)	S_t 数
0.5（区间1）	26.6	40.5	33.0	38.3	33.0	160.5	0.1239
0.5（区间2）	41.8	64.5	49.3	235.4	54.3	220.4	0.0790
2.9	26.5	63.2	42.9	352.4	51.8	354.9	0.1246
6.0	27.7	50.0	38.8	441.1	43.0	411.1	0.1192
6.7	27.3	47.0	38.2	308.7	40.7	326.3	0.1209

(3) 风嘴涡振控制

根据前期单幅箱梁的研究结果,背风侧桥面的分布气动力脉动是引起单箱断面涡振的关键因素,风嘴的设置能够改变气流流经断面的分离特性,进而改变断面周围的流态。尝试将该气动措施运用于双幅箱梁涡振控制,具体布置如图 9-69 所示。

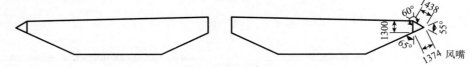

图 9-69　双幅箱梁风嘴示意图（尺寸单位：mm）

经过风洞试验检验,风嘴的设置对 0.5m 间距下的双幅桥竖弯涡振控制有效,控制效果如图 9-70 所示。设置风嘴可以在不调整主梁断面的情况下提升主梁气动性能。由于 0.5m 间距在 0°攻角和 –3°攻角下未出现涡振,因此,仅给出 +3°攻角下的控制效果。增加风嘴后,原始断面中出现的两个涡振锁定风速区间被完全抑制。

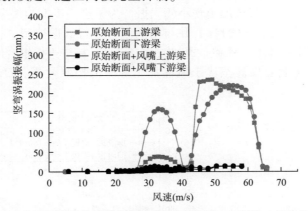

图 9-70　双幅箱梁节段模型风嘴涡振控制效果（0.5m 间距, +3°攻角）

(4) 风嘴加裙板涡振控制

安装风嘴在其他间距下未能起到涡振控制作用,这是因为间距较大的双幅桥相比单幅桥有更复杂的气动干扰因素。上游梁底部的涡脱作用于下游梁上,易激发下游梁发生大幅度涡振。为此,在增加风嘴的基础上,再增设裙板,削弱双幅桥之间的相互干扰。将风嘴加裙板的气动措施运用于双幅桥涡振控制中,裙板高度 $h=2.16$m,具体布置形式如图 9-71 所示,其涡振控制效果如图 9-72 所示。可以发现该气动措施在 2.9m 间距双幅桥下能够大幅抑制涡振,根据规范施加紊流后,涡振消失。在6.7m间距下该气动措施同样可以完全抑制涡振。

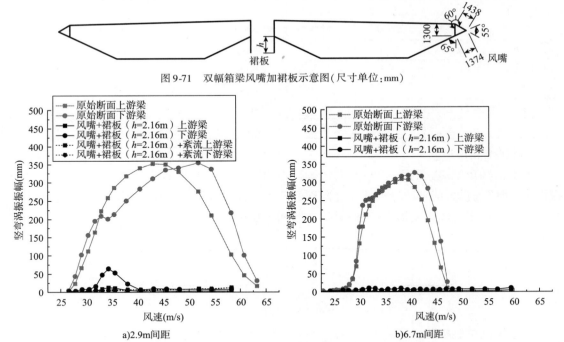

图9-71 双幅箱梁风嘴加裙板示意图(尺寸单位:mm)

图9-72 双幅箱梁节段模型风嘴加裙板涡振控制效果(+3°攻角)

(5)抑流板加裙板涡振控制

除了风嘴之外,抑流板也是控制涡振的常见气动措施。在采用风嘴加裙板的气动措施后,2.9m间距的双幅箱梁桥下游梁依旧出现小幅涡振。为了进一步抑制涡振,拟用抑流板代替风嘴,达到改变桥面位置绕流形态的目的,并与裙板组合进行涡振控制。抑流板安装于栏杆顶部,考虑其美观与适用性,具体尺寸和布置如图9-73所示,其与裙板组合时的涡振控制效果如图9-74所示。其涡振控制效果甚至优于风嘴加裙板时的控制效果,双幅箱梁桥涡振完全被抑制。

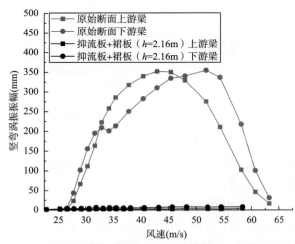

图9-73 抑流板示意图(尺寸单位:mm)　图9-74 双幅箱梁节段模型抑流板加裙板控制效果(2.9m间距,+3°攻角)

第四节　梁式桥涡振响应分析结论

（1）固体结构涡振响应频域分析方法研究表明，现有线性、非线性和广义非线性涡振响应分析模型，由于预先设定了线性或非线性的涡振自激力，调整模型参数难以实现准确拟合瞬变段涡振振幅包络曲线。由于振幅包络曲线与系统阻尼比呈 e 指数关系，故振幅包络曲线的微小偏差将导致识别阻尼比产生较大差别，这使得现有分析模型无法准确反映涡振过程中主梁所受气动阻尼随结构振幅的变化规律。线性涡振模型结果与主梁实际所受气动效应存在较大偏差，导致采用特定质量-阻尼系数下的气动参数对其他质量-阻尼系数下结构涡振响应进行计算时，计算结果与实际结果间存在明显差别。

（2）典型桥梁断面涡振分析模型和风洞试验研究表明，气动刚度仅与折算风速有关，与涡振振幅无关，主要表现为线性和非定常特性；气动阻尼随涡振振幅呈现明显非线性特征，不同折算风速下气动阻尼随涡振振幅的变化规律也不一致，表现为非线性和非定常特性，非线性气动阻尼涡振响应分析模型较好地体现了气动阻尼非线性和非定常特性。

（3）基于结构和流体两个控制方程的流固耦合涡振响应分析模型，不仅保留了非线性气动阻尼涡振分析模型的特点，而且将流体运动方程一并联立求解流固耦合方程，已经成为目前二维桥梁涡振响应分析最精确的计算模型，从展向全相关和展向不完全相关两个方面可以推导至三维桥梁涡振响应分析方法。

（4）涡振是梁式桥最主要的风致振动形式，节段模型风洞试验特别是大尺度节段模型风洞试验，是梁式桥涡振研究最可靠、最精确的方法。虽然涡振不像颤振那样会导致结构动力失稳破坏，但也会影响桥梁结构使用性能，风洞试验优化得到的气动控制措施可以有效抑制设计风速范围内的桥梁涡振。

本章参考文献

[1] CLOUGH R W, PENZIEN J. Dynamics of structures[M]. New York:McGraw Hill,1975.
[2] SCANLAN R H. On the state-of-the-art methods for calculations of flutter, vortex-induced and buffeting response of bridge structures[R]. FHWA-RD-80-50 Final Report,1981.
[3] EHSAN F,SCANLAN R H. Vortex-induced vibrations of flexible bridges[J]. Journal of Engineering Mechanics,1990,116(6):1392-1411.
[4] GENESIO R,TESI A. Harmonic balance methods for the analysis of chaotic dynamics in nonlinear systems[J]. Automatica,1992,28(3):531-548.
[5] LARSEN A. A generalized model for assessment of vortex-induced vibrations of flexible structures[J]. Journal of Wind Engineering and Industrial Aerodynamics,1995,57(2-3):281-294.
[6] SIMIU E,SCANLAN R H. Wind effects on structures[M]. 3rd ed. New York:John Wiley &

Sons,1996.

[7] SCANLAN R H. Bridge flutter derivatives at vortex lock-in[J]. Journal of Structural Engineering,1998,124(4):450-458.

[8] KRENK S,NIELSEN S R K. Energy balanced double oscillator model for vortex-induced vibrations[J]. Journal of Engineering Mechanics,1999,125(3):263-271.

[9] FACCHINETTI M L,LANGRE E D,BIOLLEY F. Coupling of structure and wake oscillators in vortex-induced vibrations[J]. Journal of Fluids and Structures,2004,19(2):123-140.

[10] DHOOGE A,GOVAERTS W,KUZNETSOV Y A,et al. Matcont and CL_ Matcont:Continuation Toolbox in sc MATLAB[M]. 2006.

[11] DHOOGE A,GOVAERTS W,KUZNETSOV Y A. Matcont:a MATLAB package for numerical bifurcation analysis of ODEs[J]. ACM Transactions on Mathematical Software,2003,29(2):141-164.

[12] SRINIL N,WIERCIGROCH M,BRIEN P O,et al. Vortex-induced vibration of catenary riser:reduced-order modeling and lock-in analysis using wake oscillator[C]. International Conference on Ocean,Offshore and Arctic Engineering,2009:311-321.

[13] 项海帆,葛耀君,朱乐东. 现代桥梁抗风理论与实践[M]. 北京:人民交通出版社,2005.

[14] 张东昌. 桥梁典型整体箱梁断面涡振驱动机理及其控制措施[D]. 上海:同济大学,2014.

[15] 许坤. 大跨度桥梁非线性涡激力模型和强耦合涡振分析[D]. 上海:同济大学,2016.

第十章

梁式桥驰振稳定分析及气动控制

梁式桥驰振是在一定风速下,振动体系从周围气流中不断吸收能量,振幅不断增大而导致的气动弹性失稳现象,表现为弯曲振型自激振动发散。梁式桥自激气动力作用下的驰振稳定分析主要采用理论分析方法和风洞试验方法,其中,理论分析方法包括准定常和非定常假定下的线性和非线性驰振分析,风洞试验方法包括节段模型和气弹模型风洞试验方法。本章主要介绍线性和非线性准定常与非定常驰振分析理论及方法,并且介绍小宽高比连续梁节段模型和气弹模型驰振风洞试验及其气动控制。

第一节 准定常驰振稳定分析

梁式桥驰振稳定分析传统方法,一般是假定驰振自激气动力不随时间变化,即满足准定常假定,称为准定常驰振稳定分析方法,主要有线性准定常驰振分析模型和非线性准定常驰振分析模型,采用频域或时域分析方法进行驰振稳定分析。

一、线性准定常驰振分析模型

梁式桥驰振稳定分析一般采用二维单自由度体系振动分析模型。对于如图 10-1 所示二维单自由度钝体主梁断面,在任意有效攻角 α 和有效风速 U_r 作用下,可以建立与主梁断面的振动速度 $\dot{y}$ 和来流风速 U 之间的相关关系

$$\alpha = \arctan \frac{\dot{y}}{U} \approx \frac{\dot{y}}{U} \tag{10-1}$$

$$U_r = \frac{U}{\cos\alpha} \tag{10-2}$$

来流风速 U 所引起的驰振力升力分量 L_{ga} 和阻力分量 D_{ga} 可以分别表示为

$$L_{ga} = \frac{1}{2}\rho U_r^2 B C_L = \frac{1}{2}\rho U^2 B C_L / \cos^2\alpha \tag{10-3}$$

$$D_{ga} = \frac{1}{2}\rho U_r^2 BC_D = \frac{1}{2}\rho U^2 BC_D/\cos^2\alpha \tag{10-4}$$

式中,ρ 为空气密度;B 为结构横风向特征尺寸;C_L 和 C_D 分别为升力系数和阻力系数,在准定常假定下都是不随时间变化的常数。

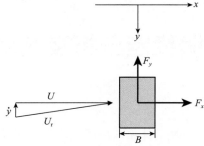

图 10-1　横风向驰振示意图

由驰振力升力分量和阻力分量合成的驰振力 F_y 可表示为关于有效风速 U_r 的函数

$$F_y = -(L_{ga}\cos\alpha + D_{ga}\sin\alpha) = -\frac{1}{2}\rho U_r^2 BC_{Fy} \tag{10-5}$$

式中,C_{Fy} 为驰振力系数,可以表示为

$$C_{Fy} = C_L/\cos\alpha + C_D\sin\alpha = (C_L + C_D\tan\alpha)/\cos\alpha \tag{10-6}$$

对于小振幅线性振动

$$C_{Fy} \approx \frac{dC_{Fy}}{d\alpha}\bigg|_{\alpha=0} \cdot \alpha = \left(\frac{dC_L}{d\alpha} + C_D\right) \cdot \alpha \tag{10-7}$$

即

$$F_y \approx -\frac{1}{2}\rho U^2 B\left(\frac{dC_L}{d\alpha} + C_D\right)\alpha \approx -\frac{1}{2}\rho UB\left(\frac{dC_L}{d\alpha} + C_D\right)\dot{y} \tag{10-8}$$

根据二维单弯曲自由度体系的线性振动方程

$$\ddot{y} + 2\xi_s\omega_s \dot{h} + \omega_s^2 h = \frac{F_y}{m} \tag{10-9}$$

将式(10-8)代入方程式(10-9)可得线性准定常驰振方程

$$\ddot{y} + \left[2\xi_s\omega_s + \frac{1}{2m}\rho UB\left(\frac{dC_L}{d\alpha} + C_D\right)\right]\dot{y} + \omega_s^2 h = 0 \tag{10-10}$$

式中,m 为单弯曲自由度结构质量;ω_s 为结构振动圆频率;ξ_s 为结构阻尼比。
弯曲自由度振动速度 $\dot{y}$ 项的系数一般称为表观阻尼或系统阻尼比 ξ,可表示为

$$\xi = 2\xi_s\omega_s + \frac{1}{2m}\rho UB\left(\frac{dC_L}{d\alpha} + C_D\right) \tag{10-11}$$

当系统阻尼比 $\xi<0$ 时,振动位移 y 将不断增大,最终导致驰振失稳现象的发生。因此,系统阻尼比 $\xi<0$,可以作为判断驰振稳定性的标准。

令系统阻尼比 $\xi=0$,可得线性准定常驰振临界风速计算公式

$$U_{cr} = -\frac{4m\xi_s\omega_s}{\rho B\left(\dfrac{dC_L}{d\alpha}+C_D\right)} \quad (10\text{-}12)$$

在线性准定常驰振临界风速计算公式[式(10-12)]中,除了系数 $\dfrac{dC_L}{d\alpha}+C_D$ 之外,其余参数都大于0,显然临界风速 U_{cr} 只有在大于0时才有物理意义,这就要求

$$\frac{dC_L}{d\alpha}+C_D<0 \quad (10\text{-}13)$$

式(10-13)就是判断线性准定常驰振稳定性的 Den Hartog 判据,依此可以判断桥梁是否会发生驰振,也只有在该系数小于0的前提下,用式(10-12)计算驰振临界风速才有实用意义。由于阻力系数 C_D 始终大于0,因此,桥梁驰振失稳要求升力系数导数 $\dfrac{dC_L}{d\alpha}$ 必须小于0,这就是所谓升力系数负斜率必要条件,而且其绝对值必须大于 C_D。

对于宽高比3:2矩形断面,通过风洞试验测得的气动三分力系数随攻角变化如图10-2所示,通过式(10-7)计算和试验得到的准定常驰振力系数随攻角变化如图10-3所示。在攻角 $\alpha=0°$ 处,升力系数导数 $\dfrac{dC_L}{d\alpha}=-5.14$,阻力系数 $C_D=1.72$,Den Hartog 判据 $\dfrac{dC_L}{d\alpha}+C_D=-3.42<0$,根据实际桥梁结构的特征宽度 B、质量 m、阻尼比 ξ、频率 ω_s 等,可以预测驰振临界风速。

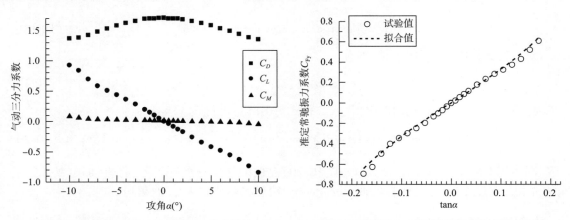

图 10-2　宽高比3:2矩形断面气动三分力系数　　图 10-3　宽高比3:2矩形断面准定常驰振力系数

二、非线性准定常驰振分析模型

采用线性准定常驰振力进行分析时,如果来流风速超过驰振临界风速,空气输入的能量大于结构耗散的能量,振动的振幅将不断增大,振动就会发散。但是,在结构驰振试验中,有时在结构所受风速超过临界风速时,振幅并不会无限增大,而是趋近于一个稳定的振幅,称之为

"软驰振",也就是说,准定常驰振力并不是线性的,显然线性准定常驰振分析模型并不适用于这类问题,必须考虑非线性模型。

非线性准定常驰振分析模型是建立在驰振力系数 C_{Fy} 的非线性假定基础之上的,线性准定常驰振分析模型中的小振幅线性振动假定式[式(10-7)]必须拓展到大振幅非线性振动,为此可以将驰振力系数表达为 $\frac{\dot{y}}{U}$ 的多阶泰勒展开形式,即

$$C_{Fy}(\alpha) = a_1\left(\frac{\dot{y}}{U}\right) + a_2\left(\frac{\dot{y}}{U}\right)^2 + a_3\left(\frac{\dot{y}}{U}\right)^3 + \cdots \tag{10-14}$$

式中,a_1、a_2、$a_3 \cdots$ 为驰振力系数多项式拟合参数。

二维单自由度体系非线性准定常驰振方程可以表达为

$$m\ddot{y} + 2m\xi_s\omega_s\dot{y} + k_s y = \frac{1}{2}\rho U^2 B\left[a_1\left(\frac{\dot{y}}{U}\right) + a_2\left(\frac{\dot{y}}{U}\right)^2 + a_3\left(\frac{\dot{y}}{U}\right)^3 + \cdots\right] \tag{10-15}$$

为了求得非线性驰振方程式(10-15)的瞬态解和稳态解,可以利用缓慢改变参数的方法近似逼近求解该非线性方程。当气动力和阻尼力相对于惯性力和恢复力较小时,这种近似解法的精度很高。为此,假定非线性准定常驰振方程解具有随时间变化的振幅 y 和相位 φ 如下:

$$y = A_y(t)\cos\varphi \tag{10-16}$$

$$\varphi = \omega_s t + \phi(t) \tag{10-17}$$

式中,A_y 为振动幅值,在一个周期内是缓变参数,因此可得

$$\dot{y} = -\omega_s A_y \sin\varphi \tag{10-18a}$$

$$\ddot{y} = -\omega_s \dot{A}_y \sin\varphi - \omega_s A_y \cos\varphi(\omega_s + \dot{\phi}) \tag{10-18b}$$

对方程式(10-16)直接求导,则有

$$\dot{A}_y(t)\cos\varphi - \dot{\phi}(t)A_y(t)\sin\varphi = 0 \tag{10-19}$$

把方程式(10-16)和式(10-18)代入方程式(10-15),可得

$$-m\omega_s\dot{A}_y\sin\varphi - m\omega_s A_y\dot{\phi}\cos\varphi + (k_s - m\omega_s^2)A_y\cos\varphi = -2m\xi_s\omega_s\dot{y} + \frac{1}{2}\rho U^2 B C_{Fy} \tag{10-20}$$

因为固有频率 $\omega_s = \sqrt{k_s/m}$,所以式(10-20)左侧的最后一项等于零,将方程式(10-20)各项乘 $\sin\varphi$,方程式(10-19)的各项乘 $-m\omega_s\cos\varphi$,然后将两个方程相加,可得

$$m\omega_s\dot{A}_y = \left(-2m\xi_s\omega_s\dot{y} + \frac{1}{2}\rho U^2 B C_{Fy}\right)\sin\varphi \tag{10-21}$$

在结构的一个振动周期里,$\dot{A}_y$ 的变化是缓慢的,因此 φ 从 0 到 2π 积分时,$\dot{A}_y$ 可以被近似看成一个常数,由式(10-21)可以得出一个周期内的平均数

$$\frac{dA_y}{dt} = \frac{1}{2\pi m\omega_s}\int_0^{2\pi}\left(2m\xi_s\omega_s\dot{y} - \frac{1}{2}\rho U^2 B C_{Fy}\right)\sin\varphi d\varphi \tag{10-22}$$

用相同的方法在式(10-20)的各项上均乘 $\cos\varphi$，式(10-19)的各项上均乘 $m\omega_s\sin\varphi$，再将两式相加，求其在一个周期内的平均数，可得

$$\frac{\mathrm{d}\phi}{\mathrm{d}t} = \frac{1}{2\pi\omega_s A_y m}\int_0^{2\pi}\left(2m\xi_s\omega_s\dot{y} - \frac{1}{2}\rho U^2 B C_{Fy}\right)\cos\varphi\mathrm{d}\varphi \tag{10-23}$$

将式(10-22)和式(10-23)联立进行积分，可以求得作为时间函数的振幅和相位的近似瞬态解。如果令方程式(10-22)中的 $\dot{A}_y(t)=0$，并且由此求得多项式的稳态振幅解，可得到各个稳态解。利用通过风洞试验得到的正方形竖向力系数的三次方拟合曲线的数值，可得

$$C_{Fy}(\alpha) = a_1\left(\frac{\dot{y}}{U}\right) + a_3\left(\frac{\dot{y}}{U}\right)^3 \tag{10-24}$$

式中，$a_1=2.7$，$a_3=-31$。因为截面在 $\alpha=0°$ 时对称，所以多项式只包含奇次项。

将 C_{Fy} 代入方程式(10-23)，并且令 $\dot{\phi}=0$，可求得各个稳态解。从

$$\int_0^{2\pi}\left\{\left[2m\xi_s\omega_s^2 A_y - \frac{1}{2}\rho U^2 B\left(\frac{a_1 A_y\omega_s}{U} + \frac{3a_3 A_y^3\omega_s^3}{4U^3}\right)\right]\sin\varphi + \frac{\rho U^2 B A_y^3\omega_s^3\sin(3\varphi)}{8U^3}\right\}\sin\varphi\mathrm{d}\varphi = 0 \tag{10-25}$$

即可得到二次方程式的稳态解

$$\tilde{A} = \left[-\frac{4\tilde{U}(\tilde{U}a_1-1)}{3a_3}\right]^{\frac{1}{2}} \tag{10-26}$$

其中：

$$\tilde{A} = \frac{\rho B A_y}{4m\xi_s} \tag{10-27}$$

$$\tilde{U} = \frac{\rho B U}{8\pi m\xi_s A_y} \tag{10-28}$$

图 10-4 所示为正方形截面响应采用三次和七次拟合结果解与风洞试验结果的比较。有了无量纲变量 $\tilde{A}$ 和 $\tilde{U}$，就能够利用两个变量对驰振响应做出全面描述。现在 $\tilde{U}=0$ 和 $\tilde{U}=0.7$ 之间的滞后部分含有两个稳定解，滞后现象是由 $\alpha=7°$ 处曲线 $C_{Fy}(\alpha)$ 斜率的变化而产生的，它不能由三次曲线的拟合来再现。垂直于自由流的典型矩形断面竖向力系数和驰振响应的形式如图 10-5 所示。

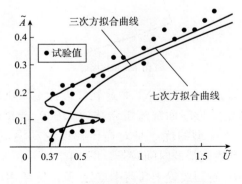

图 10-4 正方形截面响应的拟合结果与试验结果

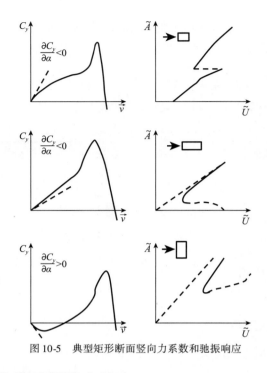

图 10-5 典型矩形断面竖向力系数和驰振响应

三、矩形断面准定常驰振稳定性

驰振研究是从钝体矩形断面开始的,而梁式桥主梁断面与矩形很接近。为此,选取如图 10-6 所示的矩形断面,假定矩形断面宽度为 B、高度为 H,宽高比为 B/H,针对不同宽高比的矩形断面,分别考察升力系数导数 $\dfrac{\mathrm{d}C_L}{\mathrm{d}\alpha}$ 和利用 Den Hartog 判据 $\dfrac{\mathrm{d}C_L}{\mathrm{d}\alpha} + C_D$ 的正负和大小。

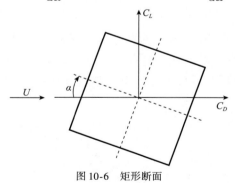

图 10-6 矩形断面

基于 CFD 数值计算方法,采用 FLUENT 商业软件进行不同攻角下静力三分力系数的计算。为了节省计算时间,假定矩形断面绕流雷诺数为 22000,选择适合高雷诺数湍流模拟的 RANS 方法和 k-ωSST 模型,该模型的优点是对逆压梯度流动模拟精度较高,且对湍流初始参数不敏感,不足之处在于数值模拟的时间较长。图 10-7a) 展示了网格划分与计算域,其中,计算域为正方形,边长为 $50H$;断面放置于几何中点处,圆形区域用以实现断面的攻角变化;在近壁面处和圆形区域外采用结构网格划分方法,其余区域采用非结构化网格划分方法。

图 10-7b)为划分的近壁面网络细节,该网格方便实现攻角转换。

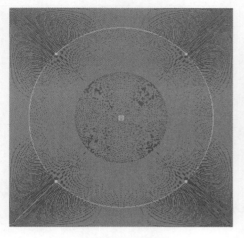
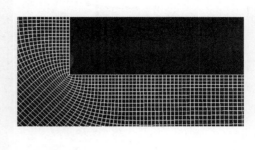

a)网格划分与计算域　　　　　　　　　　b)近壁面网格细节

图 10-7　计算域与网格划分

针对宽高比为 1∶1、2∶1、3∶1、4∶1、5∶1、6∶1 六种矩形断面,分别计算阻力系数 C_D、升力系数 C_L 和升力矩系数 C_M,如图 10-8 所示。在 0°攻角处,宽高比为 1∶1、2∶1、3∶1、4∶1、5∶1 矩形断面的升力系数导数可以从升力系数曲线来判断,均小于 0,符合驰振失稳的必要条件。

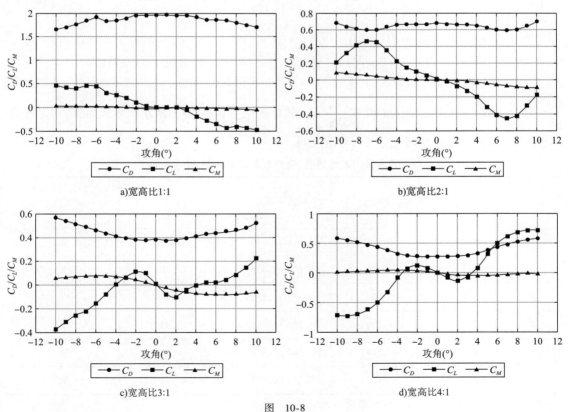

a)宽高比1:1　　　　　　　　　　b)宽高比2:1

c)宽高比3:1　　　　　　　　　　d)宽高比4:1

图　10-8

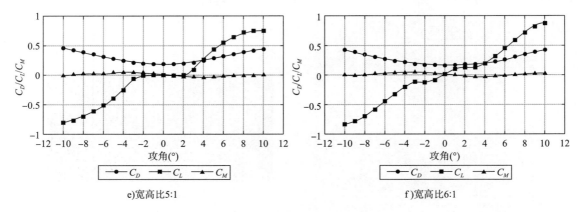

图 10-8 矩形断面静力三分力系数

为了计算升力系数在 0°攻角处关于攻角的一阶导数 $\dfrac{dC_L}{d\alpha}$，需要考虑离散点求导数值计算方法，一般采用向前、向后和中间差分方法，并有一阶精度和二阶精度之分。为了提高升力系数一阶导数差分计算精度，采用二阶中间差分方法，即

$$f'(x_i) = \dfrac{-f(x_{i+2}) + 8f(x_{i+1}) - 8f(x_{i-1}) + f(x_{i-2})}{12h} \qquad (10\text{-}29)$$

式中，h 为差分间隔，可取 $1° = 0.01745\mathrm{rad}$；$f(x_{i\pm j})$ 为攻角 $i \pm j$ 处的升力系数值，在计算 0°攻角处的升力系数导数时，$i = 0$，即分别选取 $2°$、$1°$、$-1°$ 和 $-2°$ 处的升力系数值。

对于宽高比为 1∶1、2∶1、3∶1、4∶1、5∶1、6∶1 六种矩形断面，0°攻角处的升力系数导数 $\dfrac{dC_L}{d\alpha}$、阻力系数 C_D 和 Den Hartog 判据 $\dfrac{dC_L}{d\alpha} + C_D$ 的计算结果如表 10-1 所示。由表可知，对于矩形断面，驰振主要发生在宽高比 2∶1～4∶1 之间。

矩形断面升力系数导数、阻力系数和 Den Hartog 判据　　　　表 10-1

序号	宽高比	升力系数导数 $\dfrac{dC_L}{d\alpha}$	阻力系数 C_D	$\dfrac{dC_L}{d\alpha} + C_D$	驰振失稳
1	1∶1	-0.543	1.969 (1.969)	1.426	否
2	2∶1	-2.178	0.678 (1.355)	-1.500	是
3	3∶1	-5.863	0.385 (1.155)	-5.478	是
4	4∶1	-4.700	0.267 (1.068)	-4.433	是
5	5∶1	-0.514	0.189 (0.945)	-0.325	是
6	6∶1	6.049	0.153 (0.918)	6.202	否

注："( )"内的阻力系数是用高度来衡量的。

第二节 非定常驰振稳定分析

梁式桥驰振稳定分析更加精确的方法,是基于驰振自激力随时间变化的非定常假定,称为非定常驰振稳定分析方法,主要有线性非定常驰振分析模型和非线性非定常驰振分析模型,可以采用频域或时域分析方法进行驰振稳定分析。

一、线性非定常驰振分析模型

为了解释矩形断面风洞试验中出现的缓变驰振或软驰振现象,许多学者开始探索非定常驰振分析模型,先后提出类似于尾流振子模型叠加加速度项和准定常驰振力叠加尾流振子模型等驰振分析方法,并将这些方法拓展到三维驰振分析中。

(1)准定常驰振力+非定常涡振力模型

1987年,Corless和Parkinson在尾流振子模型上叠加一个加速度项来考虑振动加速度对涡脱的影响,提出了准定常驰振力+非定常涡振力驰振运动方程

$$Y'' + 2\xi_0 Y' + Y = m^* V_{\text{red}}^2 C_v + m^* V_{\text{red}}^2 \left[A_1 \frac{Y'}{V_{\text{red}}} + A_3 \left(\frac{Y'}{V_{\text{red}}} \right)^3 + \cdots \right] \tag{10-30}$$

$$C_v'' - a \cdot v \cdot C_v' \cdot \left(1 - \frac{4}{3v^2 C_{L0}^2} C_v'^2 \right) + v^2 C_v = \frac{b}{v^2} Y'' + \frac{c}{v} Y' \tag{10-31}$$

式中,$Y = y/D$ 为无量纲振幅;$V_{\text{red}} = U/(2\pi n_0 D)$ 为折算风速;n_0 为模型系统零风速下自振频率;ξ_0 为结构阻尼比;$m^* = \rho D^2/(2m)$ 为每延米无量纲质量系数;m 为模型结构每延米质量;ρ 为空气密度;A_1、$A_3 \cdots$ 为准定常驰振力系数 C_{F_y} 按多项式展开之后的各项参数;C_v 为涡振非定常升力系数;$v = 2\pi \cdot S_t \cdot V_{\text{red}} = U/U_r$ 为来流风速与涡振起振风速的比值;C_{L0} 为钝体断面结构静止时的升力系数脉动的幅值;a、b、c 为升力振子模型中的参数,可以通过强迫振动或自由振动试验获得。

方程式(10-30)右端即 Corless 和 Parkinson 提出的非定常驰振自激力模型,其特点为准定常驰振力叠加非定常涡振力,软驰振的非定常特性通过在准定常模型基础上引入非定常涡振力表示。图 10-9 给出了上述模型与方柱风洞试验结果的对比,图中实线和"○"数据点分别代表小阻尼条件的模型计算结果和风洞试验实测软驰振结果,虚线和"□"数据点分别代表中等阻尼条件的模型计算结果和风洞试验实测软驰振结果,点画线和"△"数据点分别代表大阻尼条件的模型计算结果和风洞试验实测软弛振结果。比较结果可以发现,准定常驰振力+非定常涡振力模型可以模拟小阻尼条件下的驰振振幅-风速关系,在中等阻尼和大阻尼条件下,稳定振幅的预测结果与实测结果相比存在比较明显的偏差。图 10-10 给出了考虑低紊流影响修正的模型计算结果与风洞试验结果比较,图中实线和"○"数据点分别代表模型计算结果和风洞试验结果,修正模型可以模拟出驰振振幅-风速曲线中在 $U_{\text{cr}}/U_r = 3$ 附近下凹的现象,但稳定振幅的预测结果仍然存在较大偏差。

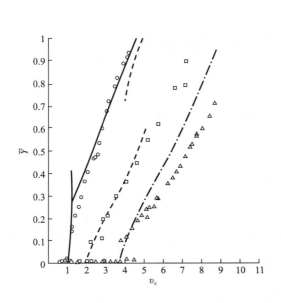
图 10-9 方柱模型计算结果与风洞试验实测结果

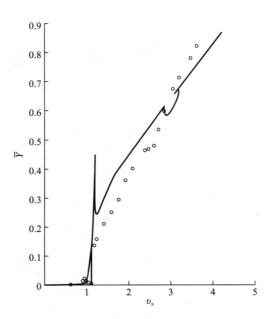
图 10-10 方柱模型低紊流风洞试验结果

Mannini 在开展宽高比 3∶2 矩形断面软驰振研究时,采用上述模型计算了结构响应,如图 10-11 所示,图中"○"代表风洞试验实测软驰振结果,其余数据点代表模型计算结果。图中计算结果之间的不同是由式(10-29)中的参数(a、b、c 和 C_{L0})取值不同造成的。可以发现,上述模型计算结果与试验结果相差较大,模型计算结果出现了"先涡振后驰振"的现象,但实际软驰振从涡振起振风速点起振后振幅随风速近似线性增加,并没有出现典型的涡振风速锁定区间或驰振发散的现象。通过参数敏感性分析可以看出,参数 c 对振动响应影响最大,改变参数 c 的取值后可以看到计算响应从涡振与驰振分离到"耦合"形成一种振动的过程,但计算结果较试验结果大出很多。

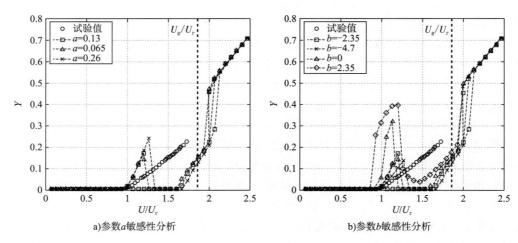

a) 参数 a 敏感性分析   b) 参数 b 敏感性分析

图 10-11

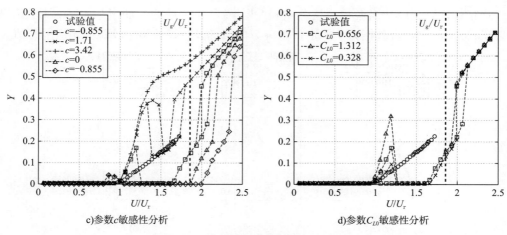

c) 参数 c 敏感性分析   d) 参数 C_{L0} 敏感性分析

图 10-11　宽高比 3∶2 矩形断面软驰振风洞试验结果与计算模型参数敏感性分析

(2) 准定常驰振力 + 非定常驰振力模型

1987 年，Tamura 和 Shimada 等将准定常驰振力与 Birkhoff 尾流振子模型叠加，考虑振动周期内尾流振子长度的变化影响，提出了准定常驰振力 + 非定常驰振力驰振运动方程

$$Y'' + 2\xi_0 Y' + Y = -m^* V_{\text{red}}^2 f \cdot \left(\theta + \frac{Y'}{V_{\text{red}}}\right) + m^* V_{\text{red}}^2 \left[A_1 \frac{Y'}{V_{\text{red}}} + A_3 \left(\frac{Y'}{V_{\text{red}}}\right)^3 + \cdots\right] \quad (10\text{-}32)$$

$$\theta'' - 2\beta v \theta' \cdot \left(1 - \frac{4f^2}{C_{L0}^2}\theta^2\right) + v^2 \theta = -\lambda Y'' - v^2 \frac{Y'}{V_{\text{red}}} \quad (10\text{-}33)$$

对于方柱断面，式(10-33)的参数可转换成

$$\beta = \frac{f}{2\sqrt{2}\pi^2 l^*}; \quad \lambda = \frac{1}{1+l^*}; \quad l^* = \frac{l}{D} = \frac{1}{4\pi \cdot S_t^2 h^*} \quad (10\text{-}34)$$

式中，$h^* = h/D$ 为尾流振子的无量纲宽度；l^* 为尾流振子无量纲长度的一半；f 为涡激升力系数 C_L 与尾流角度 θ 之比。

式(10-32)右端就是 Tamura 和 Shimada 提出的准定常驰振力 + 非定常驰振力模型，比较 Corless 和 Parkinson 提出的准定常驰振力 + 非定常涡振力模型可以发现，准定常驰振力 + 非定常驰振力模型参数变成了 f、h^* 和 C_{L0}。

基于 Wawzonek 风洞试验实测软驰振响应数据，模型计算结果与风洞试验结果的对比如图 10-12 所示，图中 V_g、V_v 分别为准定常理论估计的驰振临界风速和涡振起振风速，可以看出，按照本模型计算的风振响应不仅实现了对软驰振响应的模拟，并且对涡振锁定区间和软驰振响应分离的现象也取得了较好的计算结果，但是在低风速段模型预测的幅值较试验结果大出很多，仍无法做到准确预测。此外，需要注意的是，准定常驰振力 + 非定常驰振力模型基于对尾流的物理描述，考虑其与结构振动的相互作用，模型中各个参数的物理意义明确，比准定常驰振力 + 非定常涡振力模型更合理。

Mannini 在开展宽高比 3∶2 矩形断面软驰振研究时，也采用本模型计算了结构响应，如图 10-13 所示，图中"○"代表风洞试验实测软驰振结果，其余数据点代表模型计算结果。图中计算值之间的不同是由式(10-33)中的参数(f、h^* 和 C_{L0})取不同值造成的，通过参数敏感性分析可以观察到计算响应从涡振与驰振分离到"耦合"形成一种振动的过程。从计算结果与试验结果比较来看,准定常驰振力+非定常驰振力模型难以较好地预测软驰振响应的幅值大小。

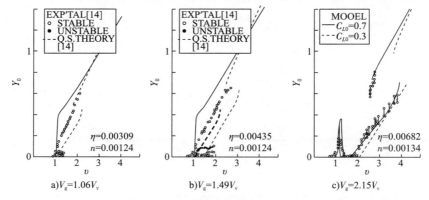

图 10-12　准定常驰振力+非定常驰振力模型计算结果与风洞试验结果比较

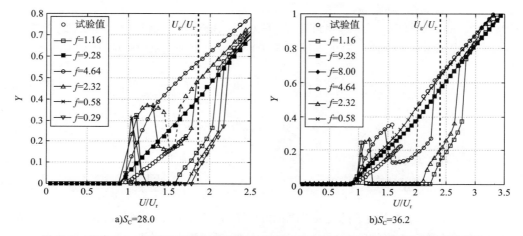

图 10-13　宽高比3∶2矩形断面模型计算结果与软驰振风洞试验结果比较及模型参数敏感性分析

综上所述,早期学者建立的非定常驰振自激力模型,都是通过将经典驰振准定常气动力与非定常涡振自激力模型叠加来考虑驰振非定常效应,虽然能够模拟部分试验结果,但预测精度并不高,而且这类模型参数的物理意义也不明确。因此,需要提出精度更高、参数具有明确物理意义的非定常驰振自激力模型。

二、非线性非定常驰振分析模型

2015年,朱乐东和高广中在开展钝体断面非线性自激力模型研究过程中,以宽高比2∶1矩形断面为试验对象,在自由振动风洞试验中观察到了软驰振现象。风洞试验节段模型的S_C数为6.9~52.6,增大模型质量或阻尼过程中,并没有出现软驰振现象向"先涡振后驰振"变化,模型结构运动始终表现为在涡振起振风速点起振、稳态振幅随风速增加而近乎线性增大的软驰振现象。通过内置天平测力技术直接测量了发生软驰振时作用在模型上的非定常自激力,并对实测自激力的可靠性进行了验证,然后基于真实的驰振非定常自激力时程和理论推

导,提出了适用于宽高比 2∶1 矩形断面的非线性非定常驰振自激力经验模型

$$f_{\text{se}}(y,\dot{y}) = \underbrace{b_1\dot{y} + b_2\dot{y}^3 + b_3\dot{y}^5}_{\text{气动阻尼力项}} + \underbrace{b_4 y + b_5 y^3 + b_6 y^5}_{\text{气动刚度力项}} + \underbrace{b_7\dot{y}y + b_8\dot{y}^2 + b_9\dot{y}^4 + b_{10}\dot{y}^3\dot{y} + b_{11}\dot{y}^6}_{\text{气动力非线性项}}$$

(10-35)

非线性非定常驰振自激力经验模型[式(10-35)]包含自激力三个分量,即气动阻尼力项、气动刚度力项和气动力非线性项。其中,气动阻尼力项是引起结构发散或自限幅的关键性因素,并持续对结构输入能量;气动刚度力项对位移响应的相位起主要作用,但对幅值变化没有贡献,并在整个周期内对结构的做功为零;气动力非线性项不仅对振动幅值变化没有贡献,而且对计算的位移响应的相位也没有贡献。

将根据风洞试验识别的参数拟合的自激力时程及幅值谱与风洞试验实测的自激力时程比较,如图 10-14 和图 10-15 所示。可以发现,自激力实测时程并不是完全周期性的,在周期振动过程中伴随着复杂的内部调节机制,这对应了断面周围非稳态的流动分离和再附作用。自激力模型拟合幅值谱与自激力实测幅值谱吻合良好,非线性非定常驰振自激力模型能较好地拟合前 6 阶的倍频成分,虽然自激力实测时程中存在更高阶的倍频成分,但对振动响应影响较大的是低阶自激力成分。

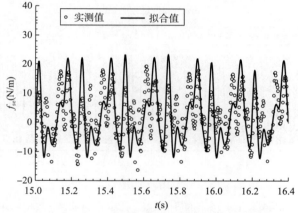

图 10-14 自激力实测时程与自激力模型拟合时程比较

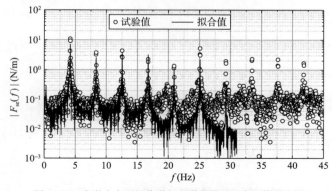

图 10-15 自激力实测幅值谱与自激力模型拟合幅值谱比较

非线性非定常驰振自激力经验模型也可以简化为仅包含气动阻尼力的模型

$$f_{se}(y,\dot{y}) = \frac{1}{2}\rho\, U^2(2B)KH_1^*(K)\left[1 + \varepsilon_{03}(K)\frac{\dot{y}^2}{U^2} + \varepsilon_{05}(K)\frac{\dot{y}^4}{U^4}\right]\frac{\dot{y}}{U} \quad (10\text{-}36)$$

式中,H_1^*、ε_{03}和ε_{05}为自激力参数,表示成折算频率K的函数以考虑非定常效应。

采用经验模型[式(10-35)]和简化模型[式(10-36)]对同一个软驰振发展过程进行预测分析,比较结果如图10-16所示。可以发现,非线性自激力的经验模型计算结果与试验值吻合良好,但仅包含气动阻尼力的简化模型计算结果与试验值存在明显的相位偏差,可以准确地预测瞬时振幅发展的过程。在实际工程应用中,由于更关心软驰振的振幅发展过程和最大的稳定振幅,因此,采用非线性非定常驰振自激力的简化模型就已经足够。

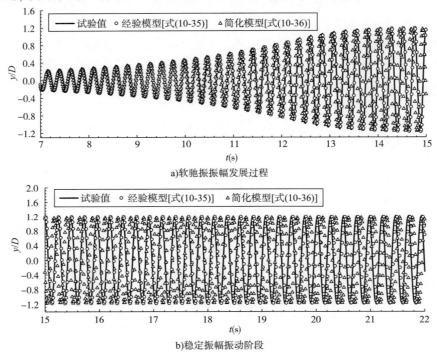

图 10-16　经验模型自激力时程和简化模型自激力时程与实测软驰振位移响应比较

三、三维线性非定常驰振分析

当来流垂直于钝体结构某一截面作用时,可将连续化的弯曲型高耸结构的横风向驰振运动的微分方程表示为

$$m(z)\frac{\partial^2 y}{\partial t^2} + c_y(z)\frac{\partial y}{\partial t} + EI_x(z)y(z,t) = F_y(z,t) \quad (10\text{-}37)$$

式中,$m(z)$、$c_y(z)$、$I_x(z)$分别为高度z处的单位高度质量、阻尼、惯性矩;$F_y(z,t)$为高度z处单位高度的y轴向驰振力,其表达式为

$$F_y(z,t) = \frac{1}{2}\rho\, U^2(z)[2B(z)]\left[K(z)H_1^*(K)\frac{\partial y}{\partial t}\frac{1}{U(z)} + K^2(z)H_4^*(K)\frac{y(z,t)}{B(z)}\right] \quad (10\text{-}38)$$

其中：

$$K(z) = \frac{\omega B(z)}{U(z)} \quad (10\text{-}39)$$

将式(10-39)代入式(10-38)，可得

$$F_y(z,t) = 2\pi\rho f B^2(z) H_1^*(K)\frac{\partial y}{\partial t} + 4\pi^2 f^2 \rho B^2(z) H_4^*(K) y(z,t) \quad (10\text{-}40)$$

将位移 y 按振型展开

$$y(z,t) = \sum_{i=1}^{\infty} \phi_i(z) q_i(t) \quad (10\text{-}41)$$

再将式(10-40)和式(10-41)代入式(10-37)，并由振型正交性可得到 y 轴向第一振型运动微分方程

$$\ddot{q}_1 + 2\xi_1\omega_1 \dot{q} + \omega_1^2 q_1 = \frac{2\pi\rho f \int_0^H B^2(z) \phi_1^2(z) H_1^*(K) \mathrm{d}z}{\int_0^H m(z) \phi_1^2(z) \mathrm{d}z} \dot{q}_1 + \frac{4\pi^2 f^2 \rho \int_0^H B^2(z) \phi_1^2(z) H_4^*(K) \mathrm{d}z}{\int_0^H m(z) \phi_1^2(z) \mathrm{d}z} q_1$$

$$(10\text{-}42)$$

通常情况下，结构的竖弯频率随风速增加基本不发生变化，即结构的竖弯刚度可以认为不随风速的变化而变化，因为式(10-42)右端第二项是与刚度有关的项，所以可以不予考虑。当驰振发生时，系统的阻尼由正值变为负值，也就是说系统阻尼为零是驰振发生的临界条件，由 $\dot{q}$ 的系数等于零得到驰振发生的临界判别式如下

$$2\xi_1 M_1^* - \rho \int_0^H B^2(z) \phi_1^2(z) H_1^*(K) \mathrm{d}z = 0 \quad (10\text{-}43)$$

式中，M_1^* 为 y 轴向第一振型广义质量，且

$$M_1^* = \int_0^H m(z) \phi_1^2(z) \mathrm{d}z \quad (10\text{-}44)$$

由于气动导数 $H_1^*(K)$ 为折减频率 $K(z)$ 的函数，且折减频率和折减风速存在倒数关系，所以气动导数也是折减风速的函数，根据实测数据，通常可以确定二者关系。

(1) 假设 $H_1^*(z)$ 和折减风速 $V^* = U(z)/[fB(z)]$ 具有线性关系

$$H_1^*(z) = a V^* + b \quad (10\text{-}45)$$

式中，a、b 由试验所测得的折减风速和气动导数的关系最小二乘法拟合确定。

(2) 假设 $H_1^*(z)$ 和折减风速 $V^* = U(z)/[fB(z)]$ 具有非线性关系

$$H_1^*(z) = a V^{*2} + b V^* + c \quad (10\text{-}46)$$

式中，a、b、c 由试验所测得的折减风速和气动导数的关系最小二乘法拟合确定。

第三节　驰振风洞试验及其气动控制

梁式桥主梁宽度一般会远大于高度，但是对于两车道及以下的窄桥，桥宽与梁高之比很小时才会发生驰振失稳。根据不同宽高比矩形截面驰振稳定分析结果，宽高比大于 6 时，0°攻角升力系数导数不再为负；而宽高比小于或等于 1 时，0°攻角升力系数导数已经小于阻力系数；只有宽高比小于或等于 4 且大于 1 时，基于线性准定常假定的驰振失稳才会发生。为了检验驰振稳定性，节段模型和气弹模型风洞试验方法仍然是最可靠、最有效的方法。

一、节段模型驰振风洞试验及其气动控制

（1）小宽高比箱梁节段模型

驰振稳定风洞试验以日本名古屋矢田川桥为背景，这是一座专供双层公交车通行的三跨连续梁桥，中跨跨径 84.2m，两个边跨跨径 67.1m。主梁采用变高度钢箱与混凝土桥面板叠合的组合梁形式，其中，两个中支点钢箱梁高为 3.2m，中跨跨中和两个边支点钢箱梁高均为 2.2m，混凝土桥面板厚 0.25m，桥面两侧实体护栏高 1.5m，桥梁设计横截面如图 10-17 所示。

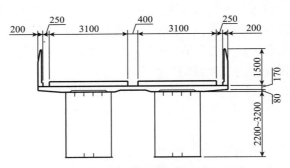

图 10-17　矢田川桥横截面图（尺寸单位：mm）

连续梁桥面宽度 $B=7.5\text{m}$，中支点处梁高加护栏总高 $H_1=3.2+0.25+1.5=4.95(\text{m})$，主梁宽高比只有 $B/H_1=1.52$；中跨跨中或边支点梁高加护栏总高 $H_2=2.2+0.25+1.5=3.95(\text{m})$，主梁宽高比只有 $B/H_2=1.90$。显然与矩形截面驰振稳定性要求的宽高比大于 4 相差很大，发生驰振失稳的可能性很大。

为此，首先按照跨中截面尺寸，采用 CFD 数值方法计算静力三分力系数，其结果如图 10-18 所示。数值计算得到的 0°攻角处升力系数导数 $\dfrac{dC_L}{d\alpha}=-6.063<0$，满足驰振必要条件；根据阻力系数 $C_D=0.660$，可以计算出 Den Hartog 判据 $\dfrac{dC_L}{d\alpha}+C_D=-5.403<0$，显然不仅为负而且负值较大，满足驰振充分条件，判定会发生驰振失稳。

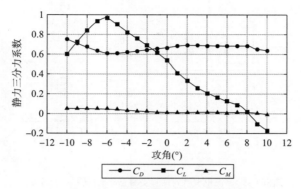

图 10-18 矢田川桥静力三分力系数

驰振节段模型风洞试验在同济大学 TJ-2 边界层风洞中进行,该风洞试验段宽 3m、高 2.5m、长 15m。为了准确预测驰振稳定性,设计和制作了两个缩尺比为 1∶20 的节段模型,其中,节段模型 A 的长度为 0.848m,等高度梁高取 2.45/20 = 0.123(m);节段模型 B 的长度为 1.8m,模拟了变高度梁高从 2.45/20 = 0.123(m)到 2.65/20 = 0.133(m)。节段模型 A 的主要参数如表 10-2 所示。

矢田川桥节段模型 A 参数　　　　　　　　　　表 10-2

参数名称		符号	单位	实桥值	相似比	模型值
几何参数	梁端长度	L	m	16.95	1∶20	0.848
	梁端宽度	B	m	7.5	1∶20	0.375
	梁端高度	H	m	2.45	1∶20	0.123
质量参数	质量	m	kg/m	9823	1∶20²	24.56
	质量惯性矩	I_m	kg·m²/m	56767	1∶20⁴	0.355
风速参数	竖弯风速	U_h	m/s	100	1∶4	25
	扭转风速	U_α	m/s	100	1∶4	25
频率参数	对称竖弯频率	f_h	Hz	1.01	5∶1	5.05
	对称扭转频率	f_α	Hz	4.15	5∶1	20.75
阻尼比参数	竖弯阻尼比	ξ_h	%	0.4	1∶1	0.4
	扭转阻尼比	ξ_α	%	0.4	1∶1	0.4

(2)驰振节段模型风洞试验

驰振节段模型 A 和 B 的风洞试验,模拟了均匀流场和 10% 紊流风场以及 -3°、0°和 +3° 共 3 种风攻角,在 0°攻角情况下,节段模型 A 和节段模型 B 风洞试验实测竖弯驰振响应随实桥风速变化如图 10-19 所示。在均匀流场下,节段模型 A 和 B 都是在 40m/s 风速时开始出现驰振,一直到 48m/s 风速测得最大驰振位移 438.6mm 和 428mm,此后驰振趋于发散;在 10% 紊流风场下,节段模型 A 和节段模型 B 都是在 44m/s 风速时开始出现驰振,一直到 52m/s 风速测得最大驰振位移 416.8mm 和 312.1mm,此后驰振趋于发散。

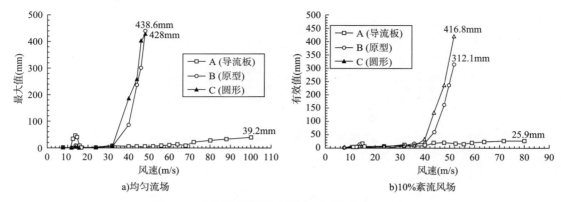

图 10-19 节段模型风洞试验实测竖弯驰振响应(0°攻角)

根据线性准定常驰振临界风速计算公式[式(10-12)],近似采用宽高比2:1的矩形截面升力系数导数 $dC_L/d\alpha = -3.1$ 和阻力系数 $C_D = 1.6$ 以及表10-2中的其他参数,可以求得驰振临界风速 $U_{cr} = 35.5 \text{m/s}$,与节段模型 A 和节段模型 B 的风洞试验结果 40m/s 非常接近。采用节段模型 A 测力风洞试验结果,升力系数导数 $dC_L/d\alpha = -2.90$ 和阻力系数 $C_D = 1.5$,由此可以求得驰振临界风速 $U_{cr} = 38 \text{m/s}$。

(3)驰振气动控制措施试验

为了控制驰振失稳发生或提高驰振临界风速,采用 CFD 数值方法模拟计算,提出了两种抑制驰振的气动控制方法,即桥面板中央开槽[图 10-20a)]和箱梁外角导流板[图 10-20b)]所示。

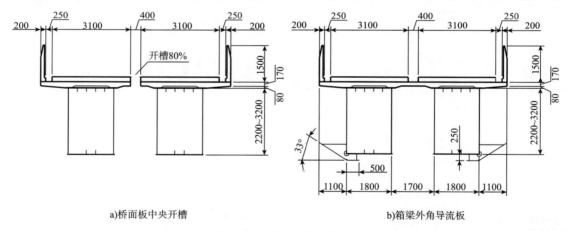

图 10-20 小宽高比箱梁驰振气动控制措施(尺寸单位:mm)

在节段模型风洞试验中,考虑了附加箱梁外角导流板气动控制措施,风洞试验不仅模拟了 -3°、0°和 +3°共 3 种风攻角,而且分别在均匀流场和紊流风场(来流紊流强度10%)中进行,0°攻角下节段模型 A 和 B 在均匀流场和10%紊流风场中的实测竖弯驰振响应如图10-19所示。驰振导流板气动控制效果风洞试验结果表明:在均匀流场中,原型断面驰振从40m/s 风速时开始,附加导流板后直到100m/s 风速时都没有出现驰振失稳现象;在10%紊流风场中,原型断面驰振从44m/s时开始,附加导流板后直到80m/s风速时都没有出现驰振失稳现象。节段模型驰振控制措施风洞试验结果表明,箱梁外角导流板可以完全抑制驰振失稳发生。

二、气弹模型驰振风洞试验及其气动控制

(1) 矢田川桥全桥气弹模型

为了进一步检验日本名古屋矢田川桥的驰振稳定性,采用了更加可靠的全桥气弹模型风洞试验方法。矢田川桥本身桥轴线线型非常复杂,不仅具有对称的竖曲线,而且具有非对称的平曲线,这种复杂的平、竖曲线复合必须在全桥气弹模型中准确模拟;矢田川桥又与另一座宫前桥相邻,全桥气弹模型风洞试验不仅需要考虑周围建筑和地形的影响,还要考虑宫前桥在迎风侧和背风侧的影响。为此,桥梁周围顺桥长400m、宽320m范围内的建筑、地形和宫前桥模型,都采用气动外形相似、结构刚度很大的刚性模型,矢田川桥则采用全桥气弹模型模拟。

全桥气弹模型风洞试验在同济大学 TJ-3 边界层风洞中进行,该风洞试验段宽15m、高2m、长14m,是世界上第二大边界层风洞,试验风速可调范围为 1~17.5m/s。根据风洞试验段条件,矢田川桥全桥气弹模型采用 1∶50 几何缩尺比,气弹模型主要参数如表10-3所示。气弹模型刚度系统的模拟主要采用经过精密线切割加工的钢骨架,全桥气弹模型钢骨架外形如图10-21所示;气弹模型气动外形的模拟是通过无刚度的分段外衣来实现的,外衣采用PVC板材经数控机床切割后用手工黏结而成,其节段外形如图10-22所示;气弹模型质量系统的模拟采用附加铜条的办法来实现。

矢田川桥气弹模型参数 表10-3

参数名称		符号	单位	实桥值	相似比	模型值
几何参数	桥梁长度	L	m	67.1+84.2+67.1	1∶50	1.342+1.684+1.342
	桥梁宽度	B	m	7.5	1∶50	0.15
	桥梁高度	H	m	2.45~3.45	1∶50	0.049~0.069
质量参数	竖弯质量	m	kg/m	10046~11944	$1∶50^2$	4.018~4.778
刚度参数	竖弯刚度	I_z	m^4	$(9.42~31.26)\times10^{10}$	$1∶25\times50^5$	602.9~2001
风速参数	竖弯风速	U_h	m/s	80	1∶5	16
频率参数	一阶竖弯振动频率	f_{h1}	Hz	1.014	10∶1	10.14
	二阶竖弯振动频率	f_{h2}	Hz	1.580	10∶1	15.58
阻尼比参数	一阶阻尼比	ξ_{h1}	%	0.4	1∶1	0.4
	二阶阻尼比	ξ_{h2}	%	0.4	1∶1	0.4

图10-21 气弹模型钢骨架

图10-22 气弹模型外衣节段

（2）驰振气弹模型风洞试验

驰振稳定全桥气弹模型风洞试验模拟了均匀流场和紊流风场，紊流风场模拟了Ⅱ类边界层风场，模拟紊流风场的平均风速剖面、紊流强度剖面和桥面高度脉动风功率谱如图 10-23 所示。驰振稳定全桥气弹模型风洞试验模拟单独矢田川桥、宫前桥在矢田川桥迎风侧、宫前桥在矢田川桥背风侧三种情况（图 10-24）。

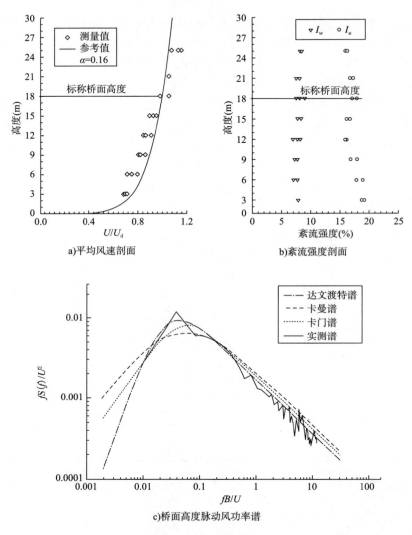

图 10-23　TJ-3 边界层风洞模拟紊流风场

均匀流场下，单独矢田川桥全桥气弹模型中跨跨中实测竖弯驰振响应随实桥风速变化如图 10-25a）所示，驰振临界风速为 38m/s；宫前桥在矢田川桥迎风侧和背风侧全桥气弹模型中跨跨中实测竖弯驰振响应随实桥风速变化如图 10-25b）所示，当宫前桥位于矢田川桥迎风侧时，驰振临界风速为 38m/s，当宫前桥位于矢田川桥背风侧时，并未出现驰振失稳现象，而是出现了大振幅涡振。

第十章 梁式桥驰振稳定分析及气动控制

a)单独矢田川桥　　　　　　　　　　b)宫前桥在矢田川桥迎风侧和背风侧

图 10-24　驰振稳定全桥气弹模型风洞试验场景

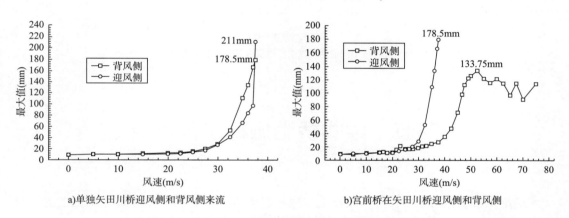

a)单独矢田川桥迎风侧和背风侧来流　　　　b)宫前桥在矢田川桥迎风侧和背风侧

图 10-25　均匀流场全桥气弹模型中跨跨中实测竖弯驰振响应随实桥风速变化

以宫前桥位于矢田川桥迎风侧工况为准,进一步考察均匀流场和 10% 紊流风场中驰振失稳的差别。图 10-26 给出了均匀流场和 10% 紊流风场中全桥气弹模型三个跨中竖弯涡振响应的实测结果,不难发现,与节段模型风洞试验结果不同,紊流风场中全桥气弹模型驰振消失了。

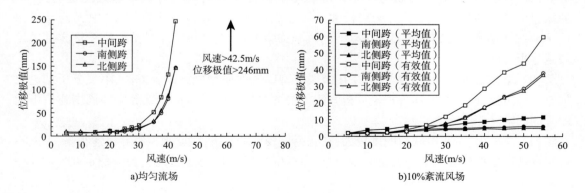

a)均匀流场　　　　　　　　　　b)10%紊流风场

图 10-26　全桥气弹模型三个跨中实测竖弯驰振响应

— 337 —

（3）驰振控制措施风洞试验

为了有效控制驰振失稳发生，与节段模型风洞试验一样，全桥气弹模型检验了箱梁外角导流板和桥面板中央开槽两种抑制驰振的气动控制方法，按照宫前桥位于矢田川桥迎风侧工况，全桥气弹模型中跨跨中实测竖弯驰振响应比较如图 10-27 所示。桥面板中央开槽气动控制方法将驰振转化成另一种涡振，最大振幅 162.56mm，而箱梁外角导流板完全消除了驰振失稳。

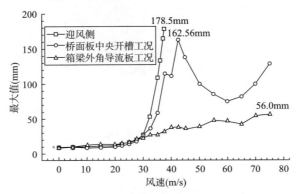

图 10-27　全桥气弹模型附加两种气动控制措施后中跨跨中实测竖弯驰振响应

第四节　梁式桥驰振稳定分析结论

（1）准定常驰振稳定分析方法是建立在驰振自激力不随时间变化假定基础之上的，驰振自激力不随攻角变化的线性假定模型可以导出准定常驰振稳定性判断标准——Den Hartog 判据，根据这一判据，主梁断面升力系数导数为负是驰振失稳的必要条件，升力系数导数与阻力系数之和小于 0 是充分条件；非线性准定常驰振稳定分析方法则是基于驰振自激力随攻角而变化的假定，将线性驰振稳定分析问题转化为非线性驰振响应分析问题。

（2）非定常驰振稳定分析方法是建立在驰振自激力随时间变化假定基础之上的，根据驰振自激力是否随攻角变化分为线性和非线性非定常驰振稳定分析模型，其中无论是线性还是非线性模型的参数都需要通过复杂的风洞试验识别，其分析精度显然要高于准定常驰振稳定分析方法。

（3）梁式桥驰振稳定分析可以采用节段模型或气弹模型风洞试验方法，不仅分析结论更加直接和可靠，而且可以体现理论分析方法无法考虑的类似于结构三维效应和周围建筑干扰效应的影响。

（4）总体上，由于梁式桥刚度较大，在宽高比较大情况下，主梁驰振临界风速很高，一般不会出现低于驰振检验风速的安全问题，只有在窄桥的情况下，才需要检验驰振稳定性。

本章参考文献

[1] BIRKHOFF G. Formation of vortex streets[J]. Journal of Applied Physics, 1953, 24(1): 98-103.
[2] NOVAK M. Galloping oscillations of prismatic structures[J]. Journal of the Engineering Mechanics Division, 1972, 98(1): 27-46.
[3] WASHIZU K, OHYA A, OTSUKI Y, et al. Aeroelastic instability of rectangular cylinders in a heaving mode[J]. Journal of Sound and Vibration, 1978, 59(2): 195-210.
[4] TAMURA Y, SHIMADA K. A mathematical model for the transverse oscillations of square cylinders[D]. Tokyo: Tokyo Polytechnic University, 1987.
[5] PARKINSON G. Phenomena and modeling of flow-induced vibrations of bluff bodies[J]. Progress in Aerospace Sciences, 1989, 26(2): 169-224.
[6] CORLESS R M, PARKINSON G V. Mathematical modelling of the combined effects of vortex-induced vibration and galloping part II[J]. Journal of Fluids and Structures, 1993, 7(8): 825-848.
[7] RICCIARDELLI F. Prediction of the response of suspension and cable-stayed bridge towers to wind loading[J]. Journal of Wind Engineering and Industrial Aerodynamics, 1996, 64(2-3): 145-159.
[8] SIMIU E, SCANLAN R H. Wind Effects on Structures[M]. 3rd ed. New York: John Wiley & Sons, 1996.
[9] GE Y J, LIN Z X. Wind-Tunnel Study of Yadagawa Bridge[R]. Technical Report, SLDRCE 9916, Tongji University. 2000.
[10] GAO G Z, ZHU L D, DING Q S. Identification of nonlinear damping and stiffness of spring-suspended sectional model[C]. Eighth Asia-Pacific Conference on Wind Engineering, Chennai, India, 2013.
[11] MANNINI C, MARRA A M, Bartoli G. VIV-galloping instability of rectangular cylinders: review and new experiments[J]. Journal of Wind Engineering and Industrial Aerodynamics, 2014, 132: 109-124.
[12] MANNINI C, MASSAI T, MARRA A M, et al. Modelling the interaction of VIV and galloping for rectangular cylinders[C]. 14th International Conference on Wind Engineering (ICWE14), Portal Alegre, Brazil, 2015.
[13] 项海帆,葛耀君,朱乐东.现代桥梁抗风理论与实践[M].北京:人民交通出版社,2005.
[14] 高广中.大跨度桥梁风致自激振动的非线性特性和机理研究[D].上海:同济大学,2016.
[15] 陈修煜.切角矩形断面的驰振特性及非线性自激力研究[D].上海:同济大学,2018.

第十一章

梁式桥风雨作用及静动力效应

桥梁风雨作用效应研究一般关注的是斜拉桥拉索的风雨激振,这是一种在实际桥梁结构中观测到的风雨激振效应,其他桥梁结构或构件的风雨作用效应研究几乎是空白的,梁式桥结构简单、构件单一,特别适合用于风雨作用效应基础研究。为了探索风雨共同作用下梁式桥风雨作用荷载及效应,从风速和雨强的分布概率模型出发,研究风雨独立作用下的主梁风效应和风雨共同作用下的主梁静力效应与动力效应。本章主要介绍风速和雨强独立分布概率模型及联合分布概率模型、风雨独立作用效应、风雨共同作用主梁静力效应和风雨共同作用主梁动力效应。

第一节 风速和雨强概率模型

桥梁风雨作用荷载和效应研究的基础是风雨作用概率模型,主要基于风速和雨强分布的概率模型,其中包括风速分布概率模型、雨强分布概率模型、风速和雨强联合分布概率模型等。由于目前还没有统一形式的风速和雨强联合分布概率模型,因此,采用典型气象台站风速和雨强实测样本,建立风速和雨强联合分布概率模型。

一、风速和雨强实测样本

上海崇明气象站具有丰富的风速和雨强实测数据,特别是台风过程的风速和雨强纪录数据。1971—2007 年出现影响崇明岛的台风 47 次,将台风经过时每小时实测纪录的风速(10min 平均风速)和雨强(小时平均降雨强度)作为实测样本,共 47 组,如表 11-1 所示。

上海崇明气象站 47 次台风过程中,每小时实测得到的风速和雨强如图 11-1 所示,其中,最大风速 18m/s,风速主要分布在 2~16m/s 范围内;最大雨强 33mm/h,雨强主要分布在 10mm/h 以下。台风过程 28 组实测风速与雨强的相关系数如图 11-2 所示,相关系数绝对值在 0.5~0.8 范围内,离散程度较高、相关性较低。

第十一章 梁式桥风雨作用及静动力效应

上海崇明气象站台风过程 47 组风速和雨强实测样本 表 11-1

台风编号	台风名称	最大风速（m/s）	最大雨强（mm/h）	台风编号	台风名称	最大风速（m/s）	最大雨强（mm/h）
7115	Nadine	14.0	0.0	9018	Dot	9.0	7.4
7209	Betty	14.5	15.7	9022	Hattie	9.7	0.0
7413	Mary	11.7	5.6	9120	Mireille	11.0	2.1
7504	Ora	10.0	0.0	9216	Polly	13.3	17.3
7708	Babe	17.0	21.6	9219	Ted	13.3	21.5
7909	Irving	12.7	1.7	9406	Tim	11.7	0.0
7910	Judy	10.7	5.1	9414	Doug	10.7	3.7
8019	Wynne	12.0	0.1	9608	Herb	11.0	0.0
8114	Agnes	17.7	3.1	9711	Winnie	15.3	30.3
8209	Andy	13.3	14.0	0008	Jelawat	11.7	0.3
8211	Cecil	12.3	1.9	0012	Prapiroon	14.0	32.9
8310	Forrest	14.7	1.3	0014	Saomei	12.0	8.1
8406	Ed	15.7	26.6	0102	Chebi	7.3	14.4
8409	Holly	12.0	2.9	0104	Utor	10.7	31.4
8506	Jeff	14.7	29.6	0205	Ramasoon	14.3	9.4
8509	Mamie	12.7	2.1	0407	Mindule	13.0	11.6
8510	Nelson	9.7	1.6	0414	Rananim	8.7	3.8
8519	Brenda	11.7	4.7	0509	Matsa	12.3	18.0
8615	Vera	16.3	2.4	0515	Khanun	12.9	31.4
8707	Alex	18.0	18.8	0601	Chanchu	9.2	6.2
8807	Bill	11.7	0.9	0604	Bilis	10.0	1.2
8909	Hope	12.0	3.9	0713	Vipa	8.9	29.1
9005	Ofelia	14.0	9.4	0716	Krosa	9.2	7.4
9015	Abe	12.7	7.7				

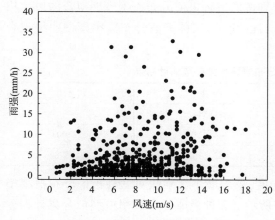

图 11-1 台风过程 47 组实测风速和雨强

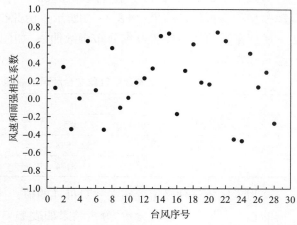

图 11-2 台风过程 28 组实测风速与雨强的相关系数

— 341 —

二、风速分布概率模型

大气边界层自然风的平均风速是一个平稳的随机变量,结构风效应研究主要关注平均风速的极大值,一般可以采用极值分布概率模型描述平均风速的分布规律。无论随机变量的原始分布具有何种形式,如果极大值渐进分布存在,都可以采用以下三种极值分布概率模型来描述。

(1) 极值 I 型 (Gumbel)

概率分布函数:
$$F_G(x) = \exp\left[-\exp\left(-\frac{x-\beta}{\alpha}\right)\right] \tag{11-1a}$$

概率密度函数:
$$f_G(x) = \frac{1}{\alpha} \cdot \exp\left[-\exp\left(-\frac{x-\beta}{\alpha}\right)\right] \cdot \exp\left(-\frac{x-\beta}{\alpha}\right) \tag{11-1b}$$

式中,α 为尺度参数;β 为位置参数。

(2) 极值 II 型 (Frechet)

概率分布函数:
$$F_F(x) = \exp\left[-\left(\frac{x-\beta}{\alpha}\right)^{-\gamma}\right] \tag{11-2a}$$

概率密度函数:
$$f_F(x) = \frac{\gamma}{\alpha} \cdot \exp\left[-\left(\frac{x-\beta}{\alpha}\right)^{-\gamma}\right] \cdot \left(\frac{x-\beta}{\alpha}\right)^{-\gamma-1} \tag{11-2b}$$

式中,γ 为形状参数。

(3) 极值 III 型 (Weibull)

概率分布函数:
$$F_W(x) = \exp\left[-\left(-\frac{x-\beta}{\alpha}\right)^{\gamma}\right] \tag{11-3a}$$

概率密度函数:
$$f_W(x) = \frac{\gamma}{\alpha} \cdot \exp\left[-\left(-\frac{x-\beta}{\alpha}\right)^{\gamma}\right] \cdot \left(-\frac{x-\beta}{\alpha}\right)^{\gamma-1} \tag{11-3b}$$

采用极大似然法对 47 组台风风速实测样本进行参数估计,可以得到按照三种极值分布概率模型的参数估计结果,如表 11-2 所示。由此得到按照三种极值分布概率模型拟合的风速概率密度函数曲线和风速概率分布函数曲线,如图 11-3 所示,三种极值分布概率模型曲线拟合结果非常接近。

上海崇明气象站台风风速极值分布概率模型参数估计结果　　　　表 11-2

分布概率模型	α	β	γ
极值 I 型	2.3851	11.5442	—
极值 II 型	52.7978	−41.2161	22.1003
极值 III 型	11.8174	23.1902	4.8878

为了比较三种极值分布参数对母样的拟合优度,采用最小二乘法对三种极值分布概率模型的拟合累计误差进行分析,分析结果如表 11-3 所示。三种极值分布概率模型拟合累计误差都很小,其中,风速概率密度函数的累计误差区间为 0.26% ~ 2.24%,风速概率分布函数的累

计误差区间为 0.08%~0.31%;在三种极值分布概率模型中,极值Ⅲ型分布拟合的累积误差最小。

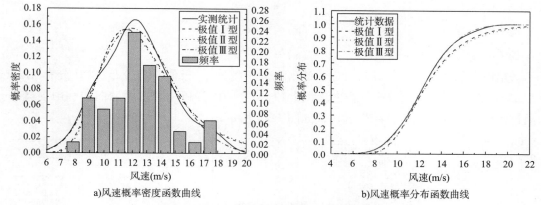

图 11-3　上海崇明气象站台风风速极值分布概率函数曲线拟合结果

上海崇明气象站台风风速极值分布概率模型拟合累计误差　　　　　　表 11-3

概率分布模型	累计误差(%)	
	概率密度函数	概率分布函数
极值Ⅰ型分布	1.9429	0.2895
极值Ⅱ型分布	2.2374	0.3141
极值Ⅲ型分布	0.2583	0.0773

三、雨强分布概率模型

雨强也是一个平稳的随机变量,除了与风速一样服从极值分布之外,一般还可以采用 GPD 分布、Gamma 分布、Weibull 分布和指数分布等进行描述。

(1) GPD 分布

概率分布函数：
$$F(x) = 1 - \left[1 + \frac{\gamma(x - \tilde{x})}{\beta}\right]^{-\frac{1}{\lambda}} \tag{11-4a}$$

概率密度函数：
$$f(x) = \frac{1}{\beta}\left[1 + \frac{\gamma(x - \tilde{x})}{\beta}\right]^{-\frac{1}{\lambda} - 1} \tag{11-4b}$$

(2) Gamma 分布

概率分布函数：
$$F(x) = \frac{1}{\Gamma(\beta)}\alpha^\beta \int_0^x t^{\beta-1} e^{-\alpha t} dt, \ x > 0 \tag{11-5a}$$

概率密度函数：
$$f(x) = \frac{1}{\Gamma(\beta)}\alpha^\beta x^{\beta-1} e^{-\alpha x}, \ x > 0 \tag{11-5b}$$

式中,Γ 为 Gamma 函数。

(3) Weibull 分布

概率分布函数：
$$F(x) = P(X \leq x) = 1 - e^{-(\frac{x}{\alpha})^\beta} \tag{11-6a}$$

概率密度函数：
$$f(x) = \left(\frac{\beta}{\alpha}\right)\left(\frac{x}{\alpha}\right)^{\beta-1} e^{-\left(\frac{x}{\alpha}\right)^{\beta}} \quad (11\text{-}6b)$$

（4）指数分布

概率分布函数：
$$F(x) = 1 - e^{-\frac{x}{\alpha}} \quad (11\text{-}7a)$$

概率密度函数：
$$f(x) = e^{-\frac{x}{\alpha}}/\alpha \quad (11\text{-}7b)$$

采用极大似然法或矩估计法可以估计出极值Ⅰ型分布、极值Ⅱ型分布、GPD分布、Gamma分布、Weibull分布和指数分布的概率模型参数，拟合的雨强概率密度函数曲线和雨强概率分布函数曲线与雨强实测统计结果的比较如图11-4所示。

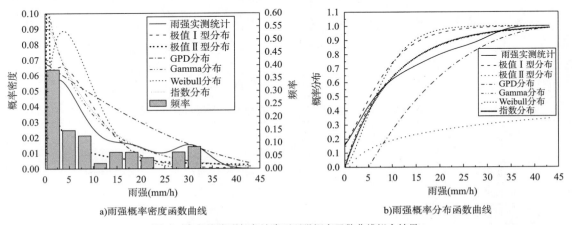

a) 雨强概率密度函数曲线　　　　b) 雨强概率分布函数曲线

图11-4　上海崇明气象站降雨雨强概率函数曲线拟合结果

采用最小二乘法对六种概率密度模型和概率分布函数的拟合累计误差进行分析，分析结果如表11-4所示。六种概率模型拟合累计误差都很小，其中，雨强概率密度函数的累计误差区间为0.55% ~ 3.55%，极值Ⅰ型分布最小；雨强概率分布函数的累计误差区间为0.06% ~ 0.70%，Gamma分布最小。

上海崇明气象站降雨雨强不同概率模型拟合累计误差　　　　表11-4

概率分布模型	累计误差（%）	
	概率密度函数	概率分布函数
极值Ⅰ型分布	0.5455	0.1128
极值Ⅱ型分布	2.3297	0.6955
GPD分布	3.5524	0.2306
Gamma分布	1.3870	0.0619
Weibull分布	0.7427	0.1584
指数分布	1.2747	0.0722

四、风速和雨强联合分布概率模型

结构风雨作用效应研究需要同时考虑两个随机变量——风速和雨强，因此必须建立风速和雨强的联合分布概率模型，而不是单独的风速分布概率模型和雨强分布概率模型的叠加。

一般而论,联合分布概率模型是连接多维随机变量的分布函数,反映了多维随机变量在多维空间的分布规律。多维随机变量的联合分布概率模型确定之后,可以求得各随机变量的边缘分布,但反过来却难以得到联合分布概率模型。Copula 函数的出现为我们解决此问题提供了便利。因为 Copula 函数可用于描述变量间的相关性,并将边缘分布函数与它们的联合分布函数联系在一起,也被称为连接函数。

风速和雨强联合分布概率模型一般采用阿基米德 Copula 函数,并与极值Ⅲ型分布风速和 Gamma 分布雨强相结合,形成 Gumbel Copula、Clayton Copula、Frank Copula 三种风速和雨强联合分布概率模型。采用上海崇明岛气象站提供的 47 组台风过程风速和雨强实测样本,最优估计了三种联合分布概率模型的参数。

(1) Gumbel Copula 联合分布概率模型

$$H_G(x,y) = \exp\left(-\left\{[-\ln F(x)]^\theta + [-\ln G(y)]^\theta\right\}^{1/\theta}\right) \quad (11\text{-}8)$$

式中,$F(x)$ 为极值Ⅲ型风速分布函数;$G(y)$ 为 Gamma 雨强分布函数;θ 为模型参数,经过最优估计模型参数 $\theta = 1.2931$。Gumbel Copula 联合分布概率曲线如图 11-5 所示。

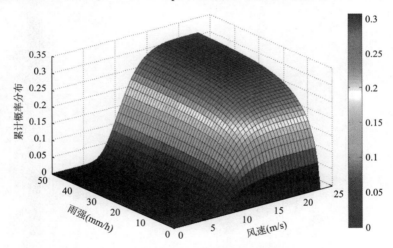

图 11-5　Gumbel Copula 联合分布概率曲线

(2) Clayton Copula 联合分布概率模型

$$H_C(x,y) = \max\left\{\left[F(x)^{-\theta} + G(y)^{-\theta} - 1\right]^{-1/\theta}, 0\right\} \quad (11\text{-}9)$$

式中,经过最优估计模型参数 $\theta = 0.5861$。Clayton Copula 联合分布概率曲线如图 11-6 所示。

(3) Frank Copula 联合分布概率模型

$$H_F(x,y) = -\frac{1}{\theta}\ln\left\{1 + \frac{\left[e^{-\theta F(x)} - 1\right]\left[e^{-\theta G(y)} - 1\right]}{e^{-\theta} - 1}\right\} \quad (11\text{-}10)$$

式中,经过最优估计模型参数 $\theta = 2.1295$。Frank Copula 联合分布概率曲线如图 11-7 所示。

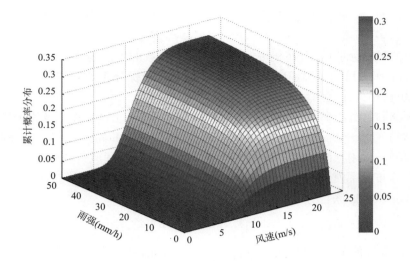

图 11-6 Clayton Copula 联合分布概率曲线

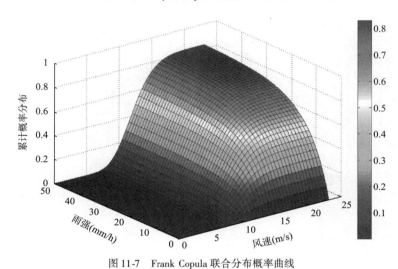

图 11-7 Frank Copula 联合分布概率曲线

第二节 风雨独立作用分析

一、雨滴和雨强作用特性

降雨过程始于云层中的水汽不断凝结,当聚集的水汽体积达到一定程度便会克服空气浮力形成雨滴下落,雨滴在下落过程中还会发生蒸发、碰撞结合或者破裂,最终降落到桥面或桥梁结构表面。单位时间内降落到单位面积水平面或桥面上的雨滴体积总和就是降雨强度,简称雨强,一般采用每小时多少毫米来表示,即 mm/h。

(1) 雨滴作用特性

雨滴在下落过程中,受到空气阻力作用底部呈扁平状,不是标准的球体,雨滴直径也不尽相同。直径较小的雨滴由于空气阻力较小及表面张力,形状近似呈圆球,雨滴的直径越大,下落速度越快,受到的空气阻力也越大。实际上直径不超过 0.35mm 的雨滴为严格球形,一般雨滴建模时半径大于 0.5mm 的雨滴被认为是非球形的,直径更大的雨滴不能以雨滴的直径描述,而是以具有相同体积球体的直径来描述。Best 提出了雨滴直径分布函数,也被称为雨滴谱

$$F(D) = 1 - e^{-\left(\frac{D}{AI^p}\right)^n} \tag{11-11}$$

$$W = CI^\gamma \tag{11-12}$$

式中,D 为雨滴直径;I 为雨强;W 为单位体积空气中水的含量;A 为常数 1.30,C 为常数 67,p 为常数 0.232,γ 为常数 0.846,n 为常数 2.25。

根据雨滴直径分布函数,可以建立雨滴质量谱函数

$$\varphi_h(D) = V_t \cdot n(D) \cdot \frac{\pi}{6} \cdot D^3 \tag{11-13}$$

$$n(D) = N_0 e^{-\lambda D} \tag{11-14}$$

式中,N_0 为浓度常数,$N_0 = 8000$;λ 为尺度参数,且 $\lambda = 4.1 I^{-0.21}$;V_t 为下落雨滴垂直终点速度

$$V_t(D) = 9.5 \left[1 - e^{-\left(\frac{103D}{1.77}\right)^{1.147}}\right] \tag{11-15}$$

(2) 雨强作用特性

降雨雨滴作用之和可以用雨强来表示,雨强是最常用的表征降雨宏观特征的量。我国气象部门根据雨强标准,将降雨等级分成小雨、中雨、大雨、暴雨和大暴雨 5 级,如表 11-5 所示。

我国降雨等级和雨强标准　　　　　表 11-5

降雨等级	小雨	中雨	大雨	暴雨	大暴雨
日降雨量(mm/24h)	0.1~10	10~25	25~50	50~100	100~200
日等效降雨量(mm/h)	0.0042~0.42	0.42~1.04	1.04~2.08	2.08~4.17	4.17~8.33
小时降雨量(mm/h)	≤2.5	2.5~8	8~16	>16	

根据中国气象局统计的全国 31 个省会以上城市、60 个地级市、14 个县级市共 105 个气象台站,1975—1984 年统计的按照 1min 最大雨强排列的全国前五名实测纪录如表 11-6 所示。

全国前五名最大雨强实测纪录　　　　　表 11-6

地点	1min 最大雨强(mm/min)	换算小时雨强(mm/h)	出现时间
广东广州	9.009	540	1984 年 6 月 2 日
海南海口	7.636	458	1979 年 4 月 28 日
福建南平	6.946	417	1982 年 6 月 13 日
广东阳江	6.714	403	1978 年 5 月 31 日
广东汕头	6.700	402	1976 年 6 月 4 日

二、雨滴冲击作用分析模型

强风是气态的,雨滴是液态的,风雨作用是一种典型的气液两相流动作用问题。如果忽略两相流之间的相关关系,假定强风和雨滴独立作用在桥梁结构上,则可以采用静风作用叠加雨滴作用,前者可以采用传统风工程静力三分力模型,后者必须考虑雨滴对结构的冲击作用,采用雨滴冲击作用分析模型。

雨滴冲击作用分析模型基于雨滴在风的驱动下撞击到结构表面,其动能转化为作用在结构表面的力,并引起结构作用力发生变化。为此假定雨滴在风驱动下到达结构表面,其动能完全转化为结构动能;雨滴在空气中均匀分布,其数量和直径由雨强唯一确定。

当直径为 D 的雨滴在水平风速 v 的气流驱动下,撞击到结构表面时,雨滴水平速度为 λv,假定雨滴撞击结构后速度为零,那么雨滴撞击作用时间 $t_0 = D/(\lambda v)$。雨滴对结构的冲击作用力可以按照正弦规律确定,即

$$f(t) = f\sin(\pi t/t_0) \tag{11-16}$$

根据动量定理:$m\lambda v = \int_0^{t_0} f\sin(\pi t/t_0)\mathrm{d}t = 2ft_0/\pi$,可得单个雨滴冲击力为

$$f = m\pi\lambda^2 v^2/(2D) \tag{11-17}$$

由于雨滴撞击具有复杂性,引入雨滴作用力修正系数 μ,单个雨滴冲击力公式化为

$$f = m\pi\mu\lambda^2 v^2/(2D) \tag{11-18}$$

考虑 t_0 时间内作用于物体表面的力,假定紧贴结构表面有一个单位边长的正方体,雨强为 I,正方体内的雨水总质量为 M,那么 t_0 时间内通过正方体表面的雨滴总量为 $\lambda M/m$,作用于物体表面的雨滴颗粒数量 $n = \lambda M/[m(D/I)]$,则作用于物体表面的总冲击力为

$$F_i = nf = \frac{\pi}{2}M\mu\lambda^3 v^2 BL \tag{11-19}$$

假定结构静风阻力系数为 C_D,结构特征尺度为 B,长度为 L,当风速为 v 时,雨滴冲击力与静风阻力的比值为

$$\frac{F_i}{F_a} = \frac{\frac{\pi}{2}M\mu\lambda^3 v^2 BL}{\frac{1}{2}C_D\rho v^2 L} = \frac{\pi M\mu\lambda^3 B}{C_D\rho} \tag{11-20}$$

雨滴冲击作用比较复杂,涉及 μ 和 λ 两个关键参数,偏于安全的取 $\mu=1$,λ 值则比较了 1 到最不利取值 1.9,表 11-7 给出了不同 λ 值的雨滴冲击力与静风阻力的比值。

不同雨强作用下雨滴冲击力与静风阻力的比值　　　表 11-7

雨强 (mm/h)	单位体积内 雨滴质量(g/m³)	雨滴冲击力 与静风阻力比值($\lambda=1$)	雨滴冲击力 与静风阻力比值($\lambda=1.7$)	雨滴冲击力 与静风阻力比值($\lambda=1.9$)
10	0.47	0.10%	0.49%	0.68%
50	1.83	0.38%	1.87%	2.63%
100	3.30	0.69%	3.39%	4.74%
200	5.93	1.24%	6.09%	8.52%
500	12.86	2.69%	13.22%	18.47%
1000	23.12	4.84%	23.78%	33.21%

当雨强达到200mm/h，且雨滴水平速度和风速的比值λ取1.7时，雨滴冲击力与静风阻力的比值达到6.09%。同时满足极端雨强和雨滴水平速度的情况极其少见，因此，在一般的计算分析中可以忽略雨滴的水平冲击作用。只有当雨滴的水平速度明显比风速高，极值瞬时雨强超过200mm/h的极端状况下，才不能忽略雨滴对结构的冲击作用。

三、空气密度等效分析模型

当降雨发生时，空气湿度加大，空气中散布着大量不同粒径的雨滴，雨滴对结构静力作用可以看作雨滴完全随着空气流动，相当于空气中增加了部分水汽的质量，空气的密度得到了提高。假设将降雨时空气中雨滴的质量加入空气质量中，作为降雨引起的空气等效密度，如图11-8所示。

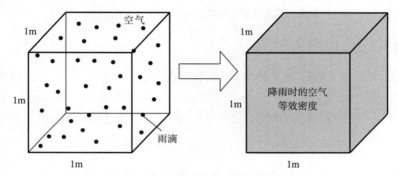

图11-8 降雨改变空气密度示意图

假设降雨没有改变风速和结构的阻力系数，则由降雨引起的风雨等效作用力与静风阻力的比值为

$$\frac{F_R}{F_a} = \frac{\frac{1}{2}C_H \rho_R v^2}{\frac{1}{2}C_H \rho_a v^2} = \frac{\rho_R}{\rho_a} = \frac{m_a + m_w}{m_a} = 1 + \frac{m_w}{m_a} \tag{11-21}$$

式中，ρ_R为因降雨改变的空气等效密度；$\rho_a = 1.25 \text{kg/m}^3$为空气密度；$m_w$为单位体积内雨滴的质量；$m_a$为单位体积空气的质量。

虽然雨滴中水的密度约为空气密度的800倍，但降雨时单位体积内雨滴的体积比空气的体积小很多。根据表11-8列出的不同雨强作用下单位体积内雨滴质量，把降雨时空气中所有雨滴质量加到空气质量中，引起的空气密度变化率与风雨作用力变化率见表11-8。

不同雨强作用下空气密度变化率与风雨作用力变化率　　　　　表11-8

雨强(mm/h)	单位体积内雨滴质量(g/m³)	空气密度变化率	风雨作用力变化率
10	0.47	0.04%	0.04%
50	1.83	0.15%	0.15%
100	3.30	0.26%	0.26%
200	5.93	0.47%	0.47%
500	12.86	1.03%	1.03%
1000	23.12	1.85%	1.85%

即使雨强达到1000mm/h,降雨引起的空气密度变化造成的风雨作用力的变化率仍不到2%,因此降雨引起的空气密度变化完全可以忽略不计。

第三节　风雨共同作用静力效应

风雨共同作用下桥梁结构或构件的效应主要通过风洞试验进行研究,静力效应风洞试验主要采用刚性节段模型测力风洞试验方法,通过节段模型在不同的风速和雨强组合模拟条件下测得的风雨作用三分力,识别风雨共同作用的静力三分力系数。

一、风雨共同作用测力试验

风雨共同作用下静力效应节段模型风洞试验在同济大学 TJ-1 边界层直流式风洞的射流段进行。该风洞试验段高1.8m、宽1.8m、长14m,风速范围为0.5~30.0m/s。风洞尾部扩散段出口处设有射流喷管,形成自由射流区,其出口截面直径2.4m。节段模型风洞试验在自由射流段进行。

(1)人工降雨装置

同济大学 TJ-1 边界层风洞射流段安装了 ZKSB-3 高精度人工降雨模拟机。该系统主要由三个部分组成:供水系统、喷淋系统和控制系统,如图11-9所示。其中,供水系统是一个蓄水池;喷淋系统采用专业生产模拟雨滴喷头的美国 Spaying Systems 公司 Fulljet 旋转下喷式喷头,每组三个不同口径[1/8in(3.175mm)、2/8in(6.35mm)、3/8in(9.525mm)]的垂直喷头,共有5组喷头组合形成人工降雨;每种口径的喷头通过一个电子开关控制,共有三个控制系统协调控制降雨过程。这种组合既可实现较大雨强变化,又可保证雨滴模拟效果,从而形成雨强从小到大连续可调,雨滴形态、降雨均匀度与自然降雨相似的人工自动模拟降雨。

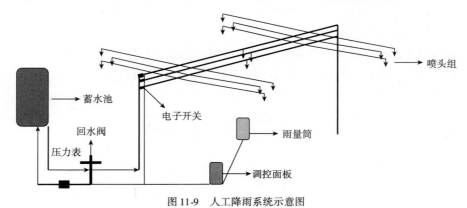

图11-9　人工降雨系统示意图

(2)节段模型固定支架

节段模型测力试验主要采用高频测力天平,测量或识别桥梁断面节段模型在风雨作用下的风雨共同作用静力三分力。理想的节段模型测力试验模型固定方式应该是将模型水平放置、高频测力天平侧向放置,以测量模型所受到的阻力、升力和升力矩。为了避免节段模型水平固定时降雨雨滴对节段模型测力的影响,测力节段模型固定支架采用模型竖直固定方式,测振节段模型固定支架采用模型水平弹性悬挂方式,如图11-10所示。

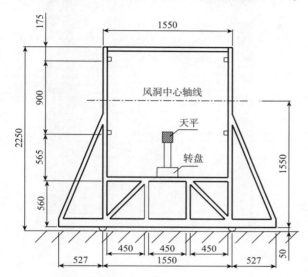

a)模型固定支架立面图(尺寸单位:cm)　　　　b)模型固定支架侧面图(尺寸单位:cm)

c)测力节段模型固定装置　　　　　　　　　　d)测振节段模型固定装置

图 11-10　节段模型试验装置示意图

(3)测力天平安装

节段模型测力试验的主要仪器是测力天平,采用五分量测力天平测量风雨共同作用下节段模型的静力三分力系数。由于风洞射流段的降雨状况比较复杂,所以在降雨区段使用天平时必须考虑天平的防水措施。首先使用双层带褶皱的塑料薄膜将天平包裹,避免降雨时水和水汽对天平造成危害;其次使用有机玻璃外罩保护天平,避免气流对天平产生影响;最后在所有接缝处使用硅胶密封防水。节段模型测力天平连接及防水措施如图11-11所示。

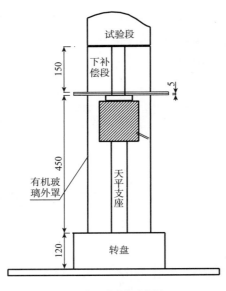 

a)测力天平连接示意图　　　　　　b)测力天平防水示意图

图 11-11　节段模型测力天平安装(尺寸单位:cm)

二、定常气动力系数测量

(1)定常气动力系数

由于桥梁结构是一个水平方向的线状结构,流场可近似地看作二维的,定常气动力一般可分解成阻力分量、升力分量和升力矩分量,时间平均并且无量纲化后可得到定常气动力三个分量的系数

$$C_D = \frac{F_D}{\frac{1}{2}\rho U^2 HL} \tag{11-22a}$$

$$C_L = \frac{F_L}{\frac{1}{2}\rho U^2 BL} \tag{11-22b}$$

$$C_M = \frac{M}{\frac{1}{2}\rho U^2 B^2 L} \tag{11-22c}$$

式中,C_D、C_L、C_M 分别为风轴坐标系下的阻力系数、升力系数和升力矩系数;F_D、F_L 和 M 为风轴坐标系下的阻力、升力和升力矩;ρ 为空气密度;U 为来流平均风速;H、B 和 L 分别为节段模型的高度、宽度和长度。

桥梁主梁断面的空气动力系数与断面的形状、风向以及雷诺数有关,其中断面形状的影响较大。在桥梁结构中,除圆形截面外,大部分非流线型截面都带有明显的棱角,气流的分离点基本上是固定的,可以认为不会随风速而变化,因此雷诺数的影响可以忽略不计。

(2)测力节段模型

风雨共同作用节段模型测力试验选用了圆形截面、三种长宽比的矩形截面、对称风嘴截面和非对称风嘴截面6种断面。其中,圆形截面直径为150mm、第一种矩形截面为200mm×200mm(长×宽)、第二种矩形截面为200mm×100mm(长×宽)、第三种矩形截面为200mm×50mm(长×宽)、对称风嘴截面为200mm×20mm(长×宽)、非对称风嘴截面为276mm×27mm(长×宽),所有模型长度均为300mm。为了减小模型端部的边界效应,模型的两端都设有补偿段。上补偿段和下补偿段的长度分别为300mm和150mm。为了使模型有理想的防水效果,并且减轻模型自身重量,除第一种方柱断面(200mm×200mm)使用泡沫塑料制作外,其他模型使用有机玻璃板制作。六种测力节段模型截面尺寸如图11-12所示,模型试验段和补偿段的安装示意图及在风洞中的布置如图11-13所示。

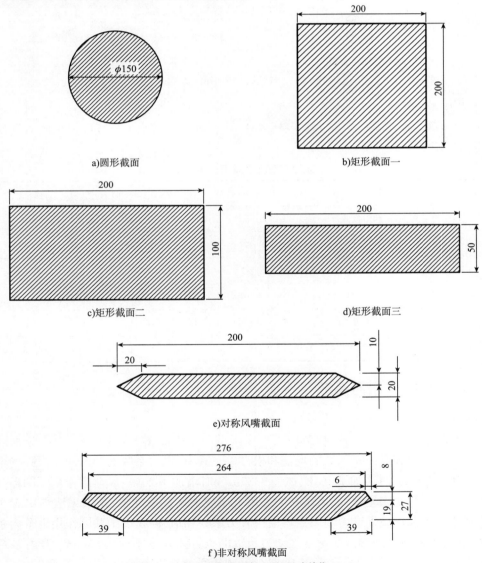

图11-12 测力节段模型断面图(尺寸单位:mm)

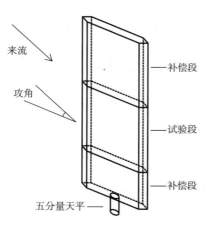 

a)模型安装示意图　　　　　　　　b)非对称风嘴截面节段模型

图 11-13　模型试验段和补偿段安装

(3) 测力试验工况

节段模型测力风雨试验工况主要包括风速、雨强和攻角等。6 个节段模型测力风雨试验工况如表 11-9 所示。

节段模型测力风雨试验工况　　　　表 11-9

模型编号	模型截面形式	风速(m/s)	雨强(mm/h)	攻角(°)
1	圆形截面	0~11	0~80	0
2	矩形截面一	0~11	0~80	0~45
3	矩形截面二	0~9	0~80	0~90
4	矩形截面三	0~9	0~80	0~90
5	对称风嘴截面	0~9	0~80	0/3/5
6	非对称风嘴截面	0~9	0~80	-5/-3/0/3/5

三、风雨共同作用力系数

(1) 圆形截面风雨共同作用力系数

圆形截面风雨共同作用力系数节段模型风雨试验结果如图 11-14 所示,图中分别给出了阻力系数、升力系数和升力矩系数的均值和根方差。其中,阻力系数的均值随着雨强的增加有所增加,风速 8.09m/s 时增加了 10%,风速 9.37m/s 时增加了 20%;风荷载作用下圆形截面升力系数均值很小、测量误差很大,风雨共同作用下出现大幅振荡现象,其值无法得出规律性结论;风荷载作用下圆形截面升力矩系数均值与升力系数相似,但在风雨共同作用下升力系数均值变化幅度要小得多。圆形截面定常气动力系数的根方差几乎不受雨强影响,升力系数根方差最大(在 0.15 附近),阻力系数根方差次之,升力矩系数根方差最小(几乎等于 0)。

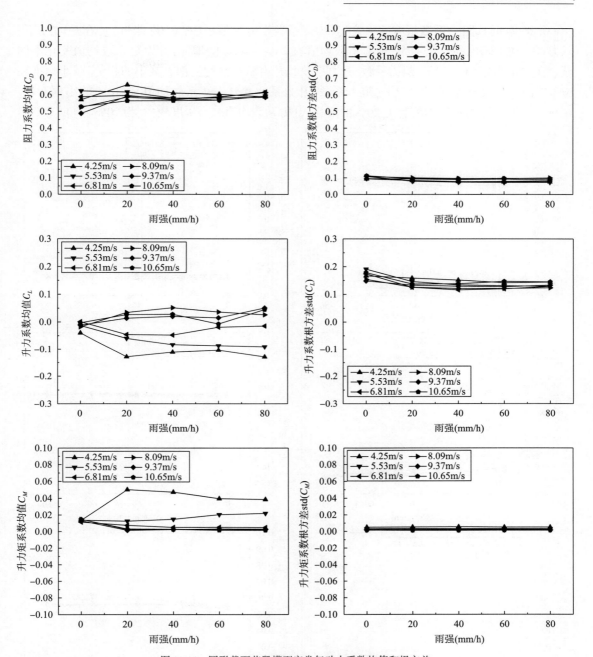

图 11-14　圆形截面节段模型定常气动力系数均值和根方差

（2）矩形截面风雨共同作用力系数

矩形截面模型有三种，截面尺寸分别为 200mm × 200mm、200mm × 100mm 和 200mm × 50mm，以截面尺寸为 200mm × 100mm 的矩形截面二节段模型为例，图 11-15 给出了 0°攻角下风雨共同作用力系数节段模型风雨试验结果。在 0°攻角下，阻力系数均值随雨强变化不大；升力系数均值由于数值很小，所以随雨强有所变化；升力矩系数均值也比较小，随雨强变化出现了振荡现象；矩形截面定常气动力系数的根方差几乎不受雨强影响，升力系数根方差最大

(在0.26附近),阻力系数根方差次之,升力矩系数根方差最小(在0.06附近)。在0°攻角下,阻力系数均值随雨强变化不大,升力系数均值有20%~40%的增加,升力矩系数均值变化不明显。在攻角为30°和45°下,阻力系数、升力系数和升力矩系数均值都有减小的趋势,减小幅度在10%以内。在攻角为60°和75°下,阻力系数、升力系数和升力矩系数均值有±10%的小幅变化。在90°攻角下,阻力系数均值有近20%的增量,升力系数均值减小幅度较大,为20%~90%。

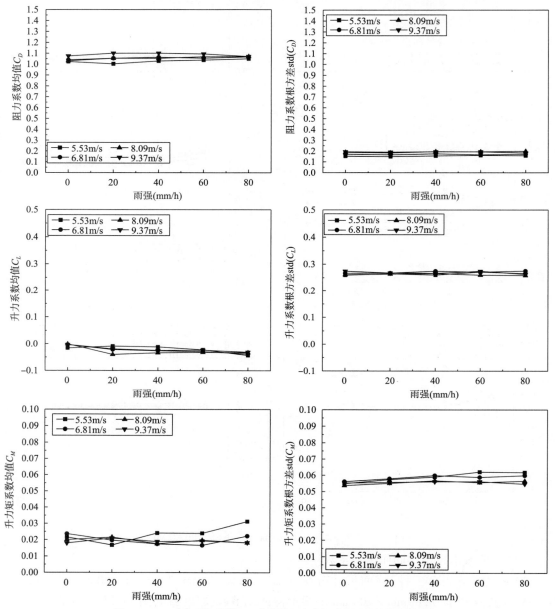

图 11-15　0°攻角下矩形截面二节段模型定常气动力系数均值和根方差

(3)对称风嘴截面风雨共同作用力系数

0°攻角下对称风嘴截面风雨共同作用力系数节段模型风雨试验结果如图 11-16 所示。在

0°攻角下,阻力系数均值受风速影响较大,但随雨强变化不大;升力系数均值同样受风速影响较大,受雨强影响变化在±10%左右;升力矩系数均值受风速影响更大,受雨强影响变化在±20%左右;对称风嘴截面定常气动力系数的根方差几乎不受雨强影响,但不同风速差异很大,阻力系数根方差最大(在0.35左右),升力系数根方差次之(在0.25左右),升力矩系数根方差最小(在0.035左右)。

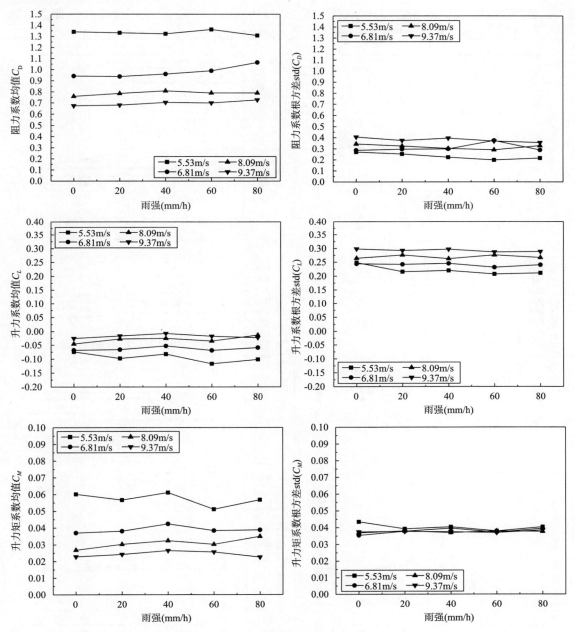

图11-16　0°攻角下对称风嘴截面定常气动力系数均值和根方差

(4)非对称风嘴截面风雨共同作用力系数

0°攻角下非对称风嘴截面风雨共同作用力系数节段模型风雨试验结果如图11-17所示。在0°攻角下,阻力系数均值除了风速5.53m/s之外,随雨强增大均有下降的趋势,最大降低幅度20%;升力系数均值较小,受雨强影响有±20%变化;升力矩系数均值较小,随雨强增大均有增大的趋势;非对称风嘴截面定常气动力系数的根方差略受雨强影响,阻力系数根方差最大(0.30左右),升力系数根方差次之(0.24左右),升力矩系数根方差最小(0.035左右)。在其他攻角下,阻力系数均值随雨强变化均有减小的趋势,升力系数均值随雨强变化不大,升力矩系数均值变化也不大。

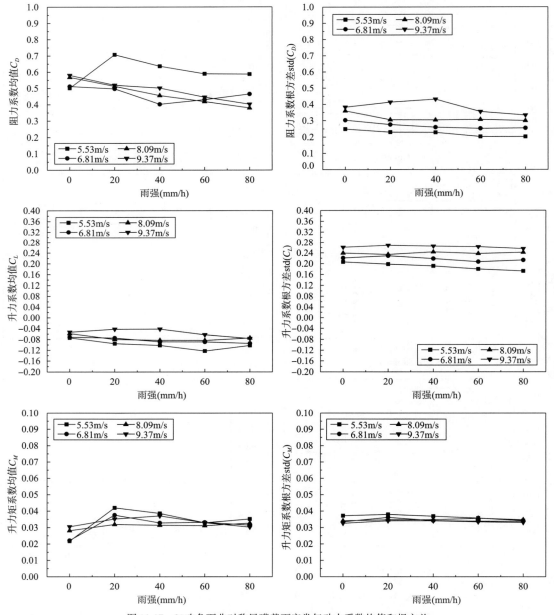

图11-17　0°攻角下非对称风嘴截面定常气动力系数均值和根方差

第四节　风雨共同作用动力效应

一、风雨共同作用测振试验

风雨共同作用动力效应节段模型风洞试验在同济大学 TJ-1 边界层直流式风洞的射流区进行。风洞尾部射流喷管直径 2.4m，风雨作用节段模型测振试验在自由射流段进行。

（1）节段模型弹性悬挂

风雨共同作用测振节段模型悬挂支架与普通风洞试验节段模型相似，但在风雨共同作用试验时，需要将支架固定在风洞尾部自由射流段，并在上方安装人工降雨装置。节段模型两端通过两根刚性端杆固定，每根端杆两端各用上下 2 根弹簧共 8 根弹簧悬挂。弹性悬挂的节段模型可以产生竖弯和扭转方向的运动，其振动频率可以通过选择弹簧的刚度、调节弹簧间距和增加模型配重来调整，水平方向运动用钢丝约束。在一侧端杆两端安装了两个加速度传感器，安装位置关于模型中轴线对称。测振节段模型弹性悬挂安装如图 11-18 所示。

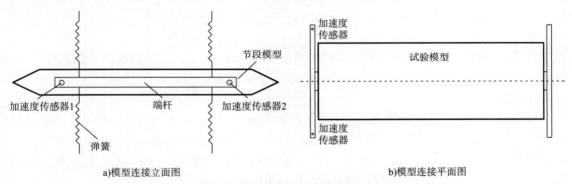

图 11-18　测振节段模型弹性悬挂安装示意图

（2）测振试验仪器设备

节段模型测振试验仪器设备由加速度传感器、信号放大器、模/数转换板（A/D 板）、采样计算机等组成。加速度传感器固定在节段模型端杆的两端，采集竖弯和扭转振动信号，并输出到信号放大器，经信号放大器放大后由模/数转换板接入采样计算机。

加速度传感器的信号需要转换为位移信号。假设节段模型振动为简谐振动，振动频率是弹性悬挂节段模型的固有频率 f，节段模型振动位移 y 可以表示为

$$y(t) = A\sin(2\pi ft + \varphi) \tag{11-23}$$

式中，A 为位移振幅；φ 为振动相位角。节段模型振动加速度 a 是位移 y 对时间的二阶导数，即

$$a(t) = -A(2\pi f)^2 \sin(2\pi ft + \varphi) = -(2\pi f)^2 y(t) \tag{11-24}$$

$$y(t) = -a(t)/(2\pi f)^2 \tag{11-25}$$

二、非定常振动参数识别

(1) 非定常颤振导数

桥梁节段模型两自由度运动微分方程可以表示为

$$m[\ddot{h}(t) + 2\xi_h\omega_h\dot{h}(t) + \omega_h^2 h(t)] = L_{se}(t) + L_b(t) \tag{11-26a}$$

$$I[\ddot{\alpha}(t) + 2\xi_\alpha\omega_\alpha\dot{\alpha}(t) + \omega_\alpha^2\alpha(t)] = M_{se}(t) + M_b(t) \tag{11-26b}$$

式中,m 和 I 分别为单位长度的质量和质量惯性矩;h 和 α 分别为竖弯和扭转振动位移;ω_h 和 ω_α 分别为竖弯和扭转振动频率;ξ_h 和 ξ_α 分别为竖弯和扭转振动阻尼比;L_{se} 和 M_{se} 分别为非定常自激升力和升力矩;L_b 和 M_b 分别为抖振升力和抖振升力矩。

Scanlan 等率先把弹性悬挂两自由度节段模型风洞试验方法应用于小位移振动的桥梁气动弹性性能研究中,提出了用桥梁断面竖向运动位移和速度、扭转运动角位移和角速度的线性组合来表示非定常自激升力和升力矩

$$L_{se} = \rho U^2 B \left[KH_1^*(K)\frac{\dot{h}}{U} + KH_2^*(K)\frac{B\dot{\alpha}}{U} + K^2 H_3^*(K)\alpha + K^2 H_4^*(K)\frac{h}{U} \right] \tag{11-27a}$$

$$M_{se} = \rho U^2 B^2 \left[KA_1^*(K)\frac{\dot{h}}{U} + KA_2^*(K)\frac{B\dot{\alpha}}{U} + K^2 A_3^*(K)\alpha + K^2 A_4^*(K)\frac{h}{U} \right] \tag{11-27b}$$

式中,U 为风速;ρ 为空气密度;B 为桥宽;H_i^* 和 A_i^*($i = 1, 2, 3, 4$)为非定常颤振导数,随折算频率 $K = \omega B/U$ 变化,可以通过节段模型测振试验识别。

(2) 测振节段模型

风雨共同作用节段模型测振试验选用了圆形截面、矩形截面、对称风嘴截面和非对称风嘴截面四种截面形式。其中,圆形截面直径为 140mm、矩形截面为 400mm×100mm(长×宽)、对称风嘴截面为 400mm×40mm(长×宽)、非对称风嘴截面为 400mm×39.1mm(长×宽),所有模型长度均为 1.3m。四种节段模型截面尺寸如图 11-19 所示。

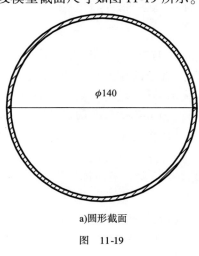

a) 圆形截面

图 11-19

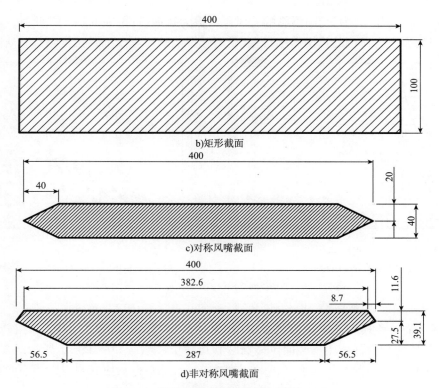

图 11-19 测振节段模型断面图(尺寸单位:mm)

(3)测振试验工况

节段模型测振风雨试验风速为 0~11m/s,雨强为 0~80mm/h,攻角为 0°,四个节段模型测振风雨试验的振动频率和振动形式工况如表 11-10 所示。

节段模型测振风雨试验工况　　　　　　表 11-10

模型截面形式	振动频率(Hz)		扭弯频率比	试验内容
	竖弯振动频率	扭转振动频率		
圆形截面	2.22	—	—	涡振和风雨激振
	1.80	—	—	抖振和风雨激振
矩形截面	3.04	7.06	2.32	抖振
	1.89	4.89	2.59	抖振和颤振
	2.00	3.71	1.86	颤振和颤振导数
对称风嘴截面	2.24	2.61	1.17	颤振和颤振导数
非对称风嘴截面	2.20	2.86	1.30	颤振和颤振导数

三、风雨激振及颤振导数

(1)圆形截面风雨激振响应

圆形截面节段模型风雨共同作用下竖向位移响应如图 11-20 所示,分别给出了竖弯振动频率 2.22Hz 和 1.80Hz 时的风雨激振响应。其中,竖弯振动频率为 2.22Hz 时,出现涡振区间,涡振振幅最大值出现在风速为 2.3m/s 时,涡振振幅受雨强影响趋于降低,降低幅度可达 25%~

40%,其他试验风速区间中,受雨强影响的风雨激振为抖振,且振幅都趋于降低;竖弯振动频率为1.80Hz时,表现为典型的风雨激励抖振,受雨强影响的风雨激励抖振振幅都有所降低。

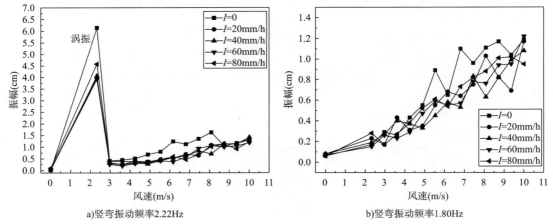

a)竖弯振动频率2.22Hz 　　　　　　b)竖弯振动频率1.80Hz

图 11-20　圆形截面节段模型风雨激振竖向位移响应

(2)矩形截面风雨激振及颤振导数

在矩形截面节段模型风雨激振试验中,首先选择竖弯振动频率3.04Hz和扭转振动频率7.06Hz,各级风速和雨强作用下竖向位移响应和扭转位移响应如图11-21所示。在各级风速下,均未出现涡振和颤振发散现象,只有风雨激励抖振,且抖振响应受雨强影响不明显。

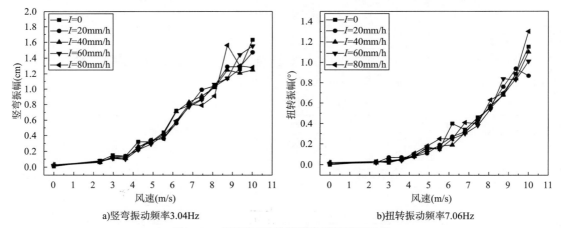

a)竖弯振动频率3.04Hz 　　　　　　b)扭转振动频率7.06Hz

图 11-21　矩形截面节段模型风雨激振位移响应

为了激发扭转颤振的出现,将矩形截面节段模型的竖弯振动频率和扭转振动频率分别调整为1.89Hz和4.89Hz,竖向位移和扭转位移如图11-22所示。在各级风速下,仍然没有出现涡振;但是,在风速11m/s处出现了扭转振动不稳定现象,即扭转颤振发散;分别施加了四种不同的雨强作用,扭转颤振振幅有所增大,颤振临界风速有所减小。

当竖弯振动频率和扭转振动频率分别为2.00Hz和3.71Hz时,矩形截面节段模型出现竖弯和扭转耦合颤振,图11-23给出了节段模型动力特性——振动频率和阻尼比随风速和雨强的变化规律。节段模型振动频率与弹簧刚度和模型质量有关,在弹簧刚度不变的情况下,降雨会在模型表面形成水膜,从而增大模型质量,所以不同雨强作用下,节段模型的竖弯振动频率和扭转振动频率都有所下降；节段模型系统阻尼比随雨强变化出现振荡现象，扭转阻尼比在 0 附近随雨强的增加呈明显减小的趋势，使得颤振临界风速趋于减小，不同雨强下颤振临界风速及其减小比率如表 11-11 所示，雨强越大，颤振临界风速越小。

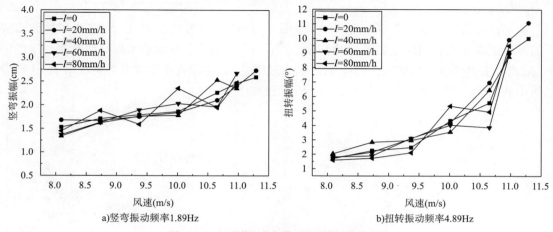

图 11-22　矩形截面节段模型风雨激振位移响应

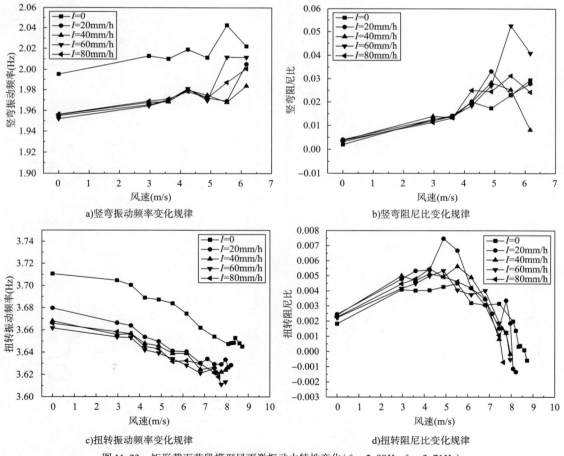

图 11-23　矩形截面节段模型风雨激振动力特性变化（$f_h = 2.00\text{Hz}, f_\alpha = 3.71\text{Hz}$）

矩形截面节段模型不同雨强下的颤振临界风速　　　　　表 11-11

雨强(mm/h)	0	20	40	60	80
颤振临界风速(m/s)	8.73	8.09	7.96	7.96	7.64
减小比率(%)	0	7.3	8.8	8.8	12.5

矩形截面节段模型在竖弯振动频率 2.00Hz 和扭转振动频率 3.71Hz 下，各级风速和雨强下的 8 个颤振导数识别结果如图 11-24 所示。不同雨强对节段模型的颤振导数都有一定的影响，尤其对主要气动导数 H_1^*、A_2^* 和 A_3^* 的影响比较明显，且随着风速的增大影响也增大，这导致了风雨共同作用下颤振临界风速小于风荷载单独作用。

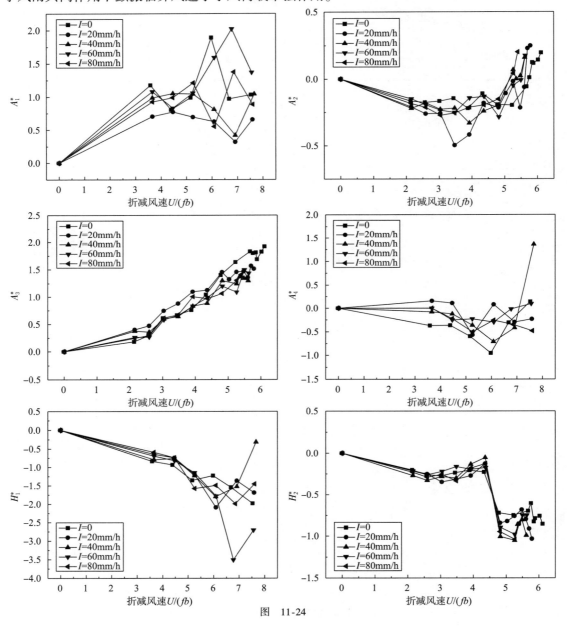

图　11-24

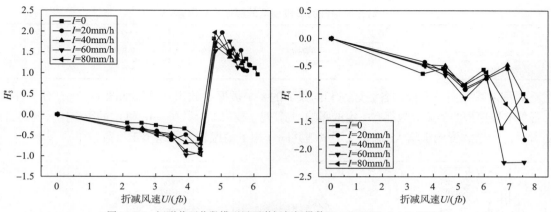

图 11-24　矩形截面节段模型风雨激振颤振导数($f_h=2.00\text{Hz},f_\alpha=3.71\text{Hz}$)

(3) 对称风嘴截面颤振及颤振导数

对称风嘴截面节段模型在竖弯振动频率 2.24Hz 和扭转振动频率 2.61Hz 时,节段模型动力特性——振动频率和阻尼比随风速和雨强的变化规律如图 11-25 所示。节段模型振动频率受降雨引起模型表面水膜影响,模型质量增大,振动频率下降;节段模型系统阻尼比随雨强变化出现振荡现象,扭转阻尼比在 0 附近随雨强的增加呈明显减小的趋势,使得颤振临界风速趋于减小,不同雨强下颤振临界风速及其减小比率如表 11-12 所示。

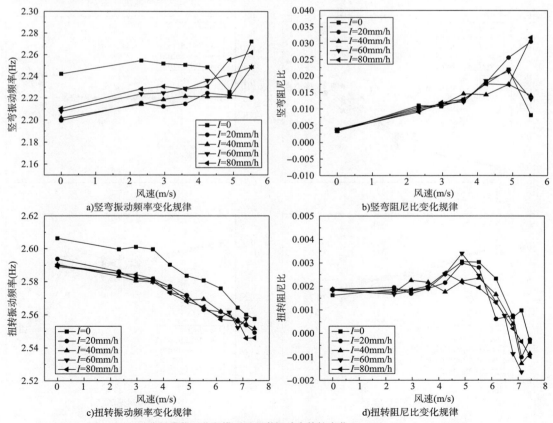

a) 竖弯振动频率变化规律　　　　　b) 竖弯阻尼比变化规律

c) 扭转振动频率变化规律　　　　　d) 扭转阻尼比变化规律

图 11-25　对称风嘴截面节段模型风雨激振动力特性变化($f_h=2.24\text{Hz},f_\alpha=2.61\text{Hz}$)

对称风嘴截面节段模型的颤振临界风速　　　　表 11-12

雨强(mm/h)	0	20	40	60	80
颤振临界风速(m/s)	7.45	7.13	7.13	6.81	7.13
减小比率(%)	0	4.3	4.3	8.6	4.3

对称风嘴截面节段模型各级风速和雨强下的 8 个颤振导数识别结果如图 11-26 所示。不同雨强对节段模型的颤振导数都有一定的影响,尤其对主要气动导数 H_1^*、A_2^* 和 A_3^* 的影响比较明显,且随着风速的增大影响也增大,这导致了风雨共同作用下颤振临界风速小于风荷载单独作用。

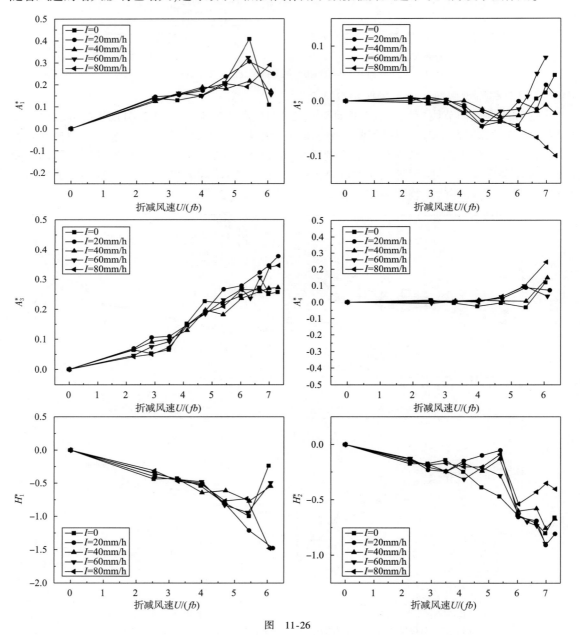

图 11-26

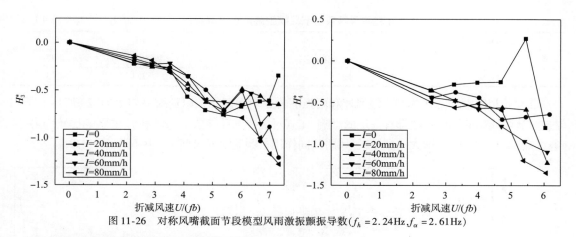

图 11-26 对称风嘴截面节段模型风雨激振颤振导数 ($f_h = 2.24\text{Hz}, f_\alpha = 2.61\text{Hz}$)

(4) 非对称风嘴截面颤振及颤振导数

非对称风嘴截面节段模型在竖弯振动频率 2.20Hz 和扭转振动频率 2.86Hz 时, 节段模型动力特性——振动频率和阻尼比随风速和雨强的变化规律如图 11-27 所示。节段模型振动频率受降雨引起模型表面水膜影响, 模型质量增大, 振动频率下降; 节段模型系统阻尼比随雨强变化出现振荡现象, 扭转阻尼比在 0 附近随雨强的增加呈明显减小的趋势, 使得颤振临界风速趋于减小, 不同雨强下颤振临界风速及其减小比率如表 11-13 所示。

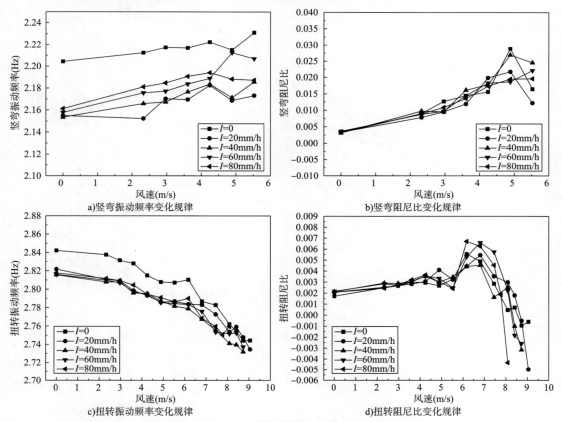

图 11-27 非对称风嘴截面节段模型风雨激振动力特性变化 ($f_h = 2.20\text{Hz}, f_\alpha = 2.86\text{Hz}$)

非对称风嘴截面节段模型的颤振临界风速 表 11-13

雨强(mm/h)	0	20	40	60	80
颤振临界风速(m/s)	8.73	8.73	8.41	8.41	8.09
减小比率(%)	0	0	3.7	3.7	7.3

非对称风嘴截面节段模型各级风速和雨强下的 8 个颤振导数识别结果如图 11-28 所示。不同雨强对节段模型的颤振导数都有一定的影响，尤其对主要气动导数 H_1^*、A_2^* 和 A_3^* 的影响比较明显，且随着风速的增大影响也增大，这导致了风雨共同作用下颤振临界风速小于风荷载单独作用。

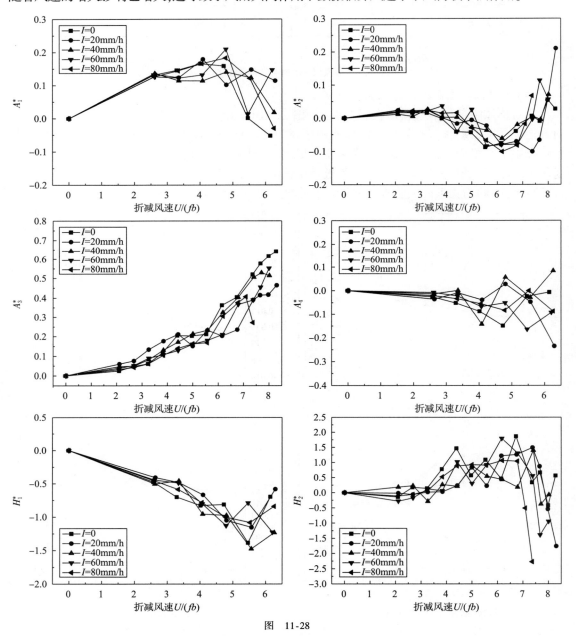

图 11-28

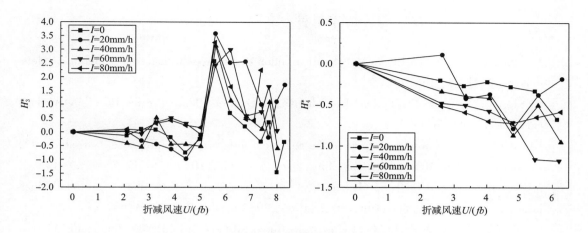

图 11-28　非对称风嘴截面节段模型风雨激振颤振导数（$f_h=2.20\text{Hz}, f_\alpha=2.86\text{Hz}$）

第五节　梁式桥风雨作用分析结论

（1）相对于仅有风作用时，降雨对模型受到的定常气动力有一定影响，雨强的变化对模型受到的作用力影响不大，这说明由雨滴引起的冲击作用效果不明显，水膜附着效应是定常气动力变化的根本原因。

（2）降雨的影响在低风速时（7m/s 及以下）比风速较高时（8m/s 及以上）明显。主要原因是低风速时附着在模型表面水膜的形状没有被破坏，引起的构件气动外形改变较为明显；高风速破坏了水膜的形状，使得降雨对结构气动外形的影响不明显。而引起水膜形状破坏的风速与模型的气动外形和构件表面材料的亲水性能关系密切。

（3）降雨对对称风嘴截面节段模型和非对称风嘴截面节段模型的振动频率和阻尼比有一定影响，且随雨强的增大而趋于显著。模型振动频率的改变是因为表面附着的水膜增加了模型的质量，高风速时阻尼比的变化是因为水膜对模型气动外形的影响。

（4）降雨对圆形截面节段模型的涡振有一定的抑制作用，但对圆形截面节段模型和矩形截面节段模型的抖振几乎没有影响。对称风嘴截面节段模型和非对称风嘴截面节段模型的颤振临界风速随雨强的增大有下降的趋势，对钝体断面影响比较明显，对流线型断面影响较弱。

（5）总体上，梁式桥在风雨共同作用下的定常气动力大于仅有风作用产生的气动力，风雨共同作用的增大效应不能忽略；梁式桥颤振临界风速随雨强增大而减小，但降雨对于其他风致振动影响不明显。

本章参考文献

［1］ MARSHALL J S, PALMER W M. The distribution of raindrops withsize[J]. Journal of Meteorology, 1948, 5: 165-166.

［2］ BEST A C. The size distribution of raindrops[J]. Quarterly Journal of the Royal Meteorological Society. 1950,76(327): 16-36.

［3］ ULBRICH C W. Natural variations in the analytical form of the raindrop size distribution[J]. Journal of Applied Meteorology and Climatology, 1983, 22(10): 1764-1775.

［4］ MUALEM Y, ASSOULINE S. Mathematical model for rain drop distribution and rainfall kinetic energy[J]. Transactions of the ASAE,1986, 29(2): 494-500.

［5］ SIMIU E, SCANLAN R H. Wind effects on structures[M]. 3rd ed. New York: John Wiley & Sons,1996.

［6］ NELSEN R B. An introduction to Copulas [M]. New York: Springer-Verlag, 1998.

［7］ FREES E W, VALDEZ E A. Understanding relationships using Copulas[J]. North American Actuarial Journal, 1998, 2(1): 1-25.

［8］ CHOI E C C. Wind-driven rain and driving rain coefficient during thunderstorms and nonthunderstorms[J]. Journal of Wind Engineering and Industrial Aerodynamics, 2001, 89(3-4): 293-308.

［9］ FABIEN J R, van Mook. Driving rain on building envelopes[R]. Eindhoven University Press, in Eindhoven, the Netherlands,2002.

［10］ KIKUCHI N, MATSUZAKI Y, YUKINO T, et al. Aerodynamic drag of new-design electric power wire in a heavy rainfall and wind[J]. Journal of Wind Engineering and Industrial Aerodynamics, 2003, 91(1-2): 41-51.

［11］ EMBRECHTS P, HÖING A, JURI A. Using copulae to bound the value-at-risk for functions of dependent risks[J]. Finance and Stochastics, 2003, 7(2): 145-167.

［12］ BLOCKEN B, CARMELIET J. A review of wind-driven rain research in building science [J]. Journal of Wind Engineering and Industrial Aerodynamics, 2004,92(13):1079-1130.

［13］ 葛耀君.桥梁结构风振可靠性理论及其应用研究[D].上海:同济大学,1997.

［14］ 赵林,葛耀君,项海帆.平均风极值分布极大似然求解及其应用[J].土木工程学报,2004,37(6):41-46.

［15］ 顾明,许树壮.风雨共同作用下平板模型的气动导数试验研究[J].土木工程学报,2004,37(10):73-77.

［16］ 熊立华,郭生练,肖义,等.Copula联结函数在多变量水文频率分析中的应用[J].武汉大学学报(工学版),2005,38(6):16-19.

［17］ 项海帆,葛耀君,朱乐东.现代桥梁抗风理论与实践[M].北京:人民交通出版社,2005.

［18］ 秦振江,孙广华,闫同新,等.基于Copula函数的联合概率法在海洋工程中的应用[J].海

洋预报,2007,24(2):83-90.
[19] 许林汕.基于高精度风雨模拟试验系统的斜拉索风雨振试验和分析[D].上海:同济大学,2008.
[20] 武占科.风雨共同作用结构荷载模型及参数的试验研究[D].上海:同济大学,2009.
[21] 葛耀君.大跨度斜拉桥抗风[M].北京:人民交通出版社股份有限公司,2019.

第十二章

梁式桥侧风控制及行车安全

梁式桥行车安全性分析涉及桥面侧风分析和行车安全分析，桥面侧风分析需要考虑桥面基准高度的边界层自然风梯度增大和桥梁结构断面绕流影响，当桥面侧风等效风速大于桥面行车风速限值时，必须考虑附加挡风的风障措施；行车安全分析是在桥面侧风得到控制的前提下，桥上行驶车辆受到最不利桥面侧风引起的气动六分力作用时，依靠桥面对车轮的支撑力和摩擦力达到动态平衡的状态分析。本章主要介绍行车设计风速，包括设计基本风速、设计行车风速和行车风速限值的定义；桥面侧风风速，包括行车基准风速和行车等效风速的数值模拟分析；行车风速控制，包括风障形式比较和选择以及桥面等效风速的分析；行车安全分析，包括基于车辆侧倾、侧滑和侧偏计算模型的安全性分析。

第一节　行车设计风速

桥梁抗风设计研究中常把自然风区分为长周期的平均风速和短周期的脉动风速，前者是指风速时程按照一定时距统计得到的平均风速，后者一般是指风速脉动时程或功率谱密度，影响桥上行车安全性的主要是桥面侧向平均风速，离地高度越大这一平均风速越大，反之则越小。行车设计风速包括设计基本风速、设计行车风速和行车风速限值。

一、设计基本风速

我国桥梁设计使用寿命为 100 年，桥梁设计基本风速定义为基本高度 10m 处、100 年重现期、10min 平均的年最大风速。当桥梁所在地区的气象台站具有足够的连续风速观测数据时，可以采用当地气象台站年最大风速观测数据，统计分析设计基本风速；当桥梁所在地区没有气象台站或气象台站的风速观测数据不足时，可以采用《公路桥梁抗风设计规范》（JTG/T 3360-01—2018）规定的设计基本风速值，也可以在桥位所在地区设立风速观测塔，将观测塔连续风速观测数据与附近气象台站的平行观测数据进行相关性分析，统计回归确定设计基本风速；当桥梁跨越狭窄的海峡或峡谷等复杂地形时，可采用实地风速观测、地形模型风洞试验、数值模型计算等可靠方法,确定设计基本风速或特定基准高度处的设计基准风速。

浙江省舟山连岛工程由金塘大桥、西堠门大桥、桃夭门大桥、响礁门大桥、岑港大桥五座跨海大桥及接线公路组成,全长约 50km,是连接舟山本岛和大陆交通的重要基础设施建设项目。金塘大桥是连接舟山金塘岛和宁波的一座跨海桥梁,由主通航孔桥(斜拉桥)、东通航孔桥(连续梁桥)、西通航孔桥(连续梁桥)、非通航孔桥(简支梁桥)以及金塘侧引桥、浅水区引桥和镇海侧引桥组成,全长 21km。根据浙江省气象部门对金塘大桥桥位附近风速长期现场观测资料统计分析,确定金塘大桥基本高度 10m 处、100 年重现期、10min 平均的年最大风速——设计基本风速 v_{s10} = 40.44m/s。这是桥梁结构为确保安全必须承受的最大平均风速。

二、设计行车风速

公路桥梁上通行的汽车和铁路桥梁上通行的列车都会受到桥面侧风的影响,当桥面侧风很大时,汽车和列车行驶都会出现安全问题,故必须对桥面侧风加以限制,这个限制条件就是桥面高度安全行车的容许风速——设计行车风速。金塘大桥设计行车风速依照国家规范、省部规定和地区要求确定。

(1)国家规范:根据现行桥梁设计规范中汽车荷载与风荷载组合时的最大风速确定,我国《公路桥梁抗风设计规范》(JTG/T 3360-01—2018)规定:"当风荷载参与汽车荷载组合时,桥面高度处的风速 v_z 可取为 25m/s"。(注:美国 AASHTO 规范第 3.4.1 条规定:"使用极限状态 Ⅰ——涉及在 90km/h(25m/s)风速下,所有荷载均取正常值的情况下,桥梁正常运营使用的荷载组合。")

(2)省部规定:浙江省高速公路管理处制定的《浙江省高速公路运行管理办法》中明确规定,高速公路通行的最大风速为 25m/s。

(3)地区要求:浙江省舟山连岛工程建设指挥部为了适当提高台风和季风盛行地区跨海桥梁的通行标准,并兼顾舟山地区海上渡轮的最大通航风速为 10 级,建议安全行车最大风速为 27m/s。

国家规范和省部规定的最大行车风速都是 25m/s,地区要求的最大行车风速是 27m/s,综合国家规范、省部规定和地区要求,金塘大桥桥面高度处设计行车风速确定为 v_{10} = 27m/s,略高于 10 级风(24.5～28.4m/s)的均值 26.5m/s。这是桥面行车确保安全所能承受的最大平均风速。显然,设计基本风速大于设计行车风速,当离地高度 10m 处的平均风速超过设计行车风速时,桥面车行交通必须关闭以确保行车安全。

三、行车风速限值

根据桥上行驶车辆的不同,公路桥梁和铁路桥梁可以有不同的行车风速限值,不同等级的公路桥梁或铁路桥梁又可以有不同的行车风速限值,一般没有统一的行车风速限值。考虑国家规范规定的设计行车风速以及大部分公路汽车的抗风性能,金塘大桥桥面行车风速限值设定为 $[v_H]$ = 25m/s,即桥面车辆重心高度处的最大行车风速。

第二节 桥面侧风风速

设计基本风速和设计行车风速都是指离开地面或水面高度10m处的平均风速,可以按照风速剖面变化规律换算为桥面基准高程处的行车基准风速。桥面行车基准风速还需要根据主梁断面和附属构件的绕流影响,确定桥面不同高度和水平位置上的桥面侧风风速,并按照总风压相等的方法计算确定行车等效风速。按照集装箱卡车或小轿车高度等效的行车等效风速,混凝土梁桥的主梁断面和附属构件一般会起到挡风作用,使得行车等效风速小于行车基准风速,常用两者之比(风速折减系数)来衡量桥面侧风风速折减情况。

一、桥面基准高程

金塘大桥金塘岛起点处的桩号为K28+948,桥面基准高程26.441m,宁波岸终点处的桩号为K49+977,桥面基准高程17.994m,中间桥面基准高程变化较大,最高桥面基准高程为59.560m(主通航孔桥跨中),最低桥面基准高程为14.517m(非通航孔桥支点)。桥面基准高程变化如图12-1所示,桥面基准高程变化控制点的高程和里程桩号如表12-1所示。

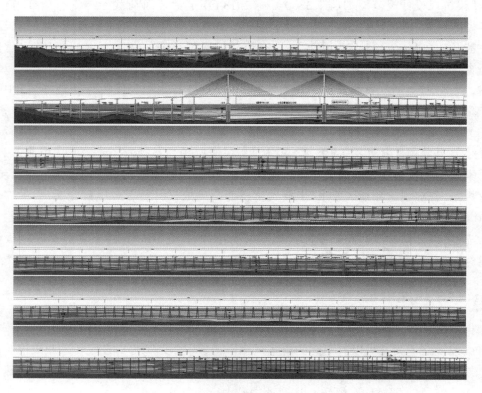

图12-1 金塘大桥桥面基准高程变化示意图

金塘大桥桥面基准高程变化控制点的高程和里程桩号　　　　表 12-1

里程桩号	桥面高程(m)	里程桩号	桥面高程(m)	里程桩号	桥面高程(m)
K28+948	26.441	K39+125	19.011	K46+775	16.286
K29+135	25.010	K40+925	14.517	K47+615	14.639
K30+185	42.550	K43+430	28.639	K49+407	25.658
K31+615	20.428	K44+555	14.655	K49+977	17.994
K33+720	59.560	K45+155	16.018		
K37+325	14.517	K45+935	14.609		

二、行车基准风速

桥面基准高度处的行车基准风速可以按照桥位场地类别确定的指数率风剖面进行推算。金塘大桥桥位地表类别按照 II 场地,平均风速剖面幂指数取 $\alpha=0.16$,桥面基准高度处的行车基准风速可以按照离开水面高度 z 进行计算

$$v_z = v_{10}\left(\frac{z}{10}\right)^{\alpha} \tag{12-1}$$

由于公路汽车或铁路列车侧向受风面的重心距离桥面有一定的高度,因此,将桥面高度 h 以上 1.5m 的位置作为研究桥面侧向风速的行车基准高度 H,将行车基准风速定义为

$$v_H = v_{10}\left(\frac{h+1.5}{10}\right)^{\alpha} \tag{12-2}$$

式中,v_{10} 为设计基本风速,是 10m 高度 10min 平均风速;h 为桥面到水面(或地面)的距离(m);α 为平均风速剖面幂指数,金塘大桥取 $\alpha=0.16$。

行车基准风速是行车基准高度处桥梁上游的来流风速。当设计行车风速取 27m/s 时,金塘大桥桥面不同位置的行车基准风速可按照式(12-2)计算,计算结果如表 12-2 所示,其中,最大行车基准风速为 35.9m/s,最小行车基准风速为 28.6m/s。

金塘大桥桥面不同位置的行车基准风速　　　　表 12-2

里程桩号	桥面位置	桥面高程(m)	离开水面高度 h(m)	行车基准高度 $h+1.5$(m)	行车基准风速 v_H(m/s)
K28+948	金塘岛起点	26.441	24.881	26.381	31.5
K29+135	第一个低点	25.010	23.450	24.950	31.3
K30+185	第一个高点	42.550	40.990	42.490	34.0
K31+615	第二个低点	20.428	18.868	20.368	30.3
K33+720	最高点	59.560	58.000	59.500	35.9
K37+325	最低点	14.517	12.957	14.457	28.6
K39+125	第三个高点	19.011	17.451	18.951	29.9
K40+925	第四个低点	14.517	12.957	14.457	28.6
K43+430	第四个高点	28.639	27.079	28.579	31.9

续上表

里程桩号	桥面位置	桥面高程（m）	离开水面高度 h(m)	行车基准高度 $h+1.5$(m)	行车基准风速 v_H(m/s)
K44+555	第五个低点	14.655	13.095	14.595	28.7
K45+155	第五个高点	16.018	14.458	15.958	29.1
K45+935	第六个低点	14.609	13.049	14.549	28.7
K46+775	第六个高点	16.286	14.726	16.226	29.2
K47+615	第七个低点	14.639	13.079	14.579	28.7
K49+407	第七个高点	25.658	24.098	25.598	31.4
K49+977	宁波终点	17.994	16.434	17.934	29.6

三、桥梁断面形式

桥面侧风吹过桥梁结构时，主梁结构本身和桥面附属构件都会对周围一定范围内的风速产生干扰，导致行车基准风速发生变化，这种干扰效果主要与主梁断面和附属构件有关。

金塘大桥主通航孔桥为主跨620m的双塔双索面斜拉桥，桥面主梁为钢箱梁，全宽30.1m，梁高3.0m，断面如图12-2所示。

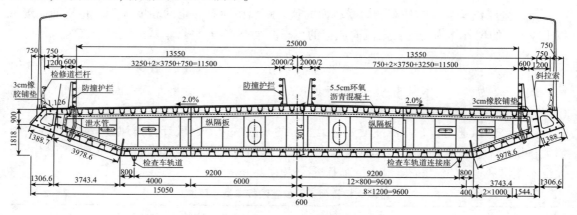

图12-2 金塘大桥主通航孔桥斜拉桥钢箱梁断面(尺寸单位:mm)

金塘大桥除了主通航孔桥为钢箱梁斜拉桥之外，其余都是预应力混凝土箱形截面连续梁桥。其中，东通航孔桥为中跨216m的变截面连续梁桥，跨中梁高3.4m，支点处梁高13.3m，单幅宽12.5m，两幅总宽26m，混凝土箱梁跨中断面和支点断面如图12-3所示；西通航孔桥为中跨156m的变截面连续梁桥，跨中梁高3.4m，支点处梁高9.25m，与东通航孔桥相似；主跨118m非通航孔桥为变截面连续梁，跨中梁高3.3m，支点处梁高7.5m，桥面宽度与两个通航孔桥相同，混凝土箱梁跨中断面和支点断面如图12-4所示；跨度50m和60m的非通航孔桥为等截面简支梁，梁高3.4m，桥面宽度与东通航孔桥相同，混凝土箱梁断面如图12-5所示。总体来看，金塘大桥预应力混凝土连续梁桥的箱形截面，除了梁高以外，其他几何外形几乎完全相同。

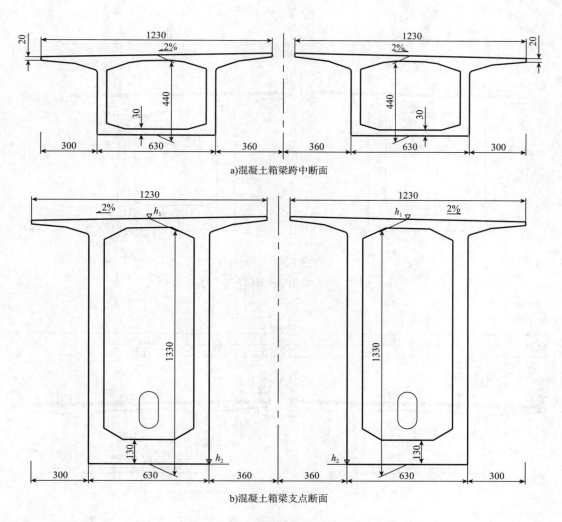

图 12-3　金塘大桥东通航孔桥(尺寸单位:cm)

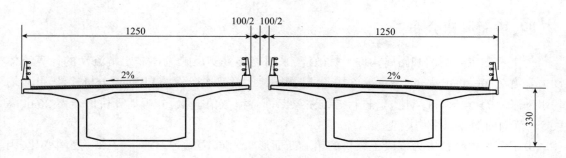

图 12-4

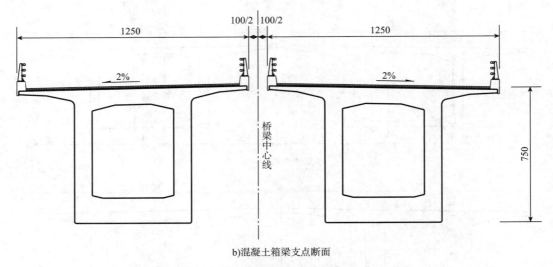

b) 混凝土箱梁支点断面

图 12-4　金塘大桥主跨 118m 非通航孔桥（尺寸单位：cm）

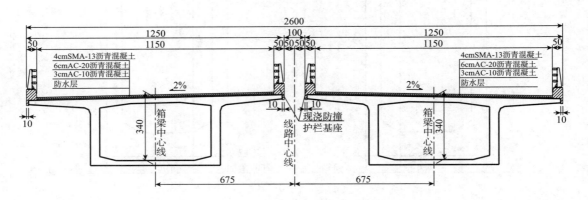

图 12-5　跨度 50m 和 60m 非通航孔桥混凝土箱梁断面（尺寸单位：cm）

四、桥面风速分布

为了考虑主梁断面和附属构件干扰效应，采用能够真实反映流体非定常流动的计算流体动力学方法——Lattice Boltzmman 方法，并选择同济大学自主研发的 LBFlow 分析软件，针对均匀水平来流的行车基准风速 v_H，进行二维主梁断面绕流数值模拟，分析计算桥面全宽 26m、高度 5m 范围内的侧风平均风速。

由于金塘大桥预应力混凝土梁桥的箱形断面形状相同，梁高在 3.3～13.3m 之间变化，因此，行车基准风速数值分析选取 3.4m、7.5m 和 11.8m 3 种不同梁高的箱形断面。通过二维数值计算分析得到的 3 种梁高箱形断面的瞬时风速和风向分布如图 12-6 所示，图中线条表示风向，颜色由蓝到红表示风速从小到大变化。

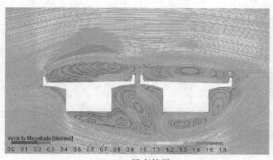
a) 3.4m梁高箱梁

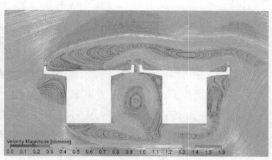
b) 7.5m梁高箱梁

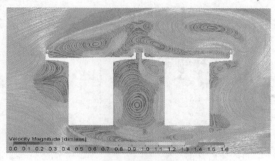
c) 11.8m梁高箱梁

图 12-6　混凝土箱梁断面表面绕流瞬时风速和风向分布(彩图见书后彩插)

从图 12-6 中三个梁高箱梁断面的瞬时风速和风向可以看出,桥面以上风速和来流风速相比,方向和大小都有明显变化,而且变化幅度很大;这种变化不仅体现在与桥面垂直的高度方向——一定高度范围内越高风速越大,而且体现在与桥面平行的水平方向——从迎风侧车道到背风侧车道,风速先增大再减小。

为了描述桥面侧风风速沿高度方向的分布,将桥面以上 5m 高度范围内的区间等分成 10 个高度,每个高度间隔 0.5m;为了描述桥面侧风风速沿水平方向的变化,将混凝土箱梁桥面自左侧(迎风侧)至右侧(背风侧)分成 A、B、C、D、E、F 共六个车道,如图 12-7 所示。

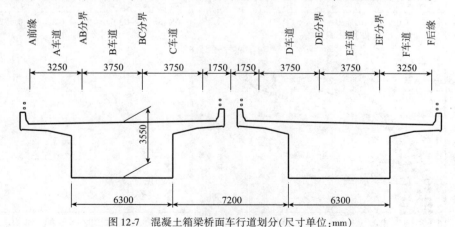

图 12-7　混凝土箱梁桥面车行道划分(尺寸单位:mm)

桥面侧风风速大小采用桥面侧风风速 $v(z)$ 除以行车基准风速 v_H 的相对风速系数 γ 来表示,即

$$\gamma = \frac{v(z)}{v_H} \tag{12-3}$$

式中，γ 为桥面上某个位置处的侧风风速与行车基准风速的比值。

金塘大桥混凝土梁桥三种不同梁高箱梁桥面的相对风速系数 γ 的数值计算结果如图 12-8 所示，桥面侧风风速沿高度方向的分布呈现出先增大后减小的规律，这个转折点对于迎风侧的三个车道在 2m 左右，对于背风侧的三个车道在 4m 左右；桥面侧风风速沿桥宽方向的分布，表现出迎风侧三个车道是 A 车道风速最大、B 车道居中、C 车道风速最小，而背风侧三个车道是 D 车道风速最小、E 车道居中、F 车道风速最大。

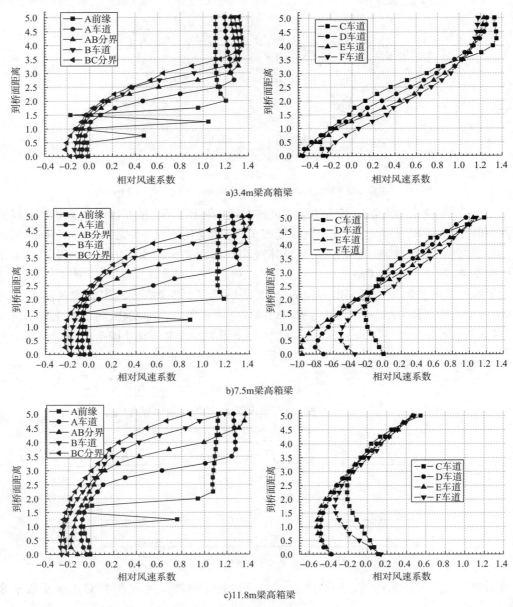

图 12-8 混凝土梁式桥桥面以上相对风速系数

五、行车等效风速

由于桥面侧风风速沿着竖直高度和水平桥宽方向的变化非常复杂,且变化规律因主梁断面和附属构件的不同而不同,根据桥面侧风总风压相等的原则,采用反映桥面侧风风速平均值的行车等效风速 v_{eff} 来表示桥面同一水平位置沿高度平均的桥面侧风风速,即

$$v_{\text{eff}} = \sqrt{\frac{1}{z_r} \int_0^{z_r} v^2(z) \, \mathrm{d}z} \tag{12-4}$$

式中,$v(z)$ 为离开桥面高度 z 处的侧风风速;z_r 为等效高度范围,与车辆在桥面上行驶时受侧风影响的高度范围有关,对于集装箱卡车和小轿车,z_r 分别取 4.5m 和 2.0m。

为了比较行车等效风速 v_{eff} 与行车基准风速 v_H 的大小,定义风速折减系数 β 如下

$$\beta = \frac{v_{\text{eff}}}{v_H} \tag{12-5}$$

式中,风速折减系数 β 的意义是,当 $\beta<1$ 时,主梁断面和附属构件起到了挡风作用;当 $\beta>1$ 时,主梁断面和附属构件起到了助风作用。混凝土梁桥三种梁高按照集装箱卡车高度(4.5m)和小轿车高度(2m)等效的风速折减系数计算结果分别如表12-3和表12-4所示。

混凝土梁桥三种梁高按照 4.5m 等效高度的风速折减系数 表12-3

风障形式	梁高	A 前缘	A 车道	AB 分界	B 车道	BC 分界	C 车道	D 车道	E 车道	F 车道
无风障	3.4m	0.93	0.87	0.82	0.77	0.72	0.70	0.68	0.73	0.73
	7.5m	0.89	0.79	0.66	0.47	0.34	0.26	0.52	0.62	0.48
	11.8m	0.84	0.70	0.47	0.29	0.21	0.14	0.35	0.37	0.22

混凝土梁桥三种梁高按照 2m 等效高度的风速折减系数 表12-4

风障形式	梁高	A 前缘	A 车道	AB 分界	B 车道	BC 分界	C 车道	D 车道	E 车道	F 车道
无风障	3.4m	0.61	0.15	0.08	0.10	0.14	0.21	0.28	0.29	0.26
	7.5m	0.44	0.06	0.09	0.15	0.20	0.18	0.66	0.77	0.42
	11.8m	0.44	0.06	0.10	0.16	0.16	0.12	0.27	0.40	0.28

由表12-3可见,按照集装箱卡车高度(4.5m)等效的风速折减系数随梁高增大而减小,风速折减系数最大的车道是 A 车道前缘,其数值从 0.93 减小到 0.84;风速折减系数最小的车道是 C 车道(3.4m 梁高时比 D 车道稍大),其数值从 0.70 减小到 0.14。由表12-4可见,按照小轿车高度(2.0m)等效的风速折减系数随梁高呈不规则变化,7.5m 梁高的 E 车道最大(0.77)、3.4m 梁高的 A 车道前缘其次(0.61)、7.5m 梁高和 11.8m 梁高的 A 车道最小(0.06),总体上比 4.5m 等效高度的风速折减系数要小很多。

第三节 行车风速控制

当桥面行车等效风速大于行车风速限值时,需要采取桥面侧风控制措施,目前最有效的侧风控制措施是在桥面两侧增设风障。为了选择合适的风障进行侧风控制,首先,需要

根据挡风效果选出有效的风障形式;然后,根据挡风要求比较风障横杆的数量和截面形式;最后,优化桥面行车基准高度处风障横杆的数量,以确保桥面等效风速满足行车风速限值的要求。

一、风障形式设计

混凝土梁桥风障形式设计分析,选择风速折减系数最大的3.4m梁高箱形断面进行数值分析。风障形式设计了波形板(图12-9)、方管、矩形管和椭圆管四种横杆断面,并与距桥面高度为2.1m、2.5m、3.0m和3.5m四种高度组合,共15种风障形式,如图12-10所示。

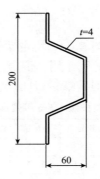

图12-9 横杆波形板截面示意图(尺寸单位:mm)

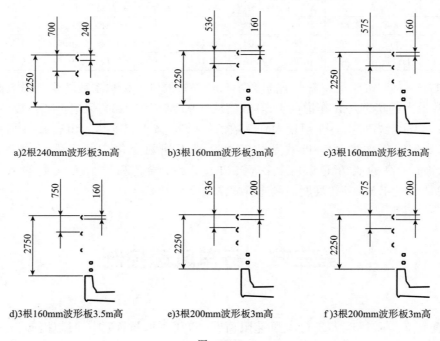

a) 2根240mm波形板3m高　　b) 3根160mm波形板3m高　　c) 3根160mm波形板3m高

d) 3根160mm波形板3.5m高　　e) 3根200mm波形板3m高　　f) 3根200mm波形板3m高

图 12-10

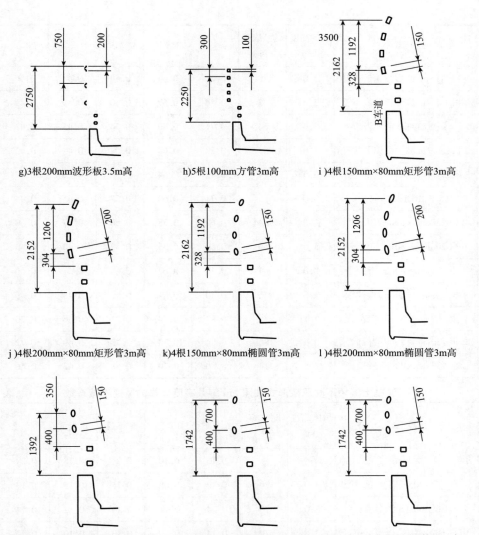

g)3根200mm波形板3.5m高　　h)5根100mm方管3m高　　i)4根150mm×80mm矩形管3m高

j)4根200mm×80mm矩形管3m高　k)4根150mm×80mm椭圆管3m高　l)4根200mm×80mm椭圆管3m高

m)2根150mm×80mm椭圆管2.1m高　n)2根150mm×80mm椭圆管2.5m高　o)3根150mm×80mm椭圆管2.5m高

图 12-10　混凝土梁桥 15 种风障形式(尺寸单位:mm)

采用计算流体动力学数值分析方法,分析计算了桥面不同位置的侧风平均风速,并统计分析了行车等效风速和风速折减系数,混凝土梁桥两侧 15 种风障形式 4.5m 和 2m 等效高度的风速折减系数计算结果分别如表 12-5 和表 12-6 所示。

混凝土梁桥不同风障形式按照 4.5m 等效高度计算的风速折减系数　　表 12-5

序号	风障形式	风障高度(m)	透风率(%)	A车道	B车道	C车道	D车道	E车道	F车道
	无风障	—	—	0.87	0.77	0.70	0.68	0.73	0.73
a	2 根240mm 波形板	3.0	70	0.75	0.63	0.59	0.48	0.46	0.46
b	3 根160mm 波形板	3.0	70	0.75	0.63	0.59	0.48	0.46	0.46

续上表

序号	风障形式	风障高度（m）	透风率（%）	A 车道	B 车道	C 车道	D 车道	E 车道	F 车道
c	3 根 160mm 波形板偏下布置	3.0	70	0.75	0.64	0.58	0.48	0.46	0.45
d	3 根 160mm 波形板偏下布置	3.5	75	0.76	0.67	0.60	0.49	0.45	0.43
e	3 根 200mm 波形板	3.0	64	0.71	0.60	0.54	0.43	0.41	0.41
f	3 根 200mm 波形板偏下布置	3.0	64	0.72	0.60	0.54	0.44	0.42	0.42
g	3 根 200mm 波形板偏下布置	3.5	71	0.72	0.64	0.58	0.46	0.42	0.40
h	5 根 100mm 方管	3.0	69	0.71	0.60	0.57	0.45	0.45	0.45
i	4 根 150mm×80mm 矩形管	3.0	64	0.69	0.58	0.60	0.47	0.50	0.53
j	4 根 200mm×80mm 矩形管	3.0	56	0.63	0.53	0.52	0.40	0.43	0.47
k	4 根 150mm×80mm 椭圆管	3.0	64	0.78	0.67	0.66	0.57	0.60	0.62
l	4 根 200mm×80mm 椭圆管	3.0	56	0.70	0.57	0.56	0.44	0.46	0.50
m	2 根 150mm×80mm 椭圆管	2.1	76	0.83	0.74	0.71	0.66	0.70	0.72
n	2 根 150mm×80mm 椭圆管	2.5	80	0.84	0.75	0.73	0.69	0.72	0.74
o	3 根 150mm×80mm 椭圆管	2.5	74	0.80	0.70	0.68	0.62	0.66	0.68

混凝土梁桥不同风障形式按照 2m 等效高度计算的风速折减系数　　表 12-6

序号	风障形式	风障高度（m）	透风率（%）	A 车道	B 车道	C 车道	D 车道	E 车道	F 车道
	无风障	—	—	0.15	0.10	0.21	0.28	0.29	0.26
a	2 根 240mm 波形板	3.0	70	0.22	0.08	0.15	0.13	0.17	0.18
b	3 根 160mm 波形板	3.0	70	0.24	0.11	0.14	0.12	0.14	0.16
c	3 根 160mm 波形板偏下布置	3.0	70	0.24	0.10	0.13	0.10	0.12	0.14
d	3 根 160mm 波形板偏下布置	3.5	75	0.20	0.09	0.14	0.10	0.11	0.13
e	3 根 200mm 波形板	3.0	64	0.24	0.10	0.13	0.09	0.10	0.11
f	3 根 200mm 波形板偏下布置	3.0	64	0.24	0.11	0.13	0.09	0.11	0.12
g	3 根 200mm 波形板偏下布置	3.5	71	0.24	0.10	0.14	0.10	0.12	0.14
h	5 根 100mm 方管	3.0	69	0.29	0.13	0.17	0.13	0.16	0.18
i	4 根 150mm×80mm 矩形管	3.0	64	0.24	0.15	0.33	0.10	0.12	0.15
j	4 根 200mm×80mm 矩形管	3.0	56	0.25	0.16	0.27	0.12	0.12	0.12
k	4 根 150mm×80mm 椭圆管	3.0	64	0.20	0.12	0.29	0.14	0.17	0.19
l	4 根 200mm×80mm 椭圆管	3.0	56	0.22	0.13	0.28	0.09	0.10	0.11

续上表

序号	风障形式	风障高度 (m)	透风率 (%)	A车道	B车道	C车道	D车道	E车道	F车道
m	2根150mm×80mm椭圆管	2.1	76	0.18	0.11	0.26	0.17	0.21	0.25
n	2根150mm×80mm椭圆管	2.5	80	0.18	0.12	0.28	0.20	0.25	0.29
o	3根150mm×80mm椭圆管	2.5	74	0.19	0.12	0.27	0.15	0.18	0.22

从表12-5中4.5m等效高度的计算结果可以得出下列结论:①风速折减系数A车道最大,B车道次之;②从a、b、c和e、f两组结果来看,风障横杆形式同为波形板时,透风率相同则挡风效果相当,透风率大则挡风效果差,与横杆高度和位置关系不大;③比较c、d和f、g两组的结果,可发现保持风障挡风面积不变时增加风障高度,不但不能增强挡风效果,反而降低挡风效果;④比较a、b、c和h的结果可以看出,风障高度相同,透风率基本相同的条件下,方管具有更好的挡风效果;⑤从i、j、k和l四种结果可以看出,矩形管的挡风效果优于椭圆管;⑥比较i、j和k、l两组结果可发现,横杆形状越扁平,挡风效果越好;⑦对照m和n两组结果,再次说明挡风面积不变时增加风障高度不能提升挡风效果;⑧比较m、n和o三组结果,说明横杆形状相同时,透风率越低,挡风效果越好。

从表12-6中2m等效高度的计算结果可以得出下列结论:①D、E和F车道风速折减系数较大;②m、n和o三种风障方案下C和F车道风速折减系数较大,i、j、k和l风障方案下C和A车道风速折减系数较大;③最大风速折减系数仅为0.33,根据按照2m等效高度计算得到的行车等效风速,无须增设风障。

根据上述风速折减系数分析结果,在15种风障形式中,挡风效果较好(风速折减系数达到0.71及以下)的共有五种形式,即e形式(3根200mm波形板)、h形式(5根100mm方管)、i形式(4根150mm×80mm矩形管)、j形式(4根200mm×80mm矩形管)和l形式(4根200mm×80mm椭圆管)。

二、风障横杆数量和截面形式

混凝土梁桥风障横杆比选,仍然选择风速折减系数最大的3.4m梁高箱形断面,风障的立柱为弧线形,高度3.0m,风障横杆数量主要比较3根、4根和5根三种,横杆截面形式比较矩形、椭圆形和圆形三种,如图12-11所示。

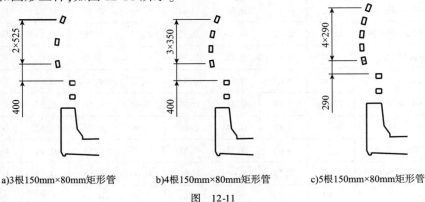

a) 3根150mm×80mm矩形管　　b) 4根150mm×80mm矩形管　　c) 5根150mm×80mm矩形管

图 12-11

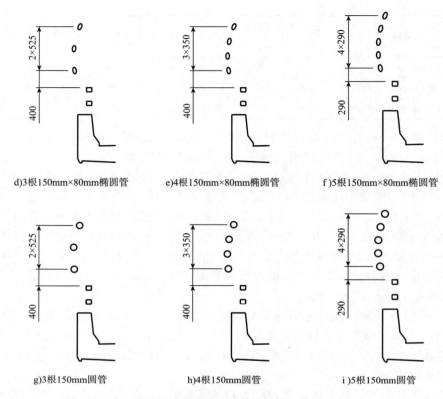

图 12-11　风障横杆数量和截面形式(尺寸单位:mm)

采用计算流体动力学数值分析方法,分析计算了桥面不同位置的侧风平均风速,并统计分析了行车等效风速和风速折减系数,混凝土梁桥两侧 9 种风障形式 4.5m 等效高度的风速折减系数计算结果如表 12-7 所示。

混凝土梁桥 9 种风障形式按照 4.5m 等效高度计算的风速折减系数　　表 12-7

风障形式	A 前缘	A 车道	AB 分界	B 车道	BC 分界	C 车道	D 车道	E 车道	F 车道
无风障	0.93	0.87	0.82	0.77	0.72	0.70	0.68	0.73	0.73
3 根 150mm×80mm 矩形管	0.82	0.74	0.66	0.61	0.63	0.65	0.52	0.54	0.57
3 根 150mm×80mm 椭圆管	0.88	0.82	0.76	0.72	0.69	0.70	0.65	0.67	0.70
3 根 150mm 圆管	0.92	0.83	0.78	0.74	0.73	0.75	0.69	0.71	0.74
4 根 150mm×80mm 矩形管	0.80	0.69	0.61	0.57	0.58	0.60	0.46	0.49	0.52
4 根 150mm×80mm 椭圆管	0.85	0.77	0.71	0.66	0.65	0.66	0.57	0.60	0.62
4 根 150mm 圆管	0.89	0.80	0.74	0.69	0.69	0.71	0.62	0.65	0.68
5 根 150mm×80mm 矩形管	0.79	0.63	0.54	0.52	0.54	0.52	0.40	0.43	0.48
5 根 150mm×80mm 椭圆管	0.80	0.73	0.66	0.61	0.60	0.61	0.49	0.52	0.56
5 根 150mm 圆管	0.81	0.77	0.71	0.65	0.65	0.66	0.57	0.60	0.63

从表 12-7 中 4.5m 等效高度的计算结果可以得出下列结论:①风障横杆形状相同的情况下,横杆数量越多,挡风效果越好;②风障横杆数量相同的情况下,矩形管挡风效果最好,椭圆管次之,圆管最差;③椭圆管和圆管风速折减系数相差不大,但矩形管的风速折减系数比椭圆管和圆管小很多。综合考虑挡风效果和外形美观等因素,推荐采用椭圆管的风障。

三、箱梁高度影响

由于金塘大桥混凝土箱梁桥的梁高在 3.3~13.3m 之间,选择 4 根椭圆管横杆风障,比较 3.4m、7.5m 和 11.8m 三种梁高混凝土箱形断面的风速折减系数,如表 12-8 所示。三种梁高风速折算系数的比较表明:所有车道的风速折减系数都是 3.4m 梁高时最大,从而可以偏安全地取用 3.4m 梁高的风速折减系数;同一梁高时 A 车道的风速折减系数最大,因此可以偏安全地取用 A 车道的风速折减系数。混凝土箱梁桥面可以偏安全地取用 3.4m 梁高 A 车道的风速折减系数,作为计算最不利行车等效风速的依据。

混凝土梁桥 3 种梁高椭圆管横杆风障按照 4.5m 等效高度计算的风速折减系数　　表 12-8

风障形式	梁高	A 车道	B 车道	C 车道	D 车道	E 车道	F 车道
4 根椭圆管	3.4m	0.77	0.66	0.66	0.57	0.60	0.62
	7.5m	0.69	0.44	0.28	0.34	0.41	0.31
	11.8m	0.59	0.23	0.16	0.23	0.32	0.27
5 根椭圆管	3.4m	0.73	0.61	0.61	0.49	0.52	0.56
3 根椭圆管		0.82	0.72	0.70	0.65	0.67	0.70
2 根椭圆管		0.84	0.75	0.73	0.69	0.72	0.74
0 根椭圆管		0.87	0.77	0.70	0.68	0.73	0.73

为了满足金塘大桥不同桥面基准高程处的行车挡风要求,表 12-8 还列出了最不利梁高 3.4m 混凝土梁桥桥面,设置了 2~5 根椭圆管横杆风障后的挡风效果——风速折减系数,适用于不同桥面行车基准高度的挡风需求。

四、桥面等效风速

金塘大桥桥面不同位置的行车基准风速计算结果如表 12-2 所示,混凝土箱形截面梁桥绕流影响的风速折减系数,偏于安全地取用 3.4m 梁高 A 车道的最大值,由此可以计算确定桥面不同位置的行车等效风速,如表 12-9 所示。根据金塘大桥桥面行车风速限值 $[v_H]=25\text{m/s}$ 的要求,对于行车等效风速大于行车风速限值的混凝土箱形截面梁桥(用里程桩号表示),需要在桥面两侧设置椭圆形横杆风障,椭圆形横杆数量可以根据行车等效风速的大小进行设计。除了主航道桥斜拉桥之外,金塘大桥混凝土箱形截面梁桥各个控制里程桩号处,应该设置的椭圆形横杆数量及设置后的桥面等效风速如表 12-9 最后两列所示,按照设置相应数量椭圆形横杆后的桥面等效风速,都可以满足小于行车风速限值 25m/s 的要求。

金塘大桥桥面不同位置的行车基准风速和等效风速　　　　表 12-9

里程桩号	行车基准高度 $h+1.5(\text{m})$	行车基准风速 $v_H(\text{m/s})$	风速折减系数 $\beta_{\max}$	行车等效风速 $v_{\text{eff}}(\text{m/s})$	椭圆形横杆数量	桥面等效风速 $v_{\text{eff}}(\text{m/s})$
K28+948	26.381	31.5		27.4	4	24.3
K29+135	24.950	31.3		27.2	4	24.1
K30+185	42.490	34.0		29.6	5	24.8
K31+615	20.368	30.3		26.4	3	24.9
K33+720	59.500	35.9		主航道桥斜拉桥		
K37+325	14.457	28.6		24.9	0	24.9
K39+125	18.951	29.9		26.0	3	24.5
K40+925	14.457	28.6	0.87	24.9	0	24.9
K43+430	28.579	31.9		27.8	4	24.6
K44+555	14.595	28.7		25.0	0	25.0
K45+155	15.958	29.1		25.3	2	24.4
K45+935	14.549	28.7		25.0	0	25.0
K46+775	16.226	29.2		25.4	2	24.5
K47+615	14.579	28.7		25.0	0	25.0
K49+407	25.598	31.4		27.3	4	24.2
K49+977	17.934	29.6		25.8	2	24.9

第四节　行车安全分析

　　行车安全分析是在桥面侧风得到控制的前提下,桥面上行驶车辆受到最不利桥面侧风引起的气动六分力作用时,依靠桥面对车轮的支撑力和摩擦力达到动态平衡的状态分析。车辆气动六分力主要依赖车辆类型及其气动参数,行车安全分析模型包括车辆侧倾、侧滑和侧偏等。

一、基本车型气动参数

　　车辆行驶的安全性与车辆外形、动力配备和负载情况等因素有关。小轿车因侧向面积小、发动机前置和重心低而行驶稳定性最佳;大型客车或集装箱车由于侧向面积大且重心偏高而易受大风影响,尤其在空载状态下很容易发生侧倾事故;中型载重车辆因为质量不大、重心偏高而且侧向面积大,在大风中的行驶稳定性也较差。为了使侧风作用下车辆的行驶安全研究具有较广泛的适用性,选取大众桑塔纳 2000 小轿车、重庆长安之星小型客车、沈飞中型客车、沈飞大型客车、东风厢式货车和 40 英尺标准集装箱拖车六种车型作为基本车型,各基本车型的主要参数如表 12-10 所示。为了安全起见,侧风行车安全分析时车辆均按空载考虑。

基本车型主要参数   表12-10

车型	轴距(m)	宽度(m)	高度(m)	正投影面积(m²)	质量(kg)
小轿车	2.656	1.700	1.423	2.05	1140
小型客车	2.350	1.475	1.895	2.3	965
中型客车	4.290	2.250	2.900	5.55	7100
大型客车	6.200	2.500	3.700	7.87	12840
厢式货车	2.500	1.800	2.800	4.22	1840
集装箱拖车	12.400	2.480	4.290	8.89	17340

根据车辆空气动力学标准，车辆气动力参考坐标、气动力和气动力矩的正方向一般定义如图12-12所示。其中，坐标系的原点位于轮距中心线和轴距中心线在地面投影的交点处，x坐标向前为正，y坐标向右为正，z坐标垂直向下为正。作用在车辆上的气动六分力定义及计算公式如表12-11所示，其中A为正投影面积，L为车身长度。

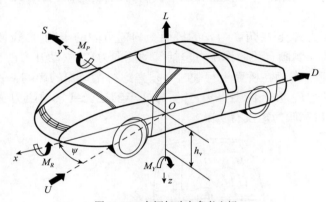

图12-12 车辆气动力参考坐标

车辆气动六分力定义及计算公式   表12-11

符号	气动六分力	符号定义	计算公式
F_L	升力(Lift)	向上为正	$F_L = C_L q_\infty A = -F_z$
F_D	阻力(Drag)	向后为正	$F_D = C_D q_\infty A = -F_x$
F_S	侧向力(Side Force)	向右为正	$F_S = C_S q_\infty A = +F_y$
M_P	俯仰力矩(Pitch Moment)	向右为正	$M_P = C_{PM} q_\infty A \times L = M_Y$
M_Y	横摆力矩(Yaw Moment)	向上为正	$M_Y = C_{YM} q_\infty A \times L = M_Z$
M_R	侧倾力矩(Roll Moment)	向后为正	$M_R = C_{RM} q_\infty A \times L = M_X$

基于大量资料调研和部分实测结果的六种基本车型的气动力系数可参照表12-12选取。升力系数和侧向力系数的计算公式如下

$$C_L = k_{C_L} \beta \tag{12-6}$$

$$C_S = k_{1C_S} \beta + k_{2C_S} \beta^2 + k_{3C_S} \beta^3 \tag{12-7}$$

式中，k_{C_L}和k_{C_S}参数可以参照表12-12选取；β为汽车行驶过程中以度为单位的相对风偏角，由汽车行驶速度U_{car}和侧风速度U_{wind}确定

$$\beta = \arctan(U_{wind}/U_{car}) \tag{12-8}$$

不同车辆气动力系数　　　　　　　　　　　　表 12-12

车型	阻力系数 C_D	升力系数公式参数 k_{C_L}	侧向力系数公式参数 k_{C_S}
小轿车	0.35	0.02	0.034
小型客车	0.45	0.04	0.071
中型客车	0.80	0.04	0.18
集装箱拖车	0.90	0.04	0.18

二、行车安全计算模型

桥面侧风行车安全分析是指车辆在桥面行驶过程中，车体在桥面侧风引起的最不利气动六分力作用下，依靠桥面对车轮的支撑力和摩擦力达到动态平衡的状态分析。在假定车辆为刚体的前提下，行车安全计算模型包括以车辆倾覆验算为目的的车辆侧倾计算模型、以车辆侧向滑移验算为目的的车辆侧滑计算模型和以车辆侧向偏转验算为目的的车辆侧偏计算模型。

（1）车辆侧倾计算模型

对于在弯道半径为 R、超高角度为 α 的桥面上匀速行驶的车辆，假设侧风吹向弯道外侧，行驶中的车辆所受的与侧倾有关的作用力包括气动侧向力 F_S、气动升力 F_L、弯道离心力 F_I 和重力 G，如图 12-13 所示。车辆在桥面上行驶时必须考虑桥梁风振的影响，一般考虑桥梁抖振给车辆带来的水平惯性力 F_{bH} 和竖向惯性力 F_{bV}。另外车辆还受到气动阻力、桥面的支撑力和摩擦力作用，但这些力对侧倾力矩没有贡献。

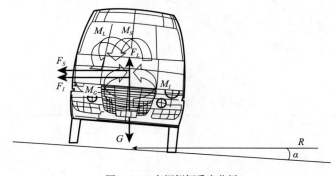

图 12-13　车辆侧倾受力分析

将车辆在侧风中行驶时的相对风速记为 $U = \sqrt{U_{\text{wind}}^2 + U_{\text{car}}^2}$，空气密度记为 ρ，汽车质量记为 m，对侧倾力矩有贡献的各项受力计算如下：

气动侧向力：
$$F_S = 0.5\rho U^2 C_S; \quad C_S = k_{C_S}\beta$$

气动升力：
$$F_L = 0.5\rho U^2 C_L; \quad C_L = k_{C_L}\beta$$

弯道离心力：
$$F_I = mU_{\text{car}}^2/R$$

重力：
$$G = mg$$

水平抖振惯性力：

$$F_{bH} = ma_{bH}$$

式中，a_{bH} 为桥梁水平抖振加速度。

竖向抖振惯性力：

$$F_{bV} = ma_{bV}$$

式中，a_{bV} 为桥梁竖向抖振加速度。

需要说明的是，气动侧向力系数和气动升力系数一般是在车辆水平状态下测量的，侧倾分析时车辆倾斜，但由于气动力系数已按线性规律保守取值，所以这个差别在计算气动力时可以忽略不计。

考虑水平抖振力方向和竖向抖振力方向的最不利组合，上述与侧倾有关的受力在垂直于桥面向下方向、平行于桥面顺风方向的合力分别为：

$$F_{perp} = (G - F_L - F_{bV})\cos\alpha + (F_S + F_I + F_{bH})\sin\alpha \tag{12-9}$$

$$F_{para} = -(G - F_L - F_{bV})\sin\alpha + (F_S + F_I + F_{bH})\cos\alpha \tag{12-10}$$

将车辆的宽度和高度分别记为 B 和 H，偏于安全地假定所有的力的作用点都在车辆高度和宽度的中心处，则以风向下游车辆边缘为轴线的总侧倾力矩如下（其正向规定为气动侧向力矩的正向）

$$M_{over} = 0.5HF_{para} - 0.5BF_{perp} \tag{12-11}$$

当总侧倾力矩 $M_{over} > 0$ 时，车辆以风向下游车辆边缘为轴线发生倾覆。

当侧风吹向弯道内侧时，考虑水平抖振力方向和竖向抖振力方向的最不利组合来计算总侧倾力矩 M_{over}，垂直和平行合力分别为

$$F_{perp} = (G - F_L - F_{bV})\cos\alpha - (F_S - F_I + F_{bH})\sin\alpha \tag{12-12}$$

$$F_{para} = (G - F_L - F_{bV})\sin\alpha + (F_S - F_I + F_{bH})\cos\alpha \tag{12-13}$$

（2）车辆侧滑计算模型

根据车辆侧倾受力分析，在侧风作用下行驶的车辆会受到平行于桥面的合力作用 F_{para}，当该作用力足够大时，就有可能克服车辆与桥面之间的摩擦力而发生侧向滑移。车辆与桥面之间的摩擦力为

$$F_f = \mu_s F_{perp} \tag{12-14}$$

式中，μ_s 为车辆与桥面之间的摩擦系数，按照干路面、湿路面、积雪路面和结冰路面 4 种情况，分别取 0.7、0.5、0.15 和 0.07；F_{perp} 为作用在车辆上垂直于路面或桥面的合力。判断车辆发生侧滑的标准为

$$F_{para} - F_f > 0 \tag{12-15}$$

（3）车辆侧偏计算模型

行驶中车辆的侧偏是指在驾驶员未主动改变方向盘的情况下，车辆在侧向合力的作用下发生侧向偏移，即非主动改变方向转向，若累计侧向偏移量过大，就会进入其他车道发生意外。

当侧风风速小于 15m/s 时，驾驶员操控频率可取 1Hz；当侧风风速大于 15m/s 时，高风速本身就会提醒驾驶员，注意减速行驶和避免侧风影响，驾驶员操控频率可取 2Hz。金塘大桥桥面侧风较大，可以按照 15~25m/s 考虑，因此驾驶员操控频率可取 2Hz，即 0.5s 的反应时间。

在驾驶员未改变方向盘的 0.5s 时间内，忽略车辆滚动摩擦力，车辆在侧向合力 F_{para} 作用下产生侧向位移的过程，偏于安全地简化为匀加速运动，0.5s 内累计侧向位移为

$$D_s = \frac{1}{2}\frac{F_{wy}}{m}t^2 \qquad (12\text{-}16)$$

为了简化起见,金塘大桥桥面行车可取车辆 $0.5s$ 内产生累计侧向位移 D_s 的控制标准为 $0.5m$,即当 $D_s > 0.5$ 时,认为车辆侧偏不安全。

三、行车安全控制风速

金塘大桥除了主航道桥为斜拉桥之外,其余都是混凝土箱形截面梁桥,刚度特别是侧向刚度很大,风荷载作用下桥面风振响应很小。为了按照车辆侧倾、侧滑和侧偏计算模型进行行车安全分析,需要计算在不同风速下的桥面抖振响应,特别是抖振响应引起的竖向加速度和水平加速度。为此,以跨度最大、刚度最小的东通航孔桥——中跨 216m 的变截面连续梁桥为例,计算确定了不同桥面风速下的中跨跨中桥面最大抖振竖向加速度和水平加速度,如表 12-13 所示。

金塘大桥 216m 跨度变截面连续梁桥桥面最大抖振加速度　　表 12-13

桥面风速(m/s)	竖向加速度(m/s²)	水平加速度(m/s²)
10	0.011	0.004
20	0.045	0.018
30	0.102	0.040
40	0.181	0.070
50	0.283	0.110

取桥梁平曲线为直线,也未考虑竖曲线影响,桥面横坡为 2%。根据 6 种基本车型的车辆参数和气动参数,分别计算出 6 种基本车型在不同行车速度下的侧倾、侧滑和侧偏临界风速,如表 12-14 所示。从表 12-14 可以看出,在侧倾、侧滑和侧偏三个临界风速中,小轿车、小型客车和中型客车的侧倾临界风速最大,而大型客车、厢式货车和集装箱拖车的干桥面侧滑临界风速最大,无法控制行车安全;在侧滑临界风速所对应的四种桥面情况中,干桥面最大、湿桥面次之、结冰桥面最小。

金塘大桥桥面侧风行车安全临界风速分析结果　　表 12-14

车型	车速(km/h)	侧倾临界风速(m/s)	侧滑临界风速(m/s)				侧偏临界风速(m/s)
			干桥面	湿桥面	积雪桥面	结冰桥面	
小轿车	20	>50.0	48.2	43.5	26.3	16.5	>50.0
	30	>50.0	48.1	43.4	25.6	15.5	49.9
	40	>50.0	47.9	43.0	24.8	14.2	49.2
	50	>50.0	47.6	42.6	23.7	12.7	48.4
	60	>50.0	47.2	42.0	22.5	11.1	47.5
	70	>50.0	46.7	41.3	21.1	9.6	46.5
	80	>50.0	46.1	40.5	19.6	8.4	45.4
	90	>50.0	45.3	39.6	18.1	7.4	44.1
	100	>50.0	44.5	38.6	16.6	6.5	42.8
	110	>50.0	43.6	37.5	15.2	5.8	41.4
	120	>50.0	42.6	36.3	14.0	5.3	39.9

续上表

车型	车速(km/h)	侧倾临界风速(m/s)	侧滑临界风速(m/s)				侧偏临界风速(m/s)
			干桥面	湿桥面	积雪桥面	结冰桥面	
小型客车	20	28.9	28.0	24.9	14.1	8.4	27.3
	30	28.6	27.6	24.4	13.3	7.3	26.5
	40	28.2	27.1	23.8	12.3	6.2	25.6
	50	27.6	26.6	23.1	11.2	5.2	24.7
	60	27.0	25.9	22.3	10.1	4.4	23.7
	70	26.2	25.1	21.4	9.1	3.8	22.6
	80	25.4	24.2	20.4	8.2	3.4	21.5
	90	24.4	23.2	19.4	7.3	3.0	20.4
	100	23.5	22.2	18.3	6.7	2.7	19.2
	110	22.5	21.2	17.3	6.1	2.4	18.1
	120	21.5	20.2	16.3	5.6	2.2	17.0
中型客车	20	34.7	33.2	28.6	15.2	8.9	27.9
	30	34.2	32.7	28.1	14.4	8.0	27.2
	40	33.7	32.2	27.5	13.5	7.0	26.5
	50	33.1	31.6	26.8	12.6	6.1	25.7
	60	32.5	30.9	26.0	11.6	5.3	24.8
	70	31.8	30.2	25.2	10.6	4.6	23.9
	80	31.0	29.4	24.3	9.7	4.1	22.9
	90	30.2	28.5	23.4	8.8	3.6	22.0
	100	29.3	27.6	22.4	8.1	3.3	20.9
	110	28.4	26.7	21.4	7.5	3.0	19.9
	120	27.4	25.7	20.4	6.9	2.8	18.9
大型客车	20	36.9	37.5	32.4	17.3	10.3	31.7
	30	36.5	37.1	31.8	16.5	9.4	31.0
	40	36.0	36.5	31.3	15.7	8.4	30.3
	50	35.4	36.0	30.6	14.8	7.4	29.5
	60	34.8	35.4	29.9	13.8	6.5	28.7
	70	34.1	34.7	29.1	12.8	5.8	27.8
	80	33.3	33.9	28.3	11.9	5.1	26.9
	90	32.5	33.1	27.4	11.0	4.6	25.9
	100	31.6	32.3	26.5	10.1	4.2	24.9
	110	30.7	31.4	25.5	9.4	3.8	23.9
	120	29.8	30.5	24.6	8.7	3.5	22.9

续上表

车型	车速 (km/h)	侧倾临界风速 (m/s)	侧滑临界风速(m/s)				侧偏临界风速 (m/s)
			干桥面	湿桥面	积雪桥面	结冰桥面	
厢式货车	20	27.7	28.5	25.4	14.4	8.6	27.8
	30	27.4	28.2	24.9	13.6	7.5	27.0
	40	26.9	27.7	24.3	12.6	6.4	26.2
	50	26.3	27.1	23.6	11.5	5.4	25.3
	60	25.5	26.4	22.8	10.4	4.6	24.3
	70	24.7	25.7	21.9	9.4	4.0	23.2
	80	23.8	24.8	21.0	8.4	3.5	22.1
	90	22.9	23.9	19.9	7.6	3.1	21.0
	100	21.9	22.9	18.9	6.9	2.8	19.8
	110	20.8	21.9	17.9	6.3	2.5	18.7
	120	19.8	20.8	16.9	5.8	2.3	17.6
集装箱拖车	20	37.8	41.0	35.4	19.0	11.4	34.7
	30	37.3	40.5	34.9	18.3	10.5	34.0
	40	36.8	40.1	34.3	17.5	9.6	33.3
	50	36.2	39.5	33.7	16.6	8.6	32.6
	60	35.5	38.9	33.0	15.6	7.6	31.8
	70	34.8	38.3	32.3	14.7	6.8	31.0
	80	34.1	37.6	31.5	13.7	6.1	30.1
	90	33.3	36.8	30.7	12.7	5.5	29.1
	100	32.4	36.0	29.8	11.8	5.0	28.2
	110	31.5	35.1	28.8	11.0	4.5	27.2
	120	30.6	34.3	27.9	10.2	4.2	26.2

本章参考文献

[1] 美国各州公路和运输工作者协会(AASHTO). 辛济平,万国朝,张文,等,译. 美国公路桥梁设计规范——荷载与抗力系数设计法 SI 单位 第一版 1994 年[M]. 北京:人民交通出版社,1998.

[2] 浙江省气候中心,舟山市气象局. 气象观测、风参数研究报告[R]. 舟山大陆连岛工程工程可行性研究系列专题研究报告之六,2003.

[3] 中华人民共和国交通运输部. 公路桥梁抗风设计规范:JTG/T 3360-01—2018[S]. 北京:人民交通出版社股份有限公司,2019.

[4] 刘天成. 桥梁结构气动弹性数值计算的 Lattice Boltzmann 方法[D]. 上海:同济大学,2007.

[5] 葛耀君等.浙江省舟山连岛工程金塘大桥侧风行车安全及其控制措施研究[R].土木工程防灾国家重点实验室研究报告WT200834,同济大学,2008.

[6] 葛耀君.大跨度悬索桥抗风[M].北京:人民交通出版社,2011.

第十三章

梁式桥抗风总结与展望

作为大跨度梁式桥抗风总结和展望,本章主要介绍梁式桥抗风需求,总结梁式桥抗风特点并展望梁式桥抗风发展。

第一节 梁式桥抗风需求

梁式桥抗风问题与梁式桥跨度密切相关,主要是大跨度梁式桥需要关注抗风问题。随着梁式桥跨度纪录不断被突破,主梁跨度增大、体系刚度减小、结构阻尼降低等问题出现,大跨度梁式桥成为一种风敏感桥梁结构。早在1879年,84孔最大跨度75m的桁架梁泰湾大桥被强风吹毁,大桥风毁时的实测风速为30~35m/s,而该桥设计风速为36m/s,桁架梁阻力系数取2.4,按照平均风速抗风验算,该桥是绝对安全的,而风毁的真正原因是当初缺乏认识的阵风效应,强风中的阵风风速可以达到平均风速的1.3~2.0倍,大跨度梁式桥抗风设计中必须高度重视阵风效应。虽然此后大跨度梁式桥再也没有出现过类似或其他的桥梁风毁事故,但是,20世纪90年代至今大跨度钢结构梁式桥的涡振问题,影响了梁式桥的正常使用和舒适运行。第一座出现涡振的梁式桥是日本东京湾大桥,1995年2月在10跨一联的钢箱梁连续梁桥施工现场观测到了涡振,涡振振幅超过0.50m,在1997年建成之前采取了提高阻尼的TMD涡振控制措施。两年后,已经运营了20多年的巴西里约热内卢大桥发生了两次比较明显的涡振,虽然最大振幅只有0.165m,但还是增设了TMD阻尼器控制涡振。1998年建成的丹麦大带桥引桥和2009年建成的俄罗斯伏尔加河桥曾经都发生过涡振,也都安装了TMD阻尼器。我国也有多座钢结构梁桥出现过涡振或控制过涡振,其中包括185m跨度的崇启大桥、110m跨度的港珠澳大桥深水区非通航孔桥和深中通道非通航孔桥,前两座桥采用了TMD阻尼器控制涡振,后一座桥采用了气动控制措施。涡振已经成为梁式桥最主要的抗风问题。

除了涡振之外,驰振和抖振也是大跨度梁式桥必须关注的抗风问题。其中,驰振问题虽然只在日本名古屋一座7.5m宽的窄梁桥——矢田川桥中发现,但是却反映出类似宽高比接近2的梁式桥都有驰振的风险,需要开展必要的抗风设计和必需的驰振控制;梁式桥抖振响应并不是很大,对梁式桥抗风的强度、刚度和稳定性也不构成威胁,但梁式桥量大面广,可以作为主通航孔桥建造大跨度钢结构梁桥,也可以作为非通航孔桥建造中等跨度钢结构梁桥,当桥面高度很大时,桥面侧风引起的行车安全问题,必须计入梁式桥主梁抖振响应对行车安全的影响。

第二节　梁式桥抗风总结

同济大学桥梁抗风研究团队在项海帆教授的领导下,自 20 世纪 70 年代末在上海泖港大桥中开始我国桥梁抗风研究,并于 90 年代末在日本矢田川桥中率先开展梁式桥驰振气动控制研究,2008 年参与崇启大桥涡振 TMD 控制研究,2009 年主持金塘大桥桥面侧风风障控制和行车安全抖振影响研究,2015 年参与港珠澳大桥深水区非通航孔桥涡振气动控制研究,2021 年参与深中通道非通航孔桥涡振气动控制研究等。根据同济大学桥梁抗风研究团队 20 多年梁式桥抗风研究经验,初步揭示了大跨度梁式桥不同于缆索承重桥梁的抗风特点如下:

(1)大跨度梁式桥抗风最关键的问题是涡振及其控制,节段模型风洞试验特别是大尺度节段模型风洞试验,是梁式桥涡振研究最可靠、最精确的方法。虽然涡振不像颤振那样会导致结构动力失稳破坏,但也会影响桥梁结构使用性能,风洞试验优化得到的气动控制措施可以有效抑制设计风速范围内的桥梁涡振。

(2)大跨度梁式桥刚度较大,在宽高比较大的情况下,主梁驰振临界风速很高,一般不会出现低于驰振检验风速的稳定问题,只有在宽高比较小的窄桥情况下,才需要检验驰振稳定性。采用节段模型或气动弹性模型风洞试验方法,不仅可以再现驰振失稳过程,而且可以检验驰振气动控制措施效果。

(3)尽管梁式桥跨度有限、刚度较大,主梁成桥状态的抖振响应较小,但是,悬臂施工阶段,特别是合龙前最大双悬臂和最大单悬臂状态的抖振位移和内力,还是需要检验的。

(4)大跨度梁式桥主梁颤振临界风速很高,一般不会出现类似缆索承重桥梁低于颤振检验风速的稳定问题。

(5)大跨度梁式桥在风雨共同作用下的定常作用力,大于仅有风作用产生的气动力,其增大效应不能忽略;梁式桥颤振临界风速随雨强增大而减小,但降雨对于其他风致振动的影响不明显。

(6)梁式桥量大面广,行车安全性分析极其重要,建议分两步来实施。首先,控制桥面侧风风速,需要考虑桥面基准高度风速及其受桥梁断面绕流影响,当桥面侧风风速大于桥面行车风速限值时,必须考虑附加挡风的风障措施;其次,控制行车速度,在桥面侧风得到控制的前提下,分析桥上行驶车辆所受到的最不利气动力与桥面支撑力和摩擦力是否可以达到动态平衡。

第三节 梁式桥抗风展望

同济大学桥梁抗风研究团队获得了国家自然科学基金重大研究计划、重大项目、重点项目和面上项目等的大力支持,在大跨度梁式桥抗风理论和方法研究方面,直接得到了国家自然科学基金面上项目、重点项目和集成项目的支持,也曾获得国家高技术研究发展计划("863"计划)课题"大型桥梁环境动力响应机理及评估"和国家重点基础研究发展计划("973"计划)项目"特大跨桥梁全寿命灾变控制与性能设计的基础研究"等基础研究课题和项目的资助。然而,大跨度梁式桥抗风研究还存在以下几方面的薄弱环节,需要我们通过创新实现突破:

(1) 梁式桥涡振控制方法

钢箱截面梁式桥涡振问题仍然是今后相当长时间内大跨度梁式桥抗风的主要问题,虽然TMD 阻尼控制方法被认为是普遍有效的方法并被大量采用,但是,梁式桥涡振控制必须探索和采用更加有效、更加经济和寿命更长的气动控制措施。应当从箱形截面气动外形比选着手,研究和比较桥面附属设施对涡振的影响,优化主梁断面涡振性能和气动控制措施。

(2) 梁式桥驰振气动控制

对于桥面宽度较小、主梁高度较大的梁式桥,驰振的风险依然存在,驰振检验是必须进行的。一旦出现驰振临界风速低于检验风速的情况,必须采取气动控制措施,抑制驰振发生或提高驰振临界风速。有效的驰振气动控制措施包括导流板、中央开槽、栏杆透风等,以改善箱形截面绕流。

(3) 梁式桥风雨作用效应

梁式桥风雨作用效应现有研究结果表明,降雨特别是暴雨会增强定常风雨作用力,降低颤振临界风速,对大跨度梁式桥抗风性能产生不利影响。对于降雨量大的季风区或台风频发地区,需要关注风雨共同作用下定常风雨作用力的增大效应。

(4) 梁式桥数值风洞方法

梁式桥数值风洞方法只需要模拟主梁的气动弹性效应,不需要模拟拱桥或缆索承重桥梁的其他承重构件的气动弹性作用,因此,是桥梁数值风洞方法研究的基础。现有梁式桥风致效应数值模拟方法主要有两种,即二维和三维非线性时域数值模拟方法,二维方法借助现有的计算机能力已经完全可以实现,只需解决提高精度和完善验证的问题,而三维方法即使限于现有计算机能力也比其他桥型更容易实现。因此,三维非线性时域方法最有希望和可能在梁式桥中率先取得突破和成功。

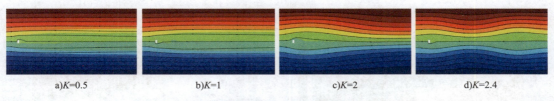

图 5-29 典型成层强度全渠道高度时均温度云图和时均流线

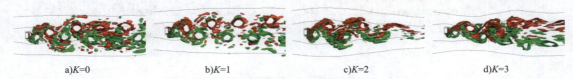

图 5-30 典型成层强度瞬时涡度 ω_z 等值曲面和瞬时流线

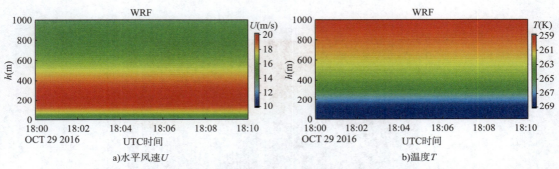

a)水平风速 U

b)温度 T

图 5-42 平稳时段 WRF 计算在 CFD 计算域入口处风温剖面随时间变化

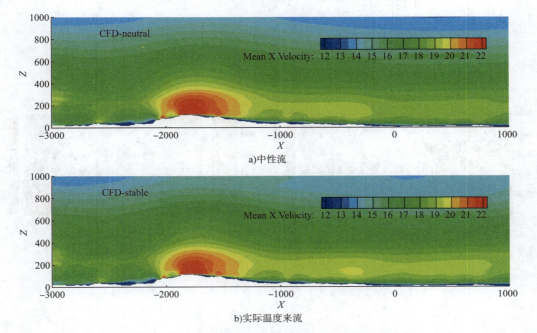

a)中性流

b)实际温度来流

图 5-46 不同条件下 Tiksi 观测站位置 XZ 切面时均流向风速云图

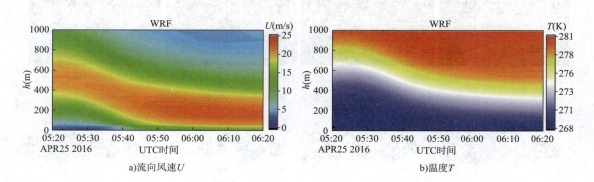

图 5-49　WRF 非平稳风速、温度剖面时程

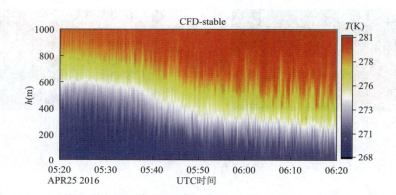

图 5-51　Tiksi 观测站处 WRF + LES 计算的非平稳温度剖面时间变化

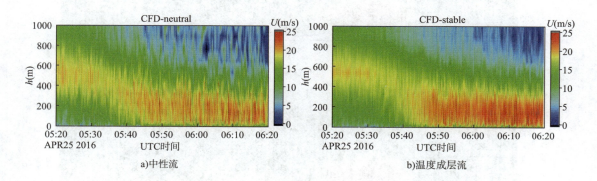

图 5-52　Tiksi 观测站处 WRF + LES 计算的非平稳风速剖面时间变化

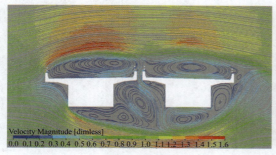

a) 3.4m梁高箱梁

b) 7.5m梁高箱梁

c) 11.8m梁高箱梁

图 12-6 混凝土箱梁断面表面绕流瞬时风速和风向分布